PALLADIUS

TRAITÉ D'AGRICULTURE

LIVRES I et II

COLLECTION DES UNIVERSITÉS DE FRANCE
publiée sous le patronage de l'ASSOCIATION GUILLAUME BUDÉ

PALLADIUS

TRAITÉ D'AGRICULTURE

TOME I

LIVRES I et II

TEXTE ÉTABLI, TRADUIT ET COMMENTÉ
PAR
RENÉ MARTIN
Professeur à l'Université de Lille III

Deuxième tirage

PARIS
LES BELLES LETTRES
2003

Conformément aux statuts de l'Association Guillaume Budé, ce volume a été soumis à l'approbation de la commission technique, qui a chargé M. Jacques André d'en faire la révision et d'en surveiller la correction en collaboration avec M. René Martin.

95 boulevard Raspail, 75006 Paris
www.lesbelleslettres.com

Première édition 1976

ISBN : 2-251-01131-5
ISSN : 0184-7155

INTRODUCTION

I. — L'AUTEUR.

Le problème de savoir qui était Palladius et même simplement de déterminer à quelle époque il a vécu constitue l'une des énigmes les plus résistantes de toute l'histoire de la littérature latine.

En effet, à la différence de ceux de Varron et de Columelle, le traité agronomique publié sous son nom ne nous fournit aucun renseignement de caractère autobiographique : tout au plus nous apprend-il que son auteur possédait des domaines en Italie (notamment dans les environs de Rome) et en Sardaigne[1]. Il ne comporte aucune allusion à des événements historiques, contemporains ou non. Il ne mentionne qu'un seul personnage vivant, le Pasiphilus qui est le dédicataire de l'ouvrage, et celui-ci est aussi difficile à identifier que l'auteur lui-même. Aussi les recherches des érudits sur ce point ne sont-elles parvenues à aucun résultat satisfaisant.

Les quelques certitudes dont nous disposons se réduisent à fort peu de chose : l'auteur de l'*Opus agriculturae* s'appelait, selon tous nos manuscrits, Rutilius Taurus Aemilianus, et à ses *tria nomina* s'ajoutait, conformément à l'habitude courante depuis l'époque des Antonins, le « sobriquet » de Palladius, par lequel les modernes ont coutume de le désigner[2]. Les manuscrits lui donnent en outre le titre de *uir illustris*, dont on

1. Cf. 3, 25, 20 : *mihi usu compertum est in Italia circa Vrbem...* ; 3, 10, 24 : *ego ...in Italia plantas grandes ficorum disposui* ; 4, 10, 16 : *quod ego in Sardinia territorio Neapolitano in fundis meis comperi.*

2. Cassiodore en revanche l'appelle Aemilianus, ainsi qu'on le verra plus loin, ainsi qu'Isidore, *Orig.* 17, 1, 1 ; 17, 10, 8.

sait qu'il fut créé par l'empereur Valentinien en 372 : c'est donc cette date qui constitue pour l'agronome — ou tout au moins pour la publication de son traité — le *terminus a quo*. Quant au *terminus ante quem*, il est représenté par les *Institutiones* de Cassiodore, où Palladius est mentionné en 1, 28, 6, et qui ont été publiées vers le milieu du VIe siècle.

Cela permet évidemment d'affirmer que l'*Opus agriculturae* appartient à ce que l'on appelle parfois la littérature latine « tardive », mais la « fourchette » est d'environ 180 ans : est-il possible de la rétrécir ?

Le fait que Palladius ait été revêtu d'une titulature impériale exclut bien entendu que son traité soit de beaucoup postérieur à la chute de l'Empire d'Occident : la fin du cinquième siècle est donc la date la plus tardive que l'on puisse lui assigner, et cela réduit déjà la fourchette à quelque 130 ans. Peut-on aller plus loin ?

On pourrait a priori se demander si notre Palladius ne serait pas celui dont Symmaque parle à plusieurs reprises dans sa *Correspondance*[3], et auquel il adresse la première lettre de son livre 9, écrite, selon M. J.-P. Callu, vers 380. Ce personnage, pour lequel Symmaque éprouvait une grande amitié et une vive admiration[4], semble devoir être identifié avec le Palladius qui fut *Comes sacrarum largitionum* en 381, puis *Magister officiorum* en 382[5], et il serait donc tentant de le considérer comme ne faisant qu'un avec notre *uir illustris*. Cela paraît néanmoins difficile : en effet d'une part la lettre 1, 15 de Symmaque nous apprend que le Palladius en question était d'origine grecque, plus

3. Cf. 1, 15 ; 1, 94 ; 3, 50 ; 9, 1.

4. *Ep.*, 1, 94 : *hoc unum persuasum tibi uolo, mereri facundiam Palladii ut doleamus quod Vrbi negatus est, amabilitatem eius ut quod accitus est gaudeamus* ; et, dans la même lettre : *fratrem meum Palladium, spectatum bonis omnibus facundiae atque eruditionis adstipuler.*

5. Cf. *Cod. Theod.*, 6, 12, 8 et 10, 24, 2 ; J.-P. Callu, Symmaque, *Lettres*, t. I, Paris, Belles-Lettres, note p. 80.

précisément athénienne[6], ce qui exclut qu'il ait pu s'appeler Rutilius Taurus Aemilianus ; d'autre part elle nous le présente comme un homme « de la race des rhéteurs »[7], alors que le traité agronomique de Palladius débute par une vive attaque contre ceux qui veulent *artibus et eloquentiae rhetoris aemulari*, type de l'erreur à ne pas commettre quand on s'adresse à un public de *rustici* : certes rien n'empêche un rhéteur intelligent d'avoir conscience des limites de son art et de comprendre que le style d'un ouvrage doit être adapté à son public ; mais ce mépris de la rhétorique qu'affiche l'agronome rend difficile son identification avec l'ami de Symmaque — qui n'a du reste été proposée par aucun de nos devanciers.

Une autre solution pourrait trouver son point de départ chez Palladius lui-même, dont le dernier livre commence par une préface en forme de lettre adressée *ad Pasiphilum uirum doctissimum*, qui est ensuite qualifié, au premier vers du poème sur l'art de la greffe qui constitue ce livre, d'*ornatus fidei* ; l'expression est obscure et a beaucoup embarrassé les traducteurs[8], mais elle semble en tout état de cause faire allusion au fait que ce Pasiphilus était un homme « sur qui l'on pouvait compter »[9]. Reste à savoir qui pouvait être ce mystérieux dédicataire. Nous connaissons en fait deux personnages de ce nom : l'un, dont le nom complet était Fabius Felix Paulinus Pasiphilus, et dont il est

6. *Ep.*, 1, 15, 2 : *mouit* λόγος *Athenaei hospitis* (sc. *Palladii*) *Latiare concilium.* A vrai dire λόγος est une correction, les mss. unanimes donnant *nouos*, parfois corrigé en *nouus*, ce qui conduit à comprendre : « le nouvel hôte de l'Athénée » ; mais l'opposition *Athenaei / Latiare* rend cette solution peu probable. Nous adoptons avec J.-P. Callu le texte de Seeck, que l'éditeur français traduit : « l'éloquence de notre invité athénien a remué son auditoire latin ».

7. *Ibid.* : *credo plane... rhetorum hanc esse prosapiam.*

8. Saboureux de la Bonnetrie (1775) : « perle de la fidélité » ; anonyme, édition Didot (1864) : « type de l'amitié » ; Cabaret-Dupaty (éd. Panckoucke, 1843) : « gloire de l'amitié ».

9. Palladius ajoute en effet : *cui iure fatemur / si quid in arcano pectoris umbra tegit.*

fait mention dans le *Codex Theodosianus*, 2, 8, 1, était *Praefectus Vrbis* en 355 — et pouvait fort bien être encore vivant postérieurement à 372. L'autre nous est connu par les *Rerum gestarum libri* d'Ammien Marcellin, 29, 1, 36 : il s'agit d'un philosophe, qui fut impliqué en 371 dans la conjuration contre Valens, et sauva le consul Eutrope, impliqué dans la même affaire, en refusant de le dénoncer même sous la torture. Tous les commentateurs se sont naturellement demandé s'il ne s'agissait pas là du Pasiphilus ami de Palladius[10] : quoi de plus normal que d'appeler un philosophe *uir doctissimus* ? quoi de plus normal aussi que de saluer par l'expression *ornatus fidei* un homme capable de subir la torture sans dénoncer un ami ? Dans cette hypothèse — comme d'ailleurs dans la précédente — nous serions conduits à considérer que notre Palladius a vécu dans la seconde moitié du IVe siècle, et a écrit son traité vraisemblablement entre 372 et la fin du siècle.

Mais une troisième « piste » s'offre à nous, qui a été déjà beaucoup explorée dans la mesure où elle concerne en même temps un autre écrivain plus réputé que notre agronome. Elle a son point de départ dans les huit vers que Rutilius Namatianus[11] consacre à un certain Palladius, qu'il présente comme appartenant à sa propre famille, et qu'il dit être venu récemment de Gaule en Italie afin de poursuivre à Rome des études de droit[12]. Ce jeune Palladius ne pourrait-il pas être le nôtre ? Le fait qu'il appartienne à la même famille que

10. Pour l'ensemble de cette problématique, cf. l'ouvrage de J. Svennung, *Untersuchungen zu Palladius...*, Uppsala, 1935, p. 1-14.

11. Cf. *De reditu suo*, 1, 208-215.

12. *Tum discessurus, studiis Vrbique remitto*
Palladium, generis spemque decusque mei :
facundus iuuenis Gallorum nuper ab aruis
missus Romani discere iura fori.
Ille meae secum dulcissima uincula curae,
filius adiectu, stirpe propinquus, habet,
cuius Aremoricas pater Exsuperantius oras
nunc postliminium pacis amare solet.

Rutilius Namatianus et que d'autre part l'agronome s'appelle précisément Rutilius Taurus Aemilianus frappe au premier abord. Simple coïncidence ? Peut-être, mais en tout cas troublante.

On a certes objecté que, dans l'œuvre de l'agronome, rien ne permet de supposer que ce dernier ait été d'origine gauloise[13], d'autant que ses domaines se trouvaient, ainsi que nous l'avons noté, en Italie et en Sardaigne ; mais après tout une éventuelle origine gauloise ne lui eût pas interdit de se fixer dans la péninsule et d'y acquérir de la terre ; et en fait il existe tout de même un indice, faible à vrai dire, en faveur de « l'hypothèse gauloise »[14]. On a également fait observer qu'au vers 211 Rutilius Namatianus qualifie son jeune parent de *facundus iuuenis*, alors que la *facundia* ne paraît pas être, à nos yeux de modernes, la caractéristique dominante du traité de Palladius, qui se signale au contraire le plus souvent, au point de vue stylistique, par une extrême concision[15]. Cette objection ne résiste pas à l'examen : d'abord parce que sa concision voulue n'empêche nullement Palladius d'être un écrivain remarquable et parfois brillant ; ensuite et surtout parce que l'argument se retourne contre ses utilisateurs, dans la mesure où Cassiodore, dans le passage signalé plus haut, désigne précisément l'agronome par l'expression *Aemilianus facundissimus explanator*. Cela indique assez que la « faconde » n'était pas pour les Latins ce qu'elle est pour nous : le mot français s'applique à l'abondance, voire à la surabondance verbale — il correspond plutôt, pour le sens, au latin *loquacitas* ; le latin *facundia* a une valeur très différente : il désigne essentiellement « l'aisance à s'exprimer », et dès lors il faut convenir qu'il s'applique

13. Cf. Svennung, *op. cit.*, p. 8.
14. Voir *infra*, p. 207, commentaire à 2, 23.
15. Cf. Svennung, p. 11.

fort bien à Palladius, dont le style, nous le verrons, ne manque ni d'aisance ni d'agrément[16].

Rien ne s'oppose donc, à première vue tout au moins, à ce que notre Palladius et celui de Rutilius Namatianus ne fassent qu'un ; il y a en tout cas pour cela, comme le pensait J. Vessereau, « de fortes présomptions »[17].

Dans cette hypothèse, Palladius, jeune étudiant en droit à la date où le poète quittait Rome pour rentrer en Gaule — à savoir en 417 —, serait né aux environs de 395, et l'on pourrait dater approximativement son traité du milieu du ve siècle. Il va de soi que dès lors le Pasiphilus dédicataire de l'ouvrage ne saurait être celui de la conjuration de 371 : cette hypothèse et la précédente s'excluent l'une l'autre, et nous nous trouvons dans l'obligation de choisir entre les deux... ou d'en adopter une troisième.

Disons tout d'abord que trois indices paraissent appuyer les « fortes présomptions » dont parlait J. Vessereau :

1) Palladius consacre le quatorzième livre de son traité à la médecine vétérinaire ; or Végèce, traitant le même sujet vers la fin du IVe siècle ou dans les premières années du Ve[18], cite parmi ses sources les noms de

16. Le *Thesaurus L. L.* fait remarquer au demeurant que l'adjectif *facundus* s'emploie fréquemment, et sans signification bien précise, pour qualifier un lettré, un homme cultivé. Toujours est-il que le Palladius de Symmaque est loué pour sa *facundia* (*Ep.* 1, 94) ; que celui de Rutilius Namatianus est qualifié de *facundus* ; et que l'agronome est *facundissimus* aux yeux de Cassiodore : le nom semble prédestiné !

17. Introduction au *De reditu*, Belles Lettres, p. VII. Cette opinion est partagée par L. Dalmasso, « La questione cronologica di Palladio e Rutilio Namanziano », *Rivista di Filologia*, XLIII, 1915, p. 82-95.

18. Cf. *Mulomedicina*, 1, *praef.*, 2. Les dates de Végèce ne sont pas déterminées avec certitude ; mais il est établi qu'il a vécu (et en tout cas écrit son traité *de re militari*) sous Valentinien II, auquel cet ouvrage est dédié, et qui régna entre 375 et 392. Parlant de ses prédécesseurs en médecine vétérinaire, il s'exprime en ces termes : *et Pelagonio non defuit et Columellae abundauit dicendi facultas... Chiron uero et Absyrtus eloquentiae inopia ac sermonis ipsius uilitate sordescunt.*

Pélagonius, Columelle, Chiron et Absyrtos, mais ignore — ou du moins passe sous silence — celui de Palladius, ce qui donne à penser que l'agronome lui est postérieur. Bien sûr cet *argumentum ex silentio* vaut ce que valent ses pareils ; il faut donc se garder d'en surestimer la portée, d'autant que, si Végèce omet de citer Palladius, c'est peut-être tout simplement parce que le livre 14 de ce dernier, écrit de son propre aveu *ipsis uerbis Columellae*, ne renouvelait guère le sujet[19].

2) Sidoine Apollinaire, dans un de ses poèmes que les spécialistes de cet auteur datent de 460 ou 461 au plus tard, dresse la liste de ses écrivains préférés, et mentionne parmi eux, sans donner son nom mais en procédant par allusion, « ce régisseur rural que le Sénat non sans raison préfère aux poètes des villes »[20] : or qui peut être ce mystérieux *uilicus*, sinon un poète campagnard et connaisseur des choses de la terre ? Le terme s'appliquerait parfaitement à Palladius, agronome compétent, poète à ses heures (le dernier livre de son traité est écrit en distiques élégiaques), et séjournant volontiers sur ses domaines, si du moins on l'en croit[21].

3) Ce qui augmente la vraisemblance de cette hypothèse, c'est, comme l'a montré avec beaucoup d'ingéniosité M. A. Loyen, que l'allusion de Sidoine pourrait bien reposer sur un jeu de mots, et constituer une réminiscence consciente de Juvénal[22] : si en effet le terme de *uilicus* désigne, au sens propre, le régisseur d'un domaine rural, l'auteur des *Satires* l'avait employé, de façon plaisante, pour désigner le Préfet de Rome[23] ; or nous savons qu'en 458 il y avait à Rome un Préfet du Prétoire nommé Aemilianus[24]. Là pourrait bien être

19. Il reste que cela n'aurait pas dû empêcher Végèce de mentionner Palladius, puisque dans le passage cité il s'intéresse non aux idées, mais à la langue et au style de ses devanciers.

20. *Carmina*, 9, 309-310 : *...uel quem municipalibus poetis / praeponit bene uilicum senatus.*

21. Cf. *infra*, p. XVI-XVII.

22. Cf. commentaire aux *Carmina*, Belles Lettres, p. 187.

23. *Sat.*, 4, 77 : *Pegasus, attonitae positus modo uilicus Vrbi.*

24. *Nouellae Maioriani*, 4, 4.

la clef de l'énigme posée par les deux vers de Sidoine, et, du même coup, la solution de notre problème, puisque Palladius s'appelait précisément Aemilianus et qu'il était *uir illustris*, titre porté notamment par les préfets de la Ville et du Prétoire. Ici encore il peut évidemment s'agir d'une coïncidence, mais pour M. Loyen le doute n'est guère possible : c'est à l'auteur de l'*Opus agriculturae* que Sidoine fait allusion, et l'examen des dates conduit à penser qu'il s'agit du même Palladius que chez Rutilius Namatianus. C'est encore de lui qu'il s'agirait dans la *Correspondance* de Sidoine, 5, 10, 3 (lettre datée de 477), où l'épistolier félicite son correspondant pour les qualités de son style oratoire, qu'il compare « au mordant de Quintilien et à la magnificence de Palladius »[25].

L'argumentation développée par M. Loyen ne permet certes pas d'aboutir à une certitude ; mais il faut bien reconnaître que sa solution est séduisante. Nous savons du reste que les Palladii constituaient en Gaule une famille très connue au ve siècle, notamment pour avoir fourni des écrivains de valeur, comme l'atteste encore Sidoine Apollinaire, *Ep.*, 7, 9, 24 (lettre datée de 471) : *Vxor illi de Palladiorum stirpe descendit, qui aut litterarum aut altarium cathedras cum sui ordinis laude tenuerunt.* C'est donc très probablement à cette famille qu'appartenait notre agronome, et il fut sans doute contemporain de Sidoine Apollinaire, dont la correspondance constitue, pour qui étudie son traité, la plus précieuse des toiles de fond.

Un doute subsiste pourtant, car il convient de verser au dossier une autre pièce, à savoir la lettre 6 du huitième livre de Sidoine, datée de 469 ou 470 — et en tout état de cause postérieure à 460,

25. *Solam tibi acrimoniam Quintiliani pompamque Palladii comparari non ambigo.* Commentaire de A. Loyen : « le Palladius ici mentionné est sans doute l'auteur d'un *opus agriculturae*, dont Rutilius Namatianus vante les brillantes qualités et qui est déjà évoqué par Sidoine, *Carm.* 9, 310 ». Pour J.-P. Callu en revanche (*op. cit.*, p. 80), le Palladius dont parle Sidoine serait celui de Symmaque, ce qui est fort possible.

date à laquelle commence la correspondance du futur évêque de Clermont : dans cette lettre, adressée à un certain Namatius que nous ne connaissons pas autrement, l'épistolier interroge son correspondant sur ses activités, et, après lui avoir demandé « s'il fait bâtir ou s'il s'adonne à l'agriculture » (*aedificas, rusticarisne* ?), il ajoute : « Pour ce qui est de Vitruve ou de Columelle, que tu sois disciple de l'un des deux ou des deux à la fois, tu le fais à merveille, car tu es capable d'imiter l'un et l'autre comme l'un de leurs meilleurs élèves, je veux dire en tant qu'agriculteur ou en tant qu'architecte »[26]. Or l'une des originalités et l'un des mérites du traité de Palladius est que, contrairement à ceux des autres agronomes latins, il n'est pas seulement un manuel d'agronomie et d'économie rurale, mais aussi un manuel d'architecture, dans lequel sont exposées avec beaucoup de détails, d'après Vitruve et son abréviateur Faventinus, les techniques de constructions d'une *uilla rustica* : Palladius fait en quelque sorte la synthèse de Vitruve et de Columelle (ce dernier étant sa source constante en matière d'agronomie), et son traité a précisément pour but de dispenser les propriétaires terriens de recourir à ceux de ses deux grands prédécesseurs. Si donc le Palladius pour lequel Sidoine Apollinaire exprime si volontiers son admiration était le nôtre, on pourrait s'étonner de voir l'épistolier s'exprimer dans ce passage comme s'il ne le connaissait pas, et comme si les traités de Vitruve et de Columelle n'avaient pas encore été « remplacés », alors qu'il ne pouvait avoir de meilleure occasion de citer son nom et de faire son éloge. Bien qu'il ne s'agisse là que d'un *argumentum ex silentio*, on ne peut s'empêcher de penser qu'il donne une certaine fragilité à la solution par ailleurs si séduisante de M. Loyen, à moins d'admettre (ce qui n'a rien d'impossible) que l'*Opus agriculturae* soit en fait un ouvrage de vieillesse, écrit par Palladius après 470, c'est-à-dire à un âge proche de quatre-

26. *Sed de Vitruuio siue Columella, seu alterutrum ambosue sectere, decentissime facis ; potes enim utrumque more quo qui optimo, id est ut cultor architectusque.*

vingts ans : après tout, c'est bien l'âge auquel Varron avait écrit ou du moins publié son propre traité d'agriculture, et Cicéron avait insisté, dans le *de Senectute*, sur le fait que la *rusticatio* convient par excellence aux vieillards[27]. Quoi qu'il en soit, une date comprise entre 460 et 480 nous paraît assez vraisemblable pour l'*Opus agriculturae* ; en tout état de cause il ne nous paraît guère pouvoir être antérieur au milieu du ve siècle[28].

Quant à la personnalité de son auteur, on peut dire qu'il semble avoir été — du moins selon ses dires — un passionné d'agriculture, préférant aux prestiges de la littérature les solides réalités de la vie rustique. Il condamne en tout cas, dans la préface de son traité, le style trop recherché de ses devanciers, et proclame sa volonté d'user d'une langue simple et claire, telle que les *rustici* soient à même de la comprendre[29] ; en outre, au début du *Carmen de insitione* qui constitue son dernier livre, il insiste sur le caractère de simplicité rustique que selon lui présentent ses vers, *pura tantum rusticitate rudes*, et termine son poème en affirmant qu'il a été composé *duros inter bidentes*. On est donc tenté de se représenter Palladius comme un grand seigneur aux

27. Cf. *Sen.*, 51-57.

28. Cela semble confirmé par l'emploi que fait Palladius, en 1, 43, 3, du terme d'origine germanique *uanga* (désignant une sorte de bêche), qui ne se lit que chez lui, chez Isidore de Séville, chez Grégoire le Grand, *Dial.* 3, 14 et dans les Glossaires, et qui contraint à situer l'agronome à une époque où des mots de cette origine avaient commencé à s'intégrer au vocabulaire courant. — Pour en terminer avec ce problème, citons les deux opinions les plus récentes émises à son propos, celle de K.D. White, *A Bibliography of roman agriculture*, University of Reading, 1970, p. XIV : « his dates are uncertain, but he may well have lived in the latter part of the fourth century », et celle de R.H. Rodgers, *Trans. Cambr. Bibl. Soc.*, V, 1971, p. 203 : « Palladius probably lived in the first half of the fifth century ». C'est donc le second de ces deux points de vue qui nous paraît le plus proche de la vérité, mais à condition d'admettre que la vie et l'activité littéraires de Palladius ont dû se prolonger au-delà de 460.

29. Cf. 1, 1, 1 : *pars est prima prudentiae ipsam cui praecepturus es aestimare personam*, etc. Voir sur ce point nos remarques *infra*, p. XLII et L-LIV.

goûts simples, vivant sur ses terres et suivant de près la marche des travaux agricoles — bref comme un *dominus* fidèle à l'idéal proposé jadis par Virgile et par Columelle. Il ressemble à cet égard, pour prendre un exemple parmi ses contemporains, à cet Eutrope, ami de Sidoine Apollinaire, à qui l'épistolier reproche précisément de ne s'intéresser qu'aux choses de la terre et de considérer comme « le comble du bonheur » le fait de « labourer un champ en pesant sur le mancheron de l'araire, faner les vertes richesses d'un pré ou déchausser une vigne chargée de sarments »[30] ; ou encore à ce Syagrius que le même Sidoine presse de s'arracher au plus vite à la vie purement rustique qu'il mène[31]. Il s'agit là, semble-t-il, d'un type relativement courant dans la seconde moitié du ve siècle, et Palladius apparaît à cet égard comme représentatif de son époque ; la correspondance de Sidoine nous permet en tout cas de bien le replacer dans le cadre et dans le milieu social où il a vécu et écrit.

Il faut malgré tout se garder de ne voir en lui qu'une sorte de *rusticus mus* vivant totalement à l'écart du monde et de ses vanités : *uir illustris*, il avait assumé de hautes fonctions (peut-être bien, on l'a vu, celle de Préfet du Prétoire) ; et le seul fait qu'il ait écrit un de ses livres en vers — et des vers qui sont en réalité beaucoup plus précieux, voire maniérés, que simples et rustiques — rend un peu suspectes ses déclarations sur la nécessité de parler aux *rustici* un langage qu'ils puissent comprendre : Columelle, il est vrai, avait déjà fait cela à propos de l'horticulture, mais c'était pour répondre à la demande pressante d'un ami, ce qui n'est pas le cas de Palladius, et il avait repris le sujet en prose dans le livre suivant[32]. En outre nous verrons plus loin que, même lorsqu'il écrit en prose, Palladius n'est nulle-

30. *Ep.*, 1, 6.
31. *Ep.*, 8, 8.
32. Il est vrai que Palladius pour sa part avait consacré aux problèmes de la greffe le très technique chapitre 17 (*de insitionibus*) de son troisième livre.

ment indifférent aux recherches stylistiques et n'évite pas toujours la préciosité. On pourrait également s'étonner qu'un « propriétaire résidant » ne soit point parvenu à écrire un ouvrage plus original que ne l'est le traité de Palladius, dont on verra qu'il est avant tout un travail de seconde main, ne s'écartant que rarement de Columelle et de quelques autres sources. Mais il faut ici tenir compte du fait que les anciens avaient beaucoup moins que nous le culte de l'originalité, et que l'utilisation adroite d'un devancier avait pour eux autant de valeur et de mérite que la création personnelle ; et il faut bien dire aussi que, les techniques n'ayant pour ainsi dire pas changé en matière agricole, tout avait été dit par Columelle et par les agronomes grecs : l'essentiel n'était donc pas tant de dire du nouveau que de présenter différemment ce que d'autres avaient déjà exposé. Une chose est sûre, c'est que Palladius est un lettré, et qu'il a composé son traité non seulement *inter bidentes* — encore que ce ne soit pas forcément faux — mais aussi et peut-être surtout *inter codices*.

Une question qui a retenu l'attention des érudits est celle de savoir si Palladius était chrétien ou païen[33] — question certes judicieuse eu égard à l'époque où il vivait, mais fort secondaire étant donné le contenu de son œuvre. Disons simplement qu'ici encore aucune réponse absolument sûre ne peut être apportée. Dans sa préface, Palladius écrit qu'il mènera son travail à bien « s'il bénéficie de la faveur divine » (*si diuina fauerint*), mais l'expression est trop vague pour qu'on puisse en tirer quelque conclusion que ce soit. Ailleurs il signale, sans commentaire, la croyance grecque selon laquelle « la chasteté » (*castitas*), entendons la déesse de la chasteté — en l'occurrence Athéna — préside à la culture de l'olivier[34]. Dans le *Carmen de insitione*, il

33. Cf. Svennung, *op. cit.*, p. 12-14.

34. 1, 6, 14 : *Graeci iubent oliuam, cum plantatur et legitur, a mundis pueris atque uirginibus operandum, credo recordati arbori huic esse praesulem castitatem.*

évoque, aux vers 21 et suivants, « celui qui gouverne le ciel », *poli rector, quo lucida sidera currunt, / quo fixa est tellus, quo fluit unda maris* : cela pourrait, semble-t-il, avoir été écrit aussi bien par un chrétien que par un païen plus ou moins influencé par le Stoïcisme. La suite du texte, en revanche, est plus intéressante, bien que les érudits ne semblent pas y avoir prêté attention : Palladius y écrit en effet que ce dieu qui régit l'univers aurait pu, s'il l'avait voulu, « faire pousser sur les branches des espèces différentes de fleurs, et orner les arbres fruitiers d'un feuillage varié » ; mais, ajoute le poète, il a préféré donner au travail humain l'occasion de se manifester sur ce point, et il a voulu que « l'art » (en l'occurrence la technique de la greffe) formât en quelque sorte une seconde nature[35]. Le point de vue que Palladius exprime ici nous entraîne bien loin de la conception du « travail-châtiment » conséquence du péché originel, et le poète se place dans la lignée de Virgile beaucoup plus que dans la perspective judéo-chrétienne. Si l'on ajoute que par ailleurs les Muses, les Nymphes, Bacchus et Pallas sont mentionnés à diverses reprises dans le poème, on sera tenté de conclure, ou bien que Palladius n'était pas chrétien, ou bien qu'il ne l'était que très superficiellement, à la manière d'un Ausone. Il est vrai que le futur évêque Sidoine Apollinaire lui-même, contemporain très probable de Palladius, fait largement appel, dans ses propres *Carmina*, au panthéon traditionnel : les licences poétiques ne sont pas seulement d'ordre grammatical.

Mais il y a aussi ce long chapitre (1, 35) dans lequel Palladius indique toute une série de *remedia* destinés à protéger le domaine, et dont un grand nombre sont du domaine de la magie pure et simple ; et puis ce passage dans lequel l'agronome recommande de ne pas choisir pour régisseur du domaine un esclave avec qui le

35. Cf. vers 23-26 :

...cum posset mixtos ramis inducere flores
et uaria grauidum pingere fronde nemus,
dignatus nostros hoc insignire labores,
naturam fieri sanxit ab arte nouam.

maître aura eu quelque jour des relations amoureuses, en évoquant cela comme une chose toute naturelle...[36] On peut penser qu'un tel passage ne plaide pas en faveur d'un éventuel christianisme de notre auteur. Par ailleurs, nous savons par Sidoine Apollinaire qu'il y eut un Palladius évêque de Bourges[37] ; mais il est certain qu'au ve siècle encore païens et chrétiens se côtoyaient souvent au sein d'une même famille, et, en fin de compte, le problème des convictions religieuses de notre Palladius n'est pas susceptible de recevoir une solution. Soulignons simplement, pour conclure sur ce point, que Palladius, par ses structures psychologiques, apparaît sans aucun doute comme un « homme de l'antiquité » : en ce ve siècle finissant, nous sommes encore, avec lui tout comme d'ailleurs dans une large mesure avec Sidoine et ses amis, dans le « monde antique » ; le Moyen Age n'a pas encore commencé...

II. — L'œuvre.

En abordant l'étude de l'*Opus agriculturae*, on se heurte dès l'abord à un problème difficile, qui est celui de savoir de combien de livres cet ouvrage se composait.

Jusqu'à une date relativement récente — 1925 exactement — on considérait en effet que Palladius avait écrit treize livres *de agricultura*, en prose, plus le *Carmen de insitione* dont nous avons déjà parlé, écrit en distiques élégiaques : donc en tout quatorze livres. Ce sont ces quatorze livres que donnent les éditions Gesner (1787), Panckoucke (1843), Didot (1864) et Teubner (1898). Mais ce point de vue, seul possible si l'on s'en tenait aux manuscrits, paraissait contredit par le fait qu'au vers 3 du *Carmen*, Palladius remercie Pasiphilus d'avoir bien voulu accepter et apprécier « les deux fois sept livres » (*bis septem libellos*) qu'il

36. Cf. 1, 6, 18 : *agri praesulem non ex dilectis tenere seruulis ponas*, etc.
37. Cf. *Ep.*, 7, 9, 20.

lui a déjà adressés ; de ce fait surprenant, deux explications étaient généralement proposées :

— celle de Gesner et Schneider, selon lesquels Palladius aurait écrit sur la greffe d'abord un traité en prose, s'ajoutant aux treize autres livres rédigés de la même façon, puis l'aurait remplacé par le poème traitant le même sujet, que nous aurait seul conservé la tradition manuscrite ;

— celle de Sirch, qui estimait que *bis septem* était en réalité une « approximation poétique » pour *tredecim*, que Palladius, *tenuis poeta* comme il se qualifie lui-même, ne serait point parvenu à utiliser dans son vers[38].

Certes aucune de ces deux explications n'étaient pleinement satisfaisante, mais il fallait bien, faute de mieux, s'en contenter.

C'est alors que J. Svennung découvrit, en 1925, l'*Ambrosianus* C 212 *inf.*, dans lequel se trouvait inséré, entre le livre XIII de Palladius et le *Carmen de insitione*, tout un livre consacré à la médecine vétérinaire (*de ueterinaria medicina*), qui ne faisait du reste que reprendre presque mot pour mot, avec quelques adjonctions, l'essentiel de ce que Columelle avait écrit sur ce sujet dans ses livres VI et VII, traitant de la *res pecuaria*. Mais il ne s'agissait pourtant pas d'un simple fragment de Columelle qui serait venu là par hasard, car ce livre était précédé d'une courte préface, dans laquelle son auteur précisait : *Ne quid deesset huic operi, armentorum medicinas omnium pecorumque collegi et sub uno libro... explicare curaui, ipsis verbis Columellae et auctorum suorum* (sic, pour *eius*). Il s'agissait donc bel et bien d'un livre écrit essentiellement d'après Columelle et ajouté aux treize livres précédents — mais par qui ?

38. Cf. *Carmen de insitione*, 167 : *haec sat erit tenuem uersu memorasse poetam* (leçon adoptée par Schmitt ; certains mss., suivis par les autres éditeurs, donnent la leçon *tenui*).

Sabbadini, qui avait fait à peu près au même moment la même découverte, publia alors sur ce point un article intitulé *Un codice ignoto della veterinaria di Columella*[39], dans lequel il exprimait l'opinion que l'auteur de cette adjonction, considérée par lui comme une simple compilation de Columelle, était un obscur copiste du XIIIe siècle. L'argument essentiel du savant italien était le suivant : au chapitre 35 du livre en question, § 5, on lit : *Fertur a lupis ouium gregem tueri scylla, collo eius qui praecedit appensa.* Or, demandait Sabbadini, que désigne le terme de *scylla*, sinon une clochette, en latin classique *tintinnabulum* ? Que pourrait-on en effet suspendre d'autre au cou du mouton qui marche en tête du troupeau ? Mais *scylla* n'est pas un mot latin : c'est, mal orthographié, le mot italien *squilla*, qui précisément signifie « clochette » ! Nous avons donc affaire ici, concluait-il, à un italianisme caractérisé, ce qui prouve que l'auteur inconnu de ce livre était un homme qui parlait italien.

Pour Svennung au contraire, on était bel et bien en présence du fameux, mais jusqu'alors hypothétique quatorzième livre de Palladius, ce livre dont l'expression *bis septem libellos* obligeait à conjecturer l'existence. L'argument de Sabbadini n'avait en effet aucune valeur, étant donné qu'un précepte du même ordre se lit dans les *Géoponiques* 18, 17, 8 : λύκοι δὲ θρέμμασιν οὐκ ἐπελεύσονται, εἰ σκίλλαν τῷ ὁδαγῷ καλουμένῳ περιάψῃς et 15, 1, 7 : λύκος δὲ σκίλλας θίγων σπᾶται.

Il ne s'agit donc pas du tout d'une « clochette », mais tout simplement de la plante, voisine de la jacinthe, appelée σκίλλα en grec et *scilla* en latin, la « scille » ou oignon marin (cf. Pline, *N.H.* 19, 93) : nulle trace ici d'italianisme, mais un précepte ancien de caractère magique, analogue à ceux que Palladius, toujours d'après les *Géoponiques*, fournit en grand nombre dans le chapitre 35 de son premier livre.

39. Publié dans *Rendiconti del R. Istituto Lombardo*, série 2, 38, 1905, Milan.

Le rapprochement opéré par Svennung[40] constitue une preuve décisive, et le point de vue de Sabbadini, reposant sur une bévue passablement grossière, ne peut plus guère être aujourd'hui soutenu. Il est à peu près certain que Svennung a mis la main sur le livre XIV de Palladius, et résolu du même coup l'énigme que constituait le vers 3 du *Carmen de insitione*. L'examen du style et des clausules de ce nouveau livre, auquel le savant danois s'est livré, en apporte du reste la confirmation[41].

Nous devons donc admettre que Palladius a écrit en tout quinze livres — dont un en vers —, le quatorzième étant consacré à la médecine vétérinaire. On peut en trouver une dernière confirmation, en dépit des apparences, dans le passage déjà mentionné de Cassiodore, où il est dit que Columelle a écrit « seize livres », et Palladius « douze » : Svennung a en effet très ingénieusement expliqué le mécanisme de la faute — qui est patente : le prétendu *duodecim* (XII) recouvre en réalité un XU = XV, et doit se lire *quindecim* (ajoutons au passage qu'il était en revanche inutile de corriger en XIII le chiffre XVI donné pour Columelle : ce dernier avait probablement écrit, outre son grand ouvrage en 12 livres, un traité plus restreint en 4, dont il ne subsiste aujourd'hui que le *Liber de Arboribus*, mais dont Cassiodore devait connaître le texte intégral)[42].

Reste évidemment un problème : comment se fait-il que le manuscrit lu par Svennung, et qu'il appelle *M*, nous présente ce livre XIV de Palladius alors que les manuscrits connus jusqu'en 1925, et souvent beaucoup plus anciens, l'ignorent ? Disons tout d'abord que, depuis la découverte de Svennung, deux autres trouvailles analogues ont été faites : en 1938 tout d'abord, G. Björck a découvert à Leyde un second manuscrit contenant le *liber de ueterinaria medicina*, le manuscrit

40. Cf. préface à son édition du livre 14, Göteborg, 1926, p. XII.
41. *Ibid.*, p. XIII-XIV.
42. *Ibid.*, p. X.

Vulcanianus 90 B (= *Vu*), datant du XVIe siècle[43] ; par la suite, en 1967, un chercheur américain, M. R. H. Rodgers, a montré que les fragments d'un traité de médecine vétérinaire, contenus dans un manuscrit du Vatican, *Barberini lat.* 12, et appelés par les catalogues, d'après les premiers mots du texte, *libellus de morbis iumentorum*, étaient en fait des *excerpta* du livre XIV de Palladius[44]. Nous possédons donc aujourd'hui trois témoins d'un texte qui était entièrement ignoré avant 1925. Mais le manuscrit *M* demeure le seul qui nous donne la totalité du traité de Palladius, c'est-à-dire les quinze livres : en effet *Vu* ne contient que le livre XIV, et *Ba* ne donne pas le *Carmen de insitione*.

Il est relativement aisé d'expliquer comment les choses se sont passées en ce qui concerne la transmission des différents livres de Palladius. L'archétype — que reproduit par conséquent le seul manuscrit *M* — contenait probablement les quinze livres, lesquels peuvent être classés en trois catégories bien distinctes :

1°) l'*Opus de agricultura* proprement dit, soit les 13 premiers livres ;

2°) le livre XIV, *de ueterinaria medicina* ;

3°) le livre XV, *Carmen de insitione*.

Il apparaît que par la suite chacune de ces trois parties a connu un destin différent :

— la première, qui, en raison de son plan commode[45], intéressait très vivement les cultivateurs, fit l'objet de

43. Cf. « Remarques sur trois documents médicaux de la Bibl. universitaire de Leyde », *Mnemosyne*, 1938, p. 146 sq. Ce manuscrit ne porte d'ailleurs pas le nom de Palladius et ne contient pas les autres livres de son traité.

44. Cf. R.H. Rodgers, « Excerpts of Palladius XIV », *Bulletin of the Institute of Classical Studies*, 15, 1968, p. 127-129.

45. Il s'agit d'un plan chronologique, chaque livre correspondant à un mois de l'année et indiquant au lecteur quels travaux doivent être effectués durant ce mois. Comme le note à juste titre L. Dalmasso, « l'*Opus agriculturae* non è un trattato scientifico, ma un calendario pratico, una specie di effemeride agricola » (« La formazione delle parole in Palladio », *Rivista di Filologia*, XLI, 1913, p. 264).

nombreuses publications : c'est ce que montre le grand nombre (une centaine) des manuscrits qui nous la présentent ;

— la seconde, qui ne faisait guère que démarquer Columelle, présentait beaucoup moins d'intérêt : aussi fut-elle beaucoup moins copiée, si bien qu'aujourd'hui nous n'en possédons que trois exemplaires, d'autres découvertes restant naturellement possibles ;

— la troisième, quant à elle, intéressait surtout, sinon uniquement, les amateurs de poésie : aussi n'est-elle représentée que par quelques manuscrits récents (xve siècle), qui généralement la donnent seule, laissant de côté tout le reste du traité (seul fait exception, en dehors de ***M***, le manuscrit *C*, *Laurentianus* 47, 24, utilisé par Schmitt pour l'édition Teubner).

La façon même dont son ouvrage a été transmis justifie Palladius d'avoir proclamé dans la préface de son ouvrage qu'il se proposait, contrairement à ses prédécesseurs trop soucieux de littérature et de beau style, d'écrire réellement pour les *agricolae* et les *rustici* : le succès remporté par ses treize livres d'agronomie prouve qu'il a su réaliser son programme, et apporter aux exploitants agricoles ce qu'ils pouvaient attendre d'un ouvrage de ce genre.

Examinons maintenant le contenu du traité. Le livre XIV et le livre XV, dont les sujets sont bien déterminés, une fois mis à part, comment se présentent les livres I à XIII, qui constituent proprement l'*Opus de agricultura* ? Ce dernier se laisse aisément diviser en deux parties : d'une part le livre I, d'autre part les douze suivants, qui sont consacrés chacun à un mois de l'année : le livre II au mois de janvier, le livre III au mois de février, etc. Ces douze livres se présentent donc comme une sorte de « calendrier rural », et c'est bien là ce qui rendait son utilisation commode pour les exploitants agricoles : il permettait en effet à ces derniers de savoir avec la plus grande facilité ce qu'ils devaient faire à chaque moment du mois ou de l'année. Ni Caton, ni Varron, ni Columelle, ni Pline dans les livres agronomiques de son *Histoire Naturelle*, ni du reste Virgile dans ses *Géorgiques*, et pas davantage les auteurs grecs des *Géoponiques*, n'avaient songé à répartir ainsi leur matière selon un plan chronologique : chez Columelle par exemple, qui demeurait, semble-t-il, le seul des grands agronomes latins utilisé par les contemporains de Palladius[46], tout ce qui concerne la viticulture se trouve dans les livres III et IV, la céréaliculture dans le livre II, etc., de sorte qu'il est passablement difficile de s'y retrouver lorsqu'on veut passer du stade de la lecture à celui de l'application pratique[47]. Son plan chronologique a donc été « l'idée de génie » de Palladius, et a assuré sans aucun doute à son ouvrage un succès que n'aurait pas mérité, sans cela, ce traité largement dépourvu d'originalité et infiniment moins riche que celui de Columelle — lequel était en un sens, du reste, « trop » riche et trop complet. Dans un intéressant article consacré au « Développement des forces productives dans l'Ouest du Bas-Empire »[48], M. Charles Parain, insistant sur le « changement de style » qui s'est produit, à partir de la fin du premier siècle de notre ère, dans l'évolution du progrès technique, estime, non sans raison, que « l'illustration la plus frappante de ce change-

46. Palladius paraît ignorer Caton et Varron, ainsi que Pline l'Ancien ; on notera que de son côté, un siècle plus tard, Cassiodore ne connaît, en matière agronomique, que Columelle, Palladius lui-même, et Gargilius Martialis (cf. *loc. cit.* : *quod si huius studii requirantur auctores, de hortis scripsit pulcherrime Gargilius Martialis, qui et nutrimenta olerum et uirtutes eorum diligenter exposuit... Pari etiam modo in agris colendis, in apibus, in columbis nec non et piscibus alendis inter ceteros Columella et Aemilianus* (= *Palladius*) *auctores probabiles exstiterunt*).

47. Il convient néanmoins de signaler que Columelle avait donné dans son livre 11 un calendrier rustique, dont s'inspire d'ailleurs très nettement Palladius ; mais ce calendrier n'était utilisable que si l'on se reportait, pour les détails, aux autres livres, alors que Palladius donne ces détails au fur et à mesure. On trouve aussi des calendriers analogues chez Pline, *N. H.* 18, 230-271, et le livre 3 des *Géoponiques* présente mois par mois les travaux à exécuter. Mais là encore les détails ne sont pas donnés en même temps que la date.

48. *Studien über die Revolution*, Akademie Verlag, Berlin (Est), 1969, p. 5-18.

ment de style nous est apportée par la manière dont... Palladius a composé son traité d'agriculture », et en voit une preuve dans le fait que l'agronome, « rompant avec l'analyse systématique et séparée des éléments de la production agricole, cultures d'un côté, élevage de l'autre, ...se place délibérément sur le plan d'un manuel pratique, disposé de la façon la plus commode et la plus efficace » ; il en résulte que son traité, bien que « visiblement destiné à une grande exploitation, était facilement utilisable dans une exploitation de moins grande étendue », et a donc aidé à « hisser la petite exploitation », qui devait devenir prépondérante à l'époque féodale, à un niveau plus élevé qu'auparavant. Nous souscrivons pleinement à cette conclusion. En 1554 déjà, le premier traducteur français de Palladius, Jean Darces, aumônier du Cardinal de Tournon, déclarait dans sa préface : « J'ay principalement choisi cet auteur pour deux causes. La première, pource qu'il a traicté de l'agriculture le plus briesvement de tous les anciens après Caton et Varron. L'autre, pource qu'il est plus clair, et a usé de meilleur ordre, partissant tout son œuvre par les moys de l'an, qui est chose playsante et plus aisée à prattiquer que s'il eust faict autrement, car toutes choses y sont mises chacune en leur temps ».

Quant au livre I de Palladius, il est beaucoup plus long que les autres, dont certains ne dépassent pas, dans l'édition Teubner, une dizaine de pages, alors qu'il en compte 49. Tout comme le premier livre de Columelle, il n'est pas strictement agronomique, mais expose surtout les problèmes d'ordre général qui se posent à un exploitant agricole, et à cet égard forme un tout qui se suffit à lui-même ;

— après un bref chapitre d'introduction, Palladius consacre quatre chapitres aux problèmes du climat, de l'eau et du sol ;

— puis vient le long chapitre 6, qui renferme, présentées non sans un certain désordre, toutes sortes de prescriptions agronomiques que Palladius considère comme constituant les principes fondamentaux de l'économie rurale ;

— après quoi, au chapitre 7, l'auteur évoque les questions qu'il faut se poser au moment de choisir une terre en vue de s'y installer, puis il consacre seize chapitres (8 à 23) aux problèmes de construction et d'architecture, ses sources étant ici Vitruve ou Faventinus ;

— se trouvant ainsi amené à évoquer l'aménagement des volières pour les oiseaux de la basse-cour, il se lance alors dans une longue digression consacrée à l'aviculture, qui occupe les chapitres 24 à 30 ;

— il revient ensuite durant quelques chapitres à la description des diverses parties de l'exploitation (bassins d'eau douce, entrepôts, tas de fumier), et notamment du jardin potager, dont il est traité au chapitre 34 ;

— le long chapitre 35, l'un des plus curieux, donne toute une série de « remèdes » plus ou moins magiques, sortes de « secrets de rebouteux » destinés à protéger le domaine contre la grêle, les animaux nuisibles, etc. ;

— viennent enfin : un chapitre sur l'aménagement de l'aire ; deux sur l'apiculture ; un sur la construction des *balnea*, suivi d'un chapitre annexe sur la façon de fabriquer du mastic (*maltha*) pour réparer les tuyauteries ; un chapitre de trois lignes sur l'installation éventuelle d'un moulin à eau ; enfin le chapitre 42, qui donne une liste, assez complète, des différents instruments qu'il faut posséder dans une exploitation agricole.

Ce livre I, dans lequel Palladius a voulu rassembler ce qu'on pourrait appeler les généralités préalables (cf. 2, 1 : *expletis his quae pertinent ad generale praeceptum*), est donc au total passablement disparate. Notre auteur y procède souvent par associations d'idées : c'est l'évocation des *auiaria* qui entraîne la digression sur l'aviculture ; c'est celle du *sterculinum* qui amène le chapitre consacré au jardin, ce dernier devant être *sterculino maxime subiectus*. Mais on y chercherait en vain la moindre logique : pourquoi les chapitres consacrés aux abeilles sont-ils placés entre celui qui traite de l'aire et celui qui décrit les *balnea* ? Pourquoi Palladius, qui indique longuement et minutieusement la façon de construire un plancher ou un plafond, se débarrasse-t-il en trois lignes du problème autrement complexe que pose l'installation d'un moulin à eau ? Pourquoi traite-t-il tout l'élevage des volailles à propos des *auiaria*, alors que la description des *stabula* n'entraîne aucune digression sur l'élevage du gros bétail ? Autant de questions auxquelles il serait sans doute vain de chercher des réponses : l'art de la composition ne semble pas figurer au premier rang des préoccupations de Palladius.

Plus étonnant encore — et fort décevant pour l'historien — est le silence presque total que fait notre auteur sur les problèmes proprement *économiques*, au sens étymologique du terme, ceux que posent la gestion du domaine rural et son mode d'exploitation. Caton, Varron, Columelle, Pline même dans une certaine mesure — mais non Virgile, il est vrai — évoquaient ces problèmes, et leurs traités nous fournissent des renseignements précieux sur le mode d'exploitation esclavagiste, le recrutement et l'entretien du personnel servile, l'organisation du travail, la formation et les fonctions du *uilicus*, l'écoulement des produits agricoles. Palladius, lui, est à peu près muet sur ces aspects pourtant fondamentaux de l'économie rurale, à trois exceptions près : en 1, 6, 3, il recommande au propriétaire d'entretenir sur son domaine un certain nombre d'ouvriers spécialisés ou d'artisans, afin que l'outillage et les instruments nécessaires soient fabriqués sur place, ce qui évite aux *rustici* de perdre du temps en se rendant à la ville pour les acheter ; en 1, 6, 18, il conseille, nous l'avons vu, de ne pas choisir le régisseur du domaine (*agri praesul*) parmi les *dilecti tenere seruuli* ; en 1, 36, 1, il prescrit d'aménager l'aire non loin de la *uilla*, de manière que les travailleurs, placés ainsi sous la surveillance soit du *dominus* soit du *procurator*, soient moins tentés de voler des grains ou de la farine.

Nous aimerions évidemment en savoir davantage, d'autant que nous sommes en principe, à la date approximative où écrit Palladius, au cœur même de cette période du « colonat » qui, selon certains historiens, a constitué, pendant une assez longue durée, la transition entre le système esclavagiste et celui du servage, et a commencé bien avant la fin du IVe siècle[49]. Dans quel contexte économique se situe donc le traité de Palladius ? Lui-même ne nous le dit pas nettement, et nous laisse entièrement ignorer si les hommes qui cultivent le domaine sont des colons ou des esclaves. Tout au plus pouvons-nous dire que notre auteur, même si cela peut surprendre, semble bien avoir en vue un mode d'exploitation identique à celui que décrivaient, plusieurs siècles auparavant, les autres agronomes latins : certes nous ne rencontrons pas chez lui le terme de *uilicus*, et rien ne prouve que les *rustici* de 1, 6, 3 soient des *serui rustici*. Néanmoins nous avons affaire de toute évidence à un domaine exploité « en régie », et le personnage appelé *agri praesul* est, tout comme le *uilicus* de Columelle ou de Caton, de condition servile. Rien ne semble donc avoir changé depuis la période républicaine et le Haut-Empire : ce n'est peut-être qu'une apparence, due à la trop grande discrétion de Palladius sur ce point ; nous n'en avons pas moins là un exemple privilégié qui nous montre combien il faut se garder des conclusions hâtives concernant l'histoire économico-sociale de l'Antiquité[50]. Notons tout de

49. Sur ces problèmes cf. J. Gagé, *Les classes sociales dans l'Empire romain*, Paris, Payot, 1964, p. 401 sq., ainsi que les travaux des historiens soviétiques (voir en particulier les études de E.M. Chtaerman, V.S. Sergueev, S.I. Kovalev et S.L. Outchenko dans *Recherches internationales à la lumière du Marxisme*, éd. de la Nouvelle Critique, Paris, 1957, et l'article de A. Korsounsky, « Situation des esclaves, des affranchis et des colons dans les provinces occidentales de l'Empire romain aux IVe et Ve siècles », *Vestnik Drevnej Istorii*, 1954, fasc. 2, p. 47-69).

50. A. Korsounsky estime du reste (*art. cit.*) que, contrairement à une opinion très répandue, le développement du colonat n'a nullement empêché l'esclavage de continuer à jouer un rôle important dans la vie économique du Bas-Empire ; le traité de Palladius semble confirmer ce point de vue.

même deux points particuliers qui pourraient au contraire donner à penser que l'économique rurale de Palladius n'est plus celle de Columelle et de Varron : cette dernière était une économie ouverte, et Varron notamment n'était guère partisan d'entretenir sur le *praedium* des ouvriers autres que les ouvriers agricoles[51] ; à cet égard, l'économie préconisée par Palladius apparaît beaucoup plus « fermée » (cf. 1, 6, 3), et elle préfigure sans doute sur ce point l'économie féodale. Par ailleurs, il y a un silence de Palladius qui est tout-à-fait remarquable : alors qu'il décrit minutieusement tous les bâtiments dont se compose la *uilla*, depuis le *praetorium* ou maison du maître jusqu'aux plus humbles remises à bois, notre auteur ne dit pas un mot ni d'un éventuel *ergastulum* ni de quelconques logements destinés aux travailleurs ; on est évidemment tenté d'en déduire que, sur le domaine qu'il envisage, il n'y a pas de *familia rustica* logée dans des « communs » comme dans la *uilla* columellienne[52], mais déjà des « paysans » (quelle que soit leur condition juridique exacte) se logeant par leurs propres moyens dans un « village » dont le *dominus* n'a pas à s'occuper : cet indice ne saurait être négligé, mais il est bien évident qu'il a la fragilité de tous les « *argumenta ex silentio* ».

Tout ce que l'on peut dire, c'est que le traité de Palladius, comme du reste chacun de ceux des autres agronomes latins, venait à son heure et répondait à un besoin : ces riches propriétaires, que nous fait connaître la correspondance de Sidoine Apollinaire, et qui nous apparaissent, en ces ultimes décennies de la civilisation antique, enclins à s'installer sur leurs domaines et à les mettre en valeur, tout en y faisant bâtir des résidences confortables, avaient besoin d'une sorte de « manuel » ou de « guide » pratique ; c'est exactement ce que leur fournit Palladius, avec un sens très remarquable de ce que devait être un ouvrage de ce genre.

51. Cf. *R.R.* 1, 16, 4 (avec une exception pour les domaines éloignés de toute agglomération).
52. Cf. *R.R.*, 1, 6.

III. — Les sources.

Le problème des sources de Palladius a longtemps divisé les érudits, et aujourd'hui encore ne saurait être considéré comme entièrement résolu, bien que la plupart des obscurités qui l'entouraient aient été peu à peu éliminées.

Pour l'essentiel, notre auteur s'inspire de Columelle, que dans de très nombreux passages il se borne à résumer, tout en prenant en général le plus grand soin de ne pas employer les mêmes mots et tournures que lui, peut-être dans le dessein de masquer une trop grande servilité.

Une deuxième source est constituée par l'ouvrage grec en douze livres, publié au IVe siècle par Vindanios Anatolios Bèrytios et intitulé Συναγωγὴ γεωργικῶν ἐπιτηδευμάτων. Nous n'avons pas conservé ce traité dans l'état où Palladius pouvait le connaître, mais il est l'une des composantes du recueil dont les auteurs sont généralement désignés par l'expression de « Géoponiques grecs » (*Geoponici graeci*), recueil réalisé à Byzance au Xe siècle à partir de quatre ouvrages différents : celui d'Anatolios, les *Cestes* de Julius Africanus, composés durant le règne d'Alexandre Sévère, les Γεωργικά de Didymos (que l'on date du IVe ou du Ve siècle), le traité de Cassianus Bassus intitulé Περὶ γεωργίας ἐκλογαί, un peu plus tardif puisque rédigé au VIe siècle. Bien que Palladius n'ait évidemment pas connu le recueil byzantin, c'est par l'abréviation *Géop.* que, à la fois pour des raisons de commodité et pour nous conformer à la tradition, nous désignerons sa source grecque.

En troisième lieu, Palladius s'inspire, pour ce qui concerne la vigne, les arbres fruitiers, l'horticulture et la médecine vétérinaire, de Gargilius Martialis, écrivain du IIIe siècle dont nous avons conservé trois fragments, respectivement intitulés *De arboribus pomiferis*, *Medicinae ex oleribus et pomis*, *De cura boum*, et dont nous savons par Cassiodore qu'il avait écrit également un traité d'horticulture[53]. Gargilius Martialis est une source importante de Palladius, qui le cite treize fois[54], et l'utilise à plusieurs reprises sans le citer ; on est même allé jusqu'à prétendre qu'il était la source unique de notre auteur, et que ce dernier n'aurait connu Columelle qu'à travers lui[55] ; mais depuis les travaux de Svennung[56] cette thèse ne peut plus être considérée comme sérieuse, et il est hors de doute que Palladius a utilisé des sources diverses pour composer son traité.

Outre les trois auteurs que nous venons de mentionner, il a également fait appel, pour tout ce qui concerne les problèmes de construction de la ferme et de ses dépendances, à Vitruve et surtout à l'abréviateur de ce dernier, M. Cetius Faventinus, auteur tardif (vrai-

53. Cf. *supra*, note 46. Les fragments *de arboribus*, qui nous intéressent principalement ici, ont été découverts au début du siècle dernier par Angelo Maio sur un palimpseste de la Bibliothèque royale de Naples. Ils sont au nombre de quatre : *de cydoneis*, qui occupe deux pages dans le manuscrit ; *de persicis* (six pages) ; *de amygdalis* (quatre pages) ; *de castaneis* (quatre pages). Par ailleurs Martialis semble avoir été considéré dans l'Antiquité comme un des meilleurs spécialistes de l'horticulture, si l'on en croit la mention que fait de lui Servius, *ad Georg.*, 4, 147-148 (où Virgile disait qu'il laissait à d'autres le soin de traiter le sujet) et la notice de Cassiodore, qui ne le mentionne que comme horticulteur. C'est très certainement à lui que Palladius est redevable de ceux parmi ses préceptes d'horticulture qui n'ont pas de source connue.

54. En 2, 15-16 et 19 ; 4, 9, 9 ; 4, 10, 5 ; 4, 10, 16 et 34 ; 5, 3, 4 ; 6, 6 ; 7, 5, 3 ; 11, 12, 5 (deux fois) et 7 ; 13, 4, 1.

55. Thèse défendue par M. Wellmann, « Die Quellen des Palladius », *Hermes*, XLIII, 1908, p. 1-31 : selon cet érudit, Palladius, qui serait par rapport à Gargilius Martialis dans la même situation que Faventinus par rapport à Vitruve, « ist weiter nichts als ein verwässerter Gargilius Martialis ».

56. En particulier sa réfutation de la thèse de Wellmann, publiée sous le titre « *De auctoribus Palladii* » dans *Eranos* XXXI, 1927, p. 123-178. Pour les sujets traités à la fois par Gargilius Martialis et par Columelle, c'est du premier que Palladius s'inspire, mais il dépend de Columelle pour ceux que n'avait pas repris Martialis, et la supposition selon laquelle celui-ci aurait écrit une économie rurale complète est dénuée de tout fondement.

semblablement du IVe siècle) d'un *compendium* intitulé *Artis architectonicae priuatis usibus adbreuiatus liber*[57]. Comme pour Columelle, nous pouvons nous demander à vrai dire si Palladius a connu et utilisé directement le traité de Vitruve, ou s'il n'en a eu connaissance qu'à travers le résumé de Faventinus[58]. Il est incontestable que dans plusieurs cas notre auteur s'inspire de Faventinus, pour la bonne raison qu'il s'agit de points que Vitruve n'avait pas traités[59] : c'est le cas, en particulier,

57. Publié par Rose à la suite de son édition de Vitruve, 1899. Longtemps mystérieux et anonyme, l'auteur de ce *Compendium* a été parfois considéré comme étant ou bien Palladius lui-même, ou bien un écrivain plus tardif dont Palladius aurait été la source. On sait aujourd'hui, depuis les travaux de Nohl et la découverte d'un manuscrit fournissant son identité, qu'il s'agit de Marcus Cetius Faventinus, et que son opuscule est antérieur, probablement d'assez peu, au traité de Palladius.

58. La question a été débattue d'abord par H. Nohl, dans son étude de 1876 intitulée *Palladius und Faventinus* (voir notre bibliographie, *infra* p. LXV), puis par F. Krohn dans ses *Quaestiones Vitruvianae*, Diss. Berlin, 1896. Pour le premier, Palladius a pour source principale Faventinus, mais il lui arrive de faire des emprunts à une autre source qui pourrait bien être Vitruve lui-même ; le second en revanche incline à croire que Faventinus est la source unique de Palladius en matière d'architecture, mais se trouve dès lors contraint de supposer que l'agronome lisait un texte un peu différent du nôtre et surtout un peu plus complet. Un peu plus tard, dans son édition commentée de Vitruve et Faventinus, Paris, Lahure, 1909, A. Choisy devait soutenir que Faventinus et Palladius ont utilisé une source commune qui ne serait pas le traité de Vitruve. En dernier lieu, M. Hugh Plommer, *Vitruvius and later romans building manuals*, Cambr. Un. Press, 1973, a repris en la radicalisant la thèse de Krohn, mais insiste sur les apports personnels de Palladius en la matière : Faventinus est sa seule source, mais il ne le suit pas servilement. Le problème n'est sans doute pas susceptible de recevoir une solution incontestable ; une chose pourtant nous paraît difficile à mettre en doute : c'est que Palladius a utilisé, pour ses chapitres architecturaux, au moins deux sources, puisque dans sa préface il dit lui-même les avoir écrits *secundum fabricandi magistros*. Voir nos discussions *od. loc.*, *infra* p. 120 et 122.

59. On sait qu'en tout état de cause Vitruve n'est pas la source unique de Faventinus, qui écrit au début de son livre : *De artis architectonicae peritia, multa oratione Vitruuius Pollio aliique auctores scripsere... Pauca ex his, mediocri licet sermone, priuatis usibus ornare fuit consilium.*

du chapitre 40 du livre I, *de malthis calidae et frigidae*, repris presque textuellement du chapitre 30 de Faventinus, *de malthis diuersis*. Dans d'autres passages, il est évident qu'il s'inspire également de Faventinus, bien que le même sujet ait été traité par Vitruve : c'est le cas de 1, 10, 3, où, évoquant la fabrication de la chaux, Palladius écrit : *calcem... albo saxo duro uel Tiburtino aut columbino fluuiali coquemus aut rubro aut spongea... aut postremo marmore* ; Vitruve avait écrit simplement : *de calce diligentia est adhibenda, uti de albo saxo aut silice coquatur* (2, 5) ; en revanche on lit chez Faventinus, 9 : *calx de albo saxo uel Tiburtino aut columbino fluuiali coquatur, aut rubro aut spongea*, phrase qui est évidemment la source de Palladius. Mais il est aussi des passages où apparemment Vitruve est lui aussi mis à contribution, tel le passage consacré à la construction des plafonds : Vitruve avait recommandé d'employer du bois de cyprès plutôt que du bois de sapin (cf. 7, 3, 1 : *asseres maxime cupressei, quod abiegnei... celeriter uitiantur*) ; or, nonobstant cette prescription, Faventinus ne parle que du bois de sapin (cf. 21 : *asseres abietini ad lineam aut regulam aequaliter dirigantur*), tandis que Palladius mentionne les deux sortes de bois sans marquer de préférence pour l'une ou pour l'autre (cf. 1, 13, 1 : *asseres ligni Gallici* (= *abietini* ou *abiegnei*) *uel cupressi*, etc.), ce qui semble indiquer que Faventinus et lui ont Vitruve pour source commune. Dans une dernière catégorie de passages enfin, il est impossible de déterminer avec certitude si c'est de Vitruve ou de Faventinus que s'inspire Palladius : ainsi, par exemple, dans le passage concernant les bois à utiliser pour la construction du plancher :

VITRUVE 7, 1, 2	FAVENTINUS, 12	PALLADIUS 1, 9, 2
Danda est opera, ne commisceantur axes aesculini querco, quod quercei, simul umorem perceperunt, se torquentes rimas faciunt in pauimentis.	*Danda est opera, ne axes quercei cum aesculinis commisceantur, nam quercus, cum accepto umore siccescere coeperit, arcuatur et rimas operi inutiles efficiet.*	*Obseruandum est.. ut axes quernae cum aesculis non misceantur, nam quercus umore concepto, cum se coeperit siccare, torquebitur et rimas in pauimento faciet.*

Sans aucun doute Palladius suit Faventinus lorsqu'il écrit, à propos de *quercus* : *umore concepto cum se coeperit siccare* ; il est en revanche beaucoup plus proche de Vitruve lorsqu'il emploie *torquebitur*, reprenant *se torquentes* et non pas *arcuatur* ; il en est de même lorsqu'il se sert de *pauimentum* plutôt que de *opus*. De cet ensemble de remarques il paraît possible de déduire que l'agronome avait sous les yeux, en composant ses chapitres sur l'architecture et plus particulièrement celui dont nous venons d'examiner un extrait, à la fois le texte de Faventinus et celui de Vitruve, et qu'il s'inspirait tantôt de l'un, tantôt de l'autre, celui-ci lui servant vraisemblablement à contrôler celui-là, qui paraît bien être en tout état de cause sa source principale en la matière.

Un autre problème difficile à résoudre est celui de savoir si Palladius — qui au demeurant semble ignorer totalement les traités agronomiques de Caton et de Varron, et ne pas connaître davantage les livres agronomiques de l'encyclopédie plinienne — a lu et utilisé des traités antérieurs à celui de Columelle : nous songeons ici surtout, bien entendu, à l'ouvrage monumental de Magon, dont le sénat romain avait ordonné la traduction en latin peu après la chute de Carthage, et dont il avait existé également pluvieurs versions abrégées en grec[60]. Il est certain, à cet égard, que Palladius connaissait le nom de l'agronome carthaginois, puisqu'il le cite dans un chapitre de son troisième livre ; mais il peut s'agir évidemment d'une citation faite de seconde main. Par ailleurs, un passage de 1, 5 — que nous étudions dans notre commentaire — permet de se demander si Palladius ne l'a pas rédigé en s'inspirant du traité magonien : il donne en effet, à propos des diverses méthodes servant à évaluer la fertilité d'un terrain, certains détails qui ne se lisent ni chez ses sources grecques ni dans le chapitre correspondant de Columelle, mais figurent en revanche dans les *Géorgiques*, de façon pourtant moins précise ; or Magon était la source commune de Columelle et de Virgile, et l'on ne saurait exclure que sur ce point Palladius ait consulté son traité ; néanmoins la plus grande prudence s'impose ici, car on peut douter que l'ouvrage de Magon ait été encore en usage à la date où écrit Palladius. La question se pose ici de savoir si celui-ci a utilisé — il ne pouvait les ignorer — les *Géorgiques* virgiliennes ; le nom de Virgile se lit en tout cas chez lui, mais il s'agit très probablement d'une erreur grossière commise par lui, peut-être parce qu'il utilisait un manuscrit fautif : le précepte qu'il attribue à Virgile ne se trouve en effet nulle part dans les *Géorgiques*, et l'hypothèse la plus plausible est que Palladius a ici pour source Gargilius Martialis, soit que ce dernier ait cité *Mago* qu'un copiste aura pu transformer en *Maro*, soit qu'il faille,

60. Cf. Varron, *R.R.*, 1, 1, 10. L'un de ces abrégés, celui de Diophane de Bithynie, qui était le dernier en date et comprenait six livres seulement (contre vingt pour celui de Cassius Denys d'Utique et vingt-huit pour l'ouvrage même de Magon), nous est partiellement connu par les *excerpta* qu'en donne le recueil des Géoponiques. Nous renvoyons le lecteur à notre chapitre sur Magon dans nos *Recherches sur les Agronomes latins*, Paris, Belles Lettres, 1971, p. 37-52. Sur cet agronome, voir aussi l'ouvrage tout récent et fort utile de F. Speranza, *Scriptorum Romanorum de re rustica reliquiae*, Messina, Università degli Studi, 1974, p. 75-119 (où l'on trouvera, avec apparat critique, tous les *fragmenta* de Magon, y compris les passages de son abréviateur cités dans les *Géoponiques*).

chez Palladius lui-même, corriger *Vergilius* en *Gargilius*[61].

Il subsiste de toute façon, dans notre traité, un certain nombre de passages sans source connue : ceux qui concernent l'arboriculture et l'horticulture sont empruntés selon toute vraisemblance aux *libri deperditi* de Gargilius Martialis ; les autres peuvent provenir de textes grecs non repris dans le recueil byzantin, ou parfois être tout bonnement originaux. En gros nous pouvons dresser le tableau suivant :

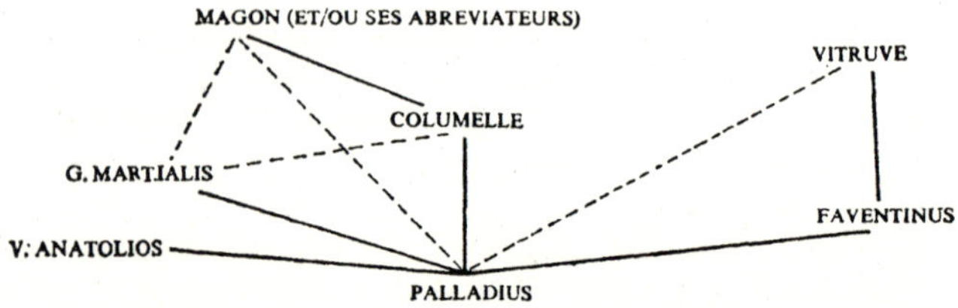

(en traits pleins : les filiations certaines ;

en pointillé : les filiations possibles, mais non assurées ; pour simplifier le tableau, nous n'y avons pas fait figurer les sources de Columelle autres que Magon : il faudrait y ranger tous les agronomes latins antérieurs à lui, plus un grand nombre d'auteurs grecs).

Il convient du reste d'ajouter que le traité de Palladius, s'il constitue dans une large mesure une compilation livresque, n'est tout de même pas entièrement dépourvu d'originalité. Il arrive que Palladius prenne sur un point précis une position différente de celle de sa

61. Cf. 3, 25, 7 : *inseritur autem pirus piro agresti, melo, ut nonnulli, amygdalo et spino, ut Vergilius* (sic *codd.*) ; s'agissant d'arbres fruitiers, la correction de *Vergilius* en *Gargilius*, bien que n'ayant jamais été proposée jusqu'ici, nous paraît pratiquement sûre ; Palladius écrit, il est vrai, le plus souvent *Martialis*, mais aussi parfois *Gargilius Martialis* (cf. 4, 9, 9), et rien n'interdit de penser qu'il ait pu écrire *Gargilius* « tout court ».

source (cf. 1, 28, 4 : *dicit Columella... mihi uero...*) ; de temps en temps aussi il se réfère à une conversation qu'il a pu avoir avec tel ou tel (cf. 3, 17, 6 : *mihi adseruit diligens agricola...* ; 3, 17, 8 : *Hispanus quidam mihi hoc genus nouae insitionis ostendit*). Ne voir en lui qu'un agronome de cabinet serait certainement erroné : s'il n'a pas uniquement écrit *duros inter bidentes*, il n'est pas douteux qu'il y a vécu, et que son expérience personnelle n'était pas négligeable[62].

IV. — Langue et style.

En dépit de sa date tardive, le traité de Palladius est écrit dans une langue relativement « classique », surtout si l'on tient compte du fait que très tôt les traités techniques ont eu tendance à négliger le purisme et à accueillir des tournures appartenant à la langue familière plutôt qu'à la langue littéraire[63]. Il est certain que Palladius était un homme cultivé, connaissant parfaitement Vitruve et Columelle — ce dernier tout au moins remarquable styliste —, sachant aussi le grec et traduisant en général fort bien les *Géoponiques*. Et bien que, sans aucun doute, comme nous le montrons ci-dessous, la langue de Palladius « porte sa date », il nous paraît un peu excessif d'écrire avec L. Dalmasso que le lexique de l'*Opus agriculturae* « appartienne alla decadenza avanzata ». La langue de notre auteur a fait l'objet d'une étude monumentale et exhaustive de

62. C'est ce que notre très justement Schmalz, « Sprachliche Bemerkungen zu Pall. », *Glotta*, VI, 1915, p. 172 : Palladius aurait pu, tout comme Varron, *R. R.* 1, 1, 11 dire que son traité avait pour sources *quae ipse in meis fundis colendo animaduerti, et quae legi, et quae e peritis audii* ; d'où la conclusion de Schmalz : « er war gut vorbereitet für seine Arbeit ».

63. Le cas est particulièrement net pour le traité de Vitruve. Celui de Varron est également semé de tournures et de formes étrangères au latin classique (cf. 2, 10, 7 : *adsiduiores* ; 2, 10, 6 : *facile est quod habent* ; *uidere licet quod... possunt*), mais cela tient surtout au fait que Varron s'applique à y reproduire telle quelle la langue de la conversation familière.

J. Svennung, à laquelle nous aurons plus d'une fois l'occasion de nous reporter dans notre commentaire[64]. Il en ressort que l'on trouve dans son traité, comme du reste on pouvait s'y attendre, maintes tournures qui appartiennent à une langue nettement post-classique, mais la proportion de celles-ci n'est au total pas supérieure à celle que l'on observerait chez n'importe lequel des meilleurs écrivains du quatrième et du cinquième siècles. C'est un fait que Palladius — pour ne prendre que quelques exemples — emploie volontiers le comparatif là où l'on attendrait le superlatif (cf. 1, 5, 2 : *magis* pour *maxime* ; 1, 10, 1 : *melior* pour *optima*) ; qu'il exprime souvent la durée par l'ablatif au lieu de l'accusatif (cf. 1, 14 : *multo tempore* ; 1, 30, 3 : *primis decem diebus* ; 1, 33, 2 : *stercus quod anno requieuerit*) ; qu'il use de tournures telles que *facere* + infinitif (cf. 1, 35, 3 : *aliqui nudam feminam... hortum faciunt circumire* ; 1, 39, 2 : *flamma cellas faciat plus calere*) ; qu'il emploie systématiquement le subjonctif dans la protase, même lorsque le verbe de l'apodose est à l'indicatif (exemples innombrables) ; qu'il emploie fréquemment avec un complément d'objet direct (ou au passif) des verbes en principe intransitifs (cf. 1, 30, 2 : *anserina oua ne noceantur* ; 1, 35, 12 : *nullum fructum noceri* ; 1, 38, 2 : *ne ianuas egrediatur examen* — mais la construction se trouve déjà chez César, *B. C.*, 3, 52, 1 : *egredi munitiones*) ; qu'on lit dans son traité (mais isolément, les constructions classiques étant de beaucoup les plus nombreuses) des tournures telles que *ut non* pour *ne* (cf. 1, 35, 5, en début de phrase : *ut olera animalia non generent*), l'interrogation indirecte négative introduite par *ne* (cf. 1, 7, 1 : *in eligendo agro considerare debebis ne bonum naturalis fecunditatis colentium deprauarit inertia*), l'indicatif dans une subordonnée interrogative (cf. 1, 40, 1 : *scire conuenit quae sunt malthae*, donné par tous les manuscrits et abusivement corrigé en *quae sint* par les éditeurs), ou encore l'ablatif précédé de la préposition *de* pour le génitif (cf. 1, 24, 2 : *aliquid de strangulati hominis loro* ;

64. *Untersuchungen...*, *op. cit.*, 698 pages.

1, 35, 3 : *cinerem de fico*). C'est un fait aussi que Palladius a une prédilection marquée pour les substantifs abstraits (cf. 1, 6, 8 : *culta exiguitas* ; 1, 35, 2 : *cretae candore* = *creta candida* ; 1, 35, 8 : *psilotri austeritatibus* = *psilotro austero*) ainsi que pour les diminutifs employés sans valeur particulière (*corpusculum* pour *corpus*, *lactucula* pour *lactuca*, *hortulus* pour *hortus*, etc.), et que son vocabulaire comporte çà et là quelques mots nettement « tardifs » (*fasianus* pour *fasiana auis* ; *cattus* pour *feles* ; *uanga*, mot germanique désignant une sorte de bêche). Enfin il manifeste quelques flottements dans l'emploi des pronoms (*ipse* pour *idem* en 1, 19, 1 ; *hic* pour *is* très fréquemment ; *unus... alius* pour *alter... alter* en 1, 26 et 1, 35, 10 ; *unus* avec valeur d'article indéfini en 1, 24, 1 et 1, 28, 4)[65].

Il n'en reste pas moins que, d'une façon générale, la syntaxe et le vocabulaire de Palladius sont parfaitement « classiques » ; son latin est celui d'un lettré, et cela n'a rien de surprenant, du reste, de la part d'un *uir illustris* formé sans aucun doute aux meilleurs écoles[66].

Quant à l'appréciation proprement stylistique du traité de Palladius, elle n'est pas sans poser des problèmes assez délicats. Un bon point de départ peut nous être fourni par la « déclaration d'intentions » que l'auteur a lui-même placée en tête de son ouvrage, et qui constitue une prise de position extrêmement nette : dans une très courte préface — dont la brièveté même

65. A cet ensemble d'observations il convient d'ajouter la liste des ἅπαξ relevés par Dalmasso, *Athenaeum*, 1914, p. 53-54 ; ils sont au nombre de trente-sept (en majeure partie des substantifs) ; pour les deux premiers livres, la liste en est la suivante : *bipeda* (1, 22, 12) ; *cretura* (1, 26, 4) ; *fusorium* (1, 43, 20) ; *perpluuium* (1, 17, 18) ; *pometum* (1, 42, 9) ; *vanga* (1, 49, 8) ; *castratorius* (1, 49, 12) ; *domnicalis* (1, 42, 14) ; *piscinalis* (1, 46, 24) ; *laetare* (1, 10, 27 et 1, 12, 12) ; *simplicare* (2, 15, 5) ; *superstatuminare* (1, 15, 5 — mais le texte est selon nous fautif et nous proposons, comme on le verra, une correction).

66. C'était déjà l'opinion de Forcellini-De Vit (*praef.*, p. CXVII : « Palladius scripsit post Apuleium, quo tamen Latinior multo est, et a novandarum vocum cacoëthe magis abhorrens ».

et la sobriété semblent garantir la sincérité — Palladius reproche vivement à ses prédécesseurs en agronomie d'avoir perdu de vue le fait qu'ils s'adressaient à des campagnards (*rustici*) et d'être tombés dans tous les pièges de la rhétorique (*artibus et eloquentiae rhetoris aemulari*), de sorte qu'ils ont écrit des ouvrages beaucoup trop difficiles à lire non seulement par les gens simples, mais même par les lettrés (*adsecuti sunt ut eorum doctrina nec a disertissimis possit intelligi*). « Ils font de la littérature pour parler à des paysans » (*diserte loquuntur rusticis*), écrit notamment Palladius pour résumer sa pensée. Quant à lui, il s'affirme bien décidé à ne pas imiter ses devanciers (*ne quos reprehendimus imitemur*), et pour cela, renonçant aux prestiges d'une préface brillante à la manière de Columelle (*recidamus praefationis moram*), il donne en quatre lignes le « sommaire » de son traité, en annonce le plan, après quoi il entre, sans autre forme de procès, *in medias res*. Il entend donc sans aucun doute écrire un traité accessible à des lecteurs qui ne seraient pas des lettrés, des *diserti*, et cette prise de position est tout à l'honneur de Palladius, dont on pourrait dire qu'il apparaît comme animé d'un véritable souci pédagogique, tant il est vrai que la règle d'or de la pédagogie consiste à évaluer le niveau intellectuel et culturel de son public (*ipsam cui praecepturus es aestimare personam*, dit excellemment notre auteur), de façon à se mettre à la portée de ce dernier[67].

Que Palladius soit resté parfaitement fidèle à son propre programme en ce qui concerne le contenu de son traité, cela est évident pour quiconque le lit dans son ensemble : on y chercherait en vain la moindre digression superflue, le moindre temps mort ; Palladius se borne à l'indispensable. En est-il de même en ce qui concerne le style ? Dans une large mesure on peut

67. Cf. 1, 1, 1. Palladius semble d'ailleurs s'inspirer ici de Faventinus, qui avait exprimé avant lui un point de vue analogue, disant qu'il avait écrit un traité volontairement moins brillant que ceux de ses devanciers, *ne longa eorum disertaque facundia humilioribus ingeniis alienum faceret studium* (*praef.*, 1).

répondre à cette question par l'affirmative : il est certain que dans l'ensemble son livre est d'une lecture facile, qui tient avant tout à la grande simplicité syntaxique de la plupart des phrases ; ces dernières sont courtes, comportent peu de propositions ; l'ordre des mots ne provoque aucune surprise. C'est ce que notait excellement J. H. Schmalz dans ses *Sprachliche Bemerkungen zu des Palladius Opus agriculturae* : « Der Satzbau ist sehr einfach, grössere Perioden sind vermieden, die Aufzählungen sind einformig und nehmen einen breiten Raum ein... Der Verfasser ist dabei, wie er in der Einleitung ausspricht, alle Rhetorik abhold, da er sonst nicht verstanden zu werdenf ürchtet[68] ». En voici quelques exemples : *ab apium castris longe sint omnia odoris horrendi, balneae, stabulae, coquinae fusoria. Fugemus praeterea animalia quae sunt apibus inimica, lacertos et blattas et his similia* ; *aues etiam pannis et crepitaculis terreamus* (1, 37, 4). — *Contra erucas* : *semina quae spargenda sunt semperuiui suco madefiant uel erucarum sanguine. Cicer inter olera propter multa portenta serendum est. Aliqui cinerem de fico super erucas spargunt* ; *item squillam uel in horto serunt uel certe suspendunt. Aliqui mulierem menstruantem, nusquam cinctam, solutis pedibus, contra erucas et cetera hortum faciunt circumire. Aliqui cancros pluribus locis intra hortum crucifigunt* (1, 35, 3).—*Pauones nutrire facillimum est, nisi eis fures aut animalia inimica formides* : *qui plerumque uagati per agros sponte se pascunt pullosque educunt. Altissimas uespere arbores petunt. Vna his cura debetur* : *ut incubantes per agros feminas* (*quae hoc passim faciunt*) *a uulpe custodias* ; *ideo in insulis breuibus meliori sorte nutriuntur* (1, 28, 1).

Il est inutile de multiplier les exemples : le lecteur aura tôt fait de se convaincre que tel est, non point certes le style constant, mais le style le plus ordinaire de Palladius, et il est bien certain que c'est celui qui est le plus approprié à un ouvrage technique. Palladius

68. *Glotta*, VI, 1915, p. 173.

en avait très clairement conscience, et son choix stylistique ne peut qu'être loué. Il n'est d'ailleurs pas indifférent de noter, à ce propos, que ce jugement était déjà celui que portait sur notre auteur un lecteur de langue latine tel que Cassiodore : traitant de la littérature agronomique, ce dernier, après avoir évoqué le traité de Columelle et vu en lui un ouvrage « convenant mieux aux lettrés qu'aux ignorants » (*disertis potius quam imperitis accommodus*) et susceptible de leur donner un vif plaisir littéraire (*non solum communi fructu, sed etiam gratissimis epulis expleantur*), examine l'ouvrage de Palladius, qui lui inspire un jugement tout différent. Certes, nous l'avons vu, son auteur est qualifié par Cassiodore de *facundissimus* — ce qui signifie simplement qu'il écrit très bien —, mais il est surtout loué pour ce que Cassiodore appelle sa *planissima lucidatio*, expression ramassée et difficile à traduire littéralement, mais que nous gloserions volontiers en disant : « sa grande facilité et son extrême clarté ». Et c'est en raison de cette qualité fondamentale — qui devrait être celle de tout ouvrage technique — que Cassiodore recommande la lecture de Palladius[69].

Ajoutons qu'en matière de style Palladius n'était pas un isolé, mais appartenait à une école bien déterminée, qu'il nous est aisé de discerner : on sait en effet que Macrobe, dans un passage fort justement rappelé par M. Loyen à propos de Sidoine Apollinaire, contemporain très probable de Palladius, distinguait, dans ses

69. Cf. *Inst.* 1, 28, 6 : *Columella per diuersas agriculturae species eloquens et facundus inlabitur, disertis potius quam imperitis accommodus, ut operis eius studiosi non solum communi fructu, sed etiam gratissimis epulis expleantur. Aemilianus etiam facundissimus explanator... de hortis uel pecoribus aliisque rebus planissima lucidatione disseruit, quem uobis inter alios lectitandum, Domino praestante, dereliqui.* On notera tout particulièrement le terme *explanator*, dont Cassiodore se sert pour désigner Palladius, et qui semble bien signifier qu'à ses yeux l'auteur de l'*Opus agriculturae* a clarifié ce que Columelle avait exposé d'une manière trop compliquée.

Saturnales, 5, 1, 5-7, quatre genres de style : le genre abondant (*genus copiosum*), bien représenté, cela va de soi, par Cicéron ; le genre riche et fleuri (*genus pingue et floridum*), qui est celui de Pline le Jeune et de Symmaque (et naturellement de Sidoine Apollinaire lui-même) ; le genre concis (*genus breue*), illustré par les thucydidéens romains et plus particulièrement par Salluste ; le genre sec enfin (*genus siccum*), dont le meilleur représentant est Fronton, et qui convient bien aux ouvrages techniques ; outre l'adjectif *siccus*, Macrobe emploie également *tenuis* et *sobrius*, et désigne ce type d'écriture par l'expression *dicendi frugalitas*. Au Ve siècle même, le plus en vue des « frontoniens » était ce Claudianus Mamertus pour lequel Sidoine professait une si grande admiration, et qu'il louait en particulier, comme Cassiodore loue Palladius, pour l'extrême clarté de son style, le félicitant d'avoir écrit un *opus materia clausum, declamatione conspicuum*, et de s'être toujours attaché à « traiter son sujet plutôt qu'à remplir la page » (*causam potius implere quam paginam*) en évitant le foisonnement verbal (*paucis multa cohibenti*) — ce qui peut être considéré comme le sommet de la véritable éloquence (*principalis facundia*). En lisant ces lignes consacrées par l'évêque de Clermont au style de Mamertus[70], on les jurerait écrites à propos de Palladius, tant elles dépeignent bien l'écriture de ce dernier. Et de fait il apparaît à l'évidence que l'auteur de l'*Opus agriculturae* fut en son temps l'un des meilleurs représentants de l'école frontonienne : les termes qui caractérisent le mieux son style sont ceux de *siccitas*, *sobrietas* et *frugalitas*, et cela correspond parfaitement à ce que sa propre préface laissait prévoir.

Il serait donc très inexact de dire, comme nous-même l'avons écrit naguère à tort[71], que le traité de Palladius ne présente « aucune qualité littéraire ». Que la « littérature » au mauvais sens du terme en soit

70. *Ep.*, 4, 3, 3.

71. A propos de l'édition Belles-Lettres du livre 10 de Columelle, dans notre compte rendu, *R. E. L.*, XLVII, 1969, p. 533.

le plus souvent bannie nous semble certain, mais la sécheresse même de Palladius, et son refus de l'éloquence telle qu'elle se pratiquait dans les écoles de rhétorique, sont précisément des qualités littéraires et non des moindres ; ce n'est pas par hasard que Cassiodore qualifiait Palladius au moyen du superlatif *facundissimus*, et qu'à propos du style analogue de Mamertus, Sidoine Apollinaire employait précisément le terme de *facundia*. Pour être purement technique et écrit avec une grande économie de moyens, l'*Opus agriculturae* n'en est pas moins un ouvrage d'une excellente tenue littéraire, et un fait suffit à indiquer clairement que son auteur a voulu qu'il en fût ainsi : c'est que la prose de Palladius est une prose métrique, condition nécessaire et suffisante pour qu'on puisse voir dans son traité un *opus accurate scriptum*[72]. Ce souci de bien écrire se traduit encore par un effort constant de variété dans l'expression ; cela est très frappant à la lecture des passages présentant plusieurs préceptes les uns à la suite des autres : Palladius les exprime tantôt à la 2e personne du singulier, tantôt à la 1re personne du pluriel ; tantôt à l'actif, tantôt au passif ; ici au subjonctif, là à l'indicatif présent. Ainsi en 1, 35, 6 : *Campas fertur euincere*,

72. C'est ce que nous ont montré tous les sondages auxquels nous avons procédé. En voici deux exemples, le début du traité et un passage pris au hasard : 1°) 1, 1, 1 : *aestimare personam* (crétique-trochée). — *rhetores aemulari* (crétique-dichorée). — *loquuntur rusticis* (spondée-crétique). — *possit intelligi* (dicrétique). — En revanche la phrase suivante s'achève sur une fin d'hexamètre : *reprehendimus imitemur*, dont la prose de Palladius offre du reste plusieurs exemples (cf. 1, 6, 7 : *est inimicus* ; 1, 6, 15 : *horis operandis* ; 8, 1, 1 : *calendas iterentur* ; etc.).

2°) 1, 34, 7 : *diuidendae sunt* (crétique-spondée). — *pastinentur* (dichorée). — *debebimus effodere* (dactyle-péon premier : ici clausule non « canonique »). — *algoris aut solis* (crétique trochée). — *latitudine* (trochée-crétique / ou dactyle). — *purganda diuisae* (crétique-spondée). — *erigantur* (dichorée). — *extulisse sufficiet* (crétique-tribraque, variante de crétique-trochée). — *consueuit effluere* (id.). — *esse debebunt* (crétique-spondée). — *umor admissus* (crétique-trochée). — *exclusus auerti* (crétique-spondée). On constate la présence des clausules classiques non seulement aux fins de phrases, mais même souvent en fin de proposition. Que Palladius commette ici et là des erreurs n'a rien de surprenant,

qui... excitarit. Si uitibus consulemus, allio trito falces feruntur ungendae. Nasci quoque prohibentur, si... incendas, et per horti tui... diffundas. Ce souci de variété porte aussi sur le vocabulaire ; qu'on en juge par une phrase aussi simple que celle-ci (1, 34, 8) : *Frigidis Locis autumnalis satio celerior fiat, uerna uero tardior* ; *calidis autem Regionibus et autumnalis serior fieri potest et uerna maturior* ; ou, au paragraphe précédent : *hae in quibus autumno seminabitur...* ; *quas seminibus uere conplebimus...*, etc. S'il est donc vrai de dire que le style de Palladius se caractérise par une sobre élégance, on voit que cette sobriété n'exclut nullement une certaine recherche, aux limites parfois de la coquetterie, que toute traduction de son traité doit s'efforcer de rendre.

Outre ces passages, où la recherche de la variété répond à des préoccupations purement littéraires et sans rapport avec le souci de clarté et de simplicité qui anime généralement Palladius, on peut même en relever un certain nombre dans lesquels il fait incontestablement de la « littérature » — et va jusqu'à donner, tel un Sidoine Apollinaire, dans ce qu'il faut bien appeler la préciosité, voire le maniérisme, perdant de vue son beau programme de la préface. Ainsi en 1, 28, 6, quand il évoque la période critique que constitue pour les jeunes paons la pousse de leur aigrette, et ajoute avec un soudain attendrissement : *patiuntur languores infantum similitudine, cum illis tumentes gingiuas denticuli aperire nituntur.* Ou en 1, 33, 2, lorsqu'il désigne les alluvions fertilisantes des rivières en crue par une expression aussi recherchée que *limus quem scaturiens aqua uel fluuii incrementa respuerint.* Ou en 1, 37, 4,

et n'empêche pas son traité de relever incontestablement de ce que l'on appelle parfois la « prose d'art » : on sait d'ailleurs qu'un siècle plus tard encore on peut faire la même constatation à propos d'un écrivain tel que Césaire d'Arles, pourtant lui aussi soucieux avant tout de s'adresser aux « masses » et d'être compris d'elles ; il ne faut donc pas conclure nécessairement à une infidélité de Palladius à son programme, mais constater le poids des habitudes contractées dans les écoles de rhétorique.

quand par l'emploi simultané d'une disjonction, d'une construction poétique et d'un vocabulaire anthropomorphisant il semble nous inviter à voir dans le préposé aux ruches une sorte de précepteur à l'antique, veillant sur une jeunesse naïve : *purus custos frequens et castus accedat, habens noua aluearia praeparata, quibus excipiatur examinum rudis iuuentus*. Ou en 1, 17, 2 quand la citerne que l'on remplit d'eau devient en quelque sorte l'hôtesse de celle-ci : *aquae praebeatur hospitium*, croit devoir écrire Palladius. Il y a aussi les cas, relativement fréquents, où il donne un nom de chose ou d'être inanimé comme sujet à un verbe exprimant une action normalement accomplie par un être vivant : ainsi au lieu de noter simplement que les œufs de faisan éclosent après trente jours de couvaison, préfère-t-il écrire : *tricesimus dies pullos in lumen emittet* (1, 29, 2). Ainsi l'échalas devient-il sous sa plume l'agent qui fait pousser la vigne : *longius adminiculum uitis incrementa producit* (1, 6, 9), etc.

Il faut pourtant préciser que les passages de ce genre, où Palladius pousse le souci de l'élégance jusqu'à la coquetterie, et se départit de sa sobriété d'agronome, ne sont au total pas très nombreux. Ils existent néanmoins[73], et ont été parfois reprochés à Palladius, que les critiques ont volontiers accusé de tomber dans les défauts mêmes qu'il dénonçait chez ses prédécesseurs. Comment peut-on les interpréter ? Deux points de vue peuvent être ici soutenus : ou bien l'on dira que Palladius, sachant bien qu'il serait lu par les lettrés — ses semblables du reste —, n'a pas pu se résoudre à conserver tout au long de son traité la *siccitas* et l'écriture dépouillée dont il s'était pourtant fait une règle, et a choisi, consciemment et de propos délibéré, de rehausser quelque peu le style de son ouvrage en l'agrémentant ici et là de grâces et de mignardises ; il s'agirait alors d'une entorse volontaire à un « plan d'austérité » dont la rigueur lui a paru devoir être atténuée. Ou bien l'on

73. Il serait superflu d'en faire ici le relevé complet : notre commentaire mettra en lumière les plus notables d'entre eux.

préfèrera considérer que, conditionné en quelque sorte par la classe à laquelle il appartenait, par l'époque à laquelle il vivait et par la formation qu'il avait reçue, il a laissé échapper sous sa plume, malgré lui et sans peut-être en avoir conscience, pour la simple raison qu'il n'est pas facile à un « littéraire » de s'en tenir constamment à la sécheresse du style scientifique, un certain nombre de formules semblables à celles dont sans doute il semait ses lettres à ses amis et les discours d'apparat qu'il n'a certainement pas manqué de prononcer. Disons que selon le premier terme de l'alternative Palladius n'a pas voulu avoir un style continument sobre et dépouillé, et que selon le second il ne l'a pas pu. Entre ces deux interprétations est-il possible de trancher ? A vrai dire, les éléments permettant de le faire nous semblent manquer tout-à-fait ; nous nous bornerons donc ici à poser la question sans prétendre la résoudre, et à souligner qu'en tout état de cause, et malgré les critiques qui peuvent lui être adressées, Palladius demeure un modèle de simplicité, si l'on compare son style à celui d'un écrivain authentiquement précieux tel que Sidoine Apollinaire : un abîme les sépare. Et peut-être ne serait-il pas impossible de conclure sur ce point en appliquant à Palladius la remarque que faisait un jour, à propos de son contemporain (quoique de la génération précédente) Sulpice Sévère, M. Jacques Fontaine : « Il donne l'impression d'un auteur qui a tenté la gageure d'écrire à la fois pour plusieurs publics. *Sous les apparences d'une simplicité extrême, il dissimule les intentions d'un styliste extrêmement raffiné*... Et le succès contemporain et ultérieur de son œuvre montre qu'il a admirablement réussi à toucher ces divers publics »[74]. Ce qui nous conduit à évoquer brièvement le problème du (ou des) public(s) de Palladius.

74. Intervention au Colloque d'avril 1961 du Centro italiano di studi sull'alto medioevo, dans *Il passagio dall'antichità al medioevo in Occidente* (Actes du Colloque, Spolète, 1962, p. 373-374).

V. — Pour qui Palladius écrit-il ?

Au début de son traité, Palladius, nous l'avons vu, adresse à « la plupart » de ses devanciers le reproche d'avoir perdu de vue le niveau intellectuel et culturel de leur public, et d'avoir écrit des ouvrages qui, s'adressant en principe à des « campagnards » (*rustici*), sont en fait d'une langue si difficile que même les amateurs de beau langage (*disertissimi*) éprouvent beaucoup de peine à les lire. Cette assertion pose un problème analogue à celui que soulevait déjà l'affirmation semblable de Pline l'Ancien, critiquant les agronomes antérieurs à lui et affirmant qu'ils donnent l'impression d'avoir écrit pour qui on voudra, sauf pour des paysans[75]. Ce problème est celui du public auquel s'adressent les divers agronomes latins, et l'on voit que Pline et Palladius adoptent à cet égard une attitude identique : ils entendent réagir contre ce qui leur paraît être une inconséquence de leurs prédécesseurs, et tiennent, quant à eux, à formuler leurs préceptes agronomiques dans des livres qui soient accessibles aux *agricolae*, dit l'un, aux *rustici*, dit l'autre — gens simples et peu instruits auxquels on ne peut valablement s'adresser en utilisant la même langue et le même mode de présentation que lorsqu'on veut toucher un public de lettrés. Si évident et conforme au bon sens que paraisse ce point de vue, il n'en est pas moins embarrassant pour l'historien. En effet :

1) On peut s'interroger sur la portée véritable du terme *plerique*, employé par Palladius. Quels agronomes vise-t-il ? Très probablement Columelle, dont le style est en effet fort « littéraire », et qui est de toute évidence passé par les écoles de rhétorique : il suffit pour s'en convaincre de lire les authentiques *declamationes* qui constituent la longue préface de son premier livre. Peut-être le reproche s'adresse-t-il aussi à Virgile, dont Sénèque déjà avait estimé non sans raison qu'en écri-

75. Cf. *N. H.*, 18, 24 : *qui adhuc diligentius ea tractauere, quibusuis potius quam agricolis scripsisse possunt uideri.*

vant les *Géorgiques*, il n'avait pas réellement voulu « instruire les paysans », mais « charmer ceux qui lisent »[76]. Toutefois Virgile et Columelle ne sauraient à eux seuls être désignés par *plerique* : qu'en est-il des autres *scriptores de re rustica* ? Le reproche de Palladius ne paraît guère pouvoir concerner Caton, qui est irréprochable à cet égard et que du reste il ne semble pas connaître. Il ne s'applique pas davantage à Pline l'Ancien, dont on a vu que lui aussi entendait tenir compte du niveau culturel d'un public de ruraux, et qui a d'ailleurs dans une large mesure su mettre ses idées en pratique[77]. Pour ce qui est de Varron, il est certain que ses dialogues rustiques, écrits dans un style très proche de la langue parlée — et de ce fait fort savoureux —, ne sauraient être considérés comme une œuvre élaborée selon les règles de l'*ars dicendi* ; il n'en reste pas moins, d'une part que Varron se soucie davantage de pittoresque que de simplicité, d'autre part qu'il multiplie à plaisir les digressions et les notations érudites[78], dans un traité dont les qualités littéraires l'emportent certainement sur les mérites pédagogiques. Restent par ailleurs la foule des agronomes, tant latins que grecs, dont les traités ou bien ne nous sont point parvenus, ou bien ne nous sont connus que de façon très fragmentaire : tout au plus peut-on faire observer que ni Gargilius Martialis ni les divers auteurs qui figurent dans le recueil des Géoponiques ne paraissent tomber sous le coup des reproches de Palladius. Nous sommes donc, semble-t-il, condamnés à mal discerner quels sont, en dehors de Columelle, les agronomes visés aussi bien par Pline que par Palladius ; cela tient sans doute à ce que la littérature agronomique de l'Antiquité ne nous est parvenue que dans une très faible proportion.

2) On peut surtout se demander si le problème soulevé par Palladius et avant lui par Pline n'est pas en

76. *Ep.*, 86, 15 : *Vergilius noster, qui non quid uerissime, sed quid decentissime diceretur adspexit, nec agricolas docere uoluit, sed legentes delectare.*
77. Cf. R. Martin, *Recherches...*, *op. cit.*, p. 376-382.
78. Cf. 2, 1, 3-20 ; 2, 5, 1-6 ; 3, 1, 1-10.

fait un faux problème : lorsqu'ils affirment que les *rustici* ne sont pas suffisamment instruits pour comprendre les œuvres trop bien écrites de leurs devanciers, on a l'impression que les deux auteurs perdent de vue le fait — pourtant évident — que Columelle, et avant lui Varron, et même déjà Caton, ne songeaient pas un instant à toucher un public de « paysans » dépourvus de toute instruction ou presque, mais s'adressaient à un public de riches propriétaires fonciers qui, même s'ils tiraient leurs revenus de la terre, n'en étaient pas moins par ailleurs des hommes cultivés, des *litterati* parfaitement à même de lire les ouvrages les plus savants et les plus élaborés sur le plan stylistique : c'est un propriétaire tel que Pline le Jeune qui nous donne l'idée la plus juste de ce qu'étaient les hommes qui constituaient le public de Columelle[79], et on ne l'imagine guère reculant devant la lecture d'un *opus diserte scriptum*.

En ce qui concerne Pline l'Ancien, l'oubli de cette évidence est probablement volontaire, et doit sans doute être expliqué par le fait que l'auteur de l'*Histoire Naturelle*, très hostile à la grande propriété, était partisan d'un retour à l'exploitation agricole « moyenne » de type catonien, voire même à la petite exploitation pré-catonienne[80] : aussi ne faut-il pas s'étonner de le voir refuser par principe de s'adresser aux grands propriétaires, tout en affectant d'ignorer que ces derniers constituaient le véritable et même le seul public de Columelle.

Il est beaucoup plus malaisé d'interpréter l'attitude de Palladius, étant donné que son traité, tout comme celui de Columelle, concerne manifestement une exploitation importante : elle occupe un personnel nombreux, comprenant non seulement des travailleurs agricoles (*rustici*), mais aussi des spécialistes appartenant à plusieurs corps de métier, et elle est dirigée, en l'absence du propriétaire, par un *agri praesul* (1, 6, 18) et/ou par

79. Cf. R. Martin, *Recherches*, p. 344-345.
80. *Ibid* ., p. 381-382.

un *procurator* (1, 36, 1) ; en outre les bâtiments comportent une maison de maître ou *praetorium* (1, 8, 2), avec appartement d'été et appartement d'hiver (1, 9, 1). Le propos de Palladius semble donc en réalité fort différent de celui de Pline, et, dès lors que notre auteur paraît bien s'adresser à de riches propriétaires, on peut se demander pourquoi il les appelle *rustici* dans sa préface et les considère comme incapables de lire un traité tel que celui de Columelle. Faut-il expliquer cela par la date tardive à laquelle il écrit ? Il est certain qu'il publie son traité à une époque où la culture classique est chancelante, et où les riches propriétaires fonciers ont tendance à résider non plus en ville, mais sur leurs domaines ; et l'on peut noter qu'à en croire Palladius ce ne sont pas seulement les paysans, mais même les *disertissimi* qui à son époque éprouveraient des difficultés à lire les traités de ses devanciers. Pourtant, nous l'avons vu, de même que la correspondance de Pline le Jeune nous permet de bien connaître le public qui était celui de Columelle, de même c'est la correspondance de Sidoine Apollinaire qui nous met le mieux en contact avec celui de Palladius, et l'on ne voit guère qu'il ait été composé de rustres incapables de comprendre autre chose qu'une langue très simple. On peut donc se demander si Palladius, au moment même où il fustige la rhétorique, ne s'exprime pas dans une large mesure en rhéteur : que les authentiques « paysans » aient été incapables de lire le traité de Columelle, c'est certain ; mais Palladius ne s'adresse pas davantage à eux que Columelle, et à cet égard sa *captatio beneuolentiae* paraît moins sincère et plus artificielle que celle de Pline. A moins, bien sûr, que l'on ne considère, avec l'historien de l'agriculture K.D. White, que l'ouvrage de Palladius n'est nullement celui d'un « farmer » s'adressant à ses confrères à la manière de Columelle ou Varron, mais celui d'un propriétaire donnant des instructions à son fermier[81]. Mais cette

81. Cf. K. D. White, *Roman farming*, Thames and Hudson, 1970, p. 30 : « Palladius is unlike his predecessors in that he writes as a proprietor giving instructions, not as one farmer to another as an equal ». P. 31, le même auteur juge en ces termes le style de

thèse ne nous paraît guère soutenable : un chapitre tel que 1, 7 (sur les points à considérer avant d'acheter un terrain) montre que l'agronome s'adresse bel et bien, au même titre que ses devanciers, à un public de propriétaires ; son traité est celui d'un *dominus* écrivant pour ses pairs — c'est la seule interprétation que permette le texte. Il reste que Palladius, c'est un fait, sans perdre de vue les exigences de la prose d'art, semble tenir à ce que son traité soit dans la pratique quotidienne utile à ceux qui l'auront entre les mains : il fait preuve à cet égard du même souci d'efficacité que Faventinus rédigeant son abrégé de Vitruve, et ne retenant de l'ouvrage du maître que ce qui pouvait être mis en application dans le domaine de l'architecture privée[82] : il n'est pas impossible que l'on soit ici en présence d'une attitude psychologique caractéristique de l'Antiquité tardive, et qui mériterait d'être étudiée.

VI. — Établissement du texte.

Nous avons déjà exposé comment nous a été transmis le traité de Palladius. Rappelons que l'original consistait en un manuscrit comprenant — selon toute vraisemblance — à la fois les livres 1 à 13, le livre 14 sur la médecine vétérinaire, et le livre 15 ou *Carmen de insitione* ; rappelons aussi que le seul manuscrit actuellement connu qui contienne ces quinze livres est celui que Svennung découvrit en 1925 à Milan, l'*Ambro-*

Palladius : « the language is generally conventional, and the style formulaic, like that of a modern gardener's or horticulturist's handbook. In a standardized work of this king acknowledgement would have been entirely out of place » ; jugement en partie exact, mais, nous l'avons vu, en partie seulement, et entraîné sans doute par l'interprétation générale de l'ouvrage, plutôt que reposant sur une véritable analyse stylistique.

82. Sont éliminées du *Compendium* de Faventinus toutes les indications ayant trait à la construction des murailles et remparts, des monuments publics, des machines de guerre, etc. : l'ouvrage s'adresse uniquement aux constructeurs de maisons particulières, qu'elles soient urbaines ou rurales.

sianus C 212 *inf.* désigné par la lettre *M*. Son inventeur l'a longuement décrit dans la préface de l'édition procurée par lui du livre *De ueterinaria medicina* : il s'agit d'un *codex* du XIIIe ou du XIVe siècle, donc récent, mais copié sur un modèle certainement très ancien, puisque ne comportant pas la séparation des mots — cela ressort à l'évidence des nombreuses fausses coupes que contient ce manuscrit. *M* apparaît donc comme représentant un archétype différent de celui auquel remonte tout le reste de la tradition et où le quatorzième livre faisait défaut, ce numéro étant par suite attribué au quinzième. Il présente dès lors, en dépit de sa date tardive, un très grand intérêt pour l'établissement du texte, puisqu'il nous permet de reconstituer un second archétype. Il n'en est pas de même, en revanche, du manuscrit *Ba* = *Barberinus lat.* 12 (XIIIe s.) : certes il donne à première vue, tout comme *M*, les livres 1 à 14, mais cela ne signifie en aucune façon qu'il remonte lui aussi à un archétype complet ; le livre 14 (réduit du reste à un certain nombre d'*excerpta*) y est en effet présenté non pas en tant que tel, mais comme un traité indépendant et anonyme auquel est donné pour titre *Libellus de morbis iumentorum*, et c'est, semble-t-il, par hasard qu'il se trouve faire suite à l'*Opus agriculturae* ; le texte des livres 1 à 13 donné par ce manuscrit ne présente donc aucun intérêt particulier, et *Ba* doit être considéré à cet égard comme un *recentior* (voire même un *deterior*) parmi d'autres, d'autant qu'il est dû à un copiste peu scrupuleux, qui multiplie les interpolations et les corrections arbitraires. Cela bien sûr ne lui enlève rien de son importance pour le livre 14, pour lequel il est l'un de nos trois seuls témoins.

La plupart des autres manuscrits actuellement connus de Palladius ne nous donnent, pour des raisons que nous avons déjà analysées, que les treize livres qui constituent l'*Opus agriculturae* proprement dit : ils sont au nombre de soixante et un ; huit autres nous font connaître le *Carmen de insitione*, parmi lesquels un seul le présente à la suite des livres 1 à 13 (mais il est postérieur à l'édition *princeps* et en fait copié sur elle[83]). Le nombre élevé des *codices* renfermant les livres proprement agronomiques atteste le succès qu'ils ont remporté durant tout le Moyen Age, succès très supérieur à celui que connurent pendant la même période les traités des autres agronomes latins[84] ; cela confère à l'ouvrage de Palladius une importance historique au moins égale à celle de ces derniers.

Quatre de ces manuscrits peuvent être avec certitude datés du IXe siècle ; ce sont les suivants :

— *L* = *Laudunensis* 426 *bis*, qui ne commence qu'en 1, 8, 2 (*obruantur, donec...*), les chapitres précédents ayant été accidentellement détruits ; d'une écriture nette et soignée, il est très facile et agréable à lire, et ne comporte pratiquement pas de corrections ; il semble avoir été copié sur un manuscrit ne comportant pas la séparation des mots.

— *K* = *Montepessulanus B. U.* 305, découvert et ainsi désigné par Svennung ; il a été copié lui aussi sur un manuscrit où les mots n'étaient pas séparés, mais qui était néanmoins écrit en minuscule (ou en semi-onciale), comme le montrent les fréquentes confusions qu'il présente entre *o*, *a* et *u*.

— *J* = *Parisinus Nouv. Acquis.* 1730, également découvert et ainsi désigné par Svennung ; il nous est apparu à l'examen comme étant une copie, du reste extrêmement fidèle et soignée, du précédent, dont il reproduit jusqu'aux moindres fautes et dont il ne se sépare pour ainsi dire jamais, si ce n'est par l'adjonction

83. Cf. R. H. Rodgers, « The manuscript tradition of Palladius' *Carmen de insitione* », *Bull. Inst. Class. Stud.*, 16, 1969, p. 55-62. Ce ms. a été copié en 1488, l'*editio princeps* (*Iensoniana*) étant de 1482 ; il contient, à la suite du poème, une lettre de Franciscus Colucia Verzinensis qui figure déjà dans l'édition, ce qui ne laisse aucun doute sur sa dépendance par rapport à celle-ci (*art. cit.*, p. 57).

84. Celui du plus célèbre et du plus important d'entre eux, Columelle, ne nous est connu — ce qui du reste est déjà considérable — que par une quarantaine de mss. ; celui de Caton par neuf seulement.

d'un certain nombre d'erreurs ; son écriture est beaucoup plus soignée que celle de *K*.

— *R* = *Cantabrigiensis Kk. V.* 13, découvert tout récemment par le savant américain R. H. Rodgers, et décrit par lui dans un article intitulé *The Moore Palladius* (du nom de son ancien possesseur). Nous avons dû à l'amitié de M. Rodgers de connaître dès sa découverte cet important témoin du traité de Palladius ; datable du premier tiers du IXe siècle, il semble bien être le plus ancien de tous ceux qui nous en ont transmis le texte, mais n'en a pas moins eu pour modèle, selon toute apparence, un *codex* écrit en minuscule ; il comporte quelques additions et corrections de seconde main. Son inventeur a choisi de le désigner par la lettre *D* = *Dionysianus*, en raison du fait que son écriture le fait apparaître comme provenant du *scriptorium* de Saint-Denis ; mais Schmitt avait déjà utilisé la lettre *D* pour désigner un *Laurentianus* contenant le *Carmen de insitione* ; c'est pourquoi, bien qu'à vrai dire aucune confusion ne fût possible entre ces deux *codices*, nous avons préféré recourir à une autre lettre : le choix de *R* est à interpréter comme un hommage à l'intéressante découverte de M. Rodgers.

Quatre autres manuscrits peuvent être datés du Xe siècle, encore que le premier et le troisième remontent peut-être à la fin du IXe ; il s'agit de :

— *P* = *Parisinus* 6842 *B*, très détérioré par endroits (56 feuillets sont à peine lisibles) et copié sur un manuscrit ne comportant pas la séparation des mots ; il ne commence en outre pour nous qu'en 1, 39, 5 (*testaceam subterinducis*), et ne présente donc que très peu d'intérêt pour établir le texte du premier livre.

— *Q* = *Parisinus* 6830 *D*, lui aussi très détérioré en plusieurs endroits et fort incomplet : manquent la fin du livre 9, les livres 10 et 11, une grande partie du livre 12 ; son modèle ne comportait pas la séparation des mots, et l'on peut se demander s'il n'était pas écrit en onciale, comme semble l'indiquer en 1, 6, 3 la leçon (selon nous fautive) *eligens* (*ELIGENS*) contre *electus*

(*ELECTVS*) que donnent tous les autres manuscrits — la confusion des deux formes n'étant guère possible en minuscule, alors qu'en onciale ou en capitale *I*, *T*, *E* d'une part, *N* et *V* d'autre part peuvent être confondus (cf. aussi 1, 35, 1 : *sufficitur* pour *suffigitur*).

— *G* = *Lugdunensis* 102, dont le modèle devait comporter déjà la séparation des mots, et qui se signale par un certain nombre de corrections de seconde main.

— *V* = *Vindobonensis* 148, extrêmement soigné et calligraphié, remontant lui aussi à un exemplaire où les mots étaient séparés ; il comporte de nombreuses corrections de seconde main et présente plusieurs leçons originales.

Deux peuvent être datés du XIe siècle, à savoir :

— *S* = *Parisinus* 6830 *E*, qui présente les mêmes corrections que *V*, mais n'en est pas moins indépendant de lui.

— *N* = *Cantabrigiensis Corpus Christi College* 297, que Svennung, qui l'a signalé pour la première fois, désigne par la lettre *B* ; nous avons préféré en utiliser une autre, Schmitt ayant déjà affecté *B* à un manuscrit contenant le *Carmen*. Il se caractérise notamment par la présence, dans les marges et au bas du texte, de nombreuses citations des *Géorgiques*.

La première édition scientifique de Palladius, procurée en 1898 par Schmitt, et publiée dans la collection Teubner, a été réalisée pour l'essentiel, en ce qui concerne les livres 1 à 13, à partir de cinq manuscrits considérés par l'éditeur comme fondamentaux, à savoir *L*, *P*, *Q*, *G* et *V*, auxquels Schmitt avait néanmoins ajouté, par acquit de conscience, d'une part *S*, d'autre part trois *recentiores*, qui sont les suivants :

— *T* = *Parisinus* 6830 *F*, du XIIIe siècle, souvent proche de *S* et dérivant très probablement de lui, mais présentant un certain nombre de corrections et d'interpolations différentes.

— *F* = *Florentinus siue Laurentianus* 47,433, du XIIIe siècle également, et appelant les mêmes remarques.

— *E* = *Erfurtensis siue Amplonianus* 15, du XIVe siècle, qui nous est apparu comme dérivant à l'évidence de *S*, dont il reproduit toutes les particularités et toutes les fautes, non sans y ajouter quelques corrections ou interpolations propres.

Tous les autres manuscrits actuellement connus de Palladius sont, comme ces derniers, des *recentiores* ; l'étude détaillée en a été entreprise par M. Rodgers, qui vient tout juste de donner une nouvelle édition de l'agronome dans la collection Teubner ; il est, selon sa propre opinion, très peu probable que notre connaissance du texte de Palladius puisse être si peu que ce soit améliorée par la collation de ces quelque soixante-dix *codices*.

Nous avons quant à nous, pour la présente édition de l'*Opus agriculturae*, revu avec le plus grand soin, soit directement (pour les divers *Parisini* et pour *G*) soit sur photocopies ou microfilms communiqués par l'Institut de Recherche et d'Histoire des Textes, tous les manuscrits qu'avait déjà utilisés Schmitt ; nous avons d'autre part collationné cinq manuscrits que notre prédécesseur ne connaissait pas, à savoir *R*, *J*, *K*, *N* et *M*.

Dans notre apparat critique, nous ne mentionnons pas les leçons de *J*, dont nous avons déjà dit qu'il n'est rien d'autre qu'une copie de *K* ; quant à celles de *T*, *F* et *E*, qui ne se différencient de *S* que par des fautes supplémentaires, nous ne les faisons figurer qu'exceptionnellement, lorsqu'il arrive que, par conjecture, l'un ou l'autre de ces manuscrits fournisse seul un texte acceptable[85]. Notre édition repose donc pour

85. Dans son apparat critique, Schmitt fait également mention, en les désignant par la lettre *p*, des *lectiones Politiani*, variantes relevées par Politien dans un ou plusieurs manuscrits qu'il eut l'occasion de lire à Florence ; mais, comme Schmitt le fait lui-même remarquer dans sa préface (p. XI), ces leçons font apparaître

l'essentiel sur dix manuscrits (dont quatre n'avaient jamais été mis à contribution jusqu'ici) : *R*, *P*, *L*, *K*, *Q*, *G*, *V*, *N*, *S*, *M*.

Il apparaît extrêmement difficile — opinion que partage M. Rodgers — d'établir un stemma de ces manuscrits. Tout au plus peut-on dire, comme nous l'avons déjà souligné, que tous les *codices* autres que *M* remontent à un même archétype, qui ne donnait que l'*Opus agriculturae* proprement dit, à l'exclusion des livres 14 et 15, tandis que *M* remonte pour sa part à un exemplaire complet. Par ailleurs on doit reconnaître que nos manuscrits se séparent et se regroupent, selon les cas, d'une façon variable et qui ne permet guère de les classer avec certitude. L'impression qui est la nôtre est cependant qu'à l'intérieur de la famille constituée par les manuscrits autres que *M* se dessinent dans une certaine mesure deux sous-groupes dont l'un est constitué par *R*, *P*, *L*, *K*, *Q* et l'autre par *G*, *V*, *N*, *S* ; c'est en tout cas ce qui paraît ressortir des passages suivants, pris dans les livres 1 et 2 :

— 1, 1, 2 et aquae (-que) *GVNS* : eaque *RK* earumque *Q* (manquent ici *L* et *P*).

— 1, 10, 1 omnes *RKLQ* : omnibus *GVNS*.

— 1, 13, 2 tusi *RKLQ* (*S*) : tunsi *GV* tum si *N*.

— 1, 30, 2 martii *RKLQV*[1] : martiis *GV*[2]*NS*.

— 1, 34, 7 superiori *GVNS* : superi *RKLQ*.

— 1, 35, 6 aqua *GVNS* : aquam *RLKQ*.

— 2, 10, *tit.* GENERIBVS *GSN* : GENVS *RLK Q* (*V*).

— 2, 12 iugerali ut *VGNS* : iuger aliud *RLQ* iugit aliud *K*.

— 2, 13, 7 cliuus *GVNS* : clibus *RPLK* (*Q* ?).

— 2, 14, 5 allium *GVN* : alium *RPLKQ* (*S*).

— 2, 15, 11 aliquot *GVNS* : aliquod *RPLKQ*.

« aut codices, ex quibus hausit, iam interpolatos fuisse aut ab illo ipso factas esse coniecturas » ; nous ne les mentionnerons donc, comme celles des autres *recentiores*, que de façon exceptionnelle et en tant que conjectures.

Nous proposerons donc ici, mais seulement à titre d'hypothèse de travail, le stemma suivant :

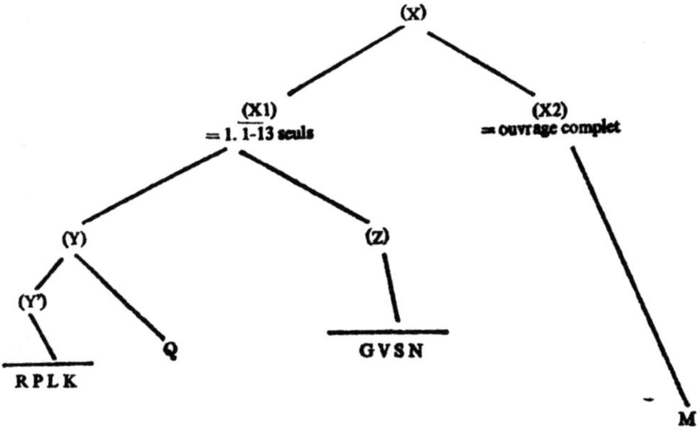

Si l'on admet ce classement, on aura tendance à considérer qu'une leçon commune à *M* et à l'un des deux sous-groupes de la famille X^1 a de bonnes chances d'être préférable à une leçon donnée par l'autre sous-groupe seul, et l'on s'aperçoit que cette règle joue en effet dans la plupart des cas où le doute n'est pas possible ; il semble donc légitime de la faire jouer dans les cas douteux, tout en se gardant bien entendu de l'appliquer de façon mécanique et en n'oubliant pas qu'il s'agit pour nous de reconstituer, autant que faire se peut, le texte original et non celui de l'archétype de nos manuscrits.

Cela étant, bien que le texte procuré par Schmitt — dont l'édition est marquée par un conservatisme nuancé — puisse être considérée comme nettement meilleur que celui des éditions antérieures, en dépit d'un grand nombre d'erreurs commises par Schmitt dans la lecture des manuscrits[86] (son apparat critique

86. Il eût été oiseux de donner ici le relevé de toutes les fausses lectures et omissions faites par Schmitt ; mais le lecteur voudra bien ne pas s'étonner s'il constate que parfois nous attribuons à tel ou tel manuscrit une autre leçon que celle donnée par notre devancier : ce sera chaque fois en connaissance de cause.

est déplorable et indigne de la moindre confiance), nous pensons avoir été en mesure d'améliorer sensiblement notre connaissance du texte de Palladius. Les points sur lesquels nous nous séparons de notre devancier dans les deux premiers livres (le plus souvent dans un sens conservateur) sont au nombre de quarante ; il est inutile d'en donner ici un relevé.

Nous nous sommes permis neuf conjectures :

1, 6, 4 : *sicut homines ita arbores* pour *sicut arbores ita homines* ;

1, 6, 13 : *fecunda aetate* pour *fecunditate* (conjecture suggérée par M. Jacques André) ;

1, 8, 1 : *super statuminibus* pour *superstatuminabis* ;

1, 10, 2 : *ex* (*celeri siccitate*) pour *et* ;

1, 30, 4 : *edorum* (= *haedorum*) pour *eorum* (Schneider ayant déjà proposé *haedorum* dans son commentaire, mais sans l'imprimer dans son texte) ;

1, 34, 4 : *figulatos* pour *figuratos* ;

2, 13, 1 : *sit* pour *sed.*

2, 15, 13 : *et persico* pour *in persico* ou *et in persico* ;

2, 15, 19 : addition de *sub cortice* après *in arbuto.*

VII. — Traduction.

Fidèle dans l'ensemble, nous l'avons vu, au programme qu'il s'était à lui-même fixé, Palladius est un auteur relativement facile à lire, ce qui n'exclut pas qu'on y rencontre de temps à autre d'assez sérieuses obscurités et des formules dont la traduction est parfois loin d'être aisée. Parmi les traductions qui ont précédé la nôtre, la plus précise et la plus exacte est sans doute la version italienne qui en a été publiée en 1810 par Paolo Zanotti (cf. bibliographie ci-dessous). Les traductions françaises, dont la plus intéressante est celle de Saboureux de la Bonnetrie, publiée en 1755 par cet excellent érudit, « Ecuyer, Avocat au Parlement, Docteur et Professeur de la Faculté des Droits en l'Université de Paris », ne sont pas sans mérite, mais présentent trop souvent le défaut de s'écarter du texte latin et d'esquiver les difficultés les plus notables ; l'une d'entre elles (celle de Cabaret-Dupaty dans la collection Panckoucke) comporte en outre, à notre avis du moins, un très grand nombre de contre-sens et d'inexactitudes.

Comme l'a excellemment souligné M. Beaujeu dans son rapport sur les problèmes d'édition des textes techniques, présenté en 1948 devant le Congrès de l'Association Guillaume Budé — et que nous avons eu constamment présent à l'esprit en réalisant notre travail —, les éditions de ce genre doivent s'adresser au public le plus large possible, et en particulier aux historiens des sciences et des techniques ainsi qu'à ceux de l'économie : aussi la précision et la rigueur doivent-elles toujours l'emporter sur l'élégance. Nous nous sommes, quant à nous, attaché à donner — dans toute la mesure du possible — au lecteur français une idée de la manière d'écrire qui est celle de Palladius. Cela nous imposait d'être simple et clair, et d'adopter une sécheresse en quelque sorte « scientifique », lorsque le style de Palladius présente ces caractères, et maniéré, voire précieux, lorsque maniérisme et préciosité apparaissent dans le texte latin. La traduction de quelques termes techniques, notamment dans le chapitre 20 et dans le chapitre 42 du livre 1, nous a parfois posé des problèmes délicats, une relative obscurité enveloppant encore dans une certaine mesure ce domaine du vocabulaire latin : nous nous expliquons chaque fois, dans notre commentaire (qui est à la fois grammatical, littéraire, historique et technique), du choix que nous avons fait.

VIII. — Bibliographie.

1°) *Principales éditions* :

— Nicolas Jenson : *Rei rusticae scriptores*, Venise, 1482 (*Editio princeps*).

— Jucundus Veronensis : *Libri de re rustica*, Venise, 1514 (*Editio Aldina*).

— J.-M. Gesner : *Scriptores rei rusticae veteres latini*, Leipzig, 1735.

— J.-G. Schneider : *Scriptores rei rusticae veteres latini*, Leipzig, 1795.

— J.-C. Schmitt : *Palladii opus agriculturae*, Leipzig, Teubner, 1876 et 1898.

— J. Svennung : *Palladii liber quartus decimus de veterinaria medicina*, Göteborg, Eranos' Förlag, 1926.

2°) *Traductions* :

— Jean Darces : *Les treize livres des choses rustiques de P.*, Paris, 1554.

— Saboureux de la Bonnetrie : *Traduction d'anciens ouvrages latins relatifs à l'agriculture*, tome V, Paris, Didot, 1775.

— Même traducteur : *Les Agronomes latins*, sous la direction de M. Nisard, Paris, Didot, 1864 (traduction en fait « revue » et passablement modifiée dans la forme par un latiniste anonyme).

— M. Cabaret-Dupaty, *L'Economie rurale* de Palladius, collection Panckoucke, Paris, 1843.

Il existe également une traduction italienne de Palladius, réalisée en 1810 par Paolo Zanotti, et publiée à Vérone sous le titre *Volgarizzamento di Palladio* ; une première traduction en italien avait été réalisée en 1561 par Francesco Sansovino. Palladius a été aussi traduit en anglais par Barton Ladge (London, 1873, d'après un manuscrit de 1420).

On peut signaler enfin, ne serait-ce qu'à titre de curiosité, une traduction médiévale de Palladius en moyen-anglais et en vers rimés ; le texte en a été édité à Berlin par Mark Liddell en 1896 ; il ne comprend que les douze premiers livres. Cette traduction semble constituer une preuve de plus du grand honneur dans lequel on tenait Palladius au Moyen Age.

3°) *Etudes* :

— L. Dalmasso, « Il vocabulario tecnico di un tardo scrittore georgico », in *Atti della Academia delle Scienze di Torino*, XLVIII, 1912, p. 688-706.

— L. Dalmasso, « La formazione delle parole in Palladio », in *Rivista di Filologia*, XLI, 1913, p. 264-280 et 401-424.

— L. Dalmasso, « Appunti lessicali e semasiologici su Palladio », in *Athenaeum*, LXXXIV, 1914, p. 52-68 et 450-460.

— L. Dalmasso, « La questione cronologica di Palladio e Rutilio Namaziano », in *Rivista di Filologia*, XLIII, 1915, p. 82-95.

— J.R. Harris, « On the locality to which the treatise of P. must be assigned », in *American Journal of Philology*, III, 1882, p. 411-421.

— P. d'Hérouville, « Une correction à l'*Opus agriculturae* de P., 1, 29, 2 », in *Revue de Philologie*, LIV, 1928, p. 52-53.

— H. Nohl, « Palladius und Faventinus », in *Commentat. philol. in honorem Th. Mommseni*, 1876, p. 64.

— H. Plommer, *Vitruvius and later roman building manuals*, Cambridge University, 1973, 117 p.

— R. H. Rodgers, « Three shrubs in P. », in *Studii Classice*, XV, 1973, p. 152-155.

— R.H. Rodgers, « Notes on Pall. 1, 42 », in *Bulletin of the Inst. of Classical Studies*, 18, 1971, p. 46-52.

— J.H. Schmalz, « Sprachliche Bemerkungen zu P. *Op. agr.* », in *Glotta*, VI, 1915, p. 172-190.

— M. Sirch, *Die Quellen des P. in seinem Werke über die Landwirtschaft*, Freising, 1904.

— J. Svennung, « De Columella per Palladium emendato », in *Eranos*, XXXII, 1928, p. 145-208.

— J. Svennung, « De auctoribus Palladii », in *Eranos*, XXXI, 1927, p. 123-178.

— J. Svennung, *Untersuchungen zu P. und zur lateinischen Fach- und Volkssprache*, Uppsala, Almqvist und Wiksell, 1935, 898 p.

— M. WELLMANN, « Die Quellen des P. », in *Hermes*, XLIII, 1908, p. 1-31.

— H. WIDSTRAND, *Palladius-Studien*, Uppsala, Alm. und Wik., 1926, x + 72 p.

A ces ouvrages ou articles, consacrés principalement à la date, aux sources et à la langue de Palladius, il convient d'ajouter, concernant la tradition manuscrite :

— G. BJÖRK, « Remarques sur trois documents médicaux de la Bibl. universitaire de Leyde », in *Mnemosyne*, 1938, p. 139-150.

— R.H. RODGERS, « Excerpts of Pall. XIV », in *Bulletin of the Inst. of Classical Studies*, 15, 1968, p. 127-129.

— R.H. RODGERS, « The manuscript tradition of P. », *ibid.*, 16, 1969, p. 55-62.

— R.H. RODGERS, « The Moore Palladius », in *Transactions of the Cambridge Bibliographical Society*, V, 1971, p. 203-216.

Nous ne saurions achever cette introduction sans exprimer les sentiments de reconnaissance que nous leur devons : à M. Jacques Perret, qui a bien voulu accepter de diriger la partie de notre travail portant sur le premier livre (et constituant notre thèse complémentaire pour le Doctorat d'Etat), et dont les conseils, suggestions et critiques nous ont été infiniment précieux, en particulier pour tout ce qui concerne l'étude stylistique de Palladius et les problèmes de traduction ; à M. Jacques André, qui fut pour nous plus qu'un réviseur, dont les suggestions et critiques sont à l'origine de très nombreuses améliorations apportées à notre travail, et dont l'érudition jamais en défaut nous a été souvent du plus grand secours ; à notre collègue et ami M. R.H. Rodgers, de l'Université de Berkeley (Californie), pour le fructueux échange de correspondance que nous avons eu avec lui au sujet de notre commun auteur ; enfin à nos étudiants lillois du « C2 de Paléographie et Critique de Textes », avec la collaboration desquels nous avons établi et traduit le texte du deuxième livre.

N.B. — Le présent volume était sous presse, lorsque nous avons reçu l'étude de M. R.H. Rodgers, intitulée *An introduction to Palladius* (University of London, Inst. of Class. Studies, Bull. suppl., n° 35, 1975, xv + 179 p.), et consacrée d'une part à un examen très minutieux de la tradition manuscrite, d'autre part à la discussion des principaux problèmes textuels. Il ne nous a donc pas été possible d'en tirer profit.

De même la nouvelle édition Teubner de Palladius, procurée par M. Rodgers et publiée en décembre 1975, est parue trop tard pour que nous puissions en tenir compte dans le présent volume. En conséquence, dans l'apparat critique, le sigle *edd.*, désignant « l'ensemble des éditeurs », n'inclut pas M. Rodgers.

Le lecteur trouvera en fin de volume le relevé complet de nos divergences avec le texte adopté par l'éditeur américain.

SIGLA

1°) *Manuscrits de base* :

R	Cantabrigiensis Kk. V. 13	(s. IX)
L	Laudunensis 426 bis	(s. IX)
K	Montepessulanus B. U. 305	(s. IX)
P	Parisinus 6842 B	(s. IX)
Q	Parisinus 6830 D	(s. X)
V	Vindobonensis 148	(s. X)
G	Lugdunensis 102	(s. X)
S	Parisinus 6830 E	(s. XI)
N	Cant. Corp. Chr. Coll. 297	(s. XI)
M	Ambrosianus C 212 inf.	(s. XIII)

2°) *Manuscrits collationnés et parfois cités dans l'apparat critique, mais sans intérêt la plupart du temps* :

F Florentinus siue Laurentianus 47, 433 (s. XIII)

T Parisinus 6830 F (s. XIII)

Ba Barberinus lat. 12 (s. XIII)

E Erfurtensis siue Amplonianus Q 15 (s. XIV)

LIVRE I

PALLADIUS

TRAITÉ D'AGRICULTURE

LIVRE I

GÉNÉRALITÉS

I. L'enseignement agronomique.
II. Les quatre composantes de l'agriculture.
III. Comment apprécier la salubrité de l'air.
IV. Comment apprécier la salubrité de l'eau.
V. Valeur des diverses terres.
VI. Le travail agricole et ses principes fondamentaux.
VII. Choix et situation d'un terrain.
VIII. Les bâtiments.
IX. Les pièces d'été et d'hiver et le revêtement de leur sol.
X. La chaux et le sable.
XI. Les murs de briques.
XII. Clarté et hauteur des pièces.
XIII. Les plafonds de cannes.
XIV. Le crépi.
XV. Le revêtement des murs.
XVI. Il faut fuir les fonds de vallée.
XVII. Les citernes et le mastic pour eau froide.
XVIII. Le cellier.
XIX. Le grenier.
XX. Le pressoir à huile.
XXI. Les écuries et les étables.

PALLADI RVTILI TAVRI AEMILIANI
VIRI INLVSTRIS

OPVS AGRICVLTVRAE

LIBRO I CONTINETVR

GENERALE PRAECEPTUM

I. De praeceptis rei rusticae.
II. De quattuor rebus quibus agricultura consistit.
III. De aeris probatione.
IV. De aqua probanda.
V. De qualitate terrarum.
VI. De industria et necessariis ad rura sententiis.
VII. De agri electione uel situ.
VIII. De aedificio.
IX. De hibernis et aestiuis mansionibus et pauimentis.
X. De calce et harena.
XI. De latericiis parietibus.
XII. De lumine et altitudine.
XIII. De cameris canniciis.
XIV. De opere albario.
XV. De tectoriis.
XVI. De uitanda ualle.
XVII. De cisternis et maltha frigidaria.
XVIII. De cella uinaria.
XIX. De horreo.
XX. De olei factorio.
XXI. De stabulis equorum et boum.

XXII. La cour.
XXIII. Les volières.
XXIV. Le pigeonnier.
XXV. Les tourterelles.
XXVI. Les grives.
XXVII. Les poules.
XXVIII. Les paons.
XXIX. Les faisans.
XXX. Les oies.
XXXI. Les bassins.
XXXII. Les remises à foin, à paille et à bois.
XXXIII. Le tas de fumier.
XXXIV. Le potager et le verger : clôture et ensemencement.
XXXV. Recettes pour protéger le jardin ou le domaine.
XXXVI. L'aire à battre.
XXXVII. Le rucher.
XXXVIII. L'achat des abeilles.
XXXIX. Les bains.
XL. Le mastic pour eau chaude et pour eau froide.
XLI. Le moulin à eau.
XLII. Les instruments agricoles.

XXII. De corte.
XXIII. De auiariis.
XXIV. De columbario.
XXV. De turturibus.
XXVI. De turdis.
XXVII. De gallinis.
XXVIII. De pauonibus.
XXIX. De fasianis.
XXX. De anseribus.
XXXI. De piscinis.
XXXII. De fenili, paleario, lignario.
XXXIII. De sterculino.
XXXIV. De locis horti et pomarii et sepibus et serendo.
XXXV. De remediis horti uel agri.
XXXVI. De area.
XXXVII. De apium castris.
XXXVIII. De apibus emendis.
XXXIX. De balneis.
XL. De malthis calidae et frigidae.
XLI. De pistrino.
XLII. De instrumentis agrestium.

LIVRE PREMIER

GÉNÉRALITÉS

I. — L'enseignement agronomique[1].

La sagesse la plus élémentaire exige que l'on se fasse une idée juste de la personne qu'on se propose d'instruire : si c'est un agriculteur que l'on veut former, on n'ira pas rivaliser avec les effets de style et d'éloquence d'un professeur de rhétorique, comme l'ont fait la plupart des agronomes, qui, en faisant de la littérature à l'adresse des campagnards, ont trouvé le moyen de rendre leur enseignement inintelligible aux lettrés eux-mêmes[2]. Mais coupons court, quant à nous, à une préface oiseuse, afin de ne pas imiter ceux que nous critiquons. **2.** Nous traiterons, si la faveur divine nous est accordée[3], tout ce qui concerne l'agriculture, l'élevage, les bâtiments ruraux d'après les spécialistes en architecture[4], les moyens de trouver de l'eau, et tout ce qu'il est bon, pour un cultivateur, de fabriquer ou d'entretenir en vue de l'agrément comme du bénéfice[5], mais nous diviserons la matière selon les saisons. Néanmoins, dans le cas des arbres fruitiers[6], j'ai choisi de donner, pour chacun d'eux, l'ensemble des indications qui le concernent au mois où il faut le planter.

LIBER PRIMVS
SIVE
PRÆCEPTVM GENERALE

I. — De praeceptis rei rvsticae.

Pars est prima prudentiae ipsam cui praecepturus es aestimare personam : neque enim formator agricolae debet artibus et eloquentiae rhetoris aemulari, quod a plerisque factum est qui, dum diserte loquuntur rusticis, adsecuti sunt ut eorum doctrina nec a disertissimis possit intelligi. Sed nos recidamus praefationis moram, ne quos reprehendimus imitemur. **2**. Dicendum autem nobis est, si diuina fauerint, de omni agricultura et pascuis et aedificiis rusticis secundum fabricandi magistros et aquae inuentionibus et omni genere eorum quae uel facere uel nutrire oportet agricolam ratione uoluptatis et fructus, suis tamen temporibus per uniuersa distinctis. Sane in pomis hoc seruare constitui, ut eo mense quo ponenda sunt singula cum sua omni exequar disciplina.

I. 1 eloquentiae *R²Q¹V¹M* : -tia *R¹KQ²V²GSN* || rhetoris *RKQVM* : -res *GSN*.

2 nobis : a nobis *G* || fauerint *RQGNSM* : fuerint *K* fauerit clementia *V* || et aquae *GVSM* : et aque *N* eaque *RK* earumque *Q* eorumque *uett. ante Ges.* || oportet *RKQVGSN* : -teat *M* || in pomis *RKGS¹M¹* : impomis *VN* pomis *Q¹* de pomis *Q²* in primis *S²M²*, *edd.*

II. — Les quatre composantes de l'agriculture.

Je dirai donc pour commencer que, dans le choix et la mise en valeur d'une propriété, quatre points entrent en ligne de compte : l'air, l'eau, la terre[1] et le travail. Trois dépendent de la nature, le quatrième est affaire de ressources et de volonté[2]. Dépend de la nature ce qui doit être considéré en priorité : il faut que, là où l'on se propose d'établir une exploitation agricole, l'air soit sain et tempéré, l'eau pure et facile à trouver — qu'elle prenne sa source sur place, qu'elle soit amenée de l'extérieur, ou qu'elle soit fournie par la pluie[3] —, le terrain fertile et bien situé.

III. — Comment apprécier la salubrité de l'air.

On saura que l'air est sain si l'on choisit une région dépourvue de vallées profondes et à l'abri des brouillards nocturnes, et si la condition physique des gens du pays, que l'on examinera, est satisfaisante : ils doivent avoir bonne mine, la tête franchement posée sur les épaules, présenter des yeux brillants et nets, une ouie parfaite, une gorge donnant passage à une voix claire. Tels sont les critères d'un bon climat ; les signes opposés indiquent que l'atmosphère est malsaine[1].

IV. — Comment apprécier la salubrité de l'eau.

Voici maintenant à quoi l'on reconnaît que l'eau est saine : tout d'abord il ne faut pas qu'elle provienne d'étangs ni d'un marais, ni qu'elle prenne sa source dans des mines ; elle doit être limpide, ne pas être gâtée par un goût ou une odeur quelconque, et ne pas former

II. — De qvattvor rebvs qvibvs agricvltvra consistit.

Primo igitur eligendi et bene colendi agri ratio quattuor rebus constat : aere, aqua, terra, industria. Ex his tria naturalia, unum facultatis et uoluntatis est. Naturae est quod in primis spectare oportet, ut eis locis quae colere destinabis aer sit salutaris et clemens, aqua salubris et facilis — uel ibi nascens uel adducta uel imbre collecta —, terra uero fecunda et situ commoda.

III. — De aeris probatione.

Aeris igitur salubritatem declarant loca ab infimis uallibus libera et nebularum noctibus absoluta et habitatorum considerata corpuscula, si eis color sanus, capitis firma sinceritas, inoffensum lumen oculorum, purus auditus, fauces commeatum liquidae uocis exercent. Hoc genere benignitas aeris adprobatur ; his autem contraria noxium caeli illius spiritum confitentur.

IV. — De aqva probanda.

Aquae uero salubritas sic agnoscitur : primum ne a lacunis aut palude ducatur, ne de metallis originem sumat, sed sit perspicui coloris neque ullo aut sapore aut odore uitietur, nullus illi limus

II. est *post* uoluntatis *om.* *G* || naturae ...spectare *RKQVSNM* : -ra ...spectari *G* || salutaris : naturalis *S*[1].

III. sanus *KQVGSNM* : -nis *R* || uocis *RQVGSNM* : -ces *K*.

IV. 1 agnoscitur *RKQVSNM* : cogn- *G*.

de dépôt vaseux ; elle doit tempérer le froid par sa tiédeur, et adoucir par sa fraîcheur la chaleur brûlante de l'été. Néanmoins, comme bien souvent la nature trompeuse, en gardant pour l'apparence toutes ces belles qualités, dissimule ce qu'elle a de mauvais, c'est à la santé des gens du pays qu'il faut demander ce qu'il en est réellement. **2.** Si ceux qui boivent de cette eau ont la gorge nette, si, tout en ayant la tête saine, ils ne sont pas malades des poumons et de la poitrine ou du moins rarement — car le plus souvent ce genre d'affection est communiqué aux organes inférieurs par les organes supérieurs qui en ont été atteints, en sorte que la cause du mal, après avoir touché la tête, descend dans les poumons ou l'estomac ; mais à vrai dire c'est plutôt l'air qu'on en doit rendre responsable —, si d'autre part le ventre ou l'intestin, les côtés ou les reins ne sont ni douloureux ni enflés et si la vessie fonctionne bien, bref : si l'on constate que la majorité des habitants du pays présente ces signes de bonne santé et d'autres semblables, on n'a aucune raison de se méfier ni de l'air ni des sources[1].

V. — Valeur des diverses terres.

En ce qui concerne les sols, c'est la fertilité que l'on doit rechercher[1]. Evitons une terre blanche et nue, un sablon maigre et dépourvu d'humus[2], l'argile pure[3], les sables arides ou le gravier sec[4], la maigreur pierreuse d'une poussière fauve comme l'or[5], un terrain salé, amer ou spongieux[6], le tuf sablonneux et aride, un fond de vallée trop ombreux et au sol dur[8]. Ce qu'il nous faut, c'est une terre meuble et presque noire[9], capable de se revêtir d'une épaisseur de gazon

insidat, frigus tepore suo mulceat, aestatis incendia rigore moderetur. Sed quia solet, his omnibus ad speciem custoditis, occultiorem noxam tectior seruare natura, ipsam quoque ex incolarum salubritate noscamus. **2**. Si fauces bibentium purae sunt, si saluo capite in pulmonibus ac thorace aut nulla est aut rara causatio — nam plerumque has noxas corporis ad inferiorem partem quae supra sunt corrupta dimittunt, ut uitiato capite ad pulmones uel stomachum morbi causa decurrat ; tunc culpandus aer potius inuenitur —, deinde si uenter aut uiscera uel latera uel renes nullo dolore aut inflatione uexantur, si uitia nulla uesicae sunt : haec atque similia si apud incolas pro maiori parte constare uideris, nec de aere aliquid nec de fontibus suspiceris.

V. — De qvalitate terrarvm.

In terris uero quaerenda est fecunditas : ne alba et nuda sit glaeba, ne macer sabulo sine admixtione terreni, ne creta sola, ne harenae squalentes, ne ieiuna glarea, ne aurosi pulueris lapidosa macies, ne salsa uel amara, ne uliginosa terra, ne tofus harenosus atque ieiunus, ne uallis nimis opaca et solida, sed gleba putris et fere nigra et ad tegendam se graminis sui crate suffi-

IV, 1 insidat *RKQVGN* : -deat *SM* || tepore *KQVGS*[2]*N* : temp- *RMS*[1] || rigore *RKVSNM* : frig- *G*, *edd.*, *om.* *Q* || speciem *KQVGSNM* : specimen *R* || natura *RKQVGSM* : -ram *N*.
2 ac *RKQVSNM* : aut *G* || causatio *RKGVSNM* : accusatio *Q* || dimittunt *RKQ*[1]*VNM* : dem- *Q*[2]*GS* || similia : his similia *Q*, *edd.*

V. 1 uallis *RKQVGSN* : talis *uel* calis *M* || solida sed *KQVSM* : -da se *RG* -da sic *N* -dosa *K* || crate *Q*[2]*GVSM* : grate *RKQ*[1], *N non legitur.*

bien à elle[10], ou bien un sol de couleur mélangée qui, même peu dense naturellement, devient épais par l'adjonction de terre grasse. **2.** Les plantes qui y poussent ne doivent être ni rudes ni rabougries, ni pauvres en sève, et l'on y doit trouver des espèces attestant qu'elle conviendra aux céréales[11] : hièble, jonc, roseau, gazon, trèfle dru, buissons de ronces épais, pruniers sauvages. Toutefois ce n'est pas la couleur qui importe le plus, c'est que la terre soit grasse et douce[12]. **3.** Voici la manière de reconnaître une terre grasse : on en prend une petite motte, on l'arrose d'eau douce et on la pétrit ; si elle devient visqueuse et colle aux doigts, on peut être sûr qu'elle est grasse[13]. On peut aussi creuser un trou, puis le reboucher ; si l'on a trop de terre, elle est grasse ; si l'on n'en a pas assez, elle est maigre ; si elle comble juste le trou, elle est de qualité intermédiaire[14].

Pour vérifier si une terre est douce, on prend une motte dans la partie du terrain qui paraît la moins bonne, on la mouille d'eau douce dans un récipient d'argile, et on la soumet à l'épreuve du goût[15]. **4.** On verra qu'un terrain est bon aussi pour la vigne si de couleur comme de corps il est léger et point trop dense, et s'il produit naturellement des arbustes lisses, brillants, élancés et productifs, tels que poiriers sauvages, pruniers, ronces et autres espèces analogues, qui ne soient ni tordus, ni stériles, ni chétifs, grêles et sans vigueur[16]. **5.** Il faut, d'autre part, que le terrain ne soit ni plat au point d'être inondé, ni en pente raide au point de glisser vers le bas, ni encaissé au point de s'enfouir au plus creux d'une vallée, ni situé sur un sommet au point de ressentir dans toute leur violence les tempêtes et les coups de chaleur[17] ; toujours utile est en fait la réunion justement dosée de ces différentes conditions, qu'il s'agisse d'une plaine ouverte et permettant l'écoulement des eaux de pluie grâce à une

ciens, aut mixti coloris, quae, etsi rara sit, tamen pinguis soli adiunctione glutinetur. **2**. Quae protulerit nec scabra sint nec retorrida nec suci naturalis egentia ; ferat quod frumentis dandis utile signum est : ebulum, iuncum, calamum, gramen, trifolium non macrum, rubos pingues, pruna siluestria. Color tamen non magnopere quaerendus est, sed pinguedo atque dulcedo. **3**. Pinguem sic agnoscis : glebam paruulam dulci aqua conspargis et subigis ; si glutinosa est et adhaeret, constat illi inesse pinguedinem. Item, scrobe effossa et repleta, si superauerit terra, pinguis est ; si defuerit, exilis ; si conuenerit aequata, mediocris.

Dulcedo autem cognoscitur, si ex ea agri parte quae magis displicet glebam fictili uase dulci aqua madefactam iudicio saporis explores. **4**. Vineis quoque utilem per haec signa cognoscis, si coloris et corporis rari aliquatenus atque resoluti est, si uirgulta quae protulit leuia, nitida, procera, fecunda sunt, ut piros siluestres, prunos, rubos, ceteraque huiusmodi neque intorta neque sterilia neque macra exilitate languentia. **5**. Situs uero terrarum neque planus, ut stagnet, neque praeruptus, ut defluat, neque obrutus, ut in imum deiecta ualle subsidat, neque arduus, ut tempestates inmodice sentiat et calores ; sed ex his omnibus utilis semper est et aequata medio-

2 est *codd* : sit *edd.* || magnopere *RKQGSN* : magno opere *VM*, *et sic saepius.*

3 agnoscis *RKQGSM* : -ces *VN* || conspargis *RKQNM* : -pergis *GS* -perges *V* || subigis *RKQGSNM* : -ges *V* || effossa *RKQVGSN* : et fossa *M* || uase K²QVGSNM : uaso *RK*¹.

4 cognoscis *RKSN* : -ces *QVGSM*, *edd.* || **5** est et *RG* : et ex *S* et *KQVNM* est *edd.*

pente à peine marquée, ou d'une colline aux flancs doucement inclinés, ou d'une vallée peu profonde et largement aérée, ou d'une montagne protégée par le rempart d'un sommet plus élevé et abritée d'une manière ou d'une autre des vents mauvais, ou alors haute et escarpée, mais boisée et herbue[18]. **6.** Au total, comme les différentes espèces de terre, grasses ou maigres, compactes ou légères, sèches ou humides, sont fort nombreuses, et que la plupart d'entre elles ont leurs inconvénients, tout en étant souvent indispensables en raison de la variété des cultures, il faut choisir, comme je l'ai dit ci-dessus, un terrain à la fois gras et meuble : c'est celui qui demande le moins de travail tout en ayant le plus grand rendement[19]. Vient en seconde position un terrain compact, qui évidemment exige beaucoup de travail, mais ne déçoit pas nos espérances[20]. Mais ce qu'il y a de pire, c'est un terrain à la fois sec et compact, et maigre ou froid : il faut le fuir au même titre qu'une terre insalubre[21].

VI. — Le travail agricole et ses principes fondamentaux.

Lorsque ces conditions naturelles, auxquelles il n'appartient point à l'homme de remédier, ont été soigneusement évaluées, il convient de s'attacher au quatrième point, à savoir le travail. L'essentiel, pour cela, est de garder avant tout en mémoire les maximes suivantes, pour la rédaction desquelles j'ai utilisé l'ensemble de la littérature rustique[1]. Présence du propriétaire entraîne prospérité du domaine[2]. La couleur de la terre n'a pas grande importance, elle n'en

critas et uel campus apertior et umorem pluuium cliuo fallente subducens uel collis molliter per latera inclinata deductus uel uallis cum quadam moderatione et aeris laxitate submissa uel mons alterius culminis defensus obiectu et a molestioribus uentis aliquo liber auxilio uel sublimis, asper, sed nemorosus et herbidus. **6.** Sed cum sint genera terrarum plurima, ut pinguis aut macra, spissa uel rara, sicca uel umida et ex his pleraque uitiosa, tamen propter seminum differentiam saepe necessaria maxime, sicut supra dixi, eligendus est pinguis ac resolutus ager, qui minimum laborem petit, fructum maximum reddit. Secundi meriti est spissus, qui labore quidem maximo, tamen ad uota respondet. Illud uero deterrimum genus est, quod erit siccum simul et spissum et macrum uel frigidum : qui ager pestiferi more fugiendus est.

VI. — De indvstria et necessariis ad rvra sententiis.

Sed ubi haec, quae naturalia sunt neque humana ope curari possunt, diligentius aestimaris, exsequi te conuenit partem quae restat, industriae ; cuius haec erit cura uel maxima, ut has, quae subieci ex omni opere rustico, in primis debeas tenere sententias. Praesentia domini prouectus est agri. Color terrae non magnopere desideretur,

5 aliquo *post* auxilio *hab.* *Q* || uel sublimis *RKQVGNM* : nec uel sublimis uel *S*.
6 ut *RKQGSNM* : aut *V* || necessaria *RKVGSNM* : -am *Q* || deterrimum *RKGSNM* : tet- *QV*, *et sic semper*.
VI. 1 aestimaris exsequi *KGV*[1]*SNM* : aestimari rex sequi *R* aestimari et exsequi *QV*[2] || cura *om.* *M*.

garantit point la bonne qualité[3]. **2.** En matière de plants et de semences, confiez au sol les meilleures espèces, mais faites-en d'abord un essai sur vos terres : car, dans une semence nouvelle, qu'on n'a pas expérimentée, il ne faut pas placer tous ses espoirs[4]. Les semences dégénèrent plus vite en lieux humides qu'en lieux secs ; aussi faut-il les sélectionner fréquemment[5]. Il faut absolument avoir sur son domaine des forgerons, des charpentiers, des fabricants de jarres et de cuves, pour que le besoin de se rendre à la ville n'oblige pas les paysans à quitter leur travail normal[6]. Dans les zones froides on doit planter la vigne au midi, dans les zones chaudes au nord, dans les zones tempérées à l'est, ou, si l'on ne peut faire autrement, à l'ouest[7]. **3.** La durée des travaux ne peut pas être calculée une fois pour toutes, tant il y a de variétés de terres : l'habitude qu'on aura du terrain et de la région permettra de savoir aisément combien de temps demande chaque tâche, tant pour les plantations que pour les diverses semailles[8]. Les plantes en fleurs ne doivent pas être touchées[9]. Les semences ne seront bien sélectionnées que si l'homme chargé de cette opération l'a tout d'abord été lui-même[10]. Pour ce qui est des travaux agricoles, c'est aux jeunes d'exécuter, et aux vieux de donner des ordres[11].

4. Quand on taille les vignes, trois points sont à considérer : la perspective de la récolte, le bois qui doit remplacer celui que l'on coupe, l'endroit qui le portera et le fera repousser[12]. Si vous taillez la vigne de bonne heure, vous aurez plus de sarments, et plus de fruits si vous la taillez tard[13]. Il en va des arbres tout comme des hommes : il faut les transférer des endroits malsains en des lieux plus cléments[14]. Après bonne vendange, taillez la vigne de plus près, et de moins près après

qui bonitatis incertus est auctor. **2**. Genera omnium surculorum uel frugum praeclara, sed tuis terris experta, committe : in nouo enim genere seminum ante experimentum non est spes tota ponenda. Locis umidis semina citius quam siccis degenerant : quare subinde succurrat electio. Ferrarii, lignarii, doliorum cuparumque factores necessario habendi sunt, ne a labore sollemni rusticos causa desiderandae urbis auertat. Locis frigidis a meridie uineta ponantur, calidis a septemtrione, temperatis ab oriente uel, si necesse sit, occidente. **3**. Operarum ratio unum modum tenere non potest in tanta diuersitate terrarum, et ideo soli et prouinciae consuetudo facile ostendet qui numerus unamquamque rem faciat, siue in surculis siue in omni genere satorum. Quae florent constat non esse tangenda. Bene eligi serenda non possunt, nisi hoc officium prius electus adsumat. In rebus agrestibus maxime officia iuuenum congruunt, imperia seniorum.

4. In uitibus putandis, tria consideranda sunt : fructuum spes, successura materies, locus qui seruet ac reuocet. Vitem si maturius putes, plura sarmenta, si serius, fructus plurimos consequeris. De locis deterrimis, sicut homines, ita arbores conuenit ad meliora transferre. Post bonam uindemiam strictius, post exiguam largius puta. In

1 bonitatis *RKQVGNM* :benignitatis *S*.

2 omnium : omnium non *V* || frugum *RKGSNM* : frigum *Q* fructicum *V*.

3 faciat *RKQSN²M* : -ciet *V* -cit *GN¹* || electus *RKVG SNM, Schneider* : eligens *Q, cett. edd.* || non *post* seniorum *add. R²*.

4 sicut homines ita arbores *ego* : sicut arbores ita homines *RKQVGS²NM* sicut arbores ita uites *S¹*, *edd* || largius : latius *Q*

maigre récolte. Qu'il s'agisse de greffer, de tailler ou de couper, utilisez des outils solides et bien tranchants[15]. Les opérations concernant la vigne ou les arbres en général, achevez-les toujours avant que ne s'ouvrent fleurs et bourgeons[16]. Les parties du vignoble où la charrue n'est point passée doivent être travaillées à la pioche. Dans les pays chauds, secs et ensoleillés, il ne faut pas épamprer la vigne, car elle demande plutôt à s'y couvrir de feuilles[17], et là où le Vulturne[18] ou tout autre mauvais vent local brûle la vigne, il faut la couvrir de paille ou de quelque autre matière. **5.** S'il se trouve au milieu d'un olivier une branche exubérante, vigoureuse, mais stérile, il faut la couper, car elle fait du mal à l'arbre tout entier[19]. Il faut fuir au même titre la stérilité et l'insalubrité, quand bien même elles ne vont pas de pair[20]. Dans un terrain façonné à la houe, il ne faut absolument rien semer entre les jeunes plants ; au bout de deux ans, les spécialistes grecs préconisent d'y faire venir tout ce que l'on veut, à l'exception des choux. Les mêmes auteurs disent de semer toutes les plantes à gousse dans une terre sèche, seule la fève devant être confiée à une terre humide[21]. **6.** Pour louer son domaine ou son champ à un propriétaire ou à un fermier possédant des terres contiguës, il faut aimer vraiment les ennuis et les procès[22]. Les parties intérieures d'un champ sont en danger, si les parties extérieures n'en sont pas cultivées[23]. Tout froment semé trois fois dans un sol humide se change en une sorte de *siligo*[24]. Stérilité, maladie et voisin sont trois fléaux au même point nuisibles[25].

7. Celui qui plante en vignes une terre stérile est l'ennemi de son propre travail et de son propre argent[26]. Le vin est plus abondant en plaine, mais plus noble sur les coteaux[27]. L'aquilon féconde les vignes exposées à son souffle, le vent du sud les ennoblit : ainsi pouvons-nous choisir d'avoir beaucoup de vin, ou d'en avoir du bon. Point de jours de fête quand l'ou-

omni opere inserendi, putandi ac recidendi, duris et acutis utere ferramentis. In uite uel arbore quae facienda sunt perage ante apertionem floris et gemmae. In uineis aratro praetermissa fossor emendet. Locis calidis, siccis, apricis pampinandum non est, cum magis uitis optet operiri ; et ubi uineas Vulturnus exurit aut flatus aliquis regionis inimicus, uitem tegamus straminibus uel aliunde quaesitis. **5**. Ramus laetus, uiridis et sterilis in media olea abscidendus est, uelut totius arboris inimicus. Sterilitas et pestilentia aequo modo fugiendae sunt, uel si secum utraeque non fuerint. In pastinato solo inter nouellas uites omnino nihil est conserendum ; Graeci iubent exceptis caulibus tertio anno quae libebit iniungere. Omnia legumina Graecis auctoribus seri iubentur in sicca terra ; faba tantummodo in umida debet aspargi.

6. Domino uel colono confinia possidenti qui fundum uel agrum suum locat, damnis suis ac litibus studet. In agro periclitantur interiora, nisi colantur extrema. Omne triticum solo uliginoso post tertiam sationem in genus siliginis commutatur. Tria mala aeque nocent, sterilitas, morbus, uicinus.

7. Qui terram sterilem uineis occupat, et laboribus suis et sumptibus est inimicus. Campi largius uinum, colles nobilius ferunt. Aquilo uites sibi obiectas fecundat, auster nobilitat : ita in arbitrio est, plus habeamus an melius. Necessitas

4 in uineis : quae in uineis *VN* || uitis optet *GM* : uitis oportet *RQN* uites oportet *KVS* || regionis *RKQVSNM* : -ni *G*.
7 laboribus *RKQVSNM* : lator- *G*[1] later- *G*[2] || inimicus *K GVN* : inīcus *M* inicus *R* iniquus *QS* || arbitrio : arb. nostro *G*.

vrage presse[28]. Bien qu'il faille semer quand la terre est humide, si la sécheresse se prolonge, les semences hersées se conserveront plus sûrement dans les champs que dans les greniers[29]. Une route en mauvais état est l'ennemie de l'agrément aussi bien que du profit[30]. **8.** Celui qui cultive un champ s'engage envers un créancier intraitable sur les versements, auquel il est lié sans espoir de quittance[31]. Qui en labourant laisse entre les sillons le sol non travaillé diminue ses récoltes, et à une terre même riche fait mauvaise réputation[32]. Petit terrain bien cultivé rapporte davantage que grands champs négligés[33]. **9.** Ne cultivez jamais de raisin noir, si ce n'est dans les provinces, et de cette espèce dont on a coutume de faire de l'*acinaticium*[34]. Un support élevé fait croître la vigne en hauteur. Ne coupez pas avec le fer une vigne tendre et verte[35]. Que toute incision d'un sarment soit faite du côté opposé à l'œil, pour éviter que la goutte qui coule habituellement ne le fasse périr[36]. C'est en fonction de la maigreur ou de la robustesse des vignes que l'émondeur leur impose les sarments à nourrir[37]. Une terre profonde, selon les auteurs grecs, donne des oliviers de grande taille, mais portant des fruits assez petits, aqueux, tardifs et dont on tire plutôt de l'amurque[38]. Les oliviers aiment un air tiède et parcouru par des vents modérés, sans violence et sans âpreté[39].

10. La vigne cultivée en treille doit être amenée, au cours des âges de sa vie, à s'élever à quatre pieds au-dessus du sol dans les endroits les plus contraires, et à sept dans les plus favorables[40]. Un jardin bénéficiant d'un climat tempéré, et parcouru par une eau de source, peu s'en faut qu'il ne prospère tout seul et sans technique d'ensemencement[41]. Il faut lier les

feriis caret. Quamuis temperatis agris serendum sit, tamen si siccitas longa est, semina occata tutius in agris quam in horreis seruabuntur. Viae malitia aeque et uoluptatis et utilitatis aduersa est. **8**. Qui agrum colit grauem tributis creditorem patitur, cui sine spe absolutionis obstrictus est. Qui arando crudum solum inter sulcos relinquit suis fructibus derogat, terrae uber infamat. Fecundior est culta exiguitas quam magnitudo neglecta. **9**. Nigras uites omnino repudies nisi in prouinciis, et eius generis quo acinaticium fieri consueuit. Longius adminiculum uitis incrementa producit. Teneram et uiridem uitem ferri acie ne recidas. Omnis incisura sarmenti auertatur a gemma, ne eam stilla, quae fluere consueuit, extinguat. Pro macie uel soliditate uitium nutrienda sarmenta putator iniungat. Terra profunda, quod Graeci adserunt, oleae grandes arbores efficit, fructus minores et aquatos ac seros magisque amurcae proximos. Aer oleas tepidus iuuat et uentis mediocribus sine ui et horrore perflabilis.

10. Vitis quae ad iugum colitur per aetates ad hoc perducenda est, ut locis molestioribus quattuor pedibus a terra, placidioribus uero septem summitas eius insurgat. Hortus qui caelo clementi subiacet et fontano umore percurritur, prope est ut liber sit et nullam serendi disciplinam requirat.

7 uiae malitia *RKGSNM* : uia malitiae *V* uiae malitiaeque *Q* || uoluptatis et utilitatis *RKQVNM*[1] : uoluptati et utilitati *GSM*[2].
8 tributis *RKQVSNM* : -ti *G* || uber *RKVGNM*[1] : ubertatem *QS*, *M*[2] *in marg.*, *edd.*
9 acinaticium *RKQNM* : -nacium *G* -natium *VS* || ferri acie *KQVGSNM* : ferraciae *R*[1] ferri aciae *R*[2] || auertatur *post* a gemma *transt. M* || stilla *RKQVGSN* : scillam *M* || oleas *RKQVGSN* : mole *M*.
10 ad hoc *RKVGSN* : ab hoc *Q*, ad hoc — pedibus *om. M*.

grappes de raisin lorsqu'elles sont vertes, c'est-à-dire lorsqu'on ne craint pas de faire tomber ou d'écraser les grains[42]. **11.** La ligature, sur les vignes, ne doit pas toujours rester au même endroit, pour éviter que la présence continue du lien ne meurtrisse toujours la même place. Si l'œil ouvert de la vigne voit la bêche du vigneron, ce dernier ne verra pas beaucoup de raisin : aussi faut-il bêcher avant qu'elle n'ouvre ses yeux[43]. La profondeur de la terre, ainsi que sa fertilité, vérifiez-la jusqu'à deux pieds pour les céréales, mais jusqu'à quatre pour la vigne et les arbres[44]. Une jeune vigne, autant elle pousse facilement si on la soigne avec amour, autant, si on la néglige, elle trouve une mort rapide[45]. **12.** En entreprenant une culture, après avoir évalué vos possibilités, gardez une juste mesure, sous peine de voir vos forces surpassées par une excessive étendue, et d'être contraints d'abandonner honteusement ce que vous aurez présomptueusement entrepris[46]. Les semences ne doivent pas avoir plus d'un an, sinon il est à craindre que, gâtées par l'âge, elles ne germent pas[47]. Le blé d'une colline sera de grain sans doute plus robuste, mais rendra moins en quantité[48]. Tout ce qui est semé doit l'être pendant la phase de croissance lunaire[49] et lorsque la température est douce, car la douceur de l'air fait germer les semences, tandis que le froid les en empêche.[50]. **13.** Si votre terre est recouverte de bois inutiles, il faut en faire deux parts : défricher complètement les endroits où le sol est gras, et laisser les endroits stériles plantés de bois ; les premiers sont productifs en raison de leur fertilité naturelle, les seconds sont fertilisés par le bienfait de l'incendie[51] ; mais on laissera de côté les zones à brûler, de manière à revenir au terrain incendié au bout de cinq ans : ainsi fera-t-on en sorte qu'une terre même stérile puisse avec l'âge rivaliser à égalité avec une terre fertile[53].

Subligatio acerbis uuis facienda est quando excutiendi aut rumpendi acini nulla formido est. **11**. Ligatura in uitibus locum debet mutare, ne unum semper adsiduitas conterat uinculorum. Fossorem si apertus uitis oculus uiderit, caecabitur spes magna uindemiae : et ideo dum est clausa fodietur. Terrae altitudinem cum fecunditate, si ad frumenta, duobus pedibus explora, quattuor uero, si ad arbusta uel uites. Vitis nouella, ut facile incrementum dilecta consequitur, ita interitum celerem, si neglegatur, incurrit. **12**. Modum tene, aestimatis facultatibus tuis, in adsumptione culturae, ne, superatis uiribus excedente mensura, turpiter deseras quod arroganter adsumis. Semina plus quam annicula esse non debent, ne uetustate corrupta non prodeant. Frumentum collis quidem grano robustius, sed mensurae minus refundet. Omnia quae seruntur crescente luna et diebus tepidis sunt serenda, nam tepor euocat, frigus includit. **13**. Si tibi ager est siluis inutilibus tectus, ita eum diuide, ut loca pinguia puras reddas nouales, loca sterilia siluis tecta esse patiaris, quia illa naturali ubertate respondent, haec beneficio laetantur incendii ; sed sic urenda distingues, ut ad incensum agrum post quinquennium reuertaris : ita efficies ut aequaliter uel sterilis gleba cum fecund*a* *ae*tate contendat.

10 acerbis *RKVGSN* : -uis *Q*, acerbis uuis *om. M* || acini nulla *K*[2]*GSN* : ac in nulla *K*[1]*QV* ac in nullo *R* acini *om. M* || formido *RKQGSNM* refor- *V*.

11 clausa *codd., Schmitt* : -sus *cett. edd.* || fodietur *RKQVG NM* : -iatur *S*.

12 excedente *GSNM* : excidente *RQV* excidet *K*.

13 tepor euocat *KGSNM* : tepore uocat *R*[2]*Q*[2] tempore uocat *Q*[1] tepore uacat *R*[1]*V* || respondent : -derent *R*[1] || sic urenda *RKQGSNM* : si curanda *V* || fecunda aetate *J. André* (*uide comm.*) : fecunditate *codd., Iens., Schneider, Schmitt* fecunda *cett. edd.*

14. Les Grecs préconisent, quand on plante et récolte l'olive, de faire accomplir le travail par des garçons purs et des filles vierges : c'est, j'imagine, en se rappelant que la chasteté préside à l'arbre en question[54]. Il serait superflu de s'étendre sur les noms des diverses espèces de blé, qui changent fréquemment avec les régions et les époques : il suffit de choisir les espèces prédominantes dans la région où se trouve notre exploitation, ou bien d'en essayer d'autres que nous aurons fait venir d'ailleurs[55]. Le lupin et la vesce fourragère, si on les coupe verts, et si aussitôt après on laboure sur leurs racines coupées, fertilisent les champs comme le ferait du fumier ; si en revanche ils sèchent sur pied avant d'être coupés, le suc de la terre passe en eux[56]. Un terrain humide exige davantage de fumier, un terrain sec moins[57]. **15.** Dans les régions chaudes, proches de la mer, sèches, ensoleillées, plates, il faut commencer plus tôt tous les travaux viticoles ; dans les régions froides, éloignées de la mer, humides, peu ensoleillées, montagneuses, plus tard : et je ne veux pas parler seulement des mois et des jours, mais des heures de travail aussi[58]. Pour tous les travaux des champs, en ce qui concerne la date que l'on conseille d'observer, quinze jours avant n'est pas trop tôt, quinze jours après n'est pas trop tard[59]. Tous les blés aiment surtout une plaine ouverte et dégagée, et inclinée vers le soleil.[60] **16.** Une terre compacte, argileuse et humide nourrit bien l'amidonnier et le froment[61] ; l'orge aime pour sa part un sol meuble et sec, car si on la sème dans un sol boueux, elle y meurt ; quant au blé trémois ; il convient dans les régions froides et neigeuses, où l'été est humide : il est bien rare qu'il réussisse ailleurs[62]. Toutefois le trémois

14. Graeci iubent oliuam, cum plantatur et legitur, a mundis pueris atque uirginibus operandum, credo recordati arbori huic esse praesulem castitatem. Nomina frumentorum superfluum est praecipere, quae aut loco subinde aut aetate mutantur : hoc satis est, ut eligamus praecipua in ea regione quam colimus, uel exploremus aduecta. Lupinus et uicia pabularis, si uirides succidantur et statim supra sectas eorum radices aretur, stercoris similitudine agros fecundant ; quae si exaruerint antequam proscindas, in his terrae sucus aufertur. Ager aquosus plus stercoris quaerit, siccus minus. **15**. Calidis, maritimis, siccis, apricis, campestribus locis omne opus uinearum maturius inchoetur ; frigidis, mediterraneis, umidis, opacis, montanis locis tardius : quod non solum de mensibus aut diebus dixerim, sed et horis operandi. Omne opus rusticum, cum fieri praecipitur, neque cito est si ante quindecim dies, neque tarde si post quindecim fiat. Frumenta omnia maxime laetantur patenti campo et soluto et ad solem reclini. **16**. Spissa et cretosa et umida terra bene far et triticum nutrit, hordeum ⟨agro⟩ soluto delectatur et sicco, nam si in lutoso [agro] spargatur, inmoritur. Trimenstris satio locis frigidis, niuosis conuenit, ubi qualitas aestatis umecta est ; ceteris raro respondet euentu.

14 recordati *RQVGSNM* : -dari *K* || esse *post* praesulem *hab. G* || uicia pabularis *RGSNM* : uitia pab- *KV* uitiae pabulares *Q* || exaruerint *SM* ex se aruerint *RKQVGN* || ager *om. Q* || minus : non minus *R*.

15 et horis *M* : horis *KRQVGSN*, *edd.* || quindecim : quindecim dies *VS*.

16 agro *ante* soluto *add. edd.* || agro *post* lutoso *secl. edd.* || inmoritur *M* : -rietur *RKQSN* morietur *GV*, *Iens.* moritur *cett. edd.* || et *ante* de *add. G*.

réussit mieux dans les régions tièdes, à condition qu'on le sème en automne[63]. Au cas où l'on serait contraint de placer ses espérances dans une terre salée, il faut planter ou semer après l'automne, pour que ce défaut du sol soit éliminé par les pluies hivernales ; il faut aussi lui ajouter un peu de terre douce ou de sable de rivière, si on lui confie des boutures[64]. **17.** C'est sur une terre médiocre qu'il faut créer une pépinière, afin que, par la suite, les plants soient transférés dans un sol meilleur[65]. Les pierres qu'on laisse sur le sol sont glacées en hiver, brûlantes en été, ce qui est assez mauvais pour les arbustes et les vignes[66]. La terre que l'on remue auprès des arbres doit être alternativement changée de place, de manière que celle du dessous remplace celle qui était au-dessus[67]. **18.** On fume les arbres en formant des couches successives de terre et de fumier autour du tronc (terre d'abord, fumier ensuite), afin que de la sorte l'action fertilisante de l'un et de l'autre soit accrue par le caractère alternatif de leur bienfait[68]. Ne placez pas à la tête de votre domaine un homme qui ait fait partie des jeunes esclaves tendrement chéris, car, en se fondant sur l'amour qu'on a eu pour lui, il s'attend à l'impunité pour ses fautes d'aujourd'hui[69].

VII. — Choix et situation d'un terrain[1].

Dans le choix ou l'acquisition d'un terrain, on doit prendre garde que la négligence des précédents cultivateurs n'ait pas amoindri ses qualités de fertilité naturelle et n'ait pas laissé un sol fécond se dépenser à nourrir des plantes dégénérées[2] ; sans doute est-il toujours possible d'y remédier par la greffe ; mais il est préférable d'avoir dès aujourd'hui des plants vigoureux plutôt que d'espérer pour demain une éven-

Semen trimenstre locis tepidis melius respondebit, si seratur autumno. Si necessitas coget de salsa terra sperari aliquid, post autumnum plantanda est uel conserenda, ut malitia eius hibernis imbribus eluatur ; aliquid etiam terrae dulcis uel arenae fluuialis subiciendum est, si illi uirgulta committimus. **17.** Seminarium mediocri terra instituere debemus, ut ad meliorem quae sata fuerint transferantur. Lapides qui supersunt hieme rigent, aestate feruescunt : idcirco satis arbustis et uitibus nocent. Terra quae circa arbores mouetur ita est uicibus permutanda, ut ei quae in summo fuerat ima succedat. **18.** In laetandis arboribus crates faciemus, terram prius trunco admouentes et mox laetamen, ut sic opus natura beneficii alternante cumuletur. Agri praesulem non ex dilectis tenere seruulis ponas, quia fiducia praeteriti amoris ad inpunitatem culpae praesentis spectat.

VII. — De agri electione vel sitv.

In eligendo agro uel emendo considerare debebis ne bonum naturalis fecunditatis colentium deprauarit inertia et in degeneres surculos uber soli feracis expenderit ; quod quamuis emendari possit insitione meliorum, tamen harum rerum sine culpa melior usus est quam cum spe corrigendi

16 coget *RKQNM* : -git *VGS* || sperari *codd.* : -re *Schmitt cod. V false legens*, operari *cett. edd.* || feruescunt *RKQVGSN* : -cent *M* || fuerat *RKQVGNM* : -rit *S*.

18 laetandis *iidem* : laetaminandis *S* || natura beneficii *RKQVSNM* : -rae beneficio *G* || ad *del. edd. praeter Schmitt* || spectat *Schmitt* : exspec- *codd., cett. edd.*

VII. 1 debebis *RKQVGNS* : debes *M* || deprauarit *RKQSNM* : -uauerit *GV* || quod *RKQVGSN* : quo *M* || insitione *RKQGSNM* : insat- *V*.

tuelle amélioration. **2.** En ce qui concerne les céréales, la meilleure solution est donc de procéder sans plus attendre à un nouvel ensemencement. Quant aux vignes, il faut surtout remarquer et éviter ce qu'ont fait beaucoup de propriétaires, soucieux seulement d'éblouir le monde par l'étendue de leurs vignobles[3], en choisissant des vignes stériles ou donnant du mauvais raisin ; vous aurez bien du mal à remédier à cela, si vous faites l'acquisition d'une propriété grevée de semblables défauts[4]. **3.** Quant à l'exposition du domaine qu'il s'agit de choisir, elle doit être la suivante : dans les régions froides, il doit être exposé à l'est ou au midi, pour éviter qu'il ne soit glacé de froidure, ce qui se produirait si ces deux expositions lui étaient fermées par l'obstacle de quelque montagne, puisque le soleil ne touche jamais les versants nord et ne parvient que l'après-midi sur les versants occidentaux ; dans les régions chaudes, en revanche, l'exposition au nord doit plutôt être recherchée : elle est la meilleure aussi bien pour le rendement du domaine que pour l'agrément et la salubrité[5]. **4.** S'il y a un cours d'eau dans le voisinage de l'endroit où nous avons décidé de construire, nous devons en étudier la nature, car bien souvent ses exhalaisons sont dangereuses : si c'était le cas, il faudrait que le constructeur s'en écarte[6]. Mais ce sont surtout les marais qu'il faut éviter à tout prix, surtout ceux qui sont au sud ou à l'ouest et ceux qui sont ordinairement à sec durant l'été, car ils rendent l'air insalubre et engendrent des animaux nuisibles[7].

VIII. — Les bâtiments.

Les bâtiments doivent être proportionnés à la valeur du domaine et aux ressources du propriétaire : bien souvent, lorsqu'on a vu trop grand, l'entretien pose plus de problèmes que la construction[1] ; voici

serus euentus. **2.** In seminibus ergo frumentorum praesens emendatio potest esse. In uinetis maxime considerandum atque uitandum est quod plerique fecerunt studendo famae tantum et latitudini pastinorum, semina uitium statuentes uel sterilia uel saporis indigni ; quod grandi tibi labore constabit ut corrigas, si agrum conpares uitiis talibus occupatum. **3.** Positio ipsius agri qui eligendus est, ea sit : in frigidis prouinciis, orienti aut meridiano lateri ager debet esse obpositus, ne, alicuius magni montis obiectu his duabus partibus exclusis, algore rigescat aut per partem septemtrionis remoto aut per occidentis in uesperam sole dilato ; in calidis uero prouinciis, pars potius septemtrionis optanda est, quae et utilitati et uoluptati et saluti aequa bonitate respondeat. **4.** Si uicinus est fluuius, ubi statuimus fabricae sedem parare, eius debemus explorare naturam, quia plerumque quod exhalat inimicum est, a quo, si talis sit, conueniet refugere conditorem. Palus tamen omni modo uitanda est, praecipue quae ab austro est uel occidente et siccari consueuit aestate, propter pestilentiam uel animalia inimica quae generat.

VIII. — De aedificio.

Aedificium pro agri merito et pro fortuna domini oportet institui : quod plerumque inmodice sumptum difficilius est sustinere quam condere ; ita

2 pastinorum *RKQVSNM* : -natorum *G.*
3 ne alicuius *RKQVGSN* : nec alicui *M* || obiectu *iidem* : -tus *M* || saluti *RKVGSNM* : salutati *Q.*
4 exalat *RKQVSN* : exhalat G^2 halat G^1 exaltat *M.*

donc dans quelle perspective il faut calculer leur étendue : si quelque accident se produit, le revenu annuel ou tout au plus[2] le revenu biennal du domaine où ils se trouvent doit suffire à le réparer. **2.** Quant à l'habitation même du propriétaire, il faut en fixer l'emplacement en un lieu un peu plus élevé et plus sec que les autres, pour éviter que les fondations ne soient endommagées, et pour qu'elle bénéficie d'une belle vue[3]. Voici comment doivent être bâties les fondations : elles doivent être, tant d'un côté que de l'autre, plus larges d'un demi-pied que ne le sera par la suite le corps de la muraille. Si en creusant l'on rencontre de la pierre ou du tuf, il est facile de les y asseoir ; il suffira d'y creuser la forme des fondations, à une profondeur d'un pied ou deux. Si l'on rencontre de l'argile résistante et compacte, il faut donner aux fondations une profondeur égale au cinquième ou au sixième de la partie hors de terre. Si en revanche la terre manque de fermeté, il faut creuser des fondations plus profondes, jusqu'à ce que l'on trouve l'argile pure et ne contenant apparemment aucune trace de marne ; si elle fait totalement défaut, il suffira de creuser jusqu'au quart de la hauteur du bâtiment[4]. Il faut en outre veiller à ce que celui-ci puisse être entouré de jardins et de vergers, ou de prairies[5]. **3.** Mais l'essentiel est que la façade soit tout entière et d'un bout à l'autre exposée au midi, tout en recevant sur l'angle sud-est, en hiver, les rayons du soleil levant, et qu'elle soit quelque peu détournée du couchant d'hiver : ainsi sera-t-elle ensoleillée l'hiver, et ne souffrira pas de la chaleur en été[6].

igitur aestimanda eius est magnitudo, ut, si aliquis casus incurrerit, ex agro in quo est unius anni aut ⟨ut⟩ multum biennii pensione reparetur. **2.** Ipsius autem praetorii situs sit loco aliquatenus erectiore et sicciore quam cetera, propter iniuriam fundamentorum et ut laeto fruatur aspectu. Fundamenta autem hoc modo ponenda sunt, ut latiora sint ex utraque parte semipedis spatio quam parietis corpus increscet. Si lapis uel tofus occurrat, facilis causa est conlocandi, in quo sculpi tantum fundamenti forma debebit, unius pedis altitudine uel duorum. Si solida et constricta inuenietur argilla, quinta uel sexta pars altitudinis eius, quae supra terram futura est, fundamentis deputetur. Quod si terra laxior fuerit, modo maioris altitudinis obruantur, donec munda sine ruderum suspicione occurrat argilla ; quae si omnino desit, quartam mersisse sufficiet. Studendum praeterea ut hortis et pomariis cingi possit aut pratis. **3.** Sed totus fabricae tractus unius lateris longitudine, in quo frons erit, meridianam partem respiciat, in primo angulo excipiens ortum solis hiberni, et paululum ab occidente auertatur hiemali : ita proueniet ut per hiemem sole inlustretur et calores eius aestate non sentiat.

VIII. 1 eius *post* est *hab.* *NM* || ut *post* aut *add. edd.* (*uide comm.*) || repararetur *RKVGSNM* : -raret *Q*.

2 propter : et propter *S* || et ut *NS* : ut et *RKGVM* ut *Q* || incurrat *RKQVGSN* : occ- *M* || debebit *K*[1]*GNSM* : -bis *RK*[2]*QV* || inuenietur *RKQVGNM* : -iatur *S* || *ab* obruantur *incipit cod. L.*

3 ortum *GVSNM* : hor- *RKQL*.

IX. — Les pièces d'été et d'hiver et le revêtement de leur sol.

Les bâtiments doivent être conçus de telle sorte qu'ils offrent, dans un espace restreint, des pièces d'habitation tant pour l'été que pour l'hiver[1]. L'appartement d'hiver doit être situé de manière à pouvoir être égayé par le soleil hivernal presque d'un bout à l'autre de la journée[2]. Le revêtement du sol devra y être approprié. **2.** Tout d'abord il faut veiller, en construisant le plancher, à ce que la charpente en soit bien horizontale et solide, pour éviter que le tremblement d'un parquet mal assuré n'inflige des secousses à ceux qui marcheront dessus. En second lieu il faut veiller à ne pas mêler des planches de chêne aux planches d'yeuse, car le chêne qui aura pris de l'humidité travaillera lorsqu'il commencera à sécher et fera des crevasses dans le plancher, alors que l'yeuse demeure sans défaut. **3.** Néanmoins, si celle-ci faisait défaut et que l'on n'eût que du chêne à sa disposition, il faudrait le tailler en planches très minces, dont on ferait un plancher à deux épaisseurs, superposées à angle droit l'une par rapport à l'autre, et fixées l'une à l'autre par un très grand nombre de clous. Quant aux planchers de chêne lombard, de hêtre ou de frêne, ils dureront très longtemps, à condition qu'on les recouvre de paille ou de fougère pour empêcher l'humidité de la chaux de pénétrer jusqu'au corps même du plancher[3]. **4.** On étendra ensuite, sur un radier, une couche de mortier[4], que l'on obtiendra en mélangeant des pierres concassées et de la chaux dans une proportion de deux tiers contre un : lorsqu'on aura donné à cette couche

IX. — DE HIBERNIS ET AESTIVIS MANSIONIBVS ET PAVIMENTIS.

Forma tamen esse debet eiusmodi ut ad habitationem breuiter collectas et aestati et hiemi praebeat mansiones. Quae hiemi parantur ita sint constitutae ut possit eas hiberni solis totus propemodum cursus hilarare. In his pauimenta oportuna esse debent. **2.** Primum in fabricis planis earum obseruandum est ut aequalis et solida contignatio fiat, ne gradus ambulantium tremor fabricae titubantis excutiat, deinde ut axes quernae cum aesculeis non misceantur : nam quercus, umore concepto, cum se coeperit siccare, torquebitur et rimas in pauimento faciet; aesculus autem sine uitio durat. **3.** Sed si, quercu subpetente, aesculus desit, subtiliter quercus secetur et transuersus atque directus duplex ponatur ordo tabularum, clauis frequentibus fixus. De cerro aut fago aut farno diutissime tabulata durabunt, si stratis super paleis uel filice umor calcis nusquam ad tabulati corpus accedat. **4.** Tunc super statumin*i*b*u*s rudus, id est saxa contusa duabus partibus et una calcis, temperante constitues. Hoc

IX. HIBERNIS ET AESTIVIS *VGSN*: HIBERNO ET ESTATI *L*² HIBERNO ET AESTATE *RK* HIBERNO ET STATE *L*¹ HIB̄ ET AESΤ̄ *Q*, titulos *om. M.*

1 eiusmodi *RKQVGSNM* : huiusmodi *L* || aestati *AKQVGSN* : stati *L.* exstati *M.*

2 ambulantium *LQNM* : -tum *RKVGS* || tremor *RKQLVS NM* : tremorem *G* || aesculis *RKQVGNS* : a saeculis *M* || torquebitur *G* : -quetur *cett. codd.* || aesculus : a saeculis *M.*

3 secetur *RLKQVSNM* : siccetur *G, uett.* || cerro *RLKQGSM* : cerio *N* ceraso *V* || accedat *RLKQV²SM* : -dant *N* -dit *V*¹.

4 super statuminibus *ego* : superstatuminabis *codd.* super statuminabis *Schneider* superstatuminabis ⟨ et ⟩ *Nohl* (*uide comm.*).

six doigts d'épaisseur[5], et qu'on se sera assuré à l'équerre qu'elle est bien horizontale, il faudra, dans le cas de l'appartement d'hiver, la couvrir d'un revêtement permettant aux domestiques de s'y tenir debout, en cette saison, même pieds nus, sans souffrir du froid : à cet effet, après avoir mis en place la couche de mortier ou un carrelage de briques, on mélangera avec du sable, de la cendre et de la chaux un agglomérat de charbon pilé, et l'on fera revêtir le sol d'une couche de six pouces de ce mélange ; on obtiendra ainsi, après aplanissement, un revêtement noir qui aura la propriété de boire rapidement tout liquide tombé des coupes[6].

5. S'il s'agit au contraire d'appartements d'été, il convient qu'ils soient exposés à la fois au levant estival et au nord, et qu'ils soient revêtus soit de briques comme dans le cas précédent, soit de carreaux de marbre, soit de mosaïques, soit de carrelage, dont on joindra les angles et les côtés de manière à obtenir un dallage bien régulier. Si ces matériaux font défaut, on pourra se contenter de revêtir le plancher avec de la poussière de marbre, ou bien avec une couche de sable lié par de la chaux[7].

X. — La chaux et le sable[1].

Il est en outre indispensable que le constructeur d'une maison sache de quelle sorte de chaux et de sable il doit se servir. En ce qui concerne le sable de carrière, il en existe trois sortes : le noir, le rouge et le blanc. Tous trois sont excellents, mais le rouge est meilleur que les autres ; puis vient le blanc, et en troisième position le noir[2]. Dans les trois catégories, celui qui crisse lorsqu'on le presse dans la main sera bon pour la construction ; de même, si après avoir été jeté, puis secoué dans un morceau d'étoffe ou une pièce de

cum ad sex digitorum crassitudinem feceris et regula exploraris aequale, si loca hiemalia sunt, tale pauimentum debebis inponere, in quo uel nudis pedibus stantes ministri hieme non rigescant. Inducto itaque rudere uel testacio pauimento, congestos et calcatos spisse carbones cum sabulone et fauilla et calce permiscebis, et huius inpensae crassitudinem sex unciis iubebis inponi ; quod exaequatum nigra pauimenta formabit et, si qua fundentur ex poculis, uelociter rapta desuget.

5. Sed si aestiuae mansiones sunt, orientem solstitialem et partem septemtrionis aspiciant, et uel testacium, sicut supra diximus, accipiant pauimentum uel marmora uel tesseras aut scutulas, quibus aequale reddatur angulis lateribusque coniunctis. Si haec deerunt, supra marmor tusum cernatur aut harena cum calce inducta leuigetur.

X. — De calce et harena.

Praeterea scire est necessarium construenti quae calcis et harenae natura sit utilis. Harenae ergo fossiciae genera sunt tria : nigra, rufa, cana ; omnes praecipuae, rufa melior ; meriti sequentis est cana, tertium locum nigra possidet. Ex his, quae conprehensa manu edit stridores erit utilis fabricanti ; item si, panno uel linteo candido uestis

4 rudus *RLKQGSNM* : rudes *V* || permiscebis *E, Schneider, Schmitt* : -ces *rell.* || fauilla : fabilla *M*.

5 testacium *RLQVGN* : -ceum *K* -tium *S* -tum *M* || accipiant *RLKQGSN M* : aspiciant *V* || supra *LGSNM* : super *RKQV*.

X. 1 omnes *RKLQM* : -nibus *GVSN* || possidet *GVSNM* : -sedit *RKQL* || erit *RKQVGSNM* : edit *L* || panno uel linteo : l. u. p. *S*.

linge blanc, il n'y laisse aucune sorte de tache ou de saleté, il est de qualité supérieure[3]. **2.** Mais il se peut que l'on n'ait pas de sable de carrière : on prendra alors du gros sable de rivière ou de plage[4]. Le sable de mer met du temps à sécher ; aussi ne faut-il pas l'utiliser immédiatement pour la construction, mais seulement au bout d'un certain temps, afin que son poids n'endommage pas la maçonnerie. En outre, l'eau salée qu'il contient attaque l'enduit des plafonds ; le sable de carrière, en revanche, sèche rapidement, et de ce fait il est excellent pour les enduits et les plafonds, surtout si on fait le mélange immédiatement après son extraction, car ses qualités disparaissent si on le laisse longtemps exposé au soleil, au gel ou à la pluie[5]. Pour les enduits, on utilisera de préférence le sable de rivière **3.** Mais si l'on ne peut faire autrement que d'utiliser du sable de mer, il sera bon de l'immerger préalablement dans un bassin d'eau douce, pour que celle-ci le lave, et élimine le défaut que constitue le sel[6]. On obtiendra de la chaux en cuisant de la pierre blanche dure, ou de la pierre de Tibur, ou du caillou gris de rivière, ou de la pierre rouge, de la pierre ponce, du marbre enfin[7]. La chaux qui aura été faite à partir d'une roche compacte et dure convient pour la maçonnerie ; celle qui aura été faite à partir d'une roche poreuse ou tendre est utilisée de préférence pour les enduits. Il faut deux tiers de sable pour un tiers de chaux ; mais s'il s'agit de sable de rivière, on obtiendra des constructions d'une solidité étonnante en y ajoutant un tiers de brique tamisée[8].

inspersa et excussa, nihil maculae relinquet aut sordis, egregia est. **2.** Sed si fossilis harena non fuerit, de fluminibus [aut] glarea aut litore colligetur. Marina harena tardius siccatur, et ideo non continue, sed intermissis temporibus construenda est, ne opus onerata corrumpat; camerarum quoque tectoria salso umore dissoluit. Nam fossiles tectoriis et cameris e*x* celeri siccitate utiles sunt, melioresque si statim cum effossae sunt misceantur, nam diutino sole aut pruina aut imbre uanescunt. Fluuiales tectoriis magis poterunt conuenire. **3.** Sed si uti necesse sit maris harena, erit commodum prius eam lacuna umoris dulcis inmergi, ut uitium salis aquis suauibus eluta deponat. Calcem quoque albo saxo duro uel Tiburtino aut columbino fluuiali coquemus aut rubro aut spongea aut postremo marmore. Quae erit ex spisso et duro saxo structuris conuenit ; ex fistuloso uero aut molliori lapide tectoriis adhibetur utilius. In duabus harenae partibus calcis una miscenda est ; in fluuiali uero harena si tertiam partem testae cretae addideris, operum soliditas mira praestabitur.

1 inspersa *RLKQVSNM* : inpressa *G* || relinquet *RLKVGS N* : -qui *G* -liquet *M*.

2 aut *ante* glarea *hab. codd., secl. aut del. edd. praeter Ald. et Com.* (*uide comm.*) || ex *ego* : et *codd., del. edd.* || celeri siccitate *M* : -ri -ti *RLKVGNS* -ris -tis *Q*.

3 si *om.* *Q* || eluta *RLKVGSNM* : -tat *Q* || spongea *RLKQNSM* : -gia *VG* || postremo *RKLQGSNM* : -mum *V* || quae erit *Ald.* : querit (*pro* quaerit) *M* qui erit *RLKQVSN*, *Iens.*, *Schmitt* quod erit *G* || saxo *RLKQVSNM* : sato *G*.

XI. — Les murs de briques[1].

Si l'on veut que la demeure du propriétaire ait des murs de briques, il faudra veiller à ce que, une fois terminés, ceux-ci soient surmontés, juste sous la charpente, d'une maçonnerie en briques haute d'un pied et demi, avec des corniches proéminentes, afin que, si les tuiles ou les gouttières se détériorent, l'eau de pluie ne puisse atteindre le mur[2]. D'autre part, il faut éviter de crépir les murs avant qu'ils ne soient secs et rugueux : si, en effet, on les crépit pendant qu'ils sont encore humides et lisses, l'enduit ne pourra pas tenir, et on sera dès lors obligé d'en mettre une triple couche si l'on veut que leur revêtement soit de bonne qualité.

XII. — Clarté et hauteur des pièces.

En ce qui concerne les bâtiments rustiques, il faut avant tout veiller à ce qu'ils soient très éclairés. En second lieu, il faut, comme je l'ai dit plus haut, les distribuer en fonction des saisons, en exposant les bâtiments d'été au nord, ceux d'hiver au midi, ceux de printemps et d'automne à l'est. Pour ce qui est des salles à manger et des chambres à coucher, on détermine la hauteur du plafond de la façon suivante : on additionne la longueur et la largeur, on prend la moyenne des deux, et l'on obtiendra ainsi la hauteur[1].

XI. — De latericiis parietibvs.

Quod si latericios parietes in praetorio facere uolueris, illud seruare debebis, ut perfectis parietibus in summitate, quae trabibus subiacebit, structura testacea cum coronis prominentibus fiat sesquipedali altitudine, ut, si corruptae tegulae aut imbrices fuerint, parietem non possint penetrare perpluuia. Deinde prouidendum est ut siccis et asperatis parietibus latericiis inducatur tectorium ; quod umidis ac leuibus adhaerere non poterit, et ideo tertio eos prius debebis obducere, ut tectorium sine corruptione suscipiant.

XII. — De lvmine et altitvdine.

In primis studendum est, in agresti fabrica, ut multa luce clarescat, deinde ut partes temporibus diuisas, sicut supra dixi, congruis partibus offeramus, id est aestiuas septemtrioni, hibernas meridiano, uernas et autumnales orienti. Mensura uero haec seruanda est, in tricliniis atque cubiculis, ut, quanta latitudo uel longitudo fuerit, in unum conputetur et eius medietas in altitudinem conferatur.

XI. subiacebit *RQVGSNM* : -cebis *L* -cet *K* || perpluuia *RLKQVGM* : per pluuiam *NS* || siccis *RLQVGSNM* : -ce *K* || tectorium *RLKQVGNM* : -rum *S* || quod *RLKVGSNM* : quoti *Q* || ac *RLQVGSNM* : hac *K*.

XII. sicut *om.* *L* || supra *post* dixi *transt.* *M* || tricliniis *KVGS NM* : -nis *RLQ* || eius *RLKQVSNM* : eiusdem *G*.

XIII. — Les plafonds de cannes[1].

Les plafonds des bâtiments situés à la campagne doivent, autant que possible, être construits à l'aide de matériaux faciles à trouver sur le domaine ; on emploiera donc pour cela des planches ou des cannes, en procédant de la manière suivante : on posera horizontalement des poutres de bois des Gaules ou de cyprès là où l'on doit construire le plafond, en laissant entre elles un intervalle d'un pied et demi ; on les fixera ensuite à la charpente du toit à l'aide de chevilles en bois de genévrier, d'olivier, de buis ou de cyprès, et entre chaque poutre on placera deux perches attachées avec des cordes ; **2.** après quoi on attachera par en dessous de la canne de marais ou bien, après l'avoir brisée, de cette espèce plus grosse dont on se sert communément[2] : on en fera une claie à mailles serrées, que l'on fixera sur toute son étendue aux poutres et aux perches. Alors on commencera par la revêtir d'un enduit de pierre ponce, que l'on égalisera à la truelle, afin qu'il lie étroitement ensemble les brins de canne ; ensuite on égalisera le tout avec du sable et de la chaux ; enfin on y étendra une couche de poudre de marbre broyé, mélangé à de la chaux, et on polira ce revêtement jusqu'à ce qu'il soit parfaitement brillant.

XIV. — Le crépi.

Le crépi aussi est souvent apprécié. Il faut y faire entrer de la chaux, à condition qu'elle soit éteinte depuis longtemps. Pour voir si elle est propre à cet usage, on la fendra comme du bois avec une hache :

XIII. — De cameris canniciis.

Cameras in agrestibus aedificiis ex ea materia utilius erit formare quae facile inuenietur in uilla. Itaque aut tabulis faciemus aut cannis hoc genere : asseres ligni Gallici uel cupressi directos et aequales constituemus in eo loco ubi camera facienda est, ita ordinatos ut inter se sesquipedalis mensura sit uacua ; tunc eos catenis ligneis ex iunipero aut oliua aut buxo aut cupresso factis ad contignationem suspendemus et binas inter eos perticas dirigemus tomicibus adligatas ; **2.** postea palustrem cannam uel hanc crassiorem, quae in usu est, contusam facta et strictim iuncta crate subnectimus et per omne spatium cum ipsis asseribus et perticis alligamus. Dehinc primo inpensa pumicea induemus et trulla aequabimus, ut inter se cannarum membra constringat ; post harena et calce coaequabimus ; tertio tusi marmoris puluerem mixtum cum calce ducemus et poliemus ad summum nitorem.

XIV. — De opere albario.

Opus quoque albarium saepe delectat. Cui calcem debebimus adhibere, cum multo tempore fuerit macerata. Ergo ut utilem probes, ascia cal-

XIII. 1 asseres *GS* : -ris *RLKQVNM* || et aequales *post* constituemus *transt. Q* || tomicibus *RLKQGSNM* : domibus *V*.
2 facta *KRQGSM* : -tam *LVN* || subnectimus *RLXQVSNM* : -temus *G, edd. post Ald.* || alligamus *RLKQGSNM*: -gabimus *V, edd.* || pumicea *GN* : -ca *RLKQS* punica *VM* || aequabimus ... coaequa- bimus *QVGSNM* : -uimus ... -uimus *RLK* || tusi *RLKQSM* : tunsi *VG* tum si *N*.

XIV. debebimus *RLKQGNM* : debemus *VS* || macerata *G, edd.* : -tum *cett. codd.*

si le tranchant de celle-ci ne rencontre aucun obstacle, et si la chaux qui adhèrera à la hache est molle et visqueuse, c'est qu'on peut l'employer pour le crépi[1].

XV. — Le revêtement des murs.

Voici comment on rendra solide et brillant le revêtement des murs : il faut passer et repasser la truelle sur la première couche ; quand celle-ci commencera à sécher, en appliquer une deuxième, puis une troisième. Il faut qu'après cela les trois couches soient entièrement recouvertes, à la truelle, de granulés de marbre. Ils auront été auparavant gâchés assez longtemps pour que la pelle à gâcher la chaux puisse en être retirée propre. Lorsque ce revêtement de marbre en grains commencera à sécher à son tour, il faudra en appliquer une seconde couche plus fine : on le rendra de la sorte aussi solide que brillant[1].

XVI. — Il faut fuir les fonds de vallée[1].

Il faut se garder de faire comme la plupart des gens qui, pour avoir de l'eau, enfoncent leurs exploitations agricoles au creux des vallées, et préfèrent un agrément de quelques jours à la santé des habitants ; nous nous en garderons davantage encore, si la province que nous habitons est suspecte de connaître des épidémies durant l'été. S'il n'y avait sur le domaine si source ni puits, il conviendrait de construire des citernes dans lesquelles l'eau de toute la toiture puisse être amenée. Voici donc comment on les fait.

cem quasi lignum dolabis : si nusquam acies eius offenderit et, quod asciae adhaeret, fuerit molle atque uiscosum, constat albariis operibus conuenire.

XV. — De tectoriis.

Parietum uero tectura sic fiet fortis et nitida : prima trullis frequentetur inductio ; cum siccari coeperit, iterum inducatur ac tertio ; post haec tria coria ex marmore grano cooperiatur ad trullam. Quae inductio ante tam diu subigenda est ut rutrum, quo calx subigitur, mundum leuemus. Haec quoque marmoris grani inductio cum siccari incipiet, aliud corium subtilius oportet inponi : sic et soliditatem custodiet et nitorem.

XVI. — De vitanda valle.

Vitandum est autem quod plerique fecerunt aquae causa, uillas infimis uallibus mergere et paucorum dierum uoluptatem praeferre habitatorum saluti, quod magis metuemus, si prouincia quam colimus de morbis aestate suspecta est. Cui si fons desit aut puteus, cisternas construere conueniat, quibus omnium conduci possit aqua tectorum. Fiunt autem hoc modo.

XV. trullis *RKLQGSNM* : rullis *V* || cum — tertio *om. M* || rutrum quo *GSNM* : utrum quo *R*²*QV* utrum quod *R*¹ utrumque *K* || calx RKGVNS : calix *QM*.

XVI. infimis : in infimis *V* || morbis aestate *RLKQGSN* : morbi statu *V* morbositate *N* || cui *S*¹ : cum *RKLQVGS*²*NM* || puteus cisternas *RLKQGSNM* : puteos aut cist- *V*.

XVII. — Les citernes et le mastic pour eau froide[1].

Faite de murs en maçonnerie de Signia[2], la citerne aura les dimensions qui vous plairont et conviendront à vos moyens[3], mais sera plus longue que large. Son sol, consolidé par une bonne épaisseur de béton, avec un emplacement ménagé pour l'écoulement de l'eau, sera rendu bien lisse grâce à un ciment de brique qui le recouvrira. Il faudra polir ce revêtement avec grand soin, jusqu'à ce qu'il brille, et le frotter longuement avec du gras de lard préalablement bouilli[4]. **2.** Lorsque l'humidité en sera partie et qu'il sera bien sec, sans qu'il risque de se crevasser en quelque endroit, on appliquera également sur les parois un revêtement semblable, et enfin, lorsque le tout sera complètement sec et depuis longtemps, la citerne pourra donner accueil à l'eau. Il conviendra d'y mettre et d'y élever des anguilles et des poissons de rivière, afin qu'en y nageant ils donnent à l'eau dormante le mouvement d'une eau courante[5]. Si jamais le revêtement du sol ou d'une paroi vient à se détériorer en quelque endroit, on y appliquera un genre de mastic capable de contenir l'eau qui s'efforce de s'enfuir. **3.** Les fissures et les trous des citernes, les viviers ou les puits, on les réparera de la façon suivante, même si l'eau coule à travers la maçonnerie[6] : on prend la quantité voulue de poix liquide, et une quantité égale de graisse, celle que l'on appelle axonge ou suif ; on mélangera et on fera cuire le tout dans une marmite, jusqu'à ébullition, puis on le retirera du feu. Quand ce mélange sera refroidi, on y rajoutera de la chaux en miettes, et l'on fera de l'en-

XVII. — De cisternis et maltha frigidaria.

Signinis parietibus magnitudo ea cui delectaris et sufficis construatur, longior magis quam latior. Huius solum, alto rudere solidatum, relicto fusoriis loco testacei pauimenti superfusione leuigetur. Hoc pauimentum omni cura terendum est ad nitores et lardo pingui decocto adsidue perfricandum. **2**. Quod ubi deducto umore siccatum est, ne rimis in aliqua parte findatur, etiam parietes simili corio uelentur obducti, et ita post diuturnam et solidam siccitatem aquae praebeatur hospitium. Anguillas sane piscesque fluuiales mitti in his pascique conueniet, ut horum natatu aqua stans agilitatem currentis imitetur. Sed si aliquando in quocumque loco pauimenti uel parietis tectura succumbat, hoc genus malthae adhibebimus, ut umor in exitus nitens possit includi. **3**. Rimas et lacunas cisternarum, piscinas uel puteos sarciemus hoc genere, etsi umor per saxa manabit : picis liquidae quantum uolueris, et tantumdem sumis unguinis quod uocamus axungiam uel seuum ; tunc in olla utrumque miscebis et coques, donec spumet ; deinde ab igne remouebis. Cum fuerit eadem refrigerata permixtio, calcem minutim superadicies et ad unum corpus omnia mixta

XVII. 1 Signinis *RLKQVGS* : lig- *N*, *primam litt. om. M* || cisterna *post* ea *add. V*² || cui *codd.* : qua *Schneider*, *Schmitt* et *codd.* : et cui *edd. ex Pol.* || nitores *RLKQVGNM* : -rem *S* || perfricandum *RLKVGSNM* : perfrig- *Q*.

2 uelentur *RLKVGSNM* : uol- *Q* || et ita *om. K* || adhibebimus *RLK²QVGNM* : adhibemus *K¹S*.

3 sarciemus : resarc- *V*² || malte *post* hoc *add. V*² || picis *K²V GSNM* : piscis *RK¹L* || sumis *RKQGSNM* : summis *L* sumes *V*, *edd.* || seuum *RLKQVGSM* : senum *N* || permixtio *RLKQVS NM* : -to *G* || minutim *RLKQGSNM* : -tatim *V*.

semble une pâte bien unie. **4.** Lorsqu'on aura obtenu une sorte de colle, on l'appliquera sur les parties en mauvais état et sur celles qui fuient, et on l'aplatira bien en l'y pressant très fortement. Il sera bon que l'eau soit amenée dans la citerne par des tuyaux de terre cuite, et après achèvement de la couverture[7]. Car l'eau du ciel est de toutes la meilleure à boire, à tel point que, quand bien même on pourrait utiliser de l'eau courante qui n'est pas bonne pour la santé, il vaut mieux la réserver pour les lavoirs, et pour l'arrosage des jardins.

XVIII. — Le cellier.

Le cellier doit être exposé au nord, frais et presque obscur, situé loin des bains, des étables, du four, des tas de fumier, des citernes, des eaux et de tout ce qui sent mauvais[1], suffisamment équipé pour permettre de faire face à une récolte abondante, enfin conçu de telle sorte qu'il soit muni d'un fouloir surélevé comme la tribune d'une basilique, auquel on accèdera par trois ou quatre marches, et de chaque côté duquel deux réservoirs seront ménagés pour recevoir le vin[2]. Partant de ces réservoirs, des rigoles de maçonnerie ou des tuyaux de terre cuite courront d'un bout à l'autre des murs, et conduiront le vin dans des jarres disposées au pied de chaque mur ; il y coulera par des ouvertures ménagées au-dessus de chaque jarre. **2.** S'il il reste encore du vin, on le mettra dans des cuves placées dans la partie centrale du cellier et installées, afin qu'elles ne gênent pas le passage, sur des chevalets relativement élevés ou sur des jarres ; on laissera entre elles un inter-

reuocabis. **4.** Cumque uelut strigmentum feceris, inseres locis corruptis ac manantibus et pressum summa densitate calcabis. Salutare erit aquas illuc per tubos fictiles duci et opertis inmeare cisternis ; nam caelestis aqua ad bibendum omnibus antefertur, ut, etsi fluens adhiberi possit quae salubris non est, lauacris debeat et hortorum uacare culturae.

XVIII. — De cella vinaria.

Cellam uinariam septemtrioni habere debemus oppositam, frigidam uel obscurae proximam, longe a balneis, stabulis, furno, sterculinis, cisternis, aquis et ceteris odoris horrendi, ita instructam necessariis, ut non uincatur a fructu, sic autem dispositam, ut basilicae ipsius forma calcatorium loco habeat altiore constructum, ad quod, inter duos lacus qui ad excipienda uina hinc inde depressi sint, gradibus tribus fere ascendatur aut quattuor ; ex his lacubus canales structi uel tubi fictiles circa extremos parietes currant et subiectis lateri suo doliis per uicinos meatus manantia uina defundant. **2.** Si copia maior est, medium spatium cupis deputabitur, quas, ne ambulacra prohibeant, asellis altioribus inpositas uel supra dolia possumus

4 strigmentum *Q* : stricm- *RKVGNM* strim- *L, S non leg.* || inseres *VGN* : -ris *KQRLSM* || pressum *RKQVGSNM* : praesum *L* || tubos *RLKQV²SNM* : tuuos *V¹* turbas *G* || tum *post* quae *add.* *V²*.

XVIII. 1 stabulis *RLKQVGSN* : -lo *M* || furno *QVSN* : forno *RKLGM* || sterculinis *RKLQGS²* : -culonis *M* -culiniis *V* -quiliniis *S¹* || altiore *om.* *G* || quod *RLKVGSNM* : quos *Q* || lacus *RLQVGSNM* : -cos *L* || tubi *RLKQSNM* : toui *V* tubae *G*.

2 asellis *RLKQVGNM* : uassellis *S* || dolia *RLKQVGN* : obruta d. *S* obrupta d. *M*.

valle suffisant pour que l'on puisse y circuler si besoin est. Si au contraire on réserve aux cuves un emplacement spécial, celui-ci doit être, comme le pressoir, légèrement surélevé et consolidé par un pavement de briques, afin que, si une fuite se produit dans une cuve sans que l'on s'en aperçoive, le vin qui aura coulé, au lieu d'être perdu, soit recueilli dans un bassin situé au pied de l'estrade.

XIX. — Le grenier.

Les greniers doivent avoir la même orientation[1], et occuper en outre une situation élevée, à l'abri de toute humidité, éloignée du fumier et des étables, fraîche, exposée au vent et sèche ; leur construction doit être très soignée, afin qu'ils ne risquent pas de se crevasser[2]. Il faut donc que leur sol soit entièrement recouvert de briques larges de deux pieds au maximum, que l'on doit enfoncer dans un mortier de terre cuite préalablement étendu sur le sol[3]. **2.** Alors, si l'on compte sur une récolte abondante, on établira des compartiments pour chaque espèce de grain[4] ; si au contraire des terres pauvres ne promettent qu'une récolte médiocre, il suffira, ou bien de diviser les greniers au moyen de cloisons en claies, ou bien de renfermer ses maigres productions dans des couffins en osier[5]. Une fois les greniers construits, leurs parois seront enduites d'amurque mêlée à de la boue, avec en plus, en guise de paille, des feuilles sèches d'olivier sauvage ou cultivé ; quand cet enduit est sec, on y

conlocare, spatio inter se largiore distantes ut, si res exigat, curantis transitus possit admitti. Quod si cupis locum suum deputabimus, is locus ad calcatorii similitudinem podiis breuibus et testaceo pauimento solidetur, ut, etiamsi ignorata se cupa diffuderit, lacu subdito excipiantur non peritura uina quae fluxerint.

XIX. — De horreo.

Situs horreorum, quamuis ipsam desideret partem, et superior et longe ab omni umore et laetamine et stabulis ponendus est, frigidus, uentosus et siccus, cui prouidendum structurae diligentia, ne rimis possit abrumpi. Solum igitur omne bipedis sternatur uel minoribus laterculis, quos suffuso testaceo pauimento debemus inprimere. **2**. Tunc diuisas cellas, si magnus sperabitur seminum modus, grano cuique tribuemus ; si terrae pauperes minora promittunt, uel craticiis podiis erunt discernenda granaria uel uimineis uasculis redactus tenues congeremus. Sed, factis granariis, amurca luto mixta parietes linuntur, cui aridi oleastri folia uel oliuae pro paleis adiciuntur ; quo tectorio

2 largiore *RLKQVGSNM, Ald., Schneider*: long- *F, cett. edd.* || deputabimus *KV* : -uimus *RLQGNSM* || is *om. G* || calcatorii *RLKQGSNM* : -ria *V* || lacu *RLKQVSNM* : -cus *G.*

XIX. HORREO *RLKVGSN* : HORREIS *Q, uett. ante Ges.* || 1 ipsam : ipsam septemtrionis *edd. praeter Iens.* || prouidendum : prouidendum est *V* || abrumpi *RLKQVSNM* : obr- *G* || suffuso *RKQVGM* : sufoso *L* suffosso *S* ibi fuso uel suffosso *N.*

2 pauperes *RLKQVGSN* : -ries *M, edd. praeter Schmitt* || pro- mittunt *codd.* : -tit *edd. praeter Schmitt* || craticiis *VSM* : grat- *RKLQGN* || redactus *RLKQSNM* : -tos *V* in quae redactus *G* || linuntur *RLKQN* : liniuntur *GM* linentur *S* || tectorio *KQVGSNM* : tent- *L.*

passe une nouvelle couche d'amurque ; quand celle-ci aura séché à son tour, le grenier sera apte à recevoir le blé. Cette préparation écarte en effet les charançons et les autres animaux nuisibles[6] ; certains exploitants mettent dans le blé, pour qu'il se conserve, des feuilles de coriandre[7] ; mais le meilleur moyen d'obtenir une conservation prolongée du blé, c'est encore de le transporter de l'aire dans un autre endroit voisin, de l'y laisser rafraîchir quelques jours, puis de le rentrer dans le grenier. **3.** Columelle recommande de ne pas éventer le blé, parce que cela permet aux animaux nuisibles de pénétrer davantage dans toute l'épaisseur des tas, tandis que si ces derniers ne sont pas remués, les insectes, restant dans la partie supérieure, ne pénètreront qu'à un palme de profondeur, et seule cette mince épaisseur sera gâtée, tout le reste demeurant intact ; le même auteur affirme que les animaux nuisibles ne peuvent pas naître au-delà de la profondeur susdite[9]. Au dire des auteurs grecs, la conyze sèche étendue sous le blé lui permet de se conserver plus longtemps. Ce qu'il faut en tout cas, c'est que le vent du midi ne souffle jamais sur les greniers.

XX. — Le pressoir a huile[1].

Le cellier à huile doit être exposé au midi et protégé contre le froid[2] : aussi la lumière ne doit-elle y pénétrer qu'à travers des vitres[3] ; ainsi d'une part les travaux, qui auront lieu pendant l'hiver, ne seront pas empêchés par le froid ; d'autre part, l'huile, lorsqu'on la pressera, bénéficiera d'une douce chaleur, et ne risquera pas de se figer. Les meules, les roulettes et le pressoir ont

siccato, rursus amurca respergitur, quae ubi siccata fuerit, frumenta condentur. Haec res gurgulionibus et ceteris noxiis animalibus inimica est ; aliqui coriandri folia frumentis miscent ad seruandum profutura ; nihil tamen commodius erit custodiendis frumentis quam si ex areis in alterum uicinum locum transfusa refrigerentur aliquantis diebus atque in horreis inferantur. **3**. Negat Columella uentilanda esse frumenta, quia magis miscentur animalia totis aceruis, quae si non moueantur, in summitate intra mensuram palmi subsistent et hoc uelut corrupto corio cetera inlaesa durabunt ; adserit idem noxia animalia ultra praedictam mensuram non posse generari. Herba con*y*za sicca, ut Graeci adserunt, subtrata frumentis addit aetati. Ab horreis tamen auster esse debet auersus.

XX. — De olei factorio.

Olearis cella meridianis sit obiecta partibus et contra frigus munita, ut illi per specularia debeat lumen admitti ; ita et operas, quae hieme futurae sunt, nullus algor inpediet et oleum, cum premetur, iutum teporibus frigore non ualebit adstringi. Trapetis et rotulis et prelo nata est forma quam

2 coriandri *NM* : roran- *RLKQGV*, *S non leg.*
3 conyza *edd. post Ald.* : coniza *codd.* || addit *edd.* : addita *codd.* || esse *post* debet *transt. GS* || auersus *RLVGS NM* : -sis *K* aduersus *Q*.

XX. munita *RLKQVSNM* : minuta *G* || debeat *iidem* : debet *G* || cum premetur *RLKQSN* : compremetur *GM* comprimetur *V* || iutum *RLKQM* : iuto *S* uitum *N* iunctum *V* usum *G* adiutum *edd. ante Schmitt* || teporibus *RVGN* : temp- *LKQSM* || nata est *RLKVN* : natam esse *Q* nota est *GSM* || forma *GSNM* : -mam *RLKQV*.

reçu une forme que l'usage a fait naître[5]. Les récipients à huile doivent être toujours propres, afin que le goût de l'huile nouvelle ne soit pas gâté et corrompu par la rancidité de l'ancienne[6]. Mais si l'on veut obtenir une qualité supérieure, on surélèvera le sol du cellier, et l'on fera passer par dessous, en divers endroits, des tuyaux dans lesquels on enverra le feu provenant d'un four allumé[7] : ainsi la chaleur seule assainira le cellier, sans aucune odeur de fumée, car celle-ci gâte l'huile, qui prend souvent une couleur et une saveur désagréables.

XXI. — Les écuries et les étables.

Les écuries comme les étables doivent être exposées au midi, mais avoir aussi des lucarnes au nord qui, l'hiver, ne nuiront en rien aux bêtes, pourvu qu'on les tienne fermées, et qui les rafraîchiront l'été, si on les laisse ouvertes[1]. Etables et écuries doivent être surélevées, afin qu'elles ne soient pas humides, ce qui serait mauvais pour les sabots des bêtes[2]. Les bœufs deviendront plus beaux, s'ils ont auprès d'eux un foyer et s'ils voient la lumière du jour[3]. Pour une paire de bœufs debout, un espace de huit pieds est suffisant, et de quinze dans le sens de la longueur[4]. Les stalles des chevaux auront un plancher de chêne, doux pour leurs flancs lorsqu'ils seront couchés, mais dur pour leurs sabots lorsqu'ils seront debout[5].

XXII. — La cour.

La cour doit être ouverte au midi et exposée au soleil, parce qu'il sera plus facile, si l'on veut protéger de la chaleur de l'été les animaux qui y séjournent, de

consuetudo dictauit. Receptacula olei semper munda sint, ne nouos sapores infecta ueteri rancore corrumpant. Ac si quis maiori diligentiae studet, subiectis hinc inde cuniculis pauimenta suspendat et ignem suggerat fornace succensa : ita purus calor olei cellam sine fumi nidore uaporabit, quo saepe infectum colore corrumpitur et sapore.

XXI. — De stabvlis eqvorvm et bovm.

Stabula equorum uel boum meridianas quidem respiciant partes ; non tamen egeant a septemtrione luminibus, quae per hiemem clausa nihil noceant, per aestatem patefacta refrigerent. Ipsa stabula propter ungulas animalium ab omni umore suspensa sint. Boues nitidiores fient, si focum proxime habeant et lumen intendant. Octo pedes ad spatium standi singulis boum paribus abundant, et in porrectione quindecim. Plancae roboreae subponantur stationibus equorum, ut iacentibus molle sit, stantibus durum.

XXII. — De corte.

Cors ad meridiem pateat et obiecta sit soli, quia facilius erit propter ea quae insunt animalia

dictauit *M, edd. ab Ald.* : -bit *cett. codd., Iens.* || ac *RLKQGM* : at *VSN* || fumi nidore *QGSNM* : fumi nitore *RLK* fumitore *V* || uaporabit *KQGSNM* : -uit *RLV* || colore *RLKQGSNM* : cal- *V*.

XXI. STABVLIS : STALIB- *Q* || ET : VEL *Q* || uel *RLKQVSM* : et *GN* || egeant *RLKQGSNM* : egent *V* || septemtrione *RLKQVSNM* : -nis *G* || ipsa *RLQVGSNM* : in *K* || habeant *RLKVGSNM* : -at *Q* || molle *RKQVGSNM* : mole *L*.

XXII. obiecta : oblecta *M*.

fabriquer des auvents au moyen de fourches, d'ais et de feuillage, que l'on couvrira, soit de bardeaux, soit de tuiles si l'on en possède suffisamment, soit encore, si on le juge plus facile et moins coûteux, de laîche ou de genêt[1].

XXIII. — Les volières.

Vers l'extrémité des murs de la cour, il faut installer des volières, parce que l'engrais que fournissent les oiseaux est pour l'agriculture un produit de première nécessité, excepté celui des oies, qui est nuisible à toutes les plantes ; mais il est indispensable que les autres oiseaux aient des cabanes[1].

XXIV. — Le pigeonnier.

Quant au pigeonnier, il peut être installé dans une tourelle élevée, flanquant la résidence du propriétaire[1], et possédant des murs bien lisses et passés au blanc[2], dans lesquels il faut pratiquer, selon l'usage, de toutes petites fenêtres sur les quatre côtés, permettant aux seuls pigeons d'entrer et de sortir ; les nids seront aménagés à l'intérieur. 2. Les pigeons n'ont rien à craindre des belettes, si l'on jette parmi eux une vieille bottine de genêt — de celles qui servent à chausser les bœufs —, en prenant soin qu'elle soit apportée en secret, par un homme seul qui ne soit vu de personne[3]. Aucun pigeon ne meurt ni n'abandonne le pigeonnier[4], si l'on suspend à chaque ouverture un bout de lanière, de

ad aestatis temperandum calorem porticus furcis, asseribus et fronde formari, quae uel scindulis uel, si copia suppetit, tegulis uel, si facilius et sine inpensa placuerit, tegentur caricibus aut genestis.

XXIII. — De aviariis.

Circa parietes cortis extremos auiaria facienda sunt, quia stercus auium maxime necessarium est agriculturae, excepto anserum laetamine, quod satis omnibus inimicum est. Sed habitacula ceterarum auium maxime necessaria sunt.

XXIV. — De colvmbario.

Columbarium uero potest accipere sublimis una turricula in praetorio constituta leuigatis ac dealbatis parietibus, in quibus a quattuor partibus fenestellae, sicut mos est, breuissimae fiant, ut columbas solas ad introitum exitumque permittant ; nidi figurentur interius. **2**. A mustelis tutae fiunt, si inter eas uetus spartea proiciatur, qua animalia calciantur, ut eam secreto, non uidentibus aliis, unus adtulerit. Non pereunt et neque locum deserunt, si per omnes fenestras aliquid de strangulati hominis loro aut uinculo

fronde : frunde *M*.

XXIII. id est fimo *post* laetamine *add. L* || inimicum : inicum *Q*.

XXIV. 1 sublimis *RLKQVGSN* : in subulis *M* || ac *RLQV GSNM* : hac *Q* || fenestellae *VGSM* : -trellae *RLKQN*.

2 qua *RLKVGSNM* : quia *Q* || et neque *RLKQV*, *edd. pler.* : neque *GSNM*, *Schneider*.

lien ou de corde de pendu[5]. Ils attirent d'autres pigeons, si on les nourrit abondamment de cumin, ou si on leur frotte avec du baume l'articulation des ailes[6]. **3.** Ils pondent un grand nombre d'œufs, si on leur donne souvent à manger de l'orge grillée, des fèves ou de l'ers[7]. Mais, pour trente pigeons laissés libres de voler, trois setiers de blé ou de criblure suffisent par jour, pourvu que, durant les mois d'hiver, on leur donne de l'ers pour favoriser la ponte[8]. Il faut suspendre en plusieurs endroits du pigeonnier des rameaux de rue, afin d'écarter les animaux hostiles.

XXV. — Les tourterelles[1].

Il faut en outre installer, au-dessous du pigeonnier, deux logements : l'un, petit et presque obscur[2], servira à enfermer des tourterelles, qui sont d'un entretien extrêmement facile, car tout ce qu'elles demandent, c'est qu'en été, seule saison où elles engraissent vraiment[3], on leur donne de façon constante du blé ou du millet macéré dans de l'hydromel[4] ; un demi-boisseau par jour est suffisant pour cent vingt tourterelles[5] ; mais il faut leur donner fréquemment de l'eau bien propre.

XXVI. — Les grives.

L'autre logement servira à élever des grives. Si on les engraisse en dehors de la saison ordinaire, elles constituent une nourriture délicieuse et sont d'un excellent rapport, car le luxe < d'autrui > récompense

aut fune suspendas. Inducunt alias, si cymino pascantur adsiduo uel hirci alarum balsami liquore tangantur. **3.** Fetus frequentant, si hordeum torrefactum uel fabam uel eruum saepe consumant. Triginta autem columbis uolantibus diurni tres sextarii tritici sufficient aut creturae, ita ut eruum fetus gratia mensibus praebeamus hibernis. Rutae ramulos plurimis locis oportet contra animalia inimica suspendere.

XXV. — De tvrtvribvs.

Sed columbari cellae duo subiecta cubicula fiant, unum breue et prope obscurum, quo turtures claudi possint, quos nutrire facillimum est, nam nihil expetunt, nisi ut aestate, qua sola maxime pinguescunt, triticum uel milium mulsa maceratum semper accipiant ; semodius unus diurnus centum uiginti turturibus sufficit ; aqua sane eis frequenter mundior debet offerri.

XXVI. — De tvrdis.

Aliud uero cubiculum turdos nutriat, qui, si alieno tempore saginentur, et uoluptatem cibi et reditum maximum praestant, parcitati benefi-

2 cymino *QVGM* : -ni *K* cumino *RL*[1] cimino *L*[2]*SN* || adsiduo *RLKGSNM* : ass- *V* adsidue *Q* || uel *RLKQVGNM* uel si *S* uel setosi *Ald.*, *Schneider* || eruum *Ba* : herbum *RLKQVG SNM* || consumant *RKQVGSNM* : -summant *L*.

XXV. possint *RLKQVGNM* : -sunt *S* || mulsa : cum mulsa *K* || semodius *RKQVSNM* : sed modius *LG* || diurnus *RLKQGSNM* : diutur- *V* || eis *iidem* : his *V*.

XXVI. 1 turdos *RLKVGSNM* : -diis *Q* || qui *RKQVGSNM* : qua *L* || uoluptatem *iidem* : uolunt- *L*.

la frugalité[1]. On leur aménage un local propre, clair et bien lisse partout[2], où l'on fixe des perches transversales, pour que les grives puissent s'y poser après avoir volé à l'intérieur de leur logement[3]. **2.** Il faut y mettre aussi des branches vertes souvent renouvelées[4]. On leur donnera en très grande quantité des figues sèches pilées et mêlées à de la fleur de farine[5]; si possible, on leur donnera aussi de temps en temps, pour éviter qu'elles ne se dégoûtent de la nourriture, des baies de myrte, de lentisque, d'olivier sauvage, de lierre et d'arbousier, et surtout de l'eau propre[6]. Il faut les enfermer sans les avoir blessées et aussitôt après leur capture, en introduisant parmi elles quelques unes de leurs congénères déjà domestiquées, afin que cette compagnie, en apaisant la tristesse apeurée que leur cause une captivité récente, les encourage à prendre de la nourriture[7].

XXVII. — Les poules.

Aucune femme, pour peu qu'elle se montre active, n'est incapable d'élever des poules[1]. En ce qui concerne ces oiseaux, signalons simplement qu'il leur faut de la fumée, de la poussière et de la cendre[2]. On les choisira de préférence noires ou rousses ; les blanches sont à déconseiller[3]. Si on leur donne du marc de raisin, elles deviennent stériles[4] ; l'orge à demi-cuite, en revanche, les fait pondre souvent, et donner des œufs plus gros[5]. Deux cyathes d'orge suffisent à une poule libre d'aller et venir[6]. Il faut toujours leur mettre à couver un nombre impair d'œufs[7], et pendant la phase de croissance lunaire, depuis son dixième jusqu'à son quinzième jour[8]. **2.** Elles sont fréquemment atteintes de la pépie, qui recouvre l'extrémité de leur langue d'une pellicule

cium ministrante luxuria. Fit autem locus mundus et lucidus et undique leuigatus ; transuersae in hoc perticae figuntur, quibus possint post inclusum uolatum sedere. **2**. Rami etiam uirides saepe mutentur. Caricae tunsae mixtis pollinibus largissime praebeantur ; myrti etiam, si facultas est, lentisci, oleastri, ederae, arbuti semina interdum ad excludenda fastidia et maxime aqua munda tribuatur. Claudantur inlaesi et recens capti mixtis aliquibus ante nutritis, quorum societate ad capiendos cibos pauidam nouae captiuitatis maestitudinem consolentur.

XXVII. — De gallinis.

Gallinas educare nulla mulier nescit, quae modo uidetur industria. Hoc de his praecepisse sufficiat, ut fumo, puluere utantur et cinere. Sint praecipue nigrae aut flaui coloris, albae uitentur. Vinaciae cibo sterilescunt, hordeo semicocto et parere saepe coguntur et reddunt oua maiora. Duobus cyathis hordei bene pascitur una gallina quae circuit. Subponenda sunt his semper oua numero inpari luna crescente a decima usque in quintam decimam. **2**. Pituita his nasci solet, quae alba pellicula

1 fit *codd.* : sit *edd.* || figuntur *RLKQGSNM* : -gantur *V*.
2 claudantur *om. G* || recens *RLKQGSNM* : recenter *V* || consolentur *LKQSNM* : consul- *RV*, *om. G*.

XXVII. 1 nulla *om. M*[1] || praecepisse *RLKVGSNM* : praecip- *Q* || fumo *RLKQVN*, *Schmitt* : fimo *GSM*, *cett. edd.* || praecipue *KQGSNM* : -uae *RLV* || uitentur *RLKVGSNM* : ut- *Q* || uinaciae *RKQVGSNM* : uicinatiae *L* || semicocto *RLKQVSNM* : semi et cocto *G* || reddunt *RKQVGSN* : redundant *L* || cyathis *V* : ciatis *SNM* ciati *R*[2]*L* quiati *R*[1]*KQ* quati *G*.

blanche[9] ; on arrache doucement cette pellicule avec l'ongle, on met de la cendre sur la plaie, et après nettoyage de celle-ci on l'arrose de jus d'ail broyé ; on leur introduit également dans la gorge une gousse d'ail broyée dans de l'huile[10]. La staphisaigre aussi leur fait du bien, si on la mélange de façon constante à leur nourriture[11]. Si elles mangent du lupin amer, les graines de celui-ci leur viennent sous les yeux, et provoquent la mort des poules si l'on ne retire pas ces graines en leur perçant délicatement la peau avec une aiguille[12]. **3.** Il faut leur soigner les yeux en les baignant extérieurement avec du jus de pourpier et du lait de femme, ou bien avec du sel ammoniac additionné de miel et de cumin en quantités égales[13]. Leurs poux sont détruits par de la staphisaigre et du cumin torréfié en quantités égales, broyés ensemble dans du vin et du bouillon de lupin amer, à condition qu'on fasse pénéter < ce médiment > jusqu'au plus profond du plumage[15].

XXVIII. — Les paons.

Rien de plus facile que de nourrir des paons[1], à condition de ne pas craindre pour eux les voleurs ou les animaux hostiles : en général, c'est en allant et venant dans les champs que, tout seuls, ils se nourrissent et élèvent leurs petits[2] ; le soir, ils se perchent sur les arbres les plus hauts[3]. La seule précaution qu'il faille prendre à leur sujet est de protéger du renard les femelles qui couvent un peu partout dans les champs[4] : aussi a-t-on intérêt à les élever dans de petites îles[5]. Cinq femelles suffisent à un mâle[6]. **2.** Les

linguam uestit extremam ; haec leuiter unguibus uellitur et locus cinere tangitur et allio trito plaga mundata conspergitur ; item allii mica trita cum oleo faucibus inseritur. Stafis etiam agria prodest, si cibis misceatur adsidue. Si amarum lupinum comedant, sub oculis illis grana ipsa procedunt, quae nisi acu leuiter apertis pelliculis auferantur, extingunt. **3**. Oculos portulacae suco forinsecus et mulieris lacte curemus uel ammoniaco sale, cui mel et cyminum aequale miscentur. Peduclos earum perimit stafis agria et torrefactum cyminum, paria et pariter tunsa cum uino et amari lupini aqua, si penetret secreta pennarum.

XXVIII. — De pavonibvs.

Pauones nutrire facillimum est, nisi eis fures aut animalia inimica formides : qui plerumque per agros uagati sponte se pascunt pullosque educunt ; altissimas uespere arbores petunt. Una his cura debetur, ut incubantes per agros feminas, quae hoc passim faciunt, a uulpe custodias : ideo in insulis breuibus meliori sorte nutriuntur. Vni masculo feminae quinque sufficiunt. **2**. Masculi

2 uestit *RLKQVSNM* : uertit *G* || unguibus *RLQVGSNM* : ang- *K* || allio *GVNM* : alio *RLKQS* || mundata *om. Q* || allii (*cf.* allio) || inseritur *QN* : -retur *LKGSM* -rentur *R* -ratur *V* || stafis *RLKQVNM* : -phis *GS* || etiam *post* agria *transt. S* || adsidue *RKVGSNM* : -uae *LQ* || illis *RKQVGSNM* : illius *L* || extingunt *RLKQGSNM* : -untur *V*.

3 portulacae *edd. praeter Schmitt* : -ceae *R* -ce *cett.* || ammoniaco *RKQVSN* : amo- *GM* ammonaico *L* || peduclos *RLKQVSNM* : -culos *G* || cyminum *RLQVGN* : cim-*KSM* || paria *om. V*.

XXVIII. PAVONIBVS : VAPON- *V* || pauones : paones *M, et sic semper* || 1 plerumque (-rique *V*) per agros uagati *RLKGVS NM* : per agros uagari plerumque *Q* || incubantes *RKQVGSNM* : incumb- *L* || uulpe *RLQVGSNM* : -pes *K* || feminae *RLKVGS NM* : -ni *Q*.

mâles s'en prennent à leurs œufs et à leurs propres petits, comme s'ils n'étaient pas à eux, jusqu'à ce que leur soit poussée l'aigrette caractéristique[7]. Ils commencent à être en chaleur à partir des ides de février[8] ; des fèves légérement grillées excitent leur ardeur, si on leur en donne, tièdes, tous les cinq jours : six cyathes suffisent à chacun[9]. Le mâle manifeste son désir de l'accouplement en déployant autour de lui la parure de sa queue semée de pierreries et en faisant voir, chacune bien à sa place, ses plumes garnies d'yeux à leur extrémité, tout en s'élançant en avant avec un cri strident[10]. **3.** Si l'on fait couver des œufs des paonnes par des poules, on leur permet, en les dispensant ainsi de couver, de pondre trois fois par an, cinq œufs la première fois, quatre la deuxième, deux ou trois la troisième[11]. Mais il importe, si l'on choisit cette méthode, de bien choisir les poules couveuses[12], auxquelles on donnera à couver, pendant neuf jours à partir du début de la croissance lunaire[13], neuf œufs, cinq de paonne, les autres de poule. **4.** Le dixième jour, il faut enlever tous les œufs de poule et les remplacer par un nombre égal de nouveaux, afin qu'ils puissent éclore en même temps que ceux des paonnes, à la trentième lune, c'est-à-dire après trente jours pleins. Les œufs de paonne que l'on fait couver par une poule doivent être fréquemment retournés à la main, parce que la poule aura du mal à les retourner elle-même ; on fera une marque en un point de la surface de chaque œuf, de manière à pouvoir se rendre compte qu'on l'a bien retourné. Il faut en tout cas

oua et pullos suos persequuntur uelut alienigenas, priusquam illis cristarum nascatur insigne. Ab Idibus Februariis calere incipiunt; faba leuiter torrefacta in libidinem prouocantur, si eis quinto quoque die tepida praebeatur: sex *cyathi* uni sufficiunt. Cupidinem coeundi masculus confitetur, quoties circa se amictum caudae gemmantis incuruat et singularum capita oculata pennarum locis suis exerit cum stridore procurrens. **3**. Si oua pauonum gallinis subponantur, excusatae matres ab incubatione tribus uicibus per annum fetus edunt: primus partus quinque ouorum, secundus quattuor, tertius trium uel duorum esse consueuit. Sed electae, si hoc placuerit, nutrices gallinae sint quae a primo incremento lunae nouem diebus habeant nouem oua subposita, quinque pauonina et cetera sui generis. **4**. Decima die omnia gallinacea subtrahantur et alia item gallinacea totidem recentia subponantur, quot ablata sunt, ut tricesima luna, hoc est expletis triginta diebus, possint cum pauoninis ouis aperiri. Oua autem pauonum quae gallinae subiecta sunt saepe manu conuertantur, quia hoc ipsa facere uix ualebit; unam partem oui notabis, ut te subinde conuertisse cognoscas. Maiores tamen gallinas

2 persequuntur *RLVS* : -cuntur *KQGNM* || alienigenas *RLKQVGSN* : alienas *M* || nascatur *RLKVGSNM* : -citur *Q* || leuiter *RLKQVGSM* : leni- *N* || prouocantur *RLQVGSNM* : -centur *K* || cyathi *edd.* : ciati *LVSNM* quiati *RKQ* quati *G* || uni *RLKQVGNM* : uini *S* || oculata *RLKQNS*[2] : occu- *VG* occulta *S*[1]*M* || pennarum *VGSM* : pinn- *RLKQN*.

3 ouorum *RLKVGSNM* : ouarum *Q* || sint *RLKQVSNM* : sunt *G* || habeant *post* nouen *transt. S*.

4 gallinacea *RLQVGSN* : -cia *K*, *om. M* || subtrahantur *RKQVGSN* : -hatur *L*, *om. M* || quot *SNM* : quod *RLKQVG* || conuertisse *RKQVGSNM* : subuer- *L*.

choisir des poules assez grosses, car aux petites on ne pourra donner qu'un nombre réduit d'œufs à couver[14]. **5.** Si l'on veut, après leur naissance, faire élever par une seule poule les poussins provenant d'œufs couvés par plusieurs, il ne faut pas, selon Columelle, lui en confier plus de vingt-cinq ; j'estime, quant à moi, que pour qu'ils soient convenablement élevés, le nombre de quinze est suffisant[15]. Les premiers jours, on donnera aux poussins soit de la farine d'orge arrosée de vin, soit de la bouillie, cuite et refroidie, de quelque céréale que ce soit ; par la suite, on y ajoutera du poireau haché ou du fromage frais, mais bien égoutté, car le petit lait leur est contraire ; on leur donnera aussi des sauterelles, auxquelles on aura arraché les pattes. **6.** C'est ainsi qu'il faut les nourrir jusqu'au sixième mois ; ensuite on pourra leur donner simplement de l'orge. Toutefois, dès le trente-cinquième jour suivant leur naissance, on peut sans risque les envoyer chercher leur nourriture dans les champs en compagnie de leur nourrice, qui les rappelle à la ferme par ses gloussements[16]. S'ils ont la pépie ou souffrent d'indigestion, les remèdes sont les mêmes que pour les poules[17]. La période la plus critique pour eux est celle où leur crête commence à pousser, car ils sont alors fatigués, tout comme les jeunes enfants, quand leurs petites dents s'efforcent de percer leurs gencives enflées[18].

XXIX. — Les faisans.

Lorsqu'on veut élever des faisans[1], il faut veiller à s'en procurer, en vue de la reproduction, de jeunes, c'est-à-dire n'ayant pas plus d'un an — car les vieux ne sont pas féconds. C'est en mars ou en avril que l'accouplement a lieu ; à deux femelles suffit un mâle, car l'ardeur de cet oiseau n'égale pas celle des autres espèces. La ponte aura lieu une fois par an. Elle se

oportet eligere, nam minoribus pauciora subpones. **5**. Natos si ad unam transferre a pluribus uelis, dicit Columella uni nutrici uiginti quinque sufficere ; mihi uero, ut bene educi possint, uidentur quindecim satis esse. Primis diebus far hordei conspersum uino pullis dabitur uel undecumque cocta pulticula et refrigerata ; postea adicietur porrum concisum uel caseus recens, sed expressus, nam serum pullis nocet ; locustae etiam, pedibus ablatis, praebentur. **6**. Ita pascendi sunt usque ad sextum mensem ; deinde hordeum poteris praebere solemniter. Tricesimo quinto tamen die postquam nati sunt, et in agrum tuto eici possunt comitante nutrice pascendi, cuius singultu reuocantur ad uillam. Pituitas uero et cruditates his remediis submouebis quibus gallina curatur. Maximum illis periculum est, cum incipit crista produci, nam patiuntur languores infantum similitudine, cum illis tumentes gingiuas denticuli aperire nituntur.

XXIX. — De fasianis.

In fasianis nutriendis hoc seruandum est, ut nouelli ad creandos fetus parentur, id est qui anno superiore sunt editi : ueteres enim fecundi esse non possunt. Ineunt feminas mense Martio uel Aprili ; duabus unus masculus sufficit, quia ceteras aues salacitate non aequat. Semel in anno

5 si *om.* *V* || praebentur *RLKQVGNM* : praebendae sunt *S* || locustae : luc- *R*.
6 solemniter *RKQGS* : solempn- *LNM* solenn- *V* || tuto *RLKQGSN* : tuti *VM* || eici *RKQGSNM* : eice *L* deici *V* || languores *RLKQVGSNM*[2] : -gores *M*[1] dolores *S*.

XXIX. 1 parentur *L*[2]*QGSM* : -ntum *RK* -ndum *L*[1]|| in anno *K*[2] *QGSN* : anno *K*[1]*RLV* annos *M*.

solde en général par une vingtaine d'œufs. **2.** Les poules les couveront mieux que les faisanes, à condition de donner à chacune quinze œufs de faisane ; les autres devront être de sa propre espèce. En ce qui concerne la lune et les jours où il faut faire couver les œufs, observons les mêmes règles que ci-dessus à propos des autres oiseaux. Le trentième jour verra l'éclosion des œufs. Pendant deux semaines on nourrira les petits de farine d'orge bien cuite et légèrement refroidie, aspergée de gouttelettes de vin ; par la suite, on leur donnera du froment concassé, des sauterelles et des œufs de fourmis. Il faut en tout cas leur interdire l'accès de l'eau, si l'on ne veut pas que la pépie mette fin à leurs jours. **3.** Si toutefois ils en sont atteints, il faudra leur frotter assidument le bec avec de l'ail broyé dans de la poix liquide, ou bien procéder à l'opération habituelle pour les poules. **4.** Pour les engraisser, la méthode est la suivante : on les enferme, et pendant trente jours on leur donne un boisseau de farine de froment, pétrie en toutes petites boulettes ; si l'on préfère utiliser de la farine d'orge, il en faudra un boisseau et demi pour les engraisser dans le même temps. Il faut bien prendre soin, avant de leur introduire ces boulettes dans le gosier, de les rendre glissantes en les humectant d'huile, afin qu'elles ne se coincent pas sous la racine de la langue ; cela provoquerait leur mort immédiate. Faisons également très attention à ne renouveler leurs aliments qu'après digestion, parce que le poids de la nourriture non assimilée les fait très facilement périr[2].

fetus creabunt. **2**. Viginti fere ouis pariendi ordo concluditur. Gallinae his melius incubabunt, ita ut quindecim fasianina oua nutrix una cooperiat ; cetera sui generis subponantur. In subponendo de luna et diebus quae sunt in aliis dicta seruemus. Tricesimus dies maturos pullos in lumen emittet. Sed per quindecim dies discocto ac refrigerato leuiter hordei farre pascentur, cui uini imber aspergitur ; post triticum fractum praebebis et locustas et oua formicae. Sane ab aquae prohibeantur accessu, ne eos pituita concludat.

3. Quod si pituitam patientur fasiani, allio cum pice liquida trito rostra eorum debebis adsiduus perfricare uel uitium, sicut gallinis fieri consueuit, auferre. **4**. Saginandi haec ratio est ut unius modii triticea farina in breuissimas offulas redacta clauso fasiano per triginta dies ministrata sufficiat ; uel si hordeaceam farinam praebere uolueris, unius et semissis modii farina per praedictos dies saginam replebit. Obseruandum sane est ut offulae ipsae oleo leuigentur asperso et ita inserantur faucibus, ne sub infima linguae parte mergantur ; quod si euenerit, statim peribunt. Illud quoque magnopere curemus ut praebeantur noua alimenta digestis, quia eos facillime onus cibi haerentis extinguit.

2 lumen emittet *QGS* : -tat *M* lumine mittet *RLKVN*, *uett.* || triticum : tricum *M* || prohibeantur *RLKQVGSM* : -bentur *N*.

3 allio : alio *K* || adsiduus *RLKQGSNM* : -due *V* || auferre *KQGSNM* : aut ferre *RL* aut fere *V*.

4 triticea *F*, *edd.* : -cei *cett.* || ipsae *RLKQVSNM* : ipse *G*.

XXX. — Les oies.

L'oie ne peut guère subsister sans eau ni sans herbe. Elle est nuisible aux terrains ensemencés, parce qu'elle endommage les jeunes pousses tant par ses coups de bec que par sa fiente[1]. Elle fournit des poussins et des plumes, et il faut arracher celles-ci en automne et au printemps[2]. A un mâle trois femelles suffisent[3]. En l'absence de rivière, il faut leur aménager une mare[4] ; si l'on n'a pas assez d'herbages, on sèmera du trèfle, de la trigonelle, de la chicorée sauvage, des laitues[5]. Les oies blanches sont les plus fécondes, les brunes ou les tachetées le sont moins, parce qu'elles sont passées de l'état sauvage à l'état domestique. **2.** Elles couvent depuis les calendes de mars jusqu'au solstice d'été[6] ; elles pondront davantage si l'on fait couver leurs œufs par des poules[7]. Nous permettons aux mères qui ne pondront plus d'élever les petits de leur dernière couvée[8]. Lorsqu'elles sont sur le point de pondre, il faut les conduire à leur cabane, et il suffira de l'avoir fait une fois pour qu'elles en conservent ensuite l'habitude[9]. Comme ceux des paonnes, on fera couver par des poules les œufs des oies[10], mais il faut les placer sur un lit d'orties pour qu'ils ne subissent pas de dommage[11]. **3.** Les poussins doivent être nourris à l'intérieur durant les dix premiers jours ; ensuite on pourra les faire sortir, s'il fait beau, dans un endroit où il n'y ait pas d'orties, car ils en craignent les piqûres. Dès qu'ils ont atteint quatre mois, on peut commencer à les engraisser, car ces oiseaux engraissent mieux quand ils sont jeunes. On leur donnera de la pâtée de farine d'orge trois fois par jour ; on les empêchera de circuler au loin ; on les tiendra enfermés dans un local obscur

XXX. — De anseribvs.

Anser sane nec sine aqua nec sine herba facile sustinetur. Locis consitis inimicus est, quia sata et morsu laedit et stercore. Pullos praestat et plumas, quas et autumno uellamus et uere. Vni masculo tres feminae sufficiunt; si desit fluuius, lacuna formetur. Si herba non subpetat, trifolium, fenum graecum, agrestia intiba, lactuculas seremus alimento. Albi fecundiores sunt, uarii uel fusci minus, quia de agresti genere ad domesticum transierunt. **2.** Incubant a calendis Martii usque ad aestiuum solstitium; plus parient, si gallinis oua subponas. Extremum partum matribus iam uacaturis educare permittimus. Pariturae ad haram perducantur: cum semel hoc feceris, consuetudinem sponte retinebunt. Gallinis, sicut pauonina, et anseris oua subpones. Sed anserina oua ne noceantur, subpositis subiciatur urtica. **3.** Parui primis decem diebus intus pascendi sunt, postea sereno eos poterimus educere, ubi urtica non fuerit, cuius aculeos formidant. Quattuor mensum bene saginantur, nam melius in tenera aetate pinguescunt. Polenta dabitur in die ter; large uagandi licentia prohibetur; loco obscuro clau-

XXX. 1 pullos': polluit *M* || plumas *RLKVGSNM* : plurimas *Q* || subpetat *RLKQGSNM* : -tit *V*, *edd. ante Schmitt* || intiba *RLKQVSNM* : intuba *G* intyba *edd.* || lactuculas *KVGSNM* : lactic- *RLQ* || seremus *RLKQVSNM* : -enus *G* || sunt *om. L.*

2 a *om. RLK* || martii *RLKQV*[1]*M* : -iis *V*[2]*GSN* || haram *LG* : aram *RKQVSM* aream *N* || retinebunt : renunciabit *K*[1] || subpones *RLKQVSNM* : -nas *G* || subpositis *RLKVGSNM* : -ta *Q* || urtica *L*[2]*QVGNM* : or- *RL*[1]*KS.*

3 formidant *RLKQVSN* : refor- *GM* || mensum *R*[2]*LK*[1]*QS* : -sium *GVNM* -sem *R*[1] -ses *K*[2].

et chaud : ainsi traitées, même les oies adultes engraissent en deux mois ; pour les jeunes, trente jours suffisent souvent. Elles engraissent mieux si on leur donne à satiété du millet cuit dans de l'eau[12] ; entre autres aliments on peut leur offrir aussi toute espèce de légumineuse, à l'exception de l'ers[13]. **4.** Il faut veiller également à ce que leurs petits n'avalent pas de poils de bouc. Les Grecs, pour engraisser les oies, mélangent dans de l'eau chaude deux mesures de pâtée et quatre de son, et ils leur administrent cette nourriture en leur en donnant autant qu'elles veulent ; ils les font boire trois fois par jour, et même au milieu de la nuit ils leur donnent de l'eau[15]. Mais au bout de trente jours, si vous souhaitez que leur foie devienne tendre, vous roulerez en petites boulettes des figues sèches broyées et trempées dans de l'eau, et vous donnerez cette nourriture aux oies pendant vingt jours consécutifs[16].

XXXI. — Les bassins.

Une fois ces dispositions prises[1], il faut s'occuper du reste. Car il faudra qu'il y ait à proximité de la ferme deux bassins, soit creusés dans le sol soit taillés dans la pierre[2]. Il est facile de les remplir d'eau de source ou de pluie[2] : l'un sera destiné au bétail et aux oiseaux aquatiques, l'autre servira à faire tremper les baguettes, les cuirs, le lupin, et, d'une façon générale, tout ce qui à la campagne se met communément dans l'eau.

dentur et calido : sic maiores etiam secundo mense pinguescunt, nam paruuli saepe die tricesimo. Saginantur melius, si ad satietatem milium praebeamus infusum; inter anserum cibaria legumen omne porrigi potest, excepto eruo. **4.** Cauendum est etiam ne pulli *ed*orum setas glutiant. Graeci saginandis anseribus polentae duas partes et furfuris quattuor aqua calida temperant et ingerunt pro adpetentis uoluntate sumenda ; tribus per diem uicibus potu adiuuant ; media quoque nocte aquam ministrant. Peractis uero triginta diebus, si ut iecur his tenerescat optabis, tunsas caricas et aqua maceratas in offas uolutabis exiguas, et per dies uiginti continuos ministrabis anseribus.

XXXI. — De piscinis.

His ordinatis, cetera exequenda sunt. Nam piscinae duae, uel solo inpressae uel caeso lapide, circa uillam esse debebunt, quas facile est aut fonte aut imbre subpleri, ut una ex his usui sit pecoribus uel auibus aquaticis, alia madefaciat uirgas et coria et lupinos et si qua rusticitas consueuit infundere.

3 milium : decoctum m. *M* m. decoctum *S* || omne : cannae *S* || eruo *RLQVGS* : herbo *KN* erobo *M*.

4 edorum *ego* haedorum *dubitanter Schneider* eorum *codd.* || uoluntate *RLKQVGSM* : uoluptate sua *N* || triginta (*uel* XXX) *RLKVGSNM* : XX *Q* || ut *RLKQGSNM* : aut *V* || caricas *RLKVGSNM* : carias *Q* || uolutabis *RLKQVGSM* : uoluptatis *N*.

XXXI. exequenda *RLQVGSNM* : exigenda *K* || imbre *RLKVGSNM* : -res *Q* || subpleri *RLKQVGSM* : inpl- *N* || alia madefaciat *RLKQGSNM* : in aliam deiiciat *V*.

XXXII. — Les remises a foin, a paille et a bois.

Le foin, la paille, le bois, les cannes, peu importe où on les conserve, pourvu que ce soit dans des endroits secs, ouverts au vent et éloignés de la ferme, parce qu'ils risquent toujours d'être détruits par un incendie[1].

XXXIII. — Le tas de fumier.

Le tas de fumier doit être placé en un lieu très humide et, en raison de sa mauvaise odeur, assez éloigné pour qu'on ne puisse pas le voir depuis la maison du propriétaire[1]. L'abondance de l'eau aura, pour le fumier, cet avantage que, s'il contient des graines de plantes épineuses, elles pourriront. Le crottin d'âne donne le meilleur fumier, surtout pour les jardins ; puis vient celui des brebis, des chèvres et des bêtes de somme ; quant à celui du porc, c'est le pire de tous ; la cendre constitue un excellent engrais ; la fiente de pigeon est la plus chaude, et celle des autres oiseaux, à l'exception des oiseaux aquatiques, n'est pas mauvaise[3]. **2.** Un fumier qui a reposé un an est bon pour les céréales, et n'engendre pas de mauvaises herbes ; plus vieux, il sera moins bon[4]. Dans les prés, un fumier récent fera foisonner l'herbe[5]. Les déchets marins, lavés à l'eau douce et mélangés à d'autres, pourront tenir lieu de fumier, de même que les alluvions déposées par l'eau bouillonnante, lorsque débordent les rivières[6].

XXXII. — De fenili, paleario, lignario.

Feni, palearum, ligni, cannarum repositiones nihil refert in qua parte, dummodo siccae sint atque perflabiles et longe remoueantur a uilla propter casum subripientis incendii.

XXXIII. — De stercvlino.

Stercorum congestio locum suum tenere debebit, qui abundet umore et propter odoris horrenda a praetorii conuertatur aspectu. Vmor abundans hoc praestabit stercori, ut, si qua insunt spinarum semina, putrefiant. Stercus asinorum primum est, maxime hortis, dein ouillum et caprinum et iumentorum ; porcinum uero pessimum ; cineres optimi ; sed columbinum feruidissimum ceterarumque auium satis utile, excepto palustrium. **2**. Stercus quod anno requieuerit segetibus utile est nec herbas creat ; si uetustius sit, minus proderit. Pratis uero recentia stercora proficient ad uber herbarum. Et maris purgamenta, si aquis dulcibus eluantur, mixta reliquis uicem stercoris exhibebunt et limus quem scaturiens aqua uel fluuii incrementa respuerint.

XXXII. repositiones *RKQVGSNM* : reposio- *L* || nil *RQVGSN M* : nihil *LK* parte : parte fiant *FT*, *Ald.*, *fort. recte.*

XXXIII. STERCVLINO *RLKQSN*: -QVILINIO *V* -CVLIANO *G.*
1 praetorii *RKQVGSNM* : -rio *L* || conuertatur *RLKQVG SM* : auer- *N* || asinorum : as. et equorum *N* || dein *RLKQ GSN* : deinde *VM* || ouillum *RLKQGSM* : et ouinum *N* boum *V* || cineres *RLKQVGSM* : omnes *N* || feruidissimum *iidem* : calidis- *N* || palustrium *RQVGSNM* : -trio *K* plaustrum *L.*
2 herbas *post* creat *transt. S* || proficient *RLQVGSNM* : -ciant *K* || aquis *RKQVSM* : aliquis *LG* || eluantur *RKQV SM* : eleuantur *LG* || si aquis dulcibus eluantur *om. N* || quem *RLKQVGSM* : quod *N* || scaturiens *RLKVGSNM* : sat- *Q.*

XXXIV. — Le jardin et le verger : clôture et ensemencement.

Jardins et vergers devront être tout près de la maison[1]. Il faut que le jardin soit situé juste en dessous du tas de fumier[2], dont le purin aura une action directement fertilisante, mais loin de l'aire, car la poussière de paille lui ferait du mal[3] ; il aura une situation idéale, si une pente douce lui permet de recevoir une eau courante divisée en plusieurs bras[4]. **2.** En l'absence de source, il faut, ou bien creuser un puits, ou bien, si ce n'est pas possible, construire un bassin à un niveau supérieur, destiné à recueillir l'eau de pluie, avec laquelle on pourra arroser le jardin pendant les grandes chaleurs de l'été[5]. Si rien de cela n'est possible, on pourra toujours bêcher le jardinet à une profondeur d'au moins trois ou quatre pieds, comme lorsqu'on travaille un terrain à la houe ; ce traitement lui permettra de braver toutes les sécheresses[6]. **3.** Bien que n'importe quelle terre, améliorée s'il le faut par du fumier, puisse convenir à un jardin, il faut éviter, quand on choisit un terrain, cette sorte de craie que nous nommons argile, ainsi que la terre rouge[7]. Il sera bon de diviser en deux parties les jardins qui ne sont pas naturellement humides : on orientera au midi celle qui doit être cultivée en hiver, et au nord celle qui doit l'être en été[8].

4. Il existe plusieurs sortes de clôtures[9]. Certains cultivateurs, en enfermant de la boue entre des formes, en font qui ressemblent un peu aux murs de bri-

XXXIV. — De locis horti et pomarii et sepibvs et serendo.

Horti et pomaria domui proxima esse debebunt. Hortus *sit* sterculino maxime subiectus, cuius eum sucus sponte fecundet, ab area longe situs, nam pulverem palearum patitur inimicum; felix positio est, cui leniter inclinata planities cursus aquae fluentis per spatia discreta deriuat. **2.** Si fons desit, aut inprimendus est puteus aut, si hoc nequeas, piscina superius construenda, ut, illi aquas pluuia conferente, hortus per aestiuos rigetur ardores. Si hac omni facultate carueris, semper altius tribus uel quattuor pedibus ad pastini similitudinem fodies hortulum, qui sic cultus neglegat siccitates. **3.** Sed huic quamuis contra necessitatem iuta stercore quaelibet terra conueniat, tamen haec genera sunt in electione uitanda, creta, quam argillam dicimus, atque rubrica. Illud quoque custodies in hortis quos umoris natura non adiuuat, ut diuidas partes et hieme ad meridiem, aestate ad septemtrionem spatia colenda conuertas.

4. Munitionis multa sunt genera. Alii luto inter formas clauso parietes figu*l*atos ex partibus

XXXIV. HORTI *RLKQVSN* : -TIS *G* || SEPIBUS *LKQVS NM* : SAEP- *R* SEDI- *G*.

1 orti *pro* horti *N*, *et sic semper* || sit *Ald.* : et L^1 est L^2, *om. cett. codd.* || sterculino *RLKQGSM* : -quilino *V* -quilinio *N* || palearum *om. L* || deriuat *RLQSNM* : dir- *KG* deriuatur *V* || construenda : est constr. SM^2.

3 iuta *RKQVGSNM* : iusta *L* || diuidas *RLQVGSNM* : -dantur *K* || argillam *RKQVGSN* : -lla *L* -gilam *M*.

4 figulatos *ego* : -ratos *codd.* || partibus *codd.* : lateribus *edd. praeter Schmitt* (*uide comm.*).

que[10]. Ceux qui en ont les moyens construisent des murs maçonnés avec des pierres et de la boue. La plupart se contentent de clôtures en pierres sèches régulièrement superposées. Quelques uns entourent de fossés le terrain à cultiver ; ils ont tort, car ces fossés attirent à eux l'humidité du jardin, ce qui n'est souhaitable que si l'on cultive un terrain marécageux. D'autres, pour protéger le jardin, plantent ou sèment des ronces tout autour.

5. Mais le mieux sera de prendre, après maturation, des graines de ronce ou de cette plante épineuse qui porte le nom de « ronce de chiens », et de les mélanger avec de la farine d'ers trempée dans de l'eau ; on enduit de cette mixture de vieilles cordes en genêt d'Espagne, de telle sorte que les graines, pénétrant à l'intérieur des cordes, s'y conservent jusqu'au printemps. **6.** Alors, à l'endroit où doit se dresser la haie, on creusera à trois pieds l'un de l'autre deux sillons d'un pied et demi de profondeur, on y placera les cordes avec les semences, puis on recouvrira le tout d'une légère couche de terre. Au bout de trente jours, les ronces sortent de terre ; tant qu'elles sont tendres, il faut leur donner des appuis pour les soutenir ; elles se rejoindront ensuite, et combleront ainsi l'intervalle ménagé entre elles[11].

7. Le jardin doit être divisé en deux parties : celle qu'on ensemencera en automne doit être piochée au printemps ; celle où nous déposerons les semences printanières, il faudra la bêcher en automne ; dans l'un et l'autre cas, le terrain ainsi travaillé bénéficiera d'une véritable cuisson, due soit au froid soit au soleil[12]. Il faut faire des plates-bandes longues et assez étroites, c'est-à-dire ayant douze pieds de long sur six de large,

imitantur. Quibus subpetit, macerias luto et lapide excitant. Plerique sine luto congesta in ordinem saxa conponunt. Nonnulli fossis spatia colenda praecingunt, quod uitandum est, quia horto subducit umores, nisi forte locus palustris colatur. Alii spinarum plantas et semina in munitione disponunt.

5. Sed melius erit rubi semina et spinae, quae rubus caninus uocatur, matura colligere *et* cum farina erui ex aqua macerata miscere ; funes dehinc sparteos ueteres hoc genere mixtionis sic inducere, ut intra funes semina recepta seruentur usque ad uerni temporis initia. **6**. Tunc ubi sepis futura est, duos sulcos tribus a se pedibus separatos sesquipedis altitudine faciemus et per utrosque funes cum seminibus obruemus leui terra. Ita tricesima die procedunt sentes, quos teneros adminiculis opus est adiuuare ; qui inter se per spatia uacua relicta iungentur.

7. Partes sane horti sic diuidendae sunt, ut hae in quibus autumno seminabitur uerno tempore pastinentur ; quas seminibus uere conplebimus, autumni tempore debemus effodere : ita utraque pastinatio decoquetur beneficio algoris aut solis. Areae faciendae sunt angustiores et longae, id est duodecim pedum longitudine et sex latitudine,

4 ordinem *RLKQGSNM* : -nes *V* || palustris *RKQVSNM* : plaustris *L* plustris *G*.

5 caninus *post* rubus *transt.* *V* || et cum *edd.* : cum *codd.* || mixtionis *VGSM* : mist- *N* mixtioni *KQ* mixtione *RL* || sic *K* : si *RL*, *om. cett.*

6 leui *RLKQVGSM* : leni *N* || uacua *S*[2]*M* : uacuo *RLKQVG NS*[1].

7 debemus *codd.* : debebimus *edd.* || ita *RLKQVGSNM*[1] : ita ut *M*[2] || decoquetur *iidem* : -quatur *M*.

ce qui permet d'enlever les mauvaises herbes des deux côtés[13]. Si le terrain est humide ou arrosé, il faut en exhausser les bords à la hauteur de deux pieds ; mais dans les pays secs un seul pied suffira. Si entre les plates-bandes il coule de l'eau d'une manière habituelle, il faudra que le niveau des allées soit plus élevé que celui des plates-bandes, afin que l'eau puisse être dirigée de haut en bas sur chacune de celles-ci ; lorsqu'elle a bien abreuvé la terre assoiffée d'une plate-bande, on peut alors arrêter son écoulement pour la diriger sur les autres[14]. **8.** Bien que nous indiquions à chaque mois la date à laquelle il convient de semer chaque espèce, il faut dans ce domaine tenir compte de la nature du pays et du climat : dans les pays froids, il faut semer plus tôt en automne et plus tard au printemps ; dans les régions chaudes, on peut retarder les semis d'automne et avancer ceux de printemps. Tout ce qui est objet d'ensemencement doit être mis en terre lorsque la lune croît ; c'est quand elle décroît que l'on doit couper et cueillir[15].

XXXV. — Recettes pour protéger le jardin ou le domaine[1].

Contre les brouillards et la rouille, faire brûler tous en même temps, lorsqu'on verra qu'il risque d'y avoir du brouillard, des tas de paille et de fanes disposés en différents endroits du jardin[2].

Contre la grêle, on signale maint procédé : recouvrir une meule d'une toile rouge ; dresser contre le ciel, de façon menaçante, des haches ensanglantées ; entourer tout le jardin de bryone ; crucifier une chouette les

sic propter spatia utrimque purganda diuisae. Margines uero earum locis umidis uel inriguis duobus pedibus erigantur; siccis uno extulisse sufficiet. Inter areas, si umor consueuit effluere, spatia altiora ipsis areis esse debebunt, ut facilius ingrediatur aream de superiori parte umor admissus et, ubi sitientem saturauerit, in alias possit exclusus auerti. **8.** Serendi tempora licet per menses certa signemus, tamen secundum loci et caeli naturam unusquisque custodiat : frigidis locis autumnalis satio celerior fiat, uerna uero tardior ; calidis autem regionibus et autumnalis serior fieri potest et uerna maturior. Quaecumque serenda sunt, cum crescit luna seminentur ; quae secanda sunt uel legenda, cum minuitur.

XXXV. — De remediis horti vel agri.

Contra nebulas et rubiginem paleas et purgamenta pluribus locis per hortum disposita simul omnia, cum nebulas uideris instare, conbures.

Contra grandinem multa dicuntur : panno russeo mola cooperitur ; item cruentae secures contra caelum minaciter leuantur ; item omne horti spatium alba uite praecingitur, uel noctua pennis patentibus extensa suffigitur, uel ferramenta quibus

7 sic *RLKQVGNM* : et sint *S* ut sint *Ald. et edd. ante Schmitt* || utrimque *RLKQVSNM* : utrisque *G* || debebunt *RLKQVGSM* : debent *N* || superiori *VGSNM* : superi *RLKQ* || admissus — possit *om. L* || auerti *RLKQVGSM* : eu- *N* || exclusus *RKQVGSNM* : -sos *L* || auerti : uerti *M*.
8 quaecumque *RLQVGSNM* : quaeque *K* || cum minuitur *KQVGSNM* : -ter *R* comminuitur *L*.

XXXV. REMEDIIS *RLKQVSN* : SERENDIS *G*.
1 nebulas *post* uideris *transt. G* || russeo *RLKQGSM* : rus seu *V* roseo *N* || pennis *LVGNS*[2] : pinnis *RKQS*[1] pinis *M* || suffigitur *RLKVGSNM* : -citur *Q*.

ailes étendues ; enduire de suif d'ours les instruments avec lesquels on doit travailler. **2.** Certains cultivateurs gardent en réserve de la graisse d'ours pilée dans de l'huile, et en enduisent leurs serpettes avant de procéder à la taille ; mais il faut tenir cette précaution secrète, aucun émondeur ne devant s'en rendre compte ; elle est, à ce qu'on dit, si efficace, qu'en l'employant on se préserve tout à la fois du gel, du brouillard et des animaux nuisibles ; l'essentiel est de garder le secret, sous peine de lui enlever toute efficacité[3].

Contre les moucherons et les limaces, on répand de l'amurque fraîche, ou de la suie provenant des voûtes[4].

Contre les fourmis, si la fourmilière se trouve à l'intérieur du jardin, plaçons près d'elle le cœur d'une chouette ; si les insectes viennent de l'extérieur, nous tracerons tout autour du jardin une ligne faite avec de la cendre ou du blanc de craie[5].

3. Contre les chenilles, il faut tremper dans du jus de joubarbe ou dans du sang de chenille les graines destinées à l'ensemencement. On peut également, en raison des nombreuses propriétés miraculeuses que possède cette plante, semer du pois chiche parmi les légumes. Certains cultivateurs aspergent les chenilles avec de la cendre de figuier ; ils sèment aussi, ou tout au moins suspendent, de la scille dans leur jardin. D'autres, pour préserver le jardin des chenilles et autres insectes, en font faire le tour par une femme ayant ses règles, sans ceinture, cheveux dénoués et pieds nus. D'autres enfin crucifient des écrevisses en plusieurs endroits du jardin[6].

4. Contre les animaux qui nuisent aux vignes, on mettra et on laissera se décomposer dans de l'huile des cantharides (que l'on trouve fréquemment sur les rosiers) et, au moment de la taille, on enduira les serpettes de cette huile[7]. On détruit les punaises en badi-

operandum est seuo unguntur ursino. **2**. Aliqui ursi adipem cum oleo tusum reseruant et falces hoc, cum putaturi sunt, ungunt ; sed hoc in occulto debet esse remedium, ut nullus putator intellegat, cuius tanta uis esse perhibetur ut neque gelu neque nebula neque aliquo animali possit noceri ; interest ut res profanata non ualeat.

Contra culices et limaces, uel amurcam recentem uel ex cameris fuliginem spargimus.

Contra formicas, si in horto habent foramen, cor noctuae admoueamus ; si foris ueniunt, omne horti spatium cinere aut cretae candore signabimus.

3. Contra erucas, semina quae spargenda sunt semperuiui suco madefiant uel erucarum sanguine. Cicer inter olera propter multa portenta serendum est. Aliqui cinerem de fico super erucas spargunt ; item squillam uel in horto serunt uel certe suspendunt. Aliqui mulierem menstruantem, nusquam cinctam, solutis capillis, nudis pedibus, contra erucas et cetera hortum faciunt circumire. Aliqui fluuiales cancros pluribus locis intra hortum crucifigunt.

4. Contra animalia quae uitibus nocent, cantharides (quas in rosis inuenire consueuimus) oleo mersas resolui patieris in tabem et, cum putandae sunt uites, hoc oleo falces perunges. Extingu*u*ntur

2 putaturi *RLVGSN* : putari *KQM* || profanata *RKQVGN SM* : -na *L* || ex *SNM* : ea *RLKQ* a *G* in V^2 *in marg., om.* V^1 || foris *RLKQVSNM* : -ras *G* || signabimus *KQGS* : -uimus *RLVNM*.

3 semperuiui *RLQVM* : -uiuo *K* -uiuae *G* -uini *NS* || menstruantem *RLKQGSNM* : -atam *V* || solutis *LQVGSNM* : -ti *RK* || circumire *RLKQGSN* : circuire *VM*.

4 oleo : olea *Q* || tabem *VGSNM* : tauem *RLKQ* || extinguuntur *edd. praeter Ald.* : -guntur *codd., Ald.* || amurca *RLKQ VGSN* : -rga *M*.

geonnant d'amurque et de fiel de bœuf les lits ou autres lieux ; on utilise aussi des feuilles de lierre écrasées dans de l'huile, ainsi que des sangsues brûlées[8].

5. Afin que les légumes n'engendrent pas d'animaux nuisibles, faites sécher dans une carapace de tortue toutes les graines que vous aurez à semer, ou bien semez de la menthe en différents endroits, notamment entre les plants de choux[9]. On obtient, paraît-il, de fort bons résultats en semant un peu d'ers, surtout dans les plants de radis et de raves. On dit aussi que du vinaigre fort mélangé à du suc de jusquiame tue, si on les en asperge, les pucerons des légumes[10].

6. Il se débarrasse dit-on, des chenilles, celui qui envoie partout dans le jardin la fumée provenant de la combustion de tiges d'ail sans les têtes. Si c'est à des vignes que nous donnons nos soins, on assure qu'il faut enduire d'ail broyé les serpettes destinées à la taille. Vous empêcherez aussi ces bêtes de naître en brûlant du bitume et du soufre autour des troncs d'arbres ou des pieds de vignes, ou en arrosant toute l'étendue de votre jardin avec une décoction de chenilles provenant du jardin voisin[11].

Pour que les cantharides ne nuisent pas aux vignes, il faut les écraser sur la pierre servant à aiguiser les serpettes[12].

7. Démocrite affirme qu'aucune bête ne pourra nuire aux arbres ni à quelque plante que ce soit si, après avoir mis dans un récipient de terre cuite, plein d'eau et couvert, un très grand nombre d'écrevisses ou une dizaine au moins de ces crabes que les Grecs appellent *pagoures*, et après avoir placé ce récipient en plein air de manière que le tout cuise au soleil pendant dix jours, vous arrosez de cette eau tout ce que vous voudrez

cimices amurca et felle bubulo lectis aut locis peruunctis uel foliis ederae tritis ex oleo uel incensis sanguisugis.

5. Vt olera animalia infesta non generent, in corio testudinis omnia semina quae sparsurus es sicca, uel mentam locis pluribus, maxime inter caules, sere. Hoc praestare fertur eruum aliquantulum satum, praecipue ubi radices et rapa nascuntur. Vel acre acetum suco hyosc*y*ami mixtum fertur olerum pulices necare, si spargas.

6. Campas fertur euincere, qui fusticulos allii sine capitibus per horti omne spatium conburens nidorem locis pluribus excitarit. Si uitibus consulemus, allio trito falces putatoriae feruntur ungendae. Nasci quoque prohibentur, si circa arborum uel uitium crura bitumen et sulfur incendas, uel si ablatas de horto uicino campas aqua excoquas et per horti tui spatia uniuersa diffundas.

Ne cantharides uitibus noceant, in cote qua falces acuuntur ipsae sunt conterendae.

7. Democritus adserit neque arboribus neque satis quibuslibet noceri posse a quibuscumque bestiis, si fluuiales cancros plurimos uel marinos, quos Graeci paguros nominant, non minus quam decem fictili uasculo in aqua missos tegas et sub

5 eruum *G*: erbum *M* herbum *RLKQVSN* || satum *R*²*GSNM*: statum *R*¹*K*¹*LQV* stratum *K*² || hyoscyami *ego*: hyosciami *RLKQVS*¹*NM*, *Schmitt* hyosquiami *G* iusquiami *S*², *cett. edd.* || olerum *om.* *G*.

6 genus uermicum est in ortis et uineis uel agris quas *supra* campas *add.* *V*² || euincere: posse euincere *V* || allii *GSNM*: aliis *RLKVQ* || prohibentur *RLKQVSNM*: perhib- *G* || sulfur *RLVGN*: -phur *KQSM* || aqua *VGSNM*: aquam *RLKQ* || excoquas *KQVGSNM*: -ques *R* exquoques *L* || tui *om.* *G* || cote *QVGSN*: cute *RKLM* || nominant: nosse *M*.

préserver, en répétant cette opération tous les huit jours, jusqu'à ce que les plantes en question aient acquis la vigueur que vous souhaitiez leur voir prendre[13].

8. Vous chasserez les fourmis en saupoudrant la fourmilière d'origan et de soufre broyés ensemble — mixture qui est également dangereuse pour les abeilles[14]. Vous obtiendrez le même résultat en faisant brûler des coquilles d'escargots vides, et en introduisant cette cendre dans la fourmilière.

Les moucherons sont mis en fuite par une aspersion de galbanum et de soufre, et les puces par le fréquent arrosage du sol avec de l'amurque ou du cumin sauvage broyé dans de l'eau, ou encore si l'on y verse souvent une infusion de graines de concombre sauvage ou du bouillon de lupin que l'amertume de la bryone aura rendu plus efficace[16].

9. Les souris, si l'on met dans la maison pendant la nuit un plat contenant de l'amurque épaisse, s'y prendront les pattes. On pourra également les empoisonner en leur mettant à manger du fromage, du pain, du lard ou de la bouillie d'orge mêlés d'hellébore noire ; une infusion de concombre sauvage et de coloquinte leur fera le même effet[17].

Contre les mulots, Apulée recommande de faire macérer les graines, avant semence, dans du fiel de bœuf. Il y a des gens qui bouchent leurs trous avec des pétales de laurier-rose : cette rose les fait mourir lorsqu'ils essaient de sortir[18].

10. Voici la méthode qu'emploient les Grecs pour combattre les taupes : ils font percer et remplir de paille et de résine de cèdre mêlée de soufre une noix,

diuo statuas, ut decem diebus sole uaporentur; postea quaecumque inlaesa uolueris esse perfundas, et octonis diebus peractis hoc repetas, donec solide quae optaueris adolescant.

8. Formicas abiges origano et sulfure tritis foramen aspergens; hoc et apibus nocet. Item coclearum uacuas testas si usseris et eo cinere foramen inculces.

Culices galbano infuso fugantur et sulfure, pulices amurca per pauimentum frequenter aspersa uel cymino agresti cum aqua trito, uel cucumeris semen agrestis aqua resolutum saepe infundens uel aquam lupinorum psilotri austeritatibus iutam.

9. Mures, si amurcam spissam patinae infuderis et in domo nocte posueris, adhaerebunt; item necabuntur, si helleboro nigro caseum uel panem uel adipes uel polentam permisceas et offeras; et agrestis cucumeris et colocynthidis suffusio sic nocebit.

Aduersus mures agrestes Apuleius adserit semina bubulo felle maceranda, antequam spargas. Nonnulli rododafnes foliis aditus eorum claudunt, qui rosis his, dum in exitum nituntur, intereunt.

10. Talpas Graeci hoc genere persequuntur: nucem perforari iubent uel aliquod pomi genus

8 abiges *LKGSNM* : auiges *RQ* auges *V*[1] fugabis *V*[2] || sulfure *RLVG* : -phure *KQSNM* -phore *K* || iutam *RLKQVSNM* : -tum *V* || spissam *RLKQVSNM* : -ssa *G* || 9 helleboro *LGN* : ell- *RKQVSM* || colocynthidis *VN* : -quintidis *RLKQGSM* || aduersus *RLKQVSN* : -sum *GM* || rododafnes *RLKQSNM* : -nis *G* rododas *V*.

ou toute espèce de fruit ayant la même solidité ; ils font alors boucher complètement tous les trous et conduits d'aération que creusent les taupes, à l'exception d'un seul, le plus large, devant lequel on place cette noix après l'avoir allumée en dedans, de manière qu'elle reçoive d'un côté le vent qu'elle transmettra de l'autre : les galeries des taupes sont ainsi enfumées, et leurs occupantes ou bien s'enfuient aussitôt ou bien périssent[19].

11. Les mulots, si on bouche leurs trous avec de la cendre de chêne, attraperont la gale au contact répété de cette cendre, et en mourront[20].

Les serpents sont mis en fuite par tout ce qui est amer, et à leur souffle malfaisant, bienfaisante à cet égard, une fumée nauséabonde s'oppose avec succès. Brûlons du galbanum ou du bois de cerf, des racines de lis, des sabots de chèvre, tous procédés qui écartent ces monstres nuisibles[21].

12. Lorsqu'un nuage de sauterelles survient brusquement, les Grecs estiment qu'il peut ne faire que passer, si à ce moment-là tout le monde reste caché à l'intérieur de la maison ; et que, si les sauterelles surprennent dehors les cultivateurs sans qu'ils les aient vues venir, les récoltes peuvent néanmoins ne pas subir de dommages, à condition que tout le monde rentre immédiatement. On dit aussi que ces insectes sont repoussés par une décoction de lupin amer ou de concombre sauvage, si on la répand sur le sol après l'avoir additionnée de saumure. Certains pensent que les sauterelles ainsi que les scorpions peuvent être mis en fuite, si l'on brûle au milieu d'eux quelques uns de leurs congénères[22].

13. Il y a des gens qui combattent les chenilles avec de la cendre de figuier ; en cas d'insuccès, il faut en faire cuire quelques unes dans de l'urine de bœuf

soliditatis eiusdem ; ibi paleas et cedrum cum sulfure sufficienter includi ; tunc omnes paruulos aditus et reliqua spiramenta talparum diligenter adobrui, unum foramen, quod amplum est, reseruari, in cuius aditu nucem intus incensam sic poni, ut ab una parte flatus possit accipere, quos ab alia parte diffundat : sic inpletis fumo cuniculis talpas uel fugere protinus uel necari.

11. Mures rusticos, si querno cinere aditus eorum satures, adtactu frequenti scabies occupabit ac perimet.

Serpentes prope omni austeritate fugantur et nocentes spiritus innocentia fumi graueolentis exagitat. Vramus galbanum uel cerui cornua, radices lilii, caprae ungulas : hoc genere monstra noxia prohibentur.

12. Opinio Graecorum est, si nubes locustarum repente surrexerit, latentibus infra tecta cunctis hominibus eam posse transire ; quod si inobseruantes homines sub aere deprehendant, nullum fructum noceri, si continuo omnes ad tecta confugiant. Pelli etiam dicuntur amari lupini uel agrestis cucumeris aqua decocta, si muriae mixta fundatur. Aestimant aliqui locustas uel scorpios fugari posse, si aliqui ex his urantur in medio.

13. Campas nonnulli ficulneo cinere persequuntur ; si permanserint, urina bubula et amurca

10 cedrum *GN* : -dram *RLKQVM* -driam *S* || adobrui *RLKQSNM* : obrui *GV* obstrui *Ald.* || necari *RLQVGSNM* : -re *K.*
11 adtactu *RLKGSNM* : adtatu *Q* tactu *V cum ras.* || scabies *KGSNM* : scauies *RLQ* cauus V^1 caput eorum V^2.
12 surrexerit *RLKVGSNM* : -xit *Q* || inobseruantes *RLKQVGNM* : obs- *S* || fugari *KQVGSNM* : fig- *R* fugarari *L.*

additionnée d'une quantité égale de marc d'huile : après refroidissement, arrosez de cette mixture tous les légumes[23]. Les Grecs nomment « prasocorides » des animaux nuisibles aux jardins. Donc il faudra, après avoir tué un mouton, enterrer aussitôt son estomac, non vidé, là où ils abondent : au bout de deux jours on y trouvera ces animaux entassés ; cette opération, répétée à deux ou trois reprises, permettra de venir à bout de toute cette engeance nuisible[24].

14. Il parait que l'on peut se garantir de la grêle, si on fait le tour de sa propriété en portant une peau de crocodile, d'hyène ou de veau marin, et si on la suspend à l'entrée de la ferme ou de la cour lorsqu'on voit que le fléau est imminent. On obtient le même résultat en parcourant son vignoble avec dans la main droite une tortue de marais renversée sur le dos, et si à son retour on la pose par terre dans la même position, en calant la courbure de son dos avec des mottes de terre, afin que, ne pouvant se retourner, elle reste sur le dos : les nuages hostiles, à ce qu'on dit, ne feront que passer au-dessus du terrain protégé de la sorte. **15.** Certains cultivateurs, lorsqu'ils voient que le fléau menace, reçoivent l'image du nuage dans un miroir placé en face de lui, et, cherchant à obtenir ainsi soit qu'il trouve son propre aspect déplaisant, soit qu'il cède la place à ce qu'il croira être son double, ils détournent le nuage. De même, croit-on, une peau de veau marin jetée, au milieu d'un vignoble, sur un seul petit cep, suffit à revêtir le vignoble entier comme d'un manteau protecteur[25].

aequaliter mixta conferueant et, ubi refrixerint, olera omnia hoc imbre consperge. Prasocoridas Graeci uocant animalia, quae solent hortis nocere. Ergo uentriculum statim ueruecis occisi plenum sordibus suis spatio quo abundant leuiter debebis operire : post biduum reperies ibi animalia ipsa congesta ; hoc cum bis uel tertio feceris, genus omne quod nocebat extingues.

14. Grandini creditur obuiare, si quis crocodili pellem uel hyaenae uel marini uituli per spatia possessionis circumferat et in uillae aut cortis suspendat ingressu, cum malum uiderit imminere. Item si palustrem testudinem dextra manu supinam ferens uineas perambulet et reuersus eodem modo sic illam ponat in terra, ut glebas dorsi eius obiciat curuaturae, ne possit inuerti, sed supina permaneat : hoc facto fertur spatium sic defensum nubes inimica transcurrere. **15**. Nonnulli, ubi instare malum uiderint, oblato speculo imaginem nubis accipiunt et hoc remedio nubem, seu ut sibi obiecta displiceat seu ut tamquam geminata alteri cedat, auertunt. Item uituli marini pellis in medio uinearum loco uni superiecta uiticulae creditur contra imminens malum totius uineae membra uestisse.

13 conferueant *RLKQGSNM* : cum[feru- *V* || statim ueruecis *VN* : statim uerueces *L* statim uerbecis *RKQGM* ueruecis statim *S*, *edd.* || nocebat *RLKQVSNM* : -bit *G* || extingues *N* : -guis *RLK²QVGSM* extinxit *K¹*.

14 crocodili *RLN* : -dilli *VS²M* cocodilli *S¹* cocrodilli *Q* corcodilli *KG* || hyaenae *GS* : hyenae *KVNM* hiaene *Q²* hynae *RL* hicme *Q¹* || terra *RLKQVSNM* : -am *G* || supinam *RLKQGSNM* : sopina *V*.

15 ut *ante* tamquam *om.* *G* || cedat *RKQVGSNM* : -ant *L*.

16. On dit que toutes les semences d'un jardin ou d'un champ sont protégées de n'importe quel fléau ou animal nuisible, si on les a fait macérer avec des racines de concombre sauvage broyées[21]. Il faut aussi placer à l'intérieur du jardin le crâne d'une jument, mais d'une jument ayant connu le mâle, ou mieux celui d'une ânesse : l'un et l'autre, croit-on, fécondent par leur présence tout ce qu'ils regardent[27].

XXXVI. — L'aire.

L'aire ne doit pas être éloignée de la ferme, tant à cause de la facilité des transports que pour diminuer les risques de fraude, en donnant à penser que le propriétaire ou le procurateur sont dans les parages[1]. Elle doit être soit dallée, soit taillée dans la roche de la montagne, soit durcie, peu avant l'époque du battage, en la faisant piétiner par les bêtes et en l'arrosant d'eau ; elle doit en outre être fermée et munie de solides barreaux, à cause des bêtes de somme que l'on y fait pénétrer lorsqu'on procède au battage[3]. **2.** Il faut qu'il y ait, à proximité de l'aire, un autre terrain, plat et propre, où l'on puisse transporter le blé pour l'y laisser refroidir avant de l'engranger, ce qui lui assurera une conservation plus longue[4]. Il faut aussi aménager, dans le voisinage immédiat, un endroit couvert destiné à recevoir, en cas de nécessité, surtout dans les régions humides, le blé battu ou à demi battu, lorsqu'il se met brusquement à pleuvoir[5]. Enfin l'aire doit être placée en un lieu élevé et exposé à tous les vents[6], mais éloigné des jardins, des vignobles et des vergers, car, si le fumier et la paille sont excellents pour les racines des jeunes arbres, ils percent en revanche les feuilles sur lesquelles ils se déposent, et les font se dessécher[4].

16. Omnia semina horti uel agri feruntur ab omnibus malis ac monstris tuta seruari, si agrestis cucumeris tritis radicibus ante macerentur. Item equae caluaria, sed non uirginis, intra hortum ponenda est, uel potius asinae : creduntur enim sua praesentia fecundare quae spectant.

XXXVI. — De area.

Area longe a uilla esse non debet, et propter exportandi facilitatem et ut fraus minor timeatur, domini uel procuratoris uicinitate suspecta. Sit autem uel strata silice uel saxo montis excisa uel sub ipso triturae tempore ungulis pecorum et aquae admixtione solidata, clausa deinde et robustis munita cancellis, propter armenta quae cum teretur inducimus. **2**. Sit circa hanc locus alter, planus et purus, in quem frumenta transfusa refrigerentur et horreis inferantur, quae res in eorum durabilitate proficiet. Fiat deinde undecumque proximum tectum, maxime in umidis regionibus, sub quo propter imbres subitos frumenta, si necessitas coegerit, raptim uel munda uel semitrita ponantur. Sit autem loco sublimi et undecumque perflabili, longe tamen ab hortis, uineis atque pometis : nam sicut radicibus uirgultorum prosunt laetamen et paleae, ita, insidentes frondibus, ⟨ has ⟩ perforant atque arere conpellunt.

16 caluaria *KQVGNM* : -baria *R*[1]*S* -buria *R*[2]*L*.

XXXVI. 1 et *om. V* || tempore *RLQVGSNM* : -rum *K* || solidata *om. G* || quae cum *RKQVGSNM* : quaecumque *L* || teretur *RLVGSNM* : -ritur *Q* -rentur *K*.

2 durabilitate *RLKQVGSN* : -tes *M* || has *add. Schmitt* : eas *Ald., secl. cett. edd.* || arere *K*[2]*VSN* : aree *M* arare *RLK*[1]*QG*.

XXXVII. — Le rucher.

Le rucher doit être aménagé non loin de la résidence du propriétaire[2], par exemple dans une partie spéciale du jardin, ensoleillée, abritée du vent et du froid[3], et de forme carrée[4], afin qu'en soient écartés les voleurs, et que bêtes et gens ne puissent y accéder[5]. Comme cet endroit doit être riche en plantes à fleurs, il faut en mettre en terre un très grand nombre, plantes herbacées, arbustes ou arbres[6]. **2.** Pour ce qui est des plantes herbacées, l'apiculteur doit cultiver de l'origan, du thym, du serpolet, de la sarriette, de la mélisse, des violettes sauvages, de l'asphodèle, de la citronelle, de la marjolaine, de la jacinthe appelée iris ou « petit glaive » en raison de la forme de ses feuilles, du narcisse, du safran, et toutes autres herbes ayant une odeur et une saveur très douces. Parmi les arbustes, citons : les roses, les lis, les giroflées, le romarin, le lierre. Parmi les arbres : le jujubier, l'amandier, le pêcher, le poirier, et d'une façon générale les arbres fruitiers dont la fleur n'a pas un goût amer lorsqu'on la suce, ainsi que certains arbres forestiers, tels que le chêne à glands, le térébinthe, le lentisque, le cèdre, le tilleul, le romarin et le laurier-tin[7] ; en revanche il faut proscrire les ifs, qui sont nuisibles[8]. **3.** Le suc de thym

XXXVII. — De apivm castris.

Apibus stationem non longe a domnicalibus uel in horti parte secreta et aprica et a uentis remota et calidiore locare debemus, quae, in quadratam constituta mensuram, fures et accessus hominum pecudumque submoueat. Sit abundans floribus, quos uel in herbis uel in fruticibus uel in arboribus procuret industria. **2**. Herbas nutriat origanum, thymum, serpillum, satureiam, melisf*y*llum, uiolas agrestes, asfodilum, citr*e*aginem, amaracum, hyacinthum, qui iris uel gladiolus dicitur similitudine foliorum, narcissum, crocum ceterasque herbas suauissimi odoris et floris ; in fruticibus uero sint rosae, lilia, uiolae flauae, rosmarinus, ederae ; in arboribus zizyphus, amygdalus, persicus, pirus pomi feraeque arbores quibus nulla amaritudo respondet flore desucto, siluestria uero glandifera robora, terebinthus, lentiscus, cedrus, tilia, ulex minor et tinus ; sed taxi remoueantur inimicae. **3**. Primi

XXXVII. 1 apibus *QSM* : apium *RLKVGN* || domnicalibus *R*[1]*LKQN* : dominic- *R*[2]*VGM* domic- *S*, domini aedibus *edd. ante Schm.* || calidiore *RLKQVSNM* : -ra *G* || fruticibus *R*[2]*LQGN* : fructi- *R*[1]*KV* fructibus *SM* || arboribus *RLQVGSNM* : arbusti- *K*.

2 satureiam *RLQVGSN* : -relam *M* -retiam *K* || melisfyllum *Schmitt* : -filum *V* -fillum *cett.* -phyllum *edd. ante Schmitt* || asfodilum *RLQVSN* : -dillum *KG* -lidum *M* || citreaginem *Schmitt* : citria- *codd.* citra- *edd. ante Schmitt* || hyacinthum *LNM* : iacin- *QVG* iachin- *R* iacinctum *KS* || flauae *VM* : -bae *RLKQGSN* fabae *edd. ante Schmitt* || zizyphus *KLN* : ziziphus *MG* zyzyphus *RVS* tityphus *Q* || amygdalus *QNM* : amig- *RLKVGS* || desucto *SM* : desuco *RLKQ* uel suco *VG* uel succo *N*, *Ald.* defuncto *E* destructo *uett.* || ulex *RLKQGNM* : ilex *VS*, *edd.* || et tinus *RLKQVGSM* : et linus *Gesner*, *Schmitt* et thinus *V* echinus *N* et cinus *Ald.* et pinus *Schneider* || inimicae *RLKQVSNM* : -ca *G*.

donne un miel de première qualité, ensuite vient la sarriette, le serpolet et l'origan, au troisième rang le romarin et la sarriette ; les autres plantes, comme l'arbousier et les légumineuses, donnent au miel une saveur rustique[9]. Les arbres doivent être plantés au nord du terrain, les arbustes et les plantes à haute tige rangés par espèces sous les murs de clôture, les plantes herbacées semées derrière les arbustes. En ces lieux doit arriver l'eau d'une source ou d'un ruisseau paisible, susceptible de former, en traversant le terrain, de petits bassins sur lesquels il faut jeter, en guise de passerelles, quelques brindilles où les abeilles puissent se poser sans risque, lorsqu'elles auront soif[10]. **4.** Mais il faut que soient éloignés des ruches tous les endroits malodorants : bains, étables, fosse d'écoulement < des eaux > de la cuisine[11]. Il faut aussi en chasser les animaux qui sont nuisibles aux abeilles : lézards, blattes, et autres semblables ; les oiseaux également doivent être effrayés par des épouvantails et des crécelles[12]. Il faut que, pur et chaste, souvent leur gardien les inspecte[13], en tenant prêtes des ruches neuves destinées à recevoir la jeunesse inexpérimentée des essaims[14]. **5.** Il faut éviter, pour le rucher, l'odeur de la fange et de l'écrevisse brûlée, ainsi que les endroits qui répondent à la voix humaine par une fallacieuse imitation[15]. Sont à proscrire également certaines plantes : euphorbe, hellébore, férule, absinthe, concombre sauvage, et d'une façon générale toute amertume ennemie de la douceur qu'il faut créer[16].

saporis mella thymi sucus effundit, secundi meriti thymbra, serpillum uel origanum, tertii meriti rosmarinus et satureia ; cetera, ut arbutus et olera, saporem rustici mellis efficiunt. Sint autem arbores a septemtrionali parte dispositae ; frutices atque uirgulta ordines suos sub maceriis exequantur ; herbas deinde plano post frutices conseremus. Fons uel riuus huc conueniat otiosus, qui humiles transeundo formet lacunas quas operiant rara et transuersa uirgulta, sedes tutas apibus praebitura cum sitient. **4**. Sed ab his apium castris longe sint omnia odoris horrendi, balnea, stabula, coquinae fusoria. Fugemus praeterea animalia quae sunt apibus inimica, lacertos et blattas et his similia ; aues etiam pannis et crepitaculis terreamus. Purus custos frequens et castus accedat habens noua aluearia praeparata, quibus excipiatur examinum rudis iuuentus. **5**. Vitetur odor coeni et cancer exustus et locus qui ad humanam uocem falsa imitatione respondet. Absint et herbae tithymallus, elleborum, thapsia, absinthium, cucumis agrestis et omnis amaritudo conficiendae aduersa dulcedini.

3 primi : sed p. *G* nam p. *M* || effundit *KQVGSNM* : -udit *RL* || thymbra *RLQNM* : tymbra *VS* timbra *KG* || cetera : et cetera *M* || saporem *RLKVGSNM* : sop- *Q* || plano *RLKQVGN* : in plano *SM*.

4 animalia *om.* *G* || lacertos *RLKQVSNM* : -tas *G* || custos *om.* *G* || iuuentus *RKQVGSNM* : iubuntus *L*.

5 tithymallus *LG* : tity- *RVM* tyti- *S* titi- *Q* tyty- *KN* || thapsia S^2 thabsia V^2M tabsia *N* thabisia V^1 tharsia *RKQG* tarsia *LS* || absinthium *VGN* : absintium *KS* absentium *RLQM* || cucumis agrestis *RLQVGSNM* : cucumeres agrestes *K*.

6. Les meilleures ruches sont celles qui seront faites dans l'écorce ravie au chêne-liège, parce qu'elles ne conduisent ni le froid ni la chaleur ; elles peuvent néanmoins être faites en tiges de férule. A défaut, on les fera en osier, ou on utilisera un tronc d'arbre creux, ou bien des planches, comme pour les baquets. Sont à proscrire les ruches en terre cuite, glaciales en hiver, torrides en été[17]. **7.** Quoi qu'il en soit, il faut construire, à l'intérieur de l'enclos dont j'ai prescrit l'aménagement, des sortes de socles de trois pieds de haut, recouverts d'un mortier de brique et d'un crépi bien lisse, en raison des dégâts que causent les lézards et autres animaux susceptibles de s'introduire à l'intérieur des ruches ; celles-ci doivent être placées sur ces socles, de telle sorte qu'elles ne puissent pas être pénétrées par la pluie, en ménageant entre elles, pour les séparer, de petits intervalles[18]. Mais il faut aussi que l'ouverture destinée à l'entrée des essaims soit étroite, pour que les abeilles n'aient pas à souffrir de la chaleur et du froid[19] ; il faut en tous cas qu'un mur élevé les mette à l'abri des vents froids, d'autant qu'il peut, tout en protégeant ainsi les ruches, chauffer < par réflexion > l'endroit où elles se trouvent[20]. **8.** Toutes les ouvertures doivent être exposées au soleil d'hiver[21] ; il en faut deux ou trois par ruche, pas plus grandes que le corps d'une abeille : l'étroitesse du passage interdira en effet celui-ci aux animaux nuisibles, et si ces derniers veulent assiéger les abeilles, elles auront la possibilité de sortir par une autre issue[22].

6. Aluearia meliora sunt quae cortex formabit raptus ex subere, quia non transmittunt uim frigoris aut caloris ; possunt tamen et ferulis fieri. Si haec desint, salignis uiminibus fabricentur uel ligno cauatae arboris aut tabulis more cuparum. Fictilia deterrima sunt, quae et hieme gelantur et aestate feruescunt. **7**. Sed inter ea loca quae muniri debere praecepi, podia ternis alta pedibus fabricentur, inducta testaceo et albario opere leuigata, propter lacertorum ceterorumque animalium noxam quibus est moris inrepere, et supra haec podia aluearia conlocentur, ita ut non possint imbre penetrari, spatiolis inter se patentibus segregata. Angustus tamen aditus admittat examina propter frigoris et caloris iniuriam ; sane uentis frigidioribus altus paries resistat, qui locum possit defensis sedibus apricare. **8**. Aditus omnes soli obponantur hiberno, qui in uno cortice duo uel tres esse debebunt, ea magnitudine quae apis formam non possit excedere : sic enim noxiis animalibus ingressu resistetur angusto, uel si apes obsidere uoluerint, exeuntes alio, cum non defuerit, utentur egressu.

6 *Tit.* DE VASCULIS APVM FORMANDIS *hab. G* || aluearia *VGS*^{1}*NM* : albea- *RLK*^{2}*QS*^{2} alba- *K*^{1} || subere *RLKVGS*^{2}*N* : ubere *QS*^{1}*M* || salignis *SQNM* : -ginis *RLKVG*.

7 praecepi *R*^{2}*QVSNM* : -cipi *R*^{1}*LKG* || inducta *edd.* : -duata *S* -duta *RLKQSVGN* intaceo *M* || podia *RKVGSNM* : odia *L* duo *Q* || aluearia *cf. supra* § 6 || admittat *R*^{2}*LKVGSNM* : -ttant *Q* -ttit *R*^{1} || apricare *RLKVGSNM* : appli- *Q*.

8 qui *om. V* || cortice *RLKQVSNM* : corpore *G* || possit *RK QVGSNM* : -int *L* || utentur *edd.* : uit- *RLKQVGSM* nit- *N*.

XXXVIII. — L'achat des abeilles.

Si nous devons acheter des abeilles, veillons à ne prendre que des ruches bien pleines, ce dont on s'assure soit en les examinant, soit simplement en entendant un fort bourdonnement à l'intérieur, ou en voyant les insectes entrer et sortir en grand nombre ; il faut en acquérir dans les environs plutôt que dans une région éloignée, afin qu'elles ne risquent pas de souffrir d'un changement d'air[1]. Si pourtant l'on est obligé d'en faire venir de loin, il faut que le transport se fasse de nuit et sur l'épaule[2]; la mise en place et l'ouverture de la ruche ne doivent avoir lieu qu'au crépuscule. **2.** Il faut ensuite, pendant trois jours, vérifier si l'essaim ne sort pas tout entier, car ce serait signe que les abeilles songent à prendre la fuite[3]. Ce qu'il y a à faire chaque mois pour remédier à cet accident et aux autres, nous l'expliquerons dans le livre correspondant[4] ; en tout cas, les abeilles, croit-on, ne s'enfuient pas, si l'on frotte les ouvertures des ruches avec la bouse d'un veau premier-né[5].

XXXIX. — Les bains[1].

Il ne serait pas mauvais que le maître de maison, s'il a de l'eau en quantité suffisante, s'occupe de faire construire une salle de bains, dont l'usage est à la fois fort agréable et excellent pour la santé. On en aménagera donc une dans la partie de la maison où se trouvera la source de chaleur, et dans un endroit dépourvu d'humidité, pour éviter que ne se produise, du fait de la proximité de la chaudière, une évaporation qui refroidirait la pièce. On munira celle-ci de fenêtres au midi et au couchant d'hiver, de manière qu'elle soit éclairée et agrémentée tout le long du jour par les rayons du soleil. **2.** Voici comment doit être conçue l'infrastructure des loges à bains : on revêt leur surface de dalles ayant

XXXVIII. — De apibvs emendis.

Apes si emendae sunt, prouideamus ut plena aluearia conparentur, quam rem uel inspectio uel murmuris magnitudo uel frequentia monstrat commeantis ac remeantis examinis, ex uicina potius quam longinqua regione, ne aeris nouitate temptentur. Si uero longius aduehendae sunt, collo nocte portentur ; nec conlocare nec aperire aluearia nisi uespere instante debemus. **2.** Speculemur deinde post triduum, ne omne ianuas suas egrediatur examen : hoc enim signo fugam meditantur adsumere. Contra haec uel cetera suo unaquaeque mense reddemus ; tamen creduntur non fugere, si stercus primogeniti uituli adlinamus oribus uasculorum.

XXXIX. — De balneis.

Non alienum est, si aquae copia patiatur, patrem familias de structura balnei cogitare, quae res et uoluptati plurimum conferat et saluti. Itaque balneum constituemus in ea parte qua calor futurus est, loco ab umore suspenso, ne uligo eum fornacibus uicina refrigeret. Lumina ei dabimus a parte meridiana et occidentis hiberni, ut tota die solis iuuetur et inlustretur aspectu. **2.** Suspensuras uero cellarum sic facies : aream primo

XXXVIII. 1 uel *ante* inspectio *om. G* || 2 post *RLKQGS* : per *VNM, edd.* || non *om. S* || primogeniti *KQVGN* : primig- *RLSM* || adlinamus *RLKQVNSNM* : -niamus *G.*

XXXIX. 1 patrem : pater *M* || de structura *RKQVGSNM* : destructa *L*[1] -am *L*[2].

deux pieds de large; ce dallage doit former un plan incliné descendant vers la chaudière, de manière que, si l'on y pose une balle, elle ne reste pas sur place, mais roule jusqu'à la chaudière : cela aura pour effet que la flamme, en montant vers le haut, chauffera davantage les loges. Sur le dallage on montera de petits piliers faits de briquettes liées entre elles par un mortier d'argile et de crin, situés à un pied et demi l'un de l'autre et mesurant deux pieds et demi de haut. A leur sommet, on placera l'une sur l'autre deux briques plates de deux pieds de large, que l'on recouvrira d'un carrelage de brique, lui-même revêtu de marbre, si l'on en a suffisamment. **3.** Un réservoir de forme allongée, en plomb, situé au-dessus du foyer et reposant sur un plateau de cuivre, viendra extérieurement à celui-ci passer entre les baignoires ; un tuyau amènera l'eau froide dans ce réservoir, qui sera relié à chaque baignoire par un autre tuyau de même calibre, pouvant y déverser autant d'eau chaude que le premier aura amené d'eau froide dans le réservoir. Quant aux loges, elles ne doivent pas être carrées, mais mesurer, par exemple, quinze pieds de long sur dix de large, car dans un lieu étroit il y aura moins de déperdition de chaleur. **4.** En ce qui concerne la forme des baignoires, ce sera au gré de chacun. Dans les salles de bains d'été, les loges doivent recevoir le jour du côté du nord, dans celles d'hiver du côté du midi. Il faut, si possible, établir les bains de telle sorte que toute l'eau qu'on y aura utilisée puisse s'écouler dans les jardins. Les plafonds en briques concassées seront les plus solides ; les plafonds en planches devront être soutenus par des arcs et des montants transversaux métalliques[2].

bipedis sternis ; inclinata sit tamen stratura ad fornacem ut, si pilam miseris, intro stare non possit, sed ad fornacem recurrat : sic eueniet ut flamma altum petendo cellas faciat plus calere. Supra hanc straturam pilae laterculis argilla subacta et capillo constructae fiant, distantes a se spatio pedis unius et semissis, altae pedibus binis semis. Super has pilas bipedae constituantur binae in altum, atque his superfundantur testacea pauimenta et tunc, si copia est, marmora conlocentur. **3.** Miliarium uero plumbeum, cui aerea patina subest, inter soliorum spatia forinsecus statuamus fornace subiecta, ad quod miliarium fistula frigidaria dirigatur, et ab hoc ad solium similis magnitudinis fistula procedat, quae tantum calidae ducat interius quantum fistula illi frigidi liquoris intulerit. Cellae autem sic disponantur ut quadrae non sint, sed, uerbi gratia, si quindecim pedibus longae fuerint, decem latae sint : fortius enim uapor inter angusta luctabitur. **4.** Soliorum forma pro uniuscuiusque uoluntate fundetur. Piscinales cellae in aestiuis balneis a septemtrione lumen accipiant, in hiemalibus a meridie. Si fieri potest, ita constituantur balneae, ut omnis earum per hortos decurrat eluuies. Camerae in balneis Signinae fortiores sunt ; quae uero de tabulis fiunt, uirgis ferreis transuersis et ferreis arcubus sustinentur.

2 sternis *RLKQVSNM* : -nas *G* || straturam *iidem* : stat- *G* || ut : aut *M* || pilam : -la *M* || eueniet : ueniet *M*.

3 dirigatur *RLQVGSNM* : -antur *K* || intulerit *iidem* : -ris *K*.

4 fundetur *RLKVGSNM* : -entur *Q* || tabulis *G*, *edd. (inter quos Schmitt in ed. 1876)* : tub- *cett.*, *Schmitt in ed. 1898.*

5. Si l'on ne veut pas utiliser de planches, on mettra sur ces montants et ces arcs des briques de deux pieds de large, attachées par des crampons métalliques et soudées entre elles par du mortier de crin et d'argile, que l'on revêtira par dessous d'un enduit de briques pilées ; on embellira ensuite ce dernier au moyen de stuc bien poli. Nous pouvons également, dans un souci de moindre dépense, placer l'appartement d'hiver au-dessus des bains, ce qui présente le double intérêt de chauffer les pièces par le sol et de faire l'économie des fondations.

XL. — Le mastic pour eau chaude et pour eau froide.

Il est bon de savoir, puisque nous en sommes au chapitre des bains, de quel mastic il faut se servir pour les ouvrages contenant de l'eau chaude ou froide, de manière que, si les baignoires viennent à se fissurer, on puisse les réparer immédiatement. S'il s'agit d'eau chaude, on mélangera ensemble de la poix dure, un poids égal de cire blanche, de l'étoupe, de la poix liquide pesant la moitié du total, de la brique pulvérisée et de la fleur de chaux, et l'on fera colmater les joints avec ce mélange. Autre recette : broyer dans un mortier de la gomme ammoniaque liquéfiée, des figues, de l'étoupe et de la poix liquide, et enduire les joints de ce mélange. **2.** On peut encore les enduire ou les colmater avec de la gomme ammoniaque et du soufre pulvérisés. On peut aussi les enduire de poix solide et de cire blanche mélangées et saupoudrées de gomme

5. Sed si tabulas nolis inponere, super arcus ac uirgas bipedas constitues ferreis ancoris conligatas capillo inter se atque argilla subacta cohaerentes, et ita inpensam testaceam subterinduc*es* ; deinde albarii operis nitore decorabis. Possumus etiam, si conpendio studemus, hiberna aedificia balneis inponere : hinc et habitationi teporem submittimus et fundamenta lucramur.

XL. — De malthis calidae et frigidae.

Scire conuenit, quoniam de balneis loquimur, quae sunt malthae calidariae uel frigidariae, ut, si quando in soliis scissa sint opera, possit repente succurri. Calidar*iae* conpositio talis est : picem duram, ceram albam ponderibus aequis, stupam, picis liquidae totius ponderis dimidiam partem, testam minutam, florem calcis, omnia simul mixta confund*es* et iuncturis curabis inserere. Aliter ammoniacum remissum, ficum, stupam, picem liquidam tund*es* in pilo et iuncturas oblin*es*. **2.** Aliter ammoniacum et sulfur utrumque resolutum line uel infunde iuncturis. Item picem duram, ceram albam et ammoniacum super remissum

5 sed — ferreis *om.* *G* || constitues *RLQVGSNM* : -as *K* || subterinduces *edd.* : -cis *codd.* (subinterducis *L*) || albarii *RKQVG SNM* : aluea- *L* || hinc et *M* : huic et *RLQGSN* huic enim *V* huic *K*.

XL. 1 sunt *codd.* : sint *Schmitt* || calidariae *LRQSNM* : calda- *KVG* || sint *M* : sunt *cett.* || calidariae *edd.* : -darum *codd.* || stupam *LQVSN* : stuppam *RKGM* || minutam *RLKQGSNM* : munitam *V* || *ab* omnia simul *incipit* *P* || confundes *Iens.*, *Schmitt* : -dis *codd.* (*P non legitur*) contundes *Ald.*, *cett. edd.* || tundes *Schmitt* : -dis *RLPKQVSNM* ; confundis *G* || oblines *Schmitt* : -nis *codd.*

ammoniaque, puis passer un fer chaud sur cet enduit. On peut également les enduire de fleur de chaux mêlée à de l'huile, en prenant soin de ne pas faire couler d'eau tout de suite. **3.** Autre recette : mélanger de la fleur de chaux avec du sang de taureau et de l'huile, et recouvrir de ce mélange les fissures de la jointure. On peut aussi broyer ensemble des figues, de la poix solide et des coquilles d'huîtres sèches, et enduire avec soin les joints de ce mélange. S'il s'agit d'eau froide, on broiera ensemble dans un mortier du sang de bœuf, de la fleur de chaux et du mâchefer, de manière à en faire une sorte de cérat, dont on se servira comme enduit. De même du suif fondu mélangé avec de la cendre passée au crible empêchera, si on en colmate les fissures, les fuites d'eau que celles-ci provoqueraient[1].

XLI. — Le moulin a eau.

S'il y a abondance d'eau, il faut aussi faire aboutir au moulin les tuyaux d'écoulement des bains, afin de pouvoir y faire fonctionner des meules actionnées par l'eau, et moudre le blé sans faire appel au travail animal ou humain[1].

XLII. — Les instruments agricoles[1].

Faisons l'acquisition des instruments suivants, qu'il est indispensable de posséder à la campagne : des araires simples ou, en pays plat, des araires à oreillons, avec lesquels on obtient un sillon plus élevé, afin de protéger les semences des eaux séjournant pendant l'hiver[2] ; des binettes[3], des dolabres[4], des serpettes

simul iuncturis adline, et cautere cuncta percurre. Item florem calcis cum oleo mixtum iuncturis inline, et caue ne mox aqua mittatur. **3.** Aliter sanguini taurino et oleo florem calcis admisce, et rimas coniunctionis obducito. Item ficum et picem duram et ostrei testas siccas simul tundes. His omnibus iuncturas diligenter adlines. Item malthae frigidariae, sanguinem bubulum, florem calcis, scoriam ferri pilo uniuersa contundes et ceroti instar efficies et curabis adlinere. Item seuum liquefactum, cribellato cineri admixtum, frigidae aquae inter rimas labenti, si adlinatur, obsistet.

XLI. — De pistrino.

Si aquae copia est, fus*ori*a balnearum debent et pistrina suscipere, ut ibi, formatis aquariis molis, sine animalium uel hominum labore frumenta frangantur.

XLII. — De instrvmentis agrestivm.

Instrumenta uero haec, quae ruri necessaria sunt, paremus : aratra simplicia uel, si plana regio permittit, aurita, quibus possit contra stationes umoris hiberni sata celsior sulcus adtollere, bidentes, dolabras, falces putatorias, quibus in arbore

2 cautere *RLKPQGSNM* : caute *V*.
3 sanguini *RLPKQVSNM* : -ne *G* || ostrei *RLKQVNM* : -reae *G* -rae *S* || adlinere R^1*LPVSN* : -nire R^2*KQGM*.

XLI. fusoria *Schmitt* : fusura *RLKPQ*V^1*GN*, *uett.* -ras V^2*SM*, *Gesner*, *Schneider*, *fort. recte* || et *ante* pistrina *del. edd.* || ibi *RKPVS NM* : ubi *LQG* || molis sine *RKPQVGSNM* : mollissime *L* || animalium *RLKPQVSNM* : -libus *G*.

pour tailler les arbres et la vigne[5] ; **2.** il faut encore des faucilles pour la moisson et la fenaison, des pioches[6], des « loups », c'est-à-dire de petites scies pourvues d'un manche, de tailles diverses, mais ne dépassant pas une coudée, faciles à introduire — chose impossible avec une scie ordinaire — dans le tronc des arbres ou des vignes à couper[7] ; des plantoirs pour enfoncer les sarments dans les terres travaillées à la houe[8] ; des faucilles à double tranchant en forme de croissant[9] ; de petits couteaux recourbés permettant de trancher facilement, sur les jeunes arbres, les rameaux secs ou superflus[10] ; **3.** il faut encore de toutes petites faucilles munies de dents, servant à couper les fougères[11], des scies < encore > plus petites < que celles mentionnées ci-dessus >, des bêches[13], des sarcloirs pour arracher les ronces[14], des haches simples ou doubles[15], des hoyaux simples ou à deux pointes[16] et des cognées dont le dos ressemble à un râteau[17] ; il faut encore des cautères[18], des instruments en fer pour la castration et la tonte, ou pour opérer les bêtes malades ; **4.** enfin des tuniques de peau avec capuchon, ainsi que des guêtres et des gants de cuir qui, soit dans les bois soit dans les fourrés, puissent servir aussi bien aux travaux agricoles qu'à la chasse[19].

utamur et uite ; **2.** item messorias uel fenarias, ligones, lupos, id est serrulas manubriatas minores maioresque ad mensuram cubiti, quibus facile est, quod per serram fieri non potest, resecando trunco arboris aut uitis interseri, acus, per quas in pastinis sarmenta merguntur, falces a tergo acutas atque lunatas, cultellos item curuos minores, per quos nouellis arboribus surculi aridi aut extantes facilius amputentur ; **3.** item falciculas breuissimas t*ri*bulatas, quibus filicem solemus abscidere, serrulas minores, uangas, runcones quibus uepreta persequimur, secures simplices uel dolabratas, sarculos uel simplices uel bicornes uel ascias in auersa parte referentes rastros ; item cauteres, castratoria ferramenta atque tonsoria uel quae ad animalium solent pertinere medicinam ; **4.** tunicas uero pellicias cum cucullis et ocreas manicasque de pellibus, quae uel in siluis uel in uepribus rustico operi et uenatorio possint esse communes.

XLII. 1 lupos *RLKPVGSNM* : lupus *Q* || acus *RLKQPSNM* : acos *V*.
3 tribulatas *edd. ante Schmitt* : tub- *RKPQVSNM, Schmitt* tab- *LG* || uangas *LGM* : uuangas *Q* bangas *RKPVSN* || auersa *RLKQVSNM* : adu- *PG* || 4 pellicias *RLKPVGSN* : pelliculas *M* || cucullis *iidem* : -cuculis *M* || quae -uepribus *om. M.*

LIVRE II

LIVRE II

MOIS DE JANVIER

I. Le déchaussement des vignes.

II. La mise au chômage des prairies dans les régions de sol maigre.

III. Le premier labour : comment atteler les bœufs et ouvrir la terre.

IV. Les semailles de l'orge de Galatie.

V. Les semailles de la gesse et ce qu'il faut savoir de cette plante.

VI. Les semailles de la vesce et ce qu'il faut savoir de cette plante.

VII. Les semailles du fenugrec.

VIII. Les semailles de l'ers.

IX. Le sarclage des céréales et des plantes à cosse.

X. Comment houer un terrain et faire des fosses pour les vignes.

XI. Les surfaces plantées en vignes.

XII. Comment on mesure en Italie la superficie d'un terrain.

XIII. Quel terrain, quel climat et quelle situation conviennent à un vignoble : indications générales à ce sujet.

XIV. Le jardin.

XV. Les arbres fruitiers : les cormes, les amandes, les noix, les autres fruits qui se sèment surtout en d'autres mois.

XVI. Le marquage des bêtes ; la confection du lard, des jambons et de l'oursin ⟨ salé ⟩ ; les raves.

LIBRO II CONTINETVR

MENSIS IANVARIVS

I. De ablaqueandis uitibus.
II. De pratis abstinendis in locis macris.
III. De proscindendis agris et iungendis bubus uel arandi disciplina.
IV. De hordeo Galatico serendo.
V. De cicercula serenda cum disciplina sua.
VI. De uicia serenda cum disciplina sua.
VII. De feno Graeco serendo.
VIII. De eruo serendo.
IX. De sariendis frumentis et leguminibus.
X. De pastinandi generibus et scrobibus uitium.
XI. De tabulis uinearum.
XII. De mensura pastini Italica.
XIII. De solo et caelo et loco pangendis uineis congruenti et ea quae illuc pertinet disciplina.
XIV. De hortis.
XV. De pomis : sorba, amygdala, nux iuglans ; de aliis pomis, quae maxime per alios menses seruntur.
XVI. De signandis animalibus et lardi et pernarum confectione et echini et rapis.

XVII. L'huile de myrte.
XVIII. Le vin « myrtitès ».
XIX. L'huile de laurier.
XX. L'huile de lentisque.
XXI. La ponte des poules.
XXII. La coupe du bois de construction.
XXIII. Les heures.

XVII. De oleo myrtino.
XVIII. De uino myrtite.
XIX. De oleo laurino.
XX. De oleo lentiscino.
XXI. De gallinarum partu.
XXII. De caedenda materie.
XXIII. De horis.

LIVRE SECOND

MOIS DE JANVIER

En ayant fini avec les généralités, je vais maintenant exposer mois par mois les différents travaux à exécuter ; commençons donc par le mois de janvier.

I. — Le déchaussement des vignes.

C'est en janvier que, dans les régions de climat tempéré, il faut déchausser les vignes — les Italiens disent « cavaillonner »[1] —, ce qui consiste à ouvrir soigneusement la terre à la pioche autour du tronc de la vigne et, après avoir bien tout nettoyé, à creuser des sortes de bassins, afin que la croissance soit favorisée par la tiédeur du soleil et par les pluies.

II. — La mise au chômage des prairies dans les régions de sol maigre.

Dans les régions ensoleillées, maigres ou sèches, il faut dès maintenant nettoyer les prairies et les interdire au bétail[1].

LIBER SECVNDVS
SIVE
MENSIS IANVARIVS

Expletis his quae pertinent ad generale praeceptum, nunc operas suas singulis mensibus explicabo ; et a mense Ianuario faciamus initium.

I. — De ablaqveandis vitibvs.

Ianuario mense locis temperatis ablaqueandae sunt uites, quod Itali excodicare appellant, id est circa uitis codicem dolabra terram diligenter aperire et purgatis omnibus uelut lacus efficere, ut solis teporibus et imbribus prouocetur.

II. — De pratis abstinendis in locis macris.

Apricis aut macris aut aridis locis prata iam purganda sunt et a pecore uindicanda.

Expletis — initium *codd. hoc loco hab., edd. ad finem libri primi transt.* || mensibus *om. L* || a *om. G.*

I. uitis *RLKPQGSNM* : -tes *V* || teporibus *RKQSN* : temp- *LVGM* (*P non legitur*) || et *om. M* || et imbribus *om. G.* || prouocetur *codd., Schmitt* : -centur *cett. edd.*

II. MACRIS : MARC- *L* || pecore *KPQVGSNM* : -ra *RL.*

III. — Le premier labour : comment atteler les bœufs et ouvrir la terre.

Les terrains gras et les terrains secs peuvent être dès maintenant labourés et préparés[1]. Les bœufs s'attellent par le cou plutôt que par la tête[2] ; lorsqu'ils sont arrivés au bout du sillon, il faut que le laboureur les arrête et pousse le joug en avant, pour permettre à leurs cous de se rafraîchir. Le sillon de labour ne doit pas excéder cent vingt pieds de long. Il faut veiller à ne pas laisser entre les sillons la terre non remuée[3]. **2.** Il faut briser à la pioche toutes les mottes. Pour vérifier si la terre a été remuée partout de façon égale, on enfonce une perche verticalement dans les sillons ; si l'on procède à cette vérification assez souvent, les bouviers éviteront de se montrer négligents sur ce point[4]. Il faut éviter de labourer un champ bourbeux ou humecté, comme il est fréquent, d'une pluie légère survenant après une longue période de sécheresse. **3.** En effet une terre qui est bourbeuse lorsqu'on la travaille pour la première fois ne peut plus, dit-on, être travaillée de toute l'année ; quant à la terre légèrement humide en surface et sèche en profondeur, on assure que, si elle est labourée dans cet état, elle devient stérile pour trois ans. C'est pourquoi un champ doit être labouré quand il n'est ni bourbeux ni sec, mais moyennement humide. Si l'on a affaire à une colline, il faut tracer les sillons perpendiculairement à la pente[5]; cette recommandation vaut également pour les semailles.

IV. — Les semailles de l'orge de Galatie.

Si l'hiver a été clément, il faut, dans les régions de climat tempéré, semer vers la mi-janvier l'orge de

III. — De proscindendis agris et ivngendis bvbvs vel arandi disciplina.

Pingues et sicci agri proscindi et apparari iam possunt. Sed boues melius collo quam capite iunguntur ; quos, ubi ad uersuram uenerint, arator retineat et iugum propellat, ut eorum colla refrigerentur. Sulcus autem in arationibus longior quam centum uiginti pedum esse non debet. Seruandum est ne inter sulcos non mota terra relinquatur. **2**. Glebae omnes dolabris dissipandae sunt. Sed aequaliter terram motam esse cognoscis, si transuersam per sulcos perticam mittas, quae res saepius facta bubulcos ab hac neglegentia summouebit. Obseruandum ne lutosus ager aretur aut, quod saepe fit, post longas siccitates leui imbre perfusus. **3**. Nam terra quae lutosa tractatur in primordio fertur toto anno non posse tractari ; quae autem supra leuiter infusa est et subter sicca, si tunc aretur, adseritur per triennium sterilis fieri. Et ideo mediocriter infusus ager, ut nec lutosus nec aridus sit, proscindi debet. Si collis est, transuersus per latera sulcetur ; quae forma tunc seruanda est, cum semen accipiet.

IV. — De hordeo galatico serendo.

Si clemens fuerit hiems, hordeum Galaticum, quod graue et candidum est, circa idus Ianuarias

III. IVNGENDIS *RLQVGSN* : VNG- *K, P non leg.* || 1 aratio-nibus : atio- *Q.*
2 lutosus *RLKVGSNM* : lutuo- *Q* lutosis *P* || perfusus *RLK QVGSNM* : -sis *P.*
3 sit *RLQVGSNM* : statim *K, P non leg.*

Galatie[1], dont le grain est lourd et blanc ; il en faudra huit boisseaux par arpent.

V. — Les semailles de la gesse et ce qu'il faut savoir de cette plante.

On sème la gesse[1] ce mois-ci, là où le sol est fertile et le climat humide ; il en faut trois boisseaux par arpent. Mais cette espèce de semence réussit rarement, parce qu'au moment de sa floraison elle est presque inévitablement mise à mal par le vent du midi ou la sécheresse.

VI. — Les semailles de la vesce et ce qu'il faut savoir de cette plante.

C'est à la fin de ce mois qu'on sème la vesce[1], si l'on se propose de la récolter en graine, non de la couper en fourrage ; la quantité pour un arpent est de six boisseaux. Elle doit être semée dans une terre ayant reçu le premier labour, et après la seconde ou la troisième heure du jour, après disparition de la rosée, qu'elle ne peut supporter ; mais il faut rapidement et sans attendre la nuit la recouvrir de terre, car elle est gâtée par l'humidité nocturne si elle reste à nu. Il faut veiller à ne pas la semer avant le vingt-cinquième jour de la lune, sinon les limaces s'y attaquent.

VII. — Les semailles du fenugrec.

En Italie nous semons le fenugrec[1], pour la graine, à la fin de janvier ou au début de février ; six boisseaux suffiront pour un arpent. Il exige des sillons serrés, mais

seramus locis temperatis. Octo modiis iugerum conplebitur.

V. — De cicercvla serenda cvm disciplina sva.

Cicercula mense hoc seritur loco laeto, caelo umido. Tres modii iugerum conplent. Sed hoc genus seminis raro respondet, quia decipitur austro uel siccitate, dum floret, quod tunc prope necesse est euenire.

VI. — De vicia serenda cvm disciplina sva.

Hoc mense ultimo colligendi seminis causa, non pabuli secandi uicia seritur. Iugerum sex modii occupant. Serenda est in terra proscissa post horam secundam uel tertiam, cum ros esse desierit, quem ferre non potest. Sed statim cooperienda est ante noctem. Nam si nuda manserit, noctis umore corrumpitur. Obseruandum est ne ante uicesimam quintam lunam seratur, quia sic satam limaces persequuntur.

VII. — De feno graeco serendo.

Fenum Graecum in Italia colligendi seminis causa mense Ianuario ultimo circa Februarias calendas serimus. Sex modii iugero sufficient.

IV. conplebitur *RLKPVGSM* : imple- *N*, *Q non leg. propter maculam.*
V. conplent *RLQVGSNM* : -plebunt *K*, *P non leg.*
VI. VICIA *RKSN* : -TIA *LQVG*, *P non leg.* || iugerum : iung- *L* || proscissa *RQVGSNM* : -cisa *LK*, *P non leg.* || uicesimam *K QVGSNM* : uigesi- *P* uicensi- *RL* || sic satam : sictam *Q*.
VII. colligendi *RLPQVGSNM* : -dum *K* || sufficient *RLK*[2]*P QVSNM* : -ciant *K*[1] -ciunt *G*, *edd. ante Schmitt.*

peu profonds, car il croît difficilement s'il est enfoui à une profondeur supérieure à quatre doigts. C'est la raison pour laquelle certains agriculteurs donnent avec de très petites charrues le premier labour à la terre dans laquelle ils le sèmeront, et aussitôt après recouvrent les semences au moyen de sarcloirs.

VIII. — Les semailles de l'ers.

On peut aussi semer l'ers[1] dans les tout premiers jours de ce mois, en terrain sec et maigre ; dans un arpent on en sème cinq boisseaux.

IX. — Le sarclage des céréales et des plantes a cosse.

C'est ce mois-ci, par beau temps sec et lorsqu'il ne gèle pas, qu'il faut sarcler les céréales ; c'est là une opération à laquelle, au dire de la plupart des auteurs, il ne faudrait jamais procéder, car elle risquerait de découvrir ou de couper leurs racines, ce qui les exposerait à périr s'il venait ensuite à faire froid ; j'estime, quant à moi, qu'il faut y procéder uniquement dans les terrains herbeux[1]. On sarcle en tout cas le froment et l'amidonnier quand ils ont quatre feuilles, l'orge quand elle en a cinq, les fèves et autres plantes à cosse quand leur hauteur atteint quatre doigts. **2.** Le lupin, en revanche, qui a une seule racine, ne résiste pas au sarclage ; il n'en a d'ailleurs pas besoin, étant donné qu'il fait mourir les herbes sans le secours du cultivateur. Quant à la fève, un double sarclage lui sera bénéfique et lui permettra de donner beaucoup de fruits, et des gros, de sorte qu'il n'en faudra presque pas davantage pour

Arandum est spisse, sed non alte. Nam si plus quam quattuor digitis obruatur, difficile nascitur. Idcirco quidam minimis aratris proscissa prius terra seminant et sarculis statim sata cooperiunt.

VIII. — De ervo serendo.

Eruum seri et hoc mense nouissimo potest loco sicco et macro in iugero quinque modii seruntur.

IX. — De sariendis frvmentis et legvminibvs.

Hoc mense serenis et siccis diebus, dum gelicidia non est, sunt sarculanda frumenta, quod opus plerique negant fieri debere, quia radices eorum detegantur aut incidantur et necentur frigore subsecuto. Mihi uidetur herbosis locis tantum esse faciendum. Sed triticum et far saritur quattuor foliorum, hordeum quinque, faba et legumina, cum supra terram quattuor digitis fuerint. **2**. Lupinus uero, qui unam radicem habet, si sarculetur, extinguitur ; quod nec desiderat, quia herbas praeter auxilium cultoris adfligit. Faba autem, si bis sarculetur, proficiet et multum fructum et maximum redditura, ut ad mensuram

VIII. ERVO *edd.* : HERVO *G* HERBO *cett. et sic saepius* || sex uel *ante* quinque *add. N* || modii *RLQVGSNM* : -diis *K, P non leg.*

IX. 1 gelicidia *RLKQS* : gelu- *V* gelicidium *GM*, *edd.* -dum *N*, *P non leg.* (*uide comm.*) || frumenta : -da *L* || faba *VGSNM* : -ua *RLKPQ*.

2 si *RKPQVGSNM* : sic *L* || redditura ut V^2*NM* : -tur aut *RLKPQ*V^1 -tur ut S^1 reddit ut S^2 reddet ut *G*.

remplir un boisseau lorsqu'ils seront broyés qu'il n'en faudrait avant broyage. Si vous avez sarclé les céréales en période de sécheresse, vous leur les avez aussi aidées à lutter contre la rouille. C'est surtout l'orge qui sera sarclée en période de sécheresse.

X. — Comment houer un terrain et faire des fosses pour les vignes.

C'est à cette époque qu'il faut houer la terre[1], ce qui se fait de trois manières : ou bien l'on défonce toute la surface du terrain, ou bien l'on y trace des sillons, ou bien l'on y creuse des fosses[2]. Il faut défoncer le terrain sur toute sa surface lorsqu'il s'agit d'un champ en friche, afin de débarrasser son étendue des souches et des racines de fougère ou de mauvaises herbes. Lorsqu'au contraire il s'agit de jachères bien nettes, ce sont des fosses ou des sillons qu'il faut y creuser, mais de préférence des sillons, parce qu'en conduisant l'eau ils irriguent la quasi totalité du terrain[3]. **2.** Donc à ces sillons[4] on donne la longueur que l'on a décidé de donner aux planches, une largeur de deux pieds et demi ou trois, obtenue en faisant piocher face à face deux ouvriers le long d'une ligne tracée au cordeau, et une profondeur de trois pieds ou deux pieds et demi. Ensuite, si le vignoble est destiné à être travaillé à la main, on laisse la même largeur de sol non remué, et l'on creuse de la même façon un autre sillon ; s'il doit être labouré à l'araire, on laissera entre les sillons un intervalle

modii conplendi fresa propemodum sicut integra respondeat. Si siccas segetes sarculaueris, aliquid et contra robiginem praestitisti. Maxime hordeum siccum sarietur.

X. — De pastinandi generibvs et scrobibvs vitivm.

Pastinum fieri nunc tempus est, quod fit tribus generibus, aut terra in totum fossa aut sulcis aut scrobibus. Terra tota debet effodi ubi ager inmundus est, ut siluestribus truncis et radicibus filicis uel herbarum noxiarum spatia liberentur. Vbi autem mundae sunt nouales, scrobibus pastinemus aut sulcis ; sed sulcis melius erit, quia umorem uelut in totum spatia pastinata transmittunt. **2**. Fiunt ergo sulci tanta longitudine quantam destinaueris tabulae, latitudine pedum duum semis uel trium, ita ut iuncti duo fossores designatum linea spatium bidentibus persequantur, altitudine trium uel duorum semis pedum. Deinde, si per homines uinea colenda est, tantum crudi soli relinquimus, et sic alter sulcus inprimitur. Si uero arandae sunt uineae, quinque uel sex pedum spatia quae non sunt fodienda relinquemus in

2 robiginem *RLPM* : rub- *KQVGSN*, edd. || praestitisti *RLKPQVSNM* : praestiti *G*.

X. PASTINANDI *RLKPQVGN* : -DIS *S* || GENERIBVS *GSN* : -RIS *P* GENVS *RLKQV*.

1 totum *RKPQVGSNM* : toto *L* || tota *RLKPQGSNM* : per totum *V* || uelut *RLKQVGSNM* : uelit *P* || in totum *RKPQV GSM* : totum *L* in tortum *N*[1] uel in totum *N*[2] *supra*.

2 destinaueris *KPQVGSNM* : -rit *RL* || duum *codd.* : duorum *edd.* || bidentibus *RLKPQVSNM* : lud- *G* || sic *RKPQVGSNM* : si *L* || ut *pro* V = quinque *hab. V*.

intact de cinq ou six pieds. **3.** Si l'on choisit de faire des fosses, on les creusera profondes de trois pieds, larges de deux et demi, longues de trois[5]. Selon que les vignobles seront cultivés à la main ou avec des bœufs, les intervalles à laisser entre les fosses seront les mêmes que dans le cas des sillons. En tout cas la profondeur des fosses ne doit pas excéder trois pieds, pour éviter que ne souffrent du froid les plants de vigne que l'on y met. Les côtés des fosses doivent être bien verticaux, car le cep posé obliquement risquerait d'être endommagé par la pression des outils, lorsque l'ouvrier pèserait sur eux[6]. **4.** Quant aux terrains entièrement houés, la terre doit y être défoncée partout à une profondeur de deux pieds et demi ou trois : il importera donc de veiller à ce que l'ouvrier ne camoufle pas frauduleusement des parties de terrain non travaillées. Il appartiendra au surveillant de s'en assurer, en sondant de place en place le terrain ainsi façonné, au moyen d'une perche sur laquelle aura été marqué le niveau de la profondeur susdite[7]. Il doit faire aussi rejeter à la surface du terrain toutes les racines et les débris, notamment de ronces et de fougères. Ces prescriptions sont valables partout et quelle que soit la situation du terrain.

XI. — Les surfaces plantées en vignes.

L'établissement des surfaces sera fonction des goûts du propriétaire ou des exigences du terrain, soit qu'elles couvrent un arpent entier, soit qu'elles n'en couvrent qu'un demi, soit qu'elles soient « quartenaires », c'est-à-dire carrées et égales à un quart d'arpent.

medio. **3**. Quod si scrobes fieri placeat, faciemus tribus pedibus altas, duobus semis latas, tribus longas. Siue fossoribus colantur uineta seu bubus, eadem spatia quae inter sulcos sunt dicta seruemus. Vltra tres uero pedes altius fodiendae scrobes non sunt, ne laborent frigore sarmenta quae pangimus. Latera scrobibus aequaliter incisa sint, ne obliqua uitis saucietur alte nitentibus ferramentis, cum fossor incumbet. **4**. Pastino uero quod omne uersabitur trium uel duorum semis pedum altitudine terra uniuersa fodiatur ; in quo erit diligentia, ne crudum solum fraude occulta fossor includat. Quam rem subinde custos uirga, in qua praedictae altitudinis modus designatus est, per spatia quae fodiuntur exploret. Radices omnes et purgamenta, maxime rubi et filicis, in summum regeri faciat, quae cura in omni positionis genere et ubique seruanda est.

XI. — De tabvlis vinearvm.

Tabulas autem pro domini uoluptate uel loci ratione faciemus, siue integrum iugerum continentes seu medium seu quart*a*nariam tabulam, quae quartam iugeri partem quadrata conficiet.

3 duobus *RLPQVGSNM* : -abus *K* || a *ante* fossoribus *add. V* || uineta *RKPQVGSNM* : -tas *L* || cum fossor *RKPQVSNM* : cum forsor *G* confossor *L*.

4 pastino *RKPQVGSNM* : -na *L* || regeri *RLKPQGSNM* : rigiri *V*[1] rigari *V*[2].

XI. TABVLIS : -LAS *V* || uel loci *RKPQVGS*[2]*NM* : ueloci *LS*[1] || quartanariam *Gesner* : quaterna- *codd.*, *uett.*

XII. — Comment on mesure en Italie la superficie d'un terrain.

La mesure d'un terrain formant un carré d'un arpent se fait de la façon suivante : chacun de ses côtés mesure 180 pieds, lesquels, multipliés l'un par l'autre, donnent une surface de 324 perches carrées. On se règlera sur ce calcul pour mesurer tous les terrains que l'on voudra houer : en effet 18 perches de 10 pieds multipliées par 18 en donneront 324. Par cet exemple on apprendra à mesurer tous les terrains, qu'ils soient plus ou moins grands[1].

XIII. — Quel terrain, quel climat et quelle situation conviennent a un vignoble : indications générales a ce sujet[1].

Pour ce qui est du terrain destiné à la vigne, il ne doit être ni compact ni meuble, mais néanmoins plus meuble que compact ; ni maigre ni très gras, mais beaucoup plus gras que maigre ; ni en plaine ni en pente raide, mais plutôt sur un replat élevé ; ni sec ni imprégné d'eau, mais moyennement humide ; ni salé ni amer, défaut qui gâte le vin en corrompant son goût[2]. **2.** Le climat doit être tempéré, tout en étant plus chaud que froid et plutôt sec que trop pluvieux. Mais ce que la vigne redoute par dessus tout, ce sont les tempêtes et

XII. — De mensvra pastini italica.

Mensura uero pastini haec est in tabula quadrata iugerali, ut centeni octogeni pedes per singula latera dirigantur, qui multiplicati trecentas uiginti et quattuor decempedas quadratas per spatium omne conplebunt. Secundum hunc numerum omnia quae uolueris pastinare discuties. Decem et octo enim decempedae decies et octies subputatae trecentas uiginti quattuor explebunt. Quo exemplo doceberis in maiore agro uel minore mensuram.

XIII. — De solo et caelo et loco pangendis vineis congrventi et ea qvae illvc pertinet disciplina.

Sit solum uineis ponendis nec spissum nimis nec resolutum, propius tamen resoluto ; nec exile nec laetissimum, tamen laeto proximum ; nec campestre nec praeceps, sed potius edito campo ; nec siccum nec uliginosum, modice tamen roscidum ; nec salsum nec amarum, quod uitium sapore corrupto uina contristat. **2.** Caelum mediocris qualitatis, tepidum tamen magis quam frigidum, siccum potius quam nimis imbridum. Sed ante omnia uitis procellas uentosque formidat. Ad

XII. ITALICA *om. Q* || iugerali ut *VGSNM* : iuger aliud *RLQ* iugit aliud *K, P non leg.* || per spatium *RLPQVSNM* : per spatia *G* perhibet spatia *K* || conplebunt *RKPQVGSNM* : -bit *L* || subputatae *RKPQVGSNM* : superput- *L* || agro *G* : agri *cett.*

XIII. Sit *temptaui* : sed *codd.* || 1 ponendis *RLPQVGSNM* : potandis *K* || propius *RKVGS*[2]*NM* : propus *S*[1] proprius *L* *PQ non leg.* || nec (exile) : ne *L*.

les vents. Pour le façonnage à la houe, choisissons de préférence un terrain en friche ou mieux encore un terrain boisé ; il faut placer au dernier rang les terrains où il y a eu de vieilles vignes. Si toutefois l'on s'y trouve contraint, on doit tout d'abord les travailler par de nombreux labours, afin que, une fois extirpées les racines de la vieille vigne et enlevés les détritus et saletés qu'elles laissent[3], le jeune plant puisse y être placé en toute sécurité. **3.** Le tuf et les autres sols assez durs, lorsqu'ils sont amollis par le gel et le soleil, produisent des vignes très belles, parce qu'ils maintiennent les racines au frais en été et gardent l'humidité[4]. Mais un gravier léger, un terrain caillouteux et de la pierraille mobile — à condition que les uns et les autres soient mêlés de terre grasse — ainsi que du rocher recouvert de terre, parce qu'il est frais et retient l'humidité, ne laissent pas les racines souffrir de la soif en été[5]. Il en est de même des terrains sur lesquels de la terre roule depuis les hauteurs, ou des vallées remplies par les alluvions fluviales[6] ; mais cela ne vaut que dans les régions qui ne risquent pas d'être exposées aux gelées et aux brouillards. **4.** Une terre argileuse est bonne, mais l'argile pure est très nocive, ainsi que tout ce que j'ai signalé dans les préceptes généraux. Car un terrain qui a produit de misérables broussailles est à proscrire, de même qu'un terrain marécageux, ou salé, ou amer, ou altéré et sec[7]. **5.** Le sable noir et le rouge sont bons, à condition d'être mêlés de terre forte. Le charbon, sauf si on le fume, fait maigrir les vignes. Dans la terre rouge, elles ont du mal à prendre, bien que par la suite elles trouvent à s'y nourrir ; mais ce genre de terre se prête mal à la culture, car il suffit d'un peu d'humidité

pastinandum rudes agros potius eligamus uel maxime siluestres ; ultima condicio est eius loci in quo fuer*u*nt uetusta uineta. Quo si necessitas coegerit, prius multis arationibus exerceatur, ut abolitis radicibus prioris uineae et omni earum carie et squalore depulso, nouella uitis tutius possit induci. **3**. Tofus et alia duriora, ubi gelu relaxantur et solibus, pulcherrimas uineas ferunt refrigeratis aestate radicibus et umore detento. Sed et soluta glarea et calculosus ager et mobiles lapides, si tamen haec omnia glebis se pinguibus miscuerunt, et silex cui terra subposita est, quia frigidus est et umoris tenax, radices aestate sitire non patitur. Item loca ad quae de cacuminibus terra decurrit, uel ualles quas fluminum saturabit adgestio ; sed hoc in his locis quae gelu et nebulis infesta esse non possunt. **4**. Argillosa terra commoda est, argilla autem sola grauiter inimica et cetera quae in generalibus dixi. Nam locus qui misera uirgulta produxerit uel uliginosus uel salsus uel amarus uel siticulosus et aridus *in*probatur. **5**. Niger sabulo et rubeus utilis est, sed cui fortis terra permixta est. Carbunculus, nisi stercoretur, macras uineas reddit. In rubrica difficile conprehendunt, quamuis postea nutriantur ; sed hoc genus terrae operibus inimicum est, quia

2 condicio *RKPQVGN* : -tio *SM, edd.*, om. *L* || fuerunt *edd.* : -rant *codd.* || quo *RKQVS*²*M* : quod *LS*¹*N* qui *G, P non leg.* || possit *RKPQVGSNM* : potius *L*.

3 ad quae *KSN* ad que *M* adque *RLQG* atque *PG* || cacuminibus *RLPQVGSNM* : -nis *K*.

4 sola *RLKPQGSNM* : salsa *V* || generalibus *iidem* : -abilibus *V* || inprobatur *Schneider* : adp -*codd.*

5 sabulo *RKPQVGSNM* : -bilo *L* || difficile *RLKPVGSNM* : -li *Q*.

ou de soleil pour qu'il devienne ou trop humide ou trop sec. Mais en fin de compte le meilleur terrain est celui qui tiendra un juste milieu entre tous les extrêmes, et qui sera nettement plus léger que dense[8]. **6.** Les vignes doivent être exposées, dans les pays froids au midi, dans les pays chaud au nord, dans les pays tempérés au levant, à condition que la région ne soit pas soumise à des vents nuisibles de sud ou d'est ; si elle présente cet inconvénient, il vaut mieux exposer les vignobles au vent du nord ou d'ouest[9]. **7.** En tout cas le terrain que l'on veut houer doit être au préalable débarrassé des obstacles et de tous les arbres brisés, pour éviter que la terre, après avoir été défoncée, ne se raffermisse à force d'être foulée aux pieds. Si l'on a affaire à un terrain plat, on le houera à deux pieds et demi ; s'il est en pente, à trois pieds ; si c'est une colline escarpée, à quatre pieds, pour que la terre n'en glisse pas trop vite ; mais si c'est une vallée, à deux pieds. Mais un terrain imprégné d'eau qui, s'il est creusé trop profondément, crache l'eau qu'il contient, comme c'est le cas dans la région de Ravenne, ne se creuse pas à plus d'un pied et demi[10]. **8.** J'ai pu me rendre compte, par des expériences suivies, que les vignes viennent mieux si elles sont plantées soit immédiatement soit, peu de temps après que la terre a été défoncée, lorsque que le gonflement dû au houage n'est pas encore retombé et qu'elle n'a pas encore repris sa fermeté. J'ai fait la même observation à propos des sillons et des fosses, surtout là où la terre est de qualité moyenne[11].

paruo uel umore uel sole nimis madescit aut dura est. At maxime utile solum est quod inter omnes nimietates temperamentum tenebit et raro proximum quam denso fuerit. **6.** Plagam caeli uinea spectare debet locis frigidis meridianam, calidis septemtrionalem, tepidis orientem, si tamen Austros uel Euros regio non habeat inimicos ; quod si hoc est uitium, melius in aquilonem uel fauonium uineta dirigimus. **7.** Sed locus qui pastinandus est prius inpedimentis et omnibus elisis liberetur arboribus, ne post calcatu adsiduo terra effossa solidetur. Si campus est, duobus semis pedibus pastinetur, si cliuus, tribus, collis praeruptus quattuor, ne citius terra decurrat, uallis ue*ro* duobus pedibus. Sed ager uliginosus, qui umores altius fossus eructat, sicut Rauennatis soli, non amplius quam in pedem semis effoditur. **8.** Illud experimentis adsiduis conprehendi, uites melius prouenire si uel statim fossae terrae uel non longe ante pangantur, cum tumor pastini nondum repetita soliditate subsedit. Hoc quoque in faciendis sulcis et scrobibus adprobaui, maxime ubi mediocris est terra.

5 at *G²SN* : aut *RLKPQVG¹M* || fuerit : faue *Q*.

6 spectare *RKPQVGSN*, *M cum ras.* : expec- *L*.

7 ab *ante* inpedimentis *add.* *V* || elisis *RLKPQGSNM* : elisi -onibus *V* || arboribus *RKQGSNM* : -ris *LPV* || cliuus *VGS NM* : clibus *RLKP*, *Q non leg.* || uero *edd.* : uel *codd.*

8 conprehendi *RLKPQVSNM* : -dit *G* || non *om.* *Q* || repetita *R²KQVGSNM* : petita *R¹L*, *P non leg.*

XIV. — Le jardin.

C'est au mois de janvier qu'il faut semer la laitue, ou au mois de décembre, de manière que sa transplantation ait lieu en février ; de la même façon, on la sème en février pour qu'elle puisse être transplantée au mois d'avril. Mais il est certain qu'on peut fort bien la semer à n'importe quel moment de l'année, pourvu que ce soit dans un terrain fertile, fumé et arrosé[2]. Avant de la planter, on égalisera ses racines, et on les enduira de fumier liquide ; celles qui seront déjà plantées seront mises à jour pour recevoir du fumier[3]. **2.** Elles aiment un terrain ameubli, gras, humide et fumé. Les herbes qui pousseront entre les plants doivent être arrachées à la main, non au sarcloir. La laitue devient plus grosse si on la sème clair ou si, après avoir pratiqué une légère incision dans sa tige au moment où elle commence à sortir de terre, on la comprime avec une motte de terre ou une tuile[4]. On fait, paraît-il, blanchir les laitues en jetant fréquemment sur elles du sable de rivière ou de plage, et en les liant après avoir rassemblé leurs feuilles[5]. **3.** Si, par suite d'un vice du terrain, du temps ou de la semence elle-même, la laitue vient à durcir, on la fera redevenir tendre en la déterrant pour la replanter. On peut aussi en obtenir à partir de plusieurs graines différentes : pour cela, on creuse délicatement une crotte de chèvre avec une alène, on met à l'intérieur des graines de laitue, de cresson alénois, de basilic, de roquette et de radis, on enrobe cette crotte de fumier et on l'enfonce dans un trou creusé dans un terrain parfaitement cultivé : le raifort s'unit

XIV. — De hortis.

Mense Ianuario lactuca serenda est uel Decembri, ut planta eius februario transferatur; itemque februario seritur, ut possit aprili mense transferri. Sed certum est eam toto anno bene seri, si locus sit laetus, stercoratus, inriguus. Antequam pangatur, radices eius resecemus aequaliter et liquido fimo linamus ; uel quae iam panctae sunt nudatae laetamen accipiant. **2**. Amant solum subactum, pingue, umidum, stercoratum. Inter has herba manu est uellenda, non sarculo. Latior fit si rara ponatur uel, cum producere incipiet caulem, eo leuiter inciso gleba prematur aut testa. Candidae fieri putantur, si fluminis harena uel litoris frequenter spargatur in medias, et collectis ipsae foliis alligentur. **3**. Si uitio loci uel temporis uel seminis cito lactuca durescit, planta eius auulsa et denuo posita teneritudinem consequetur. Item multis seminibus condita nascetur, si caprini stercoris bacam subula subtiliter excauaris et in ea semen lactucae, nastur*t*ii, ocimi, erucae, radicis inmiseris, tunc inuolutam fimo bacam terra optime culta breui scrobe demerseris : rafanus nititur in

XIV. HORTIS *RKPQVG* : ORTIS *LSN* || 1 planta *RKPQV GSNM* : plancta *L* || possit *iidem* : -int *L* || eam *iidem* : ea *L* || resecemus : recesemus *G* || panctae *RLKVNM* : pactae *S* pantae *Q* pacta *G*, *P non leg.*

2 subactum *RLPQVGSNM* : -crum *K* || herba *RLKPQVS NM* : -bas *G* || incipiet *iidem* : -piat *G* || litoris *RKPQGSNM* : littoris *VL* || collectis *RLQVGSNM* : -tas *K*, *P non leg.* || ipsae *edd.* : ipse *codd. praeter* ipsa *V*.

3 nasturtii *edd.* : -cii *R*[2]*GN* -ci *cett.* || ocimi *RLKPSM* : -mae *V* -m *Q* cymi *G* cumini *N* || sandicis *ante* radicis *add. N*[1], radicis *del. N*[2] || terra *RLKPNM* : -rae *QVGS* || culta *RLKPQSNM* : -tae *G* -tam *V* || nititur *RKPQVGSNM* : mitti- *L*.

à la racine de laitue ; les autres plantes s'élancent vers le haut en même temps que la laitue elle-même, et le goût de chacune d'elles est conservé[6]. **4.** D'autres obtiennent le même résultat de la façon suivante : après avoir déterré une laitue, ils arrachent les feuilles qui tiennent aux racines et, après avoir pratiqué sur celles-ci des entailles au moyen d'un éclat de bois, ils y insèrent les graines ci-dessus mentionnées, à l'exception du raifort, et colmatent le tout avec du fumier ; la laitue, ainsi remise en terre, croîtra entourée des pousses provenant de ces diverses semences[7]. La laitue tire son nom du fait qu'elle contient une grande quantité de lait[8]. **5.** Le cresson alénois[9] se sème, comme chacun sait, en ce mois et en tout autre, au lieu et sous le climat que l'on veut ; il n'a pas besoin de fumier et, bien qu'il aime l'eau, son absence lui importe peu ; on dit qu'il vient à merveille si on le sème avec la laitue. Ce mois-ci, ainsi qu'en tels mois et lieu qu'il vous plaira, n'hésitez pas à semer la roquette[10]. Les choux peuvent également être semés en janvier et tout au long de l'année, mais il est préférable de les semer dans les mois auxquels nous prescrivons de le faire[11]. Il est bon de semer également ce mois-ci l'ail et l'ulpique[12] ; mais pour l'ail la terre blanche sera bénéfique[13].

XV. — Les arbres fruitiers[1].

Les cormes[2]. Les mois de janvier, février et mars, dans les pays froids, d'octobre et de novembre dans les pays chauds, sont les plus indiqués pour semer les cormes[3], ce qui se fait en mettant en terre, dans une pépinière, les fruits parvenus à maturité. Quant à moi, l'expérience m'a enseigné que souvent les arbres ayant poussé spontanément à partir de leurs propres fruits venaient fort bien et se montraient fort productifs. **2.** Si l'on veut avoir recours à la plantation, on pourra le faire, à condition que les plants soient mis en terre dans les pays chauds au mois de novembre, dans les pays tempérés en janvier ou en février, dans les pays

radicem ; cetera semina in summo lactuca pariter mergente prosiliunt, singulorum sapore seruato. **4**. Alii hoc ita adsequuntur : auulsae lactucae folia carpunt quae radicibus iuncta sunt, et in eisdem gradibus surculo punctis praeter rafanum semina supradicta deponunt ac fimo adlinunt. Sic obruta iterum lactuca praedictorum seminum caulibus ambietur. Lactuca dicta est quod abundantia lactis exuberet. **5**. Hoc mense nasturtium constat et omni tempore esse ponendum, loco quali placebit et caelo ; fimum non desiderat ; umorem quamuis diligat, tamen deesse non curat. Si cum lactuca seratur, nasci fertur egregie. Et nunc et mensibus quibus uolueris et locis erucam serere nil moreris. Hoc etiam mense caules et toto anno seri possunt, sed melius aliis quibus adscriptum est. Hoc etiam mense allium et ulpicum bene seretur ; sed allio alba terra proficiet.

XV. — De pomis.

Sorba. Mense Ianuario, Februario et Martio locis frigidis, calidis uero Octobri et Nouembri sorba seruntur egregie, ita ut matura in seminario ipsa poma pangantur. Ego expertus sum multas arbores ex pomis sponte progenitas et in crescendo et in ferendo extisse felices. **2**. Plantas etiam si quis ponere uoluerit, habebit arbitrium, dummodo calidis locis mense Nouembri, temperatis Ianuario

4 surculo *RLPQVSNM* : sar- *KG* || ambietur *RLKPQVS NM* : ambigetur *G*.
5 aliis : allium *V* || allium *VGNM* : alium *RLKPQS* || ulpicum : hulp- *S* || seretur *RLKPQGSNM* : -ritur *V* || allio *cf.* allium *supra*.
XV. 1 ego : ergo *L*.

froids fin mars[4]. Le cormier aime les régions humides, montagneuses et plutôt froides[5], ainsi qu'un terrain très gras, dont sa présence généralisée constitue l'indice le plus certain. La transplantation doit se faire quand le plant est assez robuste ; il faut creuser des fosses profondes et ménager de larges intervalles entre les arbres, afin que durant leur croissance ils soient fréquemment agités par le vent, ce qui leur fait beaucoup de bien. **3.** S'ils sont attaqués par des vers malfaisants qui, roux et poilus, s'installent d'ordinaire au cœur de leur moelle, on arrache de l'arbre, sans l'endommager, quelques uns de ces vers et on les brûle dans le voisinage : il paraît que par ce procédé on les chasse et on les fait périr. Si un cormier commence à se montrer moins productif, il faut enfoncer dans ses racines un coin en bois de pin, ou bien creuser près de son pied une fosse et la remplir à ras bord d'un amas de cendre[7]. **4.** C'est au mois d'avril qu'on greffe les cormiers, sur eux-mêmes, sur le coignassier et sur l'aubépine[8], soit dans le tronc soit sous l'écorce[9]. Les cormes se conservent de la façon suivante : après les avoir cueillies encore dures et mises en réserve, on en remplit complètement, lorsqu'elles commencent à s'attendrir, de petites cruches en terre que l'on recouvre de plâtre et que l'on enfouit, l'ouverture vers le bas, dans une fosse profonde de deux pieds, creusée dans un endroit sec et ensoleillé, et on foule bien aux pieds la terre dont les a recouvertes. On les fait aussi sécher au soleil après les avoir coupées en quartiers, et on les conserve pour l'hiver dans des récipients[10]. **5.** Quand on veut les consommer, on les met à tremper dans de l'eau bouillante, ce qui leur fait retrouver fraîcheur et saveur agréable. Il y a des gens qui les cueillent vertes avec leurs queues, et les suspendent en des lieux obscurs et secs. Il paraît qu'avec les cormes mûres on fait aussi, comme avec la poire, du vin et du vinaigre[11]. D'autres disent que les cormes peuvent être conservées longtemps dans du vin cuit.

uel Februario, frigidis Martio inclinante disponat. Amat loca umida, montana et frigidis proxima, solum pinguissimum, cuius indicium certissimum facit, si frequens ubicumque nascatur. Planta est transferenda robustior, scrobem desiderat altiorem et spatia largiora, ut, quod illi maxime prodest, a uentis frequentibus agitata grandescat. **3**. Si uermes patietur infestos, qui in ea rufi ac pilosi solent medullae interna sectari, aliquos ex his, sine arboris iniuria detractos, uicino crememus incendio : creduntur hoc genere uel fugere uel perire. Si minus ferre coeperit, tedae cuneus eius radicibus inseratur uel circa ultimam partem fossa facta cumulo ingesti cineris adaequetur. **4**. Mense Aprili sorba inseruntur in se, in cydoneo, in spina alba uel trunco uel cortice. Sorba seruantur hoc genere : lecta duriora et posita, ubi mitescere coeperint, fictilibus usque ad plenum clauduntur urceolis gypso desuper tectis, et bipedanea scrobe loco sicco sub sole merguntur ore peruerso, et desuper spissius terra calcatur. Item secta per partes siccantur in sole et seruantur in uasculis in hibernum. **5**. Cum uoluerimus uti, aqua feruenti macerata reuirescunt sapore iocundo. Aliqui cum pediculis suis uiridia lecta suspendunt locis opacis ac siccis. Item ex sorbis maturis, sicut ex piro, uinum fieri traditur et acetum. Alii sorba in sapa adserunt diu posse seruari.

2 disponat *om.* *K* || est *RLPQVGSNM* : enim *K* || largiora *iidem* (*M in ras.*) : long- *K*.

3 coeperit *RPQVS* : caep- *K* cep- *LGNM* || tedae *RLSM* : taedae *KVG* taede *PQ* tede *N*.

4 cydoneo *KVGNM* : cid- *R*[2] *in marg.* *S* cytid- *R*[1]*L* citid- *P* cyod- *uel* orod- *Q* || siccantur *LKPQVGSNM* : -atur *R*.

5 uoluerimus *R*[2]*LKPQVSNM* : -ris *R*[1]*G* || iocundo *RLKP GS*[1]*NM* : iuc- *QVS*[2], *edd.* || ac *om.* *V* || piro *codd.* : -ris *edd.*

6. Les amandes[12]. L'amandier se met en terre en janvier et février, et dans les pays chauds en octobre et en novembre[13], tant en graine qu'en plants, que l'on prend sur la racine d'un arbre adulte. Quoi qu'il en soit, pour cette espèce d'arbre rien n'est plus utile que de constituer une pépinière. Nous fouillerons donc une étendue de terrain à la profondeur d'un pied et demi, et nous y enfouirons des amandes à quatre doigts au plus, en les fichant dans la terre la pointe en bas, et à deux pieds de distance les unes des autres. **7.** Les amandiers aiment un terrain dur, sec, caillouteux, et un climat très chaud, parce qu'ils ont coutume de fleurir tôt ; aussi faut-il établir ces arbres de telle sorte qu'ils regardent vers le midi[14]. Lorsqu'ils auront grandi dans la pépinière, nous y laisserons le nombre de plants correspondant à sa superficie, et au mois de février nous transplanterons les autres. Choisissons en tout cas, pour les mettre en terre, des amandes à la fois nouvelles et de belle taille ; la veille de les y mettre, faisons-les macérer dans de l'hydromel très largement étendu d'eau, pour éviter que l'âcreté due à une forte proportion de miel ne fasse périr le germe. **8.** D'autres font d'abord macérer les amandes durant trois jours dans du fumier liquide, puis les laissent un jour et une nuit dans de l'hydromel, mais préparé de telle façon qu'il n'ait qu'un soupçon de douceur[15]. Si la sécheresse survient au moment où nous constituons la pépinière, arrosons-la trois fois par mois, et enlevons fréquemment à la pioche les herbes qui croissent autour des amandiers. La terre de la pépinière doit être additionnée de fumier. On peut considérer comme suffisant un intervalle de

6. Amygdala. Amygdalus seritur Ianuario et Februario, item locis calidis Octobri et Nouembri, semine et plantis, quae de maioris radice tolluntur. Sed in hoc genere arboris nihil utilius est quam seminarium facere : fodiemus ergo altam pede uno semis aream, in qua obruemus amygdala non amplius quattuor digitis, ita ut cacumina figamus in terra spatio inter se binorum pedum separata. **7.** Amant agrum durum, siccum, calculosum, caelum calidissimum, quia mature florere consuerunt. Ita statuendae sunt arbores ut ad meridiem spectent. Cum in seminario adoleuerint, relictis ibi quae spatio sufficiant plantis, alias transferemus mense Februario. Sed ipsa amygdala ad ponendum et noua legamus et grandia, quae, antequam ponimus, pridie mulsa aquata nimis maceremus, ne germen extinguat ex multo melle mordacitas. **8.** Alii prius fimo liquido per triduum nuces eas macerant ; deinde die et nocte esse patiuntur in mulsa, sed quae suspicionem tantum possit habere dulcedinis. Cum in seminario amygdala disponimus, si siccitas intercesserit, ter in mense rigemus et herbis nascentibus circumfodiendo saepe purgemus. Terra seminarii laetamen habere debet admixtum. Spatia inter arbores

6 AMYGDALA *R¹PQ* : AMIG- *LKVGSN* AMYGDALO *R²* || amygdalus *RLPQM* : amig- *KVGSN*, *et sic saepius* || octobri *om. G* || seminarium : -rum *L* || obruemus — in terra *om. K* || cacumina *RLKQVSNM²* : acumina *G* cumina *P in ras. M¹* || terra *RLKPQVSNM* : -am *G*.

7 durum *post* caelum *add. M¹*, *del. M²* || arbores *pro* florere *K* || consuerunt *RLKPQVGSN* : -euerunt *M* || ut *ante* arbores *transt. Q* || relictis ibi *RLPKQVGSN* : relictisque *M*.

8 patiuntur *RKPQVGSN* : -ciuntur *L* -cuntur *M* || intercesserit *K* (*quam lectionem coniecerant edd.*) : -ssit *cett.* (*P non leg.*).

quinze ou vingt pieds entre les arbres[16]. **9.** L'amandier doit être taillé au mois de novembre, afin de le débarrasser des branches superflues, sèches et trop drues. Ils doivent être protégés du bétail, car, s'ils sont rongés, ils deviennent amers[17]. Il ne faut pas piocher la terre autour d'eux durant leur floraison, car cela fait tomber les fleurs. C'est quand il est vieux que l'amandier est le plus productif. S'il n'est pas fertile, perçons sa racine avec une tarière et enfonçons-y un coin en bois de pin ou un caillou, de telle sorte qu'il soit recouvert et enfermé par l'écorce. **10.** Dans les pays froids, où les gelées blanches sont à craindre, on peut, selon Martialis, remédier à ce danger de la façon suivante : avant la floraison, on met à nu les racines, et on les recouvre de toutes petites pierres blanches, mêlées de sable ; lorsqu'il apparaîtra que le moment de la germination est proche, on déterrera et on enlèvera les pierres. **11.** Selon le même auteur, l'amandier donnera des fruits tendres, si l'on déchausse ses racines avant la floraison et si on les arrose d'eau chaude pendant quelques jours. D'amères elles deviennent douces si, après avoir bêché la terre tout autour de l'arbre, on pratique à trois pouces de la racine une ouverture par laquelle il perdra l'humidité nuisible, ou si on perce le milieu du tronc avec une tarière, pour y enfoncer un coin de bois enduit de miel, ou si vous répandez du fumier de porc autour des racines[18].

12. Les amandes signalent qu'elles sont mûres et bonnes à être cueillies en se dépouillant de leur écorce. Elles se conservent longtemps sans qu'il soit besoin de s'en occuper. Si leur peau s'enlève difficilement, il suffira de les recouvrir de paille pour qu'elles la quittent immédiatement. Si, une fois dépouillées de leur peau, nous les trempons dans de l'eau de mer ou de l'eau salée, elles deviennent blanches et se conservent très long-

uiginti aut quindecim pedibus dedisse sufficiat. **9**. Putanda est Nouembri mense, ut superflua et arida et densa tollamus. Seruandae sunt a pecore, quia si rodantur amarescunt. Circumfodi non debent, quotiens florent, quia inde flos eius excutitur. In uetustate plus adfert. Si ferax non est, tedae cuneum terebrata radice mergamus uel silicem sic inseramus, ut libro tegente claudatur. **10**. Locis frigidis, ubi metus est de pruina, Martialis dicit hoc remedio subueniri : antequam floreant, radices nudantur et albi lapides minutissimi mixti arenis congeruntur et, ubi iam tutum uidebitur ut debeant germinare, effossi iterum lapides summouentur. **11**. Teneras nuces amygdalus creabit, ut dicit, si ante florem radicibus ablaqueatis per dies aliquot calida aqua ingeratur. Ex amaris dulces fiunt, si circumfosso stipite tribus digitis a radice fiat cauerna, per quam noxium desudet umorem, uel medius truncus terebretur et cuneus ligni melle oblitus inprimatur, uel si circa radices suillum stercus adfundas.

12. Amygdala ad legendum maturitatem fatentur, cum fuerint spoliata corticibus. Haec sine cura hominis seruantur in longum. Si difficulter corium dimittent, paleis obruta continuo relaxabunt. Item decoriata, si aqua marina lauemus aut salsa, et candida fiunt et plurimum durant. Mense

9 tedae *S* : taedae *G* taede *RLPQ* tede *VNM*.

10 martialis *RLKPQGSNM* : -cialis *V* || dicit *om. P* || subueniri *RLKPQVGNM* : -re *S* || floreant *iidem* : flore aut *S cum ras.* || albi *RLKPQVSNM* : alibi *G* || tutum *iidem* : tantum *G*.

11 creabit *QVGSNM* : -uit *RLKP* || aliquot *VGSNM* : -quod *RLKPQ* || adfundas *RLKPQVJNM* : -des *G*.

12 salsa et *iidem* : -sa aut *G*.

temps. C'est au mois de décembre ou de janvier, aux alentours des ides, qu'on greffe l'amandier, et en février dans les pays froids. Si en tout cas vous mettez de côté les scions avant qu'ils ne germent, les meilleurs sont ceux qui sont pris au sommet de l'arbre[19]. **13.** La greffe se pratique aussi bien sous l'écorce que dans le tronc. Les amandiers se greffent sur eux-mêmes et sur le pêcher. Les Grecs affirment que l'on obtient des amandes pourvues d'une inscription, si on prend une amande saine dépouillée de sa peau, qu'on inscrit dessus ce que l'on veut et qu'on la met en terre enrobée de boue et de fumier de porc[20].

14. Les noix[21]. Nous sèmerons les noix fin janvier ou en février[22]. Le noyer aime les régions montagneuses, humides et froides, caillouteuses le plus souvent[23] ; il peut néanmoins être cultivé également dans les régions tempérées, avec le secours de l'eau. On doit mettre en terre la noix elle-même, comme on le fait aussi pour l'amandier, et dans les mêmes mois. Si vous en mettez en terre au mois de novembre, vous les ferez sécher quelque temps au soleil, afin que s'exhale le poison nocif que constitue leur humidité. **15.** En revanche, celles que vous mettrez en terre en janvier ou en février, vous les ferez tremper la veille dans de l'eau naturelle. Nous les placerons transversalement, de manière que leur flanc, c'est-à-dire la carène elle-même, soit couché en terre, et en les déposant nous tournerons leur pointe vers le nord. Il faut mettre sous la noix une pierre ou une tuile, afin qu'au lieu de produire une racine unique elle s'étale, repoussée dans plusieurs directions. Le noyer deviendra plus productif s'il est transplanté

Decembri uel Ianuario circa idus amygdalus inseritur, locis uero frigidis et Februario. Si tamen surculos condias antequam germinent, utiles sunt qui de summitate sumuntur. **13.** Inseritur et sub cortice et in trunco. Inseruntur in se et [in] persico. Graeci adserunt nasci amygdala scripta, si aperta testa nuculeum sanum tollas et in eo quodlibet scribas et iterum luto et porcino stercore inuolutum reponas.

14. NVX IVGLANS. Nucem seremus extremo Ianuario uel Februario. Amat loca montana, umida et frigida, plerumque lapidosa ; potest tamen et locis temperatis iuuante umore nutriri. Serenda est nucibus suis eo more quo et amygdala seruntur, et *i*isdem mensibus. Si quas Nouembri mense dispones, aliquatenus in sole siccabis, ut exuetur noxium uirus umoris. **15.** Quas uero mense Ianuario uel Februario positurus es, aqua simplici pridie macerabis. Ponemus autem transuersas, ut latus, id est carina ipsa, figatur in terra. Cacumen ipsum, cum ponimus nucem, in Aquilonis partem dirigemus. Lapis subter uel testa ponenda est, ut radicem non simplicet, sed repercussa respergat. Laetior fiet si saepius transferatur : in

12 uel: et *S* || condias *RLKPQVSNM* : -dies *G* || germinent *RLKPQGS NM* : -nant *V*.

13 et *ante* persico *VSN*, *om. cett.* || in *codd.*, *secl. ego* || nuculeum *LPG* : nucleum *cett.*

14 NVX IVGLANS *RLKPQVGS* : DE NVCE ET GLANDIBVS VEL IVGLANDIBVS *N* || iisdem *edd. ab Ald.* : isdem *KL*, *S in ras.* hisdem *cett.*, *Iens.* || siccabis *RLPQVGSNM* : -bit *K* || exuetur *KVM* : -atur *S* exucetur *RLPQG*, *Schmitt* exsiccetur *N*, *cett. edd.*

15 terra *RLKPQVSNM* : -am *G* || aquilonis *RLKPQVGSN* : -onalis *M* || dirigemus *iidem* : -gimus *M* || testa *pro* terra *K* || non *om.* *G* || respergat *RLKPQGSNM* : disper- *V* || transferatur *RLPQVGSNM* : -ramus *K*.

plusieurs fois ; dans les pays froids, il doit être transplanté à l'âge de deux ans, et de trois dans les pays chauds. **16.** Vous ne devez pas couper les racines des plants de noyer, comme nous le faisons pour celles des autres arbres. L'extrémité inférieure du plant doit être enduite de fumier de vache ; mais il sera encore meilleur de répandre de la cendre dans la fosse, pour éviter que < la racine > ne soit brûlée par la chaleur du fumier ; en outre la cendre est considérée comme procurant soit une écorce tendre, soit une grande productivité en fruits. **17.** Le noyer apprécie des fosses profondes, en rapport avec sa haute taille, et a besoin d'assez grands intervalles, parce que les gouttes qui tombent de ses feuilles feront du mal aux arbres voisins, y compris à ceux de sa propre espèce. Il faut de temps en temps bêcher la terre autour de lui, afin qu'il ne devienne pas creux du fait de la vieillesse. Une longue rigole doit être creusée du haut en bas de son tronc : ainsi, grâce à l'action bienfaisante du soleil et du vent, les parties qui pourrissaient durciront. **18.** Si un noyer est dur ou noueux, il faudra couper son écorce sur tout le pourtour du tronc, afin que soit éliminée l'humidité mauvaise qui est à l'origine de ce défaut. D'autres entaillent le haut des racines ; d'autres encore, après avoir percé la racine au moyen d'une tarière, y enfoncent une cheville de buis ou bien un clou de cuivre ou de fer[24]. Si vous voulez obtenir un noyer « térentin »[25], il vous faudra ne mettre en terre que la chair de la noix, enveloppée de laine à cause des fourmis. Si vous voulez changer en cette espèce un noyer portant déjà < des fruits >, vous l'arroserez d'eau de lessive trois fois par mois durant toute une année. Le fait que la noix quitte son brou indique qu'elle est mûre, et bonne aussi à être mise en terre.

frigidis locis bima, in calidis debet trima transferri. **16**. Radices plantarum, sicut in aliis arboribus solemus, in hoc genere resecare non debes. Fimo bubulo ima planta tinguenda est. Sed melius cinis spargetur in scrobibus, ne calore stercoris aduratur ; et cinis creditur uel corticis teneritudinem procurare uel fructuum densitatem. **17**. Altis scrobibus delectatur pro arboris magnitudine, et desiderat interualla maiora, quia stillicidiis foliorum suorum proximis uel sui generis nocebit arboribus. Debet aliquando circumfodi, ne caua fiat uitio senectutis. Canalis longus a summo trunco ad imum debet excudi : sic beneficio solis et uenti durescunt quae in putredinem transiebant. **18**. Si dura nux est uel nodosa, cortex circumcidendus erit, ut uitium mali deducat umoris. Alii radicum summa praecidunt, alii terebratae radici palum de buxo inprimunt uel cuprinum clauum uel ferreum. Si terentinam facere uolueris, solam nucis carnem lana propter formicas obuolutam in seminario debebis obruere. Si ferentem iam in hoc genus uelis mutare, lexiuo per annum continuum ter rigabis in mense. Cortex in nuce dimissus maturitatis indicium est, qualis debet et poni.

16 tinguenda *LKPVM* : -guengda *Q* -genda *RS*[2]*N*, *edd.* tangenda *G* tegenda *S*[1] || spargetur *om. G* || ne *RKPQVGSM* : nec *LN*.

17 arboris *RK*[2]*PQVGSNM* : -ribus *LK*[1] || si cui *pro* sui *R* || excudi *KPVNM* : -cludi *RLQGS* || uenti *RLKPQVSNM* : -to *G* || transiebant *RLPQVGNM* -ibant *S*, *edd. pler.* -ibit *K*, -ierunt *Schmitt*.

18 terentinam *LKPQVSNM*, *Schmitt* : terren- *R* taren- (*ut uid.*) *G*, *cett. edd.* (*uide comm.*) || uelis *RKPQVSNM* : uolis *L* uobis *G* || lexiuo *KSN*, *Iens.*, *Schmitt* : -bo *RLPQGM* -ua *V* lixiua *cett. edd.* || et poni : exponi *L*.

19. Les noix se conservent soit recouvertes de paille, de sable ou de feuilles de noyer sèches, soit enfermées dans une caisse en noyer, soit mêlées à des oignons, auxquels en échange elles font perdre leur âcreté. Martialis affirme avoir constaté lui-même que des noix vertes, simplement dépouillées de leur écale, et mises dans du miel, sont encore vertes au bout d'un an, et que le miel devient, quant à lui, si médicinal qu'on peut en faire une potion susceptible de soigner les angines et les trachéites. Pour la plupart des auteurs, le noyer se greffe au mois de février sur l'arbousier[26], < sous l'écorce > mais, selon quelques uns, de préférence dans le tronc[27], ainsi que sur le prunier ou sur lui-même.

Les autres arbres fruitiers, qui se mettent en terre surtout en d'autres mois[28] :

20. C'est en ce mois-ci qu'on greffe l'azerolier[29] sur le cognassier C'est maintenant que, dans les régions tempérées, on met en terre les noyaux de pêche ; le pêcher se greffe sur lui-même, sur l'amandier et sur le prunier ; mais l'abricotier normal et l'abricotier précoce[30], nous ne les grefferons que sur le prunier. C'est encore maintenant qu'il faut greffer le prunier, avant qu'il ne jette sa gomme, sur lui-même et sur le pêcher. Ce sera aussi le moment favorable pour greffer le cerisier sauvage.

19. Nuces seruantur uel paleis obrutae, uel harena uel foliis suis aridis uel arca ex ligno suo facta inclusae, uel cepis mixtae, quibus hanc uicissitudinem reddunt ut eis acredinem tollant. Martialis expertum se ait uirides nuces tantum liberatas putaminibus suis melle demergi et post annum uirides esse et ipsum mel ita medicabile fieri, ut ex eo facta potio arterias curet et fauces. Inseritur, ut plerique, mense Februario in arbuto ⟨sub cortice⟩, sed melius in trunco, ut aliqui, et in pruno uel in se.

20. DE ALIIS POMIS QVAE MAXIME PER ALIOS MENSES SERVNTVR. Hoc mense tuberes inseruntur cydoneo. Nunc locis temperatis persicorum ossa ponuntur. Et inseritur eadem persicus in se, in amygdalo, in pruno : sed pruno armenia inseremus et praecoqua. Nunc etiam prunus inserenda est, antequam gumminet, in se et persico. Et cerasus obportune inseretur agrestis.

19 aridis *KPQVGSNM* : arandis *R* addis *L* || acredinem *QVGSM* : acrid- *RLKP* acritudinem *N*[1] acedinem *N*[2] || ait ; aut *Q* || ut (plerique) *RLPQVSNM* : et *K* quod *G* || sub cortice *add. ego* || et in *RLPVGNM* : uel in *K* in *Q* et *S* || uel (in se) *KPQVGSNM* : et *L* || ipso *post* se *add. V*.

20 SERVNTUR *post* maxime *transt. L* || SERVNT *R* || tuberes *KM* : -bures *RLPQVGSN* || cydoneo *RLKPQV* : cid- *GSN* cydodo- *M* || persicorum *RKPQGSNM* : -siccorum *LV* || in *ante* amygdalo add. *V*[2]*M*, *edd.*, *om. cett.* || in *ante* persico *add. Ald.* || cerasus, *RPQVGSNM* : caer- *L* cerassus *K*.

XVI. — Le marquage des bêtes ; la confection du lard, des jambons et de l'oursin ⟨salé⟩ ; les raves.

C'est en ce mois, dit Columelle, qu'il faut marquer au fer les agneaux sevrés ainsi que, d'une façon générale, le bétail gros et petit. C'est aussi la bonne période pour faire le lard, l'oursin salé, les conserves de raves et les jambons[1].

XVII. — L'huile de myrte[1].

C'est en ce mois qu'avec des baies de myrte on fera de l'huile selon la recette suivante : on mettra une once de feuilles dans une livre d'huile, et sur dix onces une hémine de vieux vin âcre, et on les fera bouillir dans l'huile. La raison pour laquelle on asperge les feuilles de vin est qu'il faut éviter de les faire frire avant leur cuisson complète.

XVIII. — Le vin dit myrtitès[1].

Voici encore la façon de faire avec les mêmes baies du vin dit myrtitès : sur dix setiers urbains de vin vieux on en mettra trois de graines de myrte concassées, et on les laissera infuser pendant dix-neuf jours ; après quoi on passera ce mélange en exprimant

XVI. — De signandis animalibvs et lardi et pernarvm confectione et echini et rapis.

Hoc mense, sicut Columella dicit, maturi agni et animalia omnia minora atque maiora charactere signentur. Hoc tempore lardi, echini salsi, raporum condiendorum et pernarum iusta confectio est.

XVII. — De oleo myrtino.

Hoc mense bacis myrtae oleum conficies hoc modo : unciam foliorum per olei unam libram mittis et per uncias decem uini ueteris styptici heminam et cum oleo bullire facies. Idcirco autem uino resperguntur folia, ne frigantur, antequam decoquant.

XVIII. — De vino myrtite.

Item eisdem bacis uinum myrtite sic facies : in uini ueteris sextariis urbicis decem mittes grana myrtae confracta sextarios urbicos tres, quae sint decem et nouem diebus infusa. Postea expressis

XVI. CONFECTIONE *RLKPQGS* : INFEC- *K* CONFECTIONIBVS *N* || ECHINI *LKPGSN* : CHINI *RQ* EDINI *V* || ET RAPIS *om. V* || charactere *RLPQVSNM* : car- *KV*.

XVII. MYRTINO *RLKPQVG* : MIRT- *SN* || myrtae *RLPVSM* : mirt- *KN* myrti *G, edd. ante Schmitt, Q non leg.* || unciam *RKPQGSNM* : -tiam *LV* || mittis *RLKQV²GSNM* : -ttas *P* mitis *V¹* uncias *RKPQGSNM* : -tias *LV* || styptici *RPQV²* : stip- *KGSNM²* stypici *LV¹* stipici *M¹* || bullire *RKPQVGSNM* : ball- *L* || facies *R²LPQVGSNM* : -ias *R¹K*.

XVIII. MYRTITE *RKPQVG* : -TAE *L* MIRTITE *SN* || myrtite *PGVM* : -tae *RKQ* -cae *L* mirtite *SN* || ueteris : ceteris *R* || urbicis : -bidis *L* || myrtae *RLPQM* : -te *V* mirtae *KSN* mirti *G* || decem — expressis *om. R*.

bien les graines de myrte, on y ajoutera un scrupule de safran et un scrupule de nard, et on adoucira l'ensemble avec dix livres de miel de première qualité.

XIX. — L'huile de laurier[1].

On fera aussi de l'huile de laurier de la façon suivante : on fera bouillir dans de l'eau chaude un grand nombre de baies de laurier gonflées par la maturité, et quand elles auront bouilli longtemps, on recueillera avec des plumes, d'un geste léger, l'huile qu'elles auront dégagée et qui surnagera, et on la transvasera.

XX. — L'huile de lentisque[1].

C'est aussi le moment de faire de l'huile de lentisque, dont la recette est la suivante : on cueille en grande quantité des graines mûres de lentisque, qu'on laissera en tas durant un jour et une nuit. On place ensuite sur un récipient quelconque une corbeille pleine de ces graines, que l'on pressera pour en faire sortir le jus, après y avoir versé de l'eau chaude. On recueillera alors, comme celle de laurier, l'huile de lentisque surnageant sur l'eau qui aura coulé de la corbeille. Mais veillez bien à verser l'eau chaude en plusieurs fois, pour éviter que l'huile ne se fige en refroidissant.

myrtae granis colabis et in eo uino medium croci scripulum et folii unum scripulum mitt*e*s et ex mellis optimi decem libris omnia temperabis.

XIX. — De oleo laurino.

Item lauri bacis oleum conficietur hoc modo : lauri bacas quam plurimas et maturitate turgentes in aqua calida bullire facies et, ubi diu ferbuerint, olei, quod ex se dimiserint, supernatantis undam pinnis leuiter cogentibus in uasa transfundes.

XX. — De oleo lentiscino.

Lentiscini etiam olei matura confectio est, quae fit taliter : grana matura lentisci quam plurima colligis et una die ac nocte supra se aceruata esse patieris. Deinde sportam granis eisdem plenam cuicumque uasculo superponis et calida adiecta calcabis et exprim*e*s. Tunc ex eo umore qui defluxerit, supernatans oleum lentiscinum sicut laurinum colligetur. Memento autem, ne rigore possit adstringi, aquam calidam saepe suffundere.

mittes *Schmitt* : mittis *codd.*

XIX. LAVRINO *RKPQVGSN* : -RIO *L* || turgentes *RLPQVGSNM* : -guentes *K* || facies *iidem* : -cias *K* || ferbuerint *RPQVSNM* : -rit *K* -uuerint *LG*² -uerint *G*¹ || pinnis *RLKPQS*²*M* : penn- *VS*¹, *edd.* pann- *G* prun- *N.*

XX. colligis *RLPQVGSNM*, *Iens.* : -ges *cett. edd.* -llegis *K* || superponis *RKPQVGSNM*, *uett.* : -nes *Schneider*, *Schmitt* super pomis *L* || exprimes *edd.* : -mis *codd.* || suffundere *RKPQVSNM* : fund- *LG.*

XXI. — La ponte des poules.

La ponte des poules retrouve sa fécondité en ce mois, après le repos hivernal, et l'on commence à leur faire couver des œufs en vue d'élever des poussins[1].

XXII. — La coupe du bois de construction.

C'est encore en ce mois qu'il faut couper du bois de construction pour les travaux de charpente, lorsque la lune décroît, et qu'il faut faire des échalas et des piquets[1].

XXIII. — Les heures.

Ce mois s'accorde avec celui de décembre pour la durée des heures, dont la mesure est la suivante :

première heure	vingt-neuf pieds < d'ombre >,
deuxième heure	dix-neuf,
troisième heure	quinze,
quatrième heure	douze,
cinquième heure	dix,
sixième heure	neuf,
septième heure	dix,
huitième heure	douze,
neuvième heure	quinze,
dixième heure	dix-neuf,
onzième heure	vingt-neuf.

XXI. — De gallinarvm partv.

Gallinarum partus fecunditatem repetit hoc mense post brumalem quietem, et incipiunt ad educandos pullos oua subponi.

XXII. — De caedenda materie.

Hoc etiam mense caedenda materies est ad fabricam, cum luna decrescit, et redicae uel pali faciendi.

XXIII. — de horis.

Hic mensis in horarum spatio cum Decembri mense conuenit, quarum sic mensura colligitur :

Hora	I	pedes	XXVIIII,
hora	II	pedes	XVIIII,
hora	III	pedes	XV,
hora	IIII	pedes	XII,
hora	V	pedes	X,
hora	VI	pedes	VIIII,
hora	VII	pedes	X,
hora	VIII	pedes	XII,
hora	VIIII	pedes	XV,
hora	X	pedes	XVIIII,
hora	XI	pedes	XXVIIII.

XXI. fecunditatem *RKPQVGNM* : faec- *L* foec- *N*.

XXII. MATERIE *SN* : -RIAE *LKPQ* -RIA *VG* -THERIAE *R* || materies *RKPQVGSNM* : -rias *L* || fabricam : -ca *G* || redicae *LQVGSM*, *Schmitt* : rad- *RKN* rid- *cett. edd.*

XXIII. HORIS : HORTIS *V*[1].

COMMENTAIRE

Liste des principaux ouvrages utilisés dans le Commentaire et des abréviations qui les y désignent :

J. André, *Lexique des termes de botanique en latin*, Paris, Klincksieck, 1956 (*Lexique*).

J. André, édition, traduction et commentaire de Pline, *Naturalis Historia* (*N.H.*), livres 14, 15, 16, 17 et 19, Paris, Belles Lettres, 1958-1964.

R. Billiard, *L'agriculture dans l'antiquité d'après les Géorgiques de Virgile*, Paris, De Boccard, 1928. (*Agr.*).

R. Billiard, *La vigne dans l'antiquité*, Lyon, Lardanchet, 1913.

H. Le Bonniec, édition, traduction et commentaire de Pline, *N. H.* 18, Paris, Belles Lettres, 1972.

R. Martin, *Recherches sur les agronomes latins et leurs conceptions économiques et sociales*, Paris, Belles Lettres, 1971 (*Recherches*).

H. Plommer, édition, traduction et commentaire de Faventinus, *De diuersis fabricis architectonicae*, Cambridge, University Press, 1973.

E. de Saint-Denis, édition, traduction et commentaire de Columelle, *De re rustica* (*R.R.*), livre 10, Paris, Belles Lettres, 1968.

A.-M. Tibiletti-Bruno, *Lessico agricolo latino*, 2e éd., Amsterdam, Hakkert, 1969 (*Lessico*).

K.D. White, *Agricultural implements of the roman world*, Cambridge, University Press, 1967 (*A.I.R.W.*).

K.D. White, *Roman Farming*, London, Thames and Hudson, 1970.

Pour les *Géoponiques*, le texte qui fait autorité est celui de l'édition Beckh, Leipzig, Teubner, 1895 ; mais nous avons tiré profit du commentaire latin de l'édition Niclas, Leipzig, Fritsch, 1781.

Pour les ouvrages et études concernant spécialement Palladius, voir la bibliographie donnée dans notre introduction, *supra*, p. LXIV-LXVI.

Chap. 1

1. Nous avons, comme Schmitt, reproduit les *tituli* des différents chapitres, qui figurent dans tous les manuscrits, sauf dans

M, mais leur place y est laissée, ce qui prouve qu'ils figuraient dans le modèle de *M*. Selon E. Meyer, *Geschichte der Botanik*, Königsberg, 1885, II, p. 331, l'usage des *tituli* par Palladius constituerait une imitation du *Codex Theodosianus*, et permettrait donc d'affirmer que l'*Opus agr.* est postérieur à 438. Mais il n'est pas absolument certain que les *tituli* soient dûs à l'auteur lui-même, car ils offrent parfois des différences de vocabulaire avec le texte des chapitres.

2. La leçon *a disertissimis possit intellegi* est celle que donnent tous les manuscrits ; certains éditeurs, à la suite de Schneider, ont cru devoir corriger *disertissimis* en *peritissimis*. Cette correction semble inutile, le sens de « habile, instruit » étant fort bien attesté pour *disertus* ; il est clair qu'ici Palladius, en écrivant *diserte... disertissimis* joue sur les deux sens du terme : notre traduction essaie de rendre ce jeu de mots. Quant à la conjecture de Schneider, elle reposait vraisemblablement sur la notation de Cassiodore, *Inst. diu.* 28, qui peut en un sens la justifier : *Columella... disertis potius quam imperitis accommodus*.

3. *si diuina fauerint* : il est tentant, mais pratiquement impossible, d'essayer de déterminer à partir de cette formule si Palladius était chrétien ou païen. Le copiste de *V*, en la corrigeant en *si diuina fauerit clementia*, a évidemment voulu lui donner une tonalité chrétienne. En ce qui concerne le pluriel *diuina*, il pourrait être considéré, dans une certaine mesure, comme révélateur d'une attitude païenne ; mais il a peut-être simplement une valeur de singulier collectif, et peut désigner la « volonté divine », que ce soit celle « des dieux » ou celle « de Dieu » — ou encore, comme nous dirions, « le ciel » (cf. *ad diuina migrare*, dans *Ep. Pont.*, Thiel, 14, 2, et l'interprétation de Blaise) et il est certainement abusif de traduire, comme le fait Cabaret-Dupaty : « avec l'aide des dieux ». La traduction de l'éd. Didot : « avec l'aide d'en haut », est en revanche acceptable.

4. *de aedificiis rusticis secundum fabricandi magistros* : Palladius est, parmi les agronomes latins, le seul qui envisage les problèmes que pose la construction des bâtiments ruraux. Dans ce domaine, sa source essentielle est Faventinus, abréviateur de Vitruve. Mais le pluriel *magistros* indique nettement que Palladius, dans ce domaine comme dans les autres, a utilisé au moins deux sources, et probablement davantage, puisque, comme nous l'avons souligné dans l'introduction, certains de ses chapitres « architecturaux » ne proviennent ni de Vitruve ni de Faventinus. On est tenté d'expliquer par le contexte historique cette importance attachée par l'agronome aux problèmes d'architecture et aux moyens de donner au *praetorium* un confort aussi grand que possible, notamment en hiver : nous ne sommes plus à l'époque où les riches propriétaires passaient en ville, comme Pline le Jeune, la plus grande partie de l'année, et se contentaient de venir « en vacances » sur leurs terres, à la belle saison ; au temps de Palladius, à la suite de ce grand mouvement de « retour à la

terre » si bien décrit par M. Jean Gagé (*Les classes sociales dans l'Empire romain*, p. 391 sq.), qui fit que, dans le monde occidental, au cours du IIIe siècle surtout, « la relation entre la ville et la campagne changea jusque dans l'aspect matériel du paysage... en même temps qu'un luxe urbain s'implantait au milieu des terres » (p. 392), le riche propriétaire foncier est le plus souvent un homme qui réside toute l'année à la campagne. Mais ce point de vue n'est sans doute pas tout-à-fait exact : en effet on a bien l'impression que Palladius s'adresse avant tout, non pas à des hommes possédant déjà une résidence rurale dans laquelle ils vivent, mais à des hommes qui envisagent de faire construire à la campagne et de s'y installer. Faut-il croire que Palladius écrit à une époque où se produit un nouveau mouvement de « retour à la terre » ? La question peut être posée.

5. *ratione uoluptatis et fructus* : l'idée que les travaux agricoles visent à la fois l'utile et l'agréable se trouve exprimée pour la première fois chez Varron, *R.R.* 1, 4, 1 : *Hinc profecti, agricolae ad duas metas dirigere debent, ad utilitatem et uoluptatem* ; *utilitas quaerit fructum, uoluptas delectationem.* Il est difficile de dire si Palladius a songé à ce passage. En tout cas c'est un fait que, si le traité dans son ensemble concerne surtout le *fructus*, la *uoluptas* y est prise en considération en plusieurs passages : par exemple lorsqu'il s'agit de choisir l'orientation des appartements d'hiver et d'été ou la situation du *praetorium*, qui doit permettre au propriétaire de jouir d'une vue agréable (1, 8, 2 : *ut laeto fruatur aspectu*) ; d'aménager une salle de bains, dont l'usage est aussi agréable que salutaire (1, 38, 1 : *quae res et uoluptati plurimum conferat et saluti*), etc.

1, 2. *suis tamen temporibus* : plus qu'au style, c'est à la composition de son traité que tient l'originalité de Palladius : tous ses prédécesseurs, sauf Caton, avaient écrit des traités savants, précédés de bibliographies imposantes, riches en références livresques, et surtout fort difficiles à utiliser au jour le jour par un exploitant agricole, car donnant de chaque question un exposé complet et souvent théorique. Palladius, au contraire, va adopter un plan chronologique : au lieu de consacrer chacun de ses livres à une monographie (le blé ; la vigne ; les arbres fruitiers, etc.), comme l'avaient fait les autres agronomes latins, il le consacrera à un mois de l'année et aux travaux qui, *dans tous les domaines*, doivent être accomplis durant ce mois. Plus que d'un traité, il s'agit donc d'un manuel, ou, mieux, d'un « calendrier rustique », permettant à ses utilisateurs de savoir immédiatement ce qu'ils doivent faire à chaque moment ; d'un point de vue non pas scientifique, mais utilitaire, un ouvrage de ce genre présentait une incontestable supériorité sur les traités des autres agronomes latins, et c'est ce qui contribue à expliquer le succès qu'il semble avoir connu tout au long du Moyen Age. Columelle, à vrai dire, avait déjà offert à ses lecteurs quelque chose d'analogue avec le long chapitre 2 de son livre 11, qui constitue lui aussi une sorte de calendrier rustique (cf. 11, 2, 1 : *praecipiemus quid quoque mense faciendum sit*) ; mais ce calendrier était beaucoup plus succinct que celui de Palladius, qui en est en quelque sorte le développement.

6. *in pomis* : c'est la leçon fournie par tous les ms. anciens, à l'exception de *Q*, qui porte la correction de seconde main *de pomis* ; certains *recentiores* présentent la correction *in primis*, qui a été adoptée par tous les éditeurs, y compris Schmitt, pourtant de tendance très conservatrice. Les deux corrections apparaissent manifestement fautives et inutiles : il suffit en effet de lire l'ensemble du traité pour constater que Palladius, comme il l'annonce ici, a fait une entorse à son plan chronologique pour les arbres fruitiers, en donnant l'ensemble des préceptes concernant chacun d'eux dans le chapitre où il traite de sa plantation ; ainsi toute la culture du poirier est exposée en 3, 25, celle du grenadier en 4, 10, etc. Il faut donc bien lire non *primis*, mais *pomis* ; quant à la correction de *in* en *de*, elle n'est nullement nécessaire : *in* a ici son sens très courant, notamment dans les textes techniques, de « en ce qui concerne, s'agissant de » (cf. p. ex. Columelle, 1, 8, 15 : *In ceteris seruis haec fere praecepta seruanda sunt*). On notera que la traduction de Palladius en « moyen-anglais » (voir notre bibliographie) implique également la leçon *in pomis* : cf. vers 13-14 : « ...his appultreen, whath our / best is to sette, is part of our labour ». Si aucun de nos prédécesseurs français n'a cru devoir adopter cette leçon, en revanche le traducteur italien de 1810 comprenait très justement : « Ora questo ho proponimento d'osservare ne' pomi, che nel mese, nel quale si vogliono porre, i'ne parlero d'ogni loro am maestramento ». — On peut penser qu'en choisissant ce plan particulier pour les arbres fruitiers Palladius ne faisait qu'adopter une solution de facilité : cela lui permettait en effet de démarquer purement et simplement les monographies successives consacrées aux différents arbres par Gargilius Martialis.

Chap. 2

1. *aere, aqua, terra* : dans ce chapitre et dans les trois suivants, Palladius s'inspire de Columelle, 1, 3, 1-4, qui se référait lui-même à Caton : *Porcius quidem Cato censebat inspiciendo agro praecipue duo esse consideranda, salubritatem caeli et ubertatem loci... De bonitate aquae ita omnibus clarum est ut pluribus non sit disserendum.* Il faut reconnaître que la netteté et la sobriété de Palladius contrastent heureusement avec la verbosité de Columelle traitant des mêmes questions. Quant au traité de Caton, il ne semble pas que Palladius l'ait connu directement.

2. *facultatis et uoluntatis* : souvenir de Columelle, 1, 1, 1 : *Qui studium agricolationi dederit, antiquissima sciat haec sibi aduocanda : prudentiam rei, facultatem inpendendi, uoluntatem agendi.* Pour la traduction, le pluriel français « ressources » nous a semblé

correspondre assez bien au latin *facultas*. L'idée que l'agriculture, pour être rentable, doit d'abord être coûteuse, était la plus importante et la plus « moderne » de celles qu'avait dégagées Columelle, pour qui les notions d'investissement et d'avances foncières étaient primordiales ; cf. R. Martin, *Recherches...*, p. 315-316.

3. *uel ibi nascens uel adducta uel imbre collecta* : cf. Col., 1, 5, 1-2 : *Sit autem uel intra uillam uel extrinsecus inductus fons perennis... Si deerit fluens unda, putealis quaeratur in uicino... Haec quoque si deficiet... uastae cisternae... struantur.*

Chap. 3

1. *loca ab infimis uallibus libera et nebularum noctibus absoluta* : la même notation se trouve chez Columelle, 1, 5, 4 : *plerique amnes aestate uaporatis, hieme frigidis nebulis caligant.* Varron et Columelle insistaient l'un et l'autre sur l'intérêt qu'il y a à construire une ferme *in sublimi loco* ; mais ils se montraient moins hostiles que Palladius à l'installation dans une vallée, dont ce dernier paraît avoir une véritable phobie (cf. son chapitre 16 : *de uitanda ualle*). On sait que, dans les régions humides, l'air prend la forme dite « vésiculaire » (sursaturation en vapeur d'eau), dans laquelle les germes se multiplient et deviennent virulents à la faveur des « gaz-aliments », provenant des foyers de décomposition organique (mares, tas de fumier, égoûts, etc.) ; d'autre part, en absorbant toutes les énergies atmosphériques, un air humide entraîne des carences organiques retentissant notamment sur le squelette, en provoquant rhumatismes, rachitisme, voire tuberculose osseuse.

2. *habitatorum considerata corpuscula* : Ces notations cliniques ne se trouvent pas chez les autres agronomes latins. Columelle, pour sa part, se bornait à évoquer les *caeci morbi, quorum causas ne medici quidem perspicere queunt* (1, 5, 6). La source de Palladius n'apparaît pas clairement. Il convient en tout cas de souligner l'importance qu'attachent tous les agronomes latins au problème de la salubrité du climat et de l'atmosphère : les régions insalubres, *ubi sit cum Orco ratio ponenda* (Col., 1, 3, 1), étaient nombreuses dans l'antiquité, et certaines étaient ravagées par les maladies infectieuses (cf. Pline le Jeune, *Ep.* 5, 6, 1). On se souvient notamment que Varron, avec un remarquable réalisme, recommandait d'employer dans de telles régions non des esclaves, dont la mort représente une perte sèche pour le propriétaire, mais des travailleurs salariés (1, 17, 3 : *dico grauia loca utilius esse mercenariis colere*) ; Columelle, dans le même esprit, préconisait d'affermer, plutôt que de les confier à un *uilicus* de condition servile, les domaines situés dans des régions *quae grauitate caeli uastantur* (1, 7, 4). Palladius, quant à lui, ne semble pas envisager le cas d'un propriétaire non résidant, et de fait il écrit, comme nous l'avons souligné, à une époque où la plupart des

domini séjournent en permanence sur leurs terres : c'est peut-être la raison pour laquelle il se montre plus scrupuleux que ses prédécesseurs sur les questions de salubrité, et plus précis quant aux moyens de vérifier si la région où l'on s'installe ne présente pas de dangers pour la santé. On rapprochera l'emploi qu'il fait de *aer*, du terme *malaria* « mauvais air », qui désigne en italien le paludisme. Par ailleurs, il n'est pas sans intérêt d'observer que les notations « médicales » de ce chapitre, tout comme celles du chapitre suivant, sont généralement exactes : c'est le cas notamment de la *capitis firma sinceritas*, une mauvaise position de la tête étant en rapport avec toutes les déformations osseuses et en particulier vertébrales : tuberculose, rachitisme, rhumatismes. De même pour l'*inoffensum lumen oculorum*, toutes les affections du rhinopharynx ayant généralement un retentissement oculaire. Le *purus auditus* garantit, bien entendu, l'absence d'otites, aiguës ou chroniques. Quant à la voix claire attestant une gorge en bon état, elle est évidemment un critère sérieux de la *salubritas aeris*, dans la mesure où bronchites chroniques et affections des voies respiratoires supérieures sont les conséquences les plus ordinaires d'un climat humide. — L'expression *uox liquida* est peut-être une réminiscence littéraire d'Horace, *Odes* 1, 24, 3 : *Melpomene, cui liquidam pater uocem cum cithara dedit.*

CHAP. 4

1. Ce chapitre non plus n'a pas de source nette. Pour l'idée générale, Palladius pourrait s'inspirer de Vitruve, 8, 4, *de aquarum experimentis*, où on lit : *si erunt fontes profluentes et aperti, antequam duci incipiantur, animo aduertantur qua membratura sint qui circa eos habitant homines, et si erunt corporibus ualentibus, coloribus nitidis, cruribus non uitiosis, non lippis oculis, erunt probatissimi*, ou de Faventinus, 5, *de utilitate aquae probandae*, repris de Vitruve presque mot pour mot. Mais il faut reconnaître que, dans le détail, l'agronome s'exprime d'une façon apparemment personnelle, et l'on ne saurait exclure que pour une fois il ait renoncé à s'inspirer d'un écrivain antérieur. La prohibition de l'eau marécageuse a une raison d'être évidente ; celle de l'eau provenant des mines (*ne de metallis originem sumat*) peut surprendre au premier abord ; en fait elle est parfaitement valable : on sait qu'on trouve fréquemment dans une eau ayant cette origine un parasite, l'ankylostome, responsable de l'ankylostomiase ou « anémie des mineurs ». — La recommandation d'une eau « limpide, inodore et sans saveur » est traditionnelle ; elle n'en est pas moins très arbitraire, une eau infectée pouvant garder un goût et une odeur normaux et demeurer limpide, tandis qu'une eau ferrugineuse, qui n'est ni incolore, ni sans saveur, n'est nullement toxique. Ce que ces apparences peuvent avoir de trompeur n'échappait d'ailleurs pas à Palladius, qui en fera lui-même la remarque à la fin du présent paragraphe (*sed quia solet his omnibus*, etc.).

nullus illi limus insidat : à rapprocher de Pline, *N.H.* 31, 36 : *limus aquarum uitium est.*

aestatis incendia rigore moderetur : presque tous les mss. présentent la leçon *rigore*, à l'exception de *GT* qui ont *frigore*, leçon adoptée par tous les éditeurs. *Rigore* apparaît comme la lectio difficilior, dont nous avons estimé le maintien possible, le sens de « froid » étant attesté pour ce terme en dehors de la prose classique (cf. Lucrèce, 6, 648 : *Prima caloris enim pars ad postremum rigoris...*). On peut y voir une préciosité. Schneider faisait non sans raison observer à ce propos : « Haec certe oratorem et declamatorem melius decuisset, quam rustici praeceptorem, qui dixisset aquam, quae bona sit, hieme tepidam, aestate vero frigidam esse debere ».

si fauces bibentium, etc. : il est difficile de croire que dans ce paragraphe Pall. s'exprime sans recourir à aucune source. Il a probablement utilisé un traité médical. Ici encore on constate que ses observations sont exactes, du moins quand elles concernent le ventre et les intestins, siège habituel des affections virales dues à l'eau polluée ; les reins, dans la mesure où les calculs rénaux sont en effet favorisés par les eaux trop minéralisées ; la vessie, qui peut être affectée de diverses maladies du type bilharziose ; et à la rigueur les poumons, siège de l'aspergillose (due à l'absorption d'eau contenant des matières organiques en putréfaction). La mention des *fauces purae* et du *caput saluum*, en revanche, s'explique assez mal[1].

Chap. 5

1. *in terris uero...* : les préceptes concernant les moyens de distinguer les différents terrains et de les classer en fonction de leur fertilité semblent avoir été donnés, sinon pour la première fois, du moins de la façon la plus complète, par Magon : cf. Varron qui, dans *R.R.* 1, 9,7, se réfère sur ce point à Diophane de Bithynie, abréviateur de l'agronome carthaginois : *Non male... quae sit idonea terra ad colendum aut non, Diopahnes Bithynius scribit signa sumi posse aut ex ipsa aut ex iis quae nascuntur in ea* :

— *ex ea, si sit terra alba, si nigra, si leuis, quae, cum fodiatur, facile frietur, naturaque non sit cinericia neue uehementer densa* ;

— *ex iis autem quae enata sunt fera, si sunt prolixa atque quae ex iis nasci debent, earum rerum feracia.*

C'est exactement le plan que suit Palladius.

ne alba, etc. : ni chez Columelle ni chez Varron on ne trouve cette présentation systématique de ce que ne doit pas être une terre destinée à la culture. Il n'est donc pas impossible que, dans tout ce chapitre, Palladius (comme l'avait fait certainement avant lui Virgile (cf. *Géorg.* 2, 177-258), s'inspire directement de

1. Nous tenons à remercier, pour les précisions cliniques concernant les chapitres 3 et 4, les docteurs Bernard et Denise Lafont.

Magon ou de l'un de ses abréviateurs. Les nombreux rapprochements que l'on peut faire sur ce point entre notre agronome et le poète mantouan semblent permettre de supposer qu'ils ont utilisé une source commune, à moins que Virgile ne soit tout simplement la source de Palladius ; mais cela est peu probable, car il était, comme nous le verrons plus loin, beaucoup moins précis que lui. Voir également, sur tous ces problèmes de choix du terrain le long chapitre 3 de Pline, 17.

2. *ne macer sabulo* : on peut penser que par *sabulo* Palladius désigne le sable très fin ou « sablon », le terme de *harena* lui servant plus loin à désigner le sable proprement dit. Mais *sabulo* est un mot rare, dont le sens n'est nullement assuré. Toujours est-il que pour Palladius il y a une nette différence entre *harena* et *sabulo*, comme l'atteste 12, 7, 19 (à propos des châtaigners) : *amant solum molle et solutum, non tamen harenosum* ; *in sabulone proueniunt*. En 9, 3, 2 il qualifie le *sabulo* de *solutus*, et explique que l'eau qui en provient est *insuauis* et *limosa*, ce qui semble confirmer notre interprétation.

3. *ne creta sola* : cf. *Géorg.* 2, 214-215 : *nigris exesa chelydris creta*. Il s'agit, comme le note Billiard, *Agr.*, p. 39, non de la craie proprement dite, mais de l'argile. Il semble bien, en effet, que les Anciens les aient couramment confondues (cf. *infra*, 1, 34, 3 : *cretam, quam argillam uocamus*).

4. *ne harenae squalentes* : le sens de *squalentes* fait difficulté. On peut se demander s'il n'y a pas là un souvenir littéraire, dans la mesure où l'expression de Palladius renvoie à Virgile, *Géorg.* 1, 507 : *squalent abductis arua coloni* et à Tacite, *Annales*, 15, 42, 2 : *ad ostia Tiberina... squalenti litore*.

5. *aurosi pulueris lapidosa macies* : le caractère étonnamment recherché, voire maniéré, de l'expression surprend dans un tel développement. Mais on ne peut manquer d'être frappé par le fait que dans tout ce passage Palladius accumule comme à plaisir les effets de style (alternances singulier-pluriel, concret-abstrait ; adjectifs à résonance littéraire), usant d'une écriture qui est celle d'un précieux beaucoup plus que d'un technicien sobre et dépouillé. Le chapitre 5 nous en fournira d'ailleurs d'autres exemples, toujours dans des passages de caractère descriptif. *Aurosus* se lit chez Végèce, *Mulomedicina*, 2, 17, 1 : *aurosus color*. Néanmoins Schneider se demandait s'il ne fallait pas le corriger en *arenosus*.

6. *ne salsa uel amara* : cf. *Géorg.* 2, 238 : *salsa autem tellus, et quae perhibetur amara*, et Columelle, 2, 9,8 : *Solet autem salsam nonnumquam et amaram uliginem uomere terra, quae... sata umore corrumpit* et *Géop.* 2, 10, 8 : « Il faut à coup sûr proscrire une terre salée, impropre à toute culture, hormis celle des palmiers, qu'elle rend fort beaux et productifs ». Billiard fait observer, *Agr.*, p. 44, que les sols salés sont en fait, dans la nature, fort

peu nombreux : ils ne se rencontrent guère qu'en bord de mer et, en Italie, à l'ouest de la Toscane ; mais c'est un fait que ce sont des sols radicalement impropres à la culture : dès que la teneur en sel dépasse 1 % en terrain sec et 2 % en terrain humide, la stérilité est absolue. Théophraste, *C.P.* 2, 7, estimait pourtant les terrains salés bons pour les choux et « les autres plantes amères ».

7. *ne tofus...* : cf. *Géorg.* 2, 214 et Col., *loc. cit.* Mais en 2, 13, 3, Palladius notera, d'après Col., 3, 11, 7, que le tuf peut convenir à la vigne. — *ne ieiuna glarea* : cf. *Géorg.* 2, 212 : *nam ieiuna quidem cliuosi glarea ruris...*

8. *ne uallis nimis opaca et solida* : au premier abord, la notation que l'on rencontre ici apparaît surprenante, dans la mesure où le terme *uallis* désigne non pas une qualité de terrain, mais une situation. D'autre part surtout, il est bien connu que le fond des vallées rassemble les sols les plus riches en humus. Aussi les traductions de nos devanciers révèlent-elles leur embarras : « une vallée trop ombreuse et pierreuse » (Saboureux de la Bonnetrie) ; « une masse (*sic*) compacte et trop ferme » (anonyme, édition Didot) ; « un vallon sombre et pierreux » (Cabaret-Dupaty) ; « non valle troppo oscura, e soda » (P. Zanotti). En fait, pour tenter de comprendre cette notation, il faut se reporter à Col., 4, 22, 8, dont se souvient ici Palladius, et où sont mentionnés, parmi « les défauts de terrain qui finissent toujours par détruire les vignobles », d'une part *praeceps et praerupta positio*, d'autre part *nimium opaca et soli auersa uallis*. On voit que, chez Columelle, il ne s'agissait pas en l'occurrence de la nature du sol, mais de la situation d'un vignoble, et que l'agronome condamnait, en les opposant l'une à l'autre, deux situations effectivement peu propices à la viticulture. Palladius fait preuve d'une certaine maladresse, d'abord en omettant de mentionner l'une des deux situations, ensuite en présentant comme condamnable d'une façon générale ce que Columelle ne déconseillait que dans le cas de la vigne. Mais surtout la formulation employée par notre auteur fait difficulté, car le rapport qu'il établit entre *opaca* et *solida* est loin d'être évident. Comme nous l'avons vu, la plupart des traducteurs donnent à l'adjectif *opacus* son sens propre de « ombreux », mais le traducteur de l'édition Didot préfère le rendre par « compact », interprétation qui s'accorde mieux avec le rapprochement de *opaca* et de *solida*. Il est en fait évident que dans le texte de Columelle, où *opaca* est complété par *soli auersa*, c'est bien d'ombre qu'il est question, et sans doute en est-il de même chez Palladius. Mais alors comment comprendre *solida* ? On est fort tenté de considérer notre texte comme fautif, et de s'appuyer sur les quatre lettres communes à *solida* et à *soli auersa* pour proposer une correction qui consisterait à rétablir ici le texte même de Columelle. Quelle que soit la vraisemblance de cette conjecture, nous y avons néanmoins renoncé, en raison de l'unanimité des manuscrits.

9. *sed gleba putris et fere nigra* : cf. *Géorg.* 2, 203-204 : *nigra fere et presso pinguis sub uomere terra / et cui putre solum...* et

2, 263-264 : *optima putri /arua solo* ; cf. aussi Col., 2, 2, 5 : *maximos quaestus ager praebet idem pinguis ac putris*, et *Géop*. 2, 9, 1 : « La meilleure terre est la noire, et il faut l'approuver plus que toute autre, car elle tolère aussi bien un climat pluvieux qu'un climat sec ». La terre noire est soit une terre volcanique, soit une terre renfermant une forte proportion de matières végétales en décomposition (cf. Billiard, p. 38).

10. *ad tegendam se graminis sui crate sufficiens* : cf. *Géorg*. 2, 219 : *quaeque suo semper uiridi se gramine uestit*. Le parallélisme des expressions *graminis sui / suo gramine* prouve à l'évidence qu'ici Palladius se souvient à tout le moins de Virgile. On imagine assez bien qu'il était plein de ce souvenir lorsqu'il a rédigé le développement qui nous occupe, et cela peut suffire à en expliquer le caractère littéraire, et dans une certaine mesure poétique, peu conforme aux promesses de la préface. Par ailleurs le sens de l'expression employée par Palladius ne fait aucun doute, mais le mot *crate* peut faire difficulté (d'où la correction, du reste peu satisfaisante, du manuscrit *E*, qui porte *raritate*). Nous avons néanmoins conservé le texte des manuscrits, le sens de « couche » pour *cratis* étant attesté chez Palladius en 1, 6, 18 : *in laetandis arboribus crates faciemus, terram prius trunco admouentes et mox laetamen*. C'est à tort, en tout cas, que le *Thesaurus L.L.* range l'emploi de 1, 5, 1 sous la rubrique : *proprie, de omni genere operis uiminei ad diuersos usus adhibiti*.

11. *ferat quod frumentis dandis...* : cf. Col., 2, 2, 20 : *multa sunt quae et dulcem terram et frumentis habilem significent, ut iuncus, ut calamus, ut gramen, ut trifolium, ebulum, rubi, pruni siluestres, et alia complura*. On notera la précision plus grande de Palladius, qui écrit : *trifolium non macrum, rubos pingues*. Ce fait, tout comme du reste l'ensemble du chapitre 5, conduit à se demander, ainsi que nous l'avons signalé dans notre introduction, si Palladius, non content de reprendre les indications de Columelle, n'utilise pas ici une source supplémentaire, qui serait commune à Columelle, à Virgile et à lui, et qui pourrait bien être le traité de Magon ou l'une des traductions abrégées qui en avaient été données ; c'est là une hypothèse qui ne saurait être rejetée, puisque nous avons dit que, dans le livre 14 tout au moins, Palladius s'exprime, selon ses propres termes, *ipsis uerbis Columellae et auctorum suorum* (14, 2, 1). Il pourrait d'ailleurs, en ce qui concerne le présent chapitre, s'agir tout simplement d'un extrait de Diophane, que Palladius avait pu lire dans le recueil de Vindanios Anatolios. On pourrait même aller jusqu'à se demander s'il n'arrive pas souvent à Palladius de délaisser Columelle pour utiliser la principale source de ce dernier : en effet il y a chez notre auteur un certain nombre de passages dans lesquels le nom de Columelle est expressément mentionné : 1, 19, 3 : *negat Columella... adserit idem* ; 2, 16 : *sicut Columella dicit* ; 3, 9, 14 : *ut adserit Columella* ; 3, 15, 1 : *Columella dicit...* ; 3, 16, 2 : *ut ait Columella* ; 3, 17, 6 : *quartum genus Columella sic rettulit*, etc.

Or ce n'est pas seulement quand il le cite mot pour mot que Palladius mentionne ainsi le nom de Columelle : en 3, 15, 1 le passage apparemment cité ne se lit nulle part chez ce dernier, qui a certes exprimé le même point de vue, mais sous une autre forme. D'où la question qui se pose : puisque Palladius indique parfois que sa source est Columelle, doit-on supposer que, lorsqu'il ne le précise pas, c'est qu'il en utilise une autre ? Une réponse positive à cette question constituerait sans aucun doute une conclusion beaucoup trop hâtive : si en effet, dans les passages où il ne cite pas le nom de Columelle, Palladius s'inspirait d'un autre auteur que lui, pourquoi ne le dirait-il pas, tout comme il signale dans d'autres cas que sa source est Columelle ? En fait il est possible que bien souvent Palladius utilise celui-ci sans même sans rendre compte, comme il arrive avec un auteur que l'on connaît à fond, et dont on s'est assimilé la pensée au point de ne plus savoir ce qui vient de lui et ce qui vient de nous ; et il est fort possible aussi que, si Palladius mentionne de temps à autre le nom de Columelle, ce soit tout simplement pour donner au lecteur l'impression fallacieuse qu'il est original dans les autres passages. Nous retrouverons ce problème plus loin.

12. *color tamen non magno opere quaerendus est* : ici il semble bien que Palladius s'inspire de Col., qui, en 2, 2, 16, s'étonne que tous ses prédécesseurs et en particulier Cornelius Celsus, aient accordé à la couleur du sol une grande importance, et ajoute : *non ergo color, tamquam certus auctor, testis est bonitatis aruorum.* En fait, le point de vue de Columelle et de Palladius est très contestable, car il est universellement admis que « la présence de la matière noire est une des conditions les plus évidentes de la fertilité des terres ; partout le rapport est manifeste entre le degré de productivité des domaines et leur richesse en cet humus noir, abondamment pourvu d'éléments minéraux et servant d'intermédiaire actif entre le sol et la plante » (P. Diffloth, *Encyclopédie agricole* ; *agriculture générale*, Paris, Baillière, 1916, tome I, p. 199).

13. Pour l'expérience ici décrite, cf. *Géorg.* 2, 248-250 : *pinguis item quae sit tellus, hoc denique pacto / discimus : haud unquam manibus iactata fatiscit / sed picis in morem ad digitos lentescit habendo* ; Col., 2, 2, 18 : *perexigua conspergitur aqua glaeba, manuque subigitur ac, si glutinosa est, quamuis leuissimo tactu pressa inhaerescit, et « picis in morem ad digitos lentescit habendo », ut ait Vergilius, eademque inlisa humo non dissipatur, quae res admonet nos inesse talis materiae naturalem sucum et pinguitudinem.* Les indicatifs présents de Virg. et Col. confirment ceux de nos mss. La confrontation des trois passages fait apparaître d'une part la médiocre précision de Virgile, qui oublie d'indiquer que la terre doit être préalablement humectée, d'autre part la différence fondamentale d'esprit qui oppose Palladius et Columelle, celui-là sobre et se bornant à l'essentiel, celui-ci volontiers prolixe, citant Virgile et s'adressant visiblement à un public de lettrés :

parfaite illustration, cette fois, de ce que Palladius écrivait dans la préface.

14. *item scrobe effossa...* : cf. *Géorg.* 2, 227-237, et Col., 2, 2, 19 : *si uelis scrobibus egestam humum recondere et recalcare, cum aliquo quasi fermento abundauerit, certum erit eam esse pinguem* ; *cum defuerit, exilem* ; *cum aequauerit, mediocrem.* La notion qui sous-tend cette expérience est celle du « foisonnement » de la terre ; c'est une notion valable, bien que méconnue par Pline l'Ancien, qui dans *N.H.* 17, 27 se moque — à tort — de l'expérience en question. Celle-ci avait sans doute été décrite pour la première fois par Magon, comme l'atteste *Géop.* 2, 11, où elle est attribuée à Diophane, abréviateur de ce dernier.

15. *dulcedo autem cognoscitur...* : cf. Col., 2, 2, 20 : *sapore quoque dignoscemus, si ex ea parte agri quae maxime displicebit effossae glebae et in fictili uaso madefactae dulci aqua permisceantur* ; *nam qualem traditum ab eis retulerit humor saporem, talem esse dicemus eius soli*, et *Géop.* 2, 10, 3-4. La même expérience avait été décrite aussi — mais cette fois avec beaucoup plus de détails et de précisions — par Virgile, *Géorg.* 2, 238-247 : le poète y prescrivait d'utiliser, non pas un récipient d'argile, mais un tamis de pressoir, *cola prelorum* (pluriel poétique), ce qui peut être rapproché de l'expression utilisée par Columelle, *more faeculenti uini diligenter colatae.* Par rapport à ses deux prédécesseurs, qui s'inspirent sans aucun doute l'un et l'autre de Magon, Palladius, dans sa recherche de la concision, apparaît ici quelque peu insuffisant.

16. *si coloris... est* : la littérature agronomique ancienne ne semble pas fournir de source bien nette à ce passage. On peut à la rigueur le rapprocher de Col., 3, 1 : *si uoto est eligendus uineis locus, sicut censet uerissime Celsus, optimum est solum nec densum nimis* (= Pall. : *corporis rari*) *nec resolutum, soluto tamen propius* (= Pall. : *corporis... resoluti*). Mais le rapprochement est peu probant, et la source de Palladius paraît n'être ici ni Col., ni Celse, source de ce dernier. Une piste nous est peut-être fournie par Virgile, *Géorg.* 2, 227-229 : *rara sit an supra morem si densa requires / (altera frumentis quoniam fauet, altera Baccho, / densa magis Cereri, rarissima quaeque Lyaeo)*... C'est la même idée — exacte du reste, et confirmée par les traités modernes de viticulture —, exprimée au moyen du même adjectif *rarus* : on peut donc se demander si la source de Palladius ne serait pas Magon, dont s'inspirait certainement Virgile. Une notation analogue se lit également dans *Géop.* 5, 1, 1 : 'Επιτηδεία ἀμπέλοις γῆ ἡ μελάγγειος, μὴ οὖσα πυκνή. Mais si μὴ πυκνή (« peu dense ») correspond à *corporis rari* de notre texte, en revanche μελάγγειος (« terre noire ») s'oppose à *coloris rari.* Pline fait observer, pour sa part, que la terre noire (*pulla*), telle qu'on la trouve en Campanie, n'est pas partout la meilleure pour les vignes (*N.H.* 17, 25) ; son point de vue semble donc intermédiaire entre celui de

Pall. et celui de Florentinus, auteur du précepte donné par les *Géoponiques.* — Par ailleurs il faut souligner ici encore le caractère tout à fait surprenant de l'expression utilisée par Palladius : on est en effet bien obligé d'admettre que les adjectifs *rari* et *resoluti* qualifient à la fois *coloris* et *corporis* ; or s'ils conviennent parfaitement au second, on voit assez mal, en revanche, ce que peut désigner une expression telle que *color rarus et resolutus.* Est-ce encore une préciosité de Palladius, jouant à employer les mots « non sans quelque méprise » ? C'est ce que suggère notre traduction, fidèle au texte latin. Le traducteur de l'éd. Didot comprenait quant à lui : « si elle n'est pas de couleur foncée, si elle a peu de consistance et s'égraine facilement »— ce qui était un commentaire plutôt qu'une traduction; quant à Cabaret-Dupaty, il traduisait : « si elle est assez légère de corps et de couleur pour se résoudre aisément en poussière » — ce qui confinait au non-sens. La traduction italienne : « se ella è di colore et di corpo rada, e risoluta alquanto », était nettement meilleure. En fait la confrontation avec le texte des *Géoponiques* que nous citons donne à penser que le texte de Palladius est fautif, et omet un adjectif qualifiant *coloris.* Aussi serait-on tenté de lire, en le rétablissant : *si ⟨nigri⟩ coloris et corporis rari.* Quant à l'idée exprimée par l'expression *corpus rarum et resolutum,* elle est parfaitement juste : les sols trop lourds, qui donnent trop de vigueur à la plante, sont à déconseiller pour les vignobles (cf. L. Levadoux, *La vigne et sa culture,* P.U.F., 1961, p. 50).

17. *situs uero terrarum...* : pour cette phrase non plus pas de source nette, mais cf. Col., 3, 1 : *nec campestre nec praeceps, simile tamen edito campo.* Il s'agissait d'ailleurs là des vignobles, alors qu'ici le propos de Palladius est plus général. Une fois de plus dans ce chapitre, Palladius s'exprime de façon assez énigmatique, et l'on voit mal ce qu'il veut dire : quel est en effet le sujet des verbes *stagnet, defluat, subsidat* et *sentiat* ? Pour le dernier, il n'y a pas de doute : c'est *situs terrarum.* Mais les autres ? Nos devanciers sous-entendent, semble-t-il, *aqua,* tantôt devant les trois, tantôt devant les deux premiers seulement — ce qui montre assez l'arbitraire de cette solution (cf. Cabaret-Dupaty : « que votre terrain ne soit pas trop plat, les eaux y séjourneraient ; escarpé, elles l'effleureraient à peine ; trop bas elles s'y amasseraient au fond d'un vallon (?) ; trop élevé, il serait constamment exposé », etc. — éd. Didot : « Quant au plan du sol, il faut qu'il n'ait ni trop de niveau, l'eau y séjourne ; ni trop d'inclinaison, elle ne fait qu'y glisser ; ni de renfoncements abruptes où la terre végétale (?) se précipite et s'amasse »). Nous avons, quant à nous, essayé de traduire en considérant *situs terrarum* comme le sujet de tous les verbes. Mais nous ne saurions dire que notre traduction nous satisfasse, et nous inclinons à penser que, pour les paragraphes 4 et 5 de ce chapitre, l'archétype de nos manuscrits était fâcheusement mutilé, sans qu'il nous soit possible d'en combler les lacunes.

18. *uel campus apertior* : cf. Col., 2, 2, 1 : *campum non aequissima situm planitie nec perlibrata, sed exigue prona.* — *uel collis molliter... deductus* : cf. Col., *ibid.* : *collem clementer et molliter adsurgentem.* — *uallis cum quadam moderatione* : cette notation ne provient pas de Columelle, qui ne distinguait que trois genres de terrain : *campestre, collinum, montanum.* Elle semble du reste en contradiction avec la recommandation qu'on lira au chap. 16, *de uitanda ualle.* — *aliquo liber auxilio* est la leçon de tous les mss. sauf *Q*, qui donne *liber auxilio aliquo*, texte adopté par l'édition *princeps*, Schneider et Schmitt ; les trois autres éditeurs ont choisi la première leçon, sans doute avec raison, car celle de *Q* paraît due à une faute du copiste qui, s'apercevant qu'il avait omis *aliquo*, l'a rajouté après *auxilio.*

19. *eligendus est pinguis ac resolutus ager...* : cf. Col., 2, 2, 5 : *maximos quaestus ager praebet idem pinguis ac putris, quia cum plurimum reddat, minimum poscit.* On lit dans *Géorg.* 2, 203-205 : *nigra fere et presso pinguis sub uomere terra / et quoi putre solum... optima frumentis* ; on notera donc que Columelle et Palladius présentent comme excellente « en soi » la terre que Virgile recommandait uniquement pour la céréaliculture.

20. *secundi meriti est spissus* : cf. Col., *ibid.* : *proximum deinde huic pinguiter densum, quod inpensam coloni laboremque magno fetu remuneratur.* Palladius présente les faits d'une manière moins optimiste que Columelle.

21. *illud uero deterrimum genus...* : cf. Col., 2, 2, 7 : *nullum deterius habetur genus quam quod est pariter siccum et densum et macrum, quia, cum difficulter tractetur, tum ne tractatum quidem gratiam refert, nec relictum pratis uel pascuis abunde sufficit ; itaque hic ager, siue exercetur seu cessat, colono est paenitendus, ac tamquam pestilens refugiendus.* Ici encore on voit que Palladius suit Columelle pas à pas, mais en l'abrégeant notablement, et en modifiant l'expression : cf. les correspondances *siccum pariter et densum et macrum / siccum simul et spissum et macrum* ; *tamquam pestilens refugiendus / pestiferi more fugiendus.*

Chap. 6

1. *quae subieci ex omni opere rustico* : contrairement à Varron, Columelle et Pline, Palladius ne propose pas de bibliographie à ses lecteurs, jugeant sans doute avec juste raison qu'ils ne l'utiliseraient pas. Mais l'étude de son texte nous a déjà montré qu'il ne se borne pas à suivre Columelle, bien que le traité de ce dernier paraisse toujours présent à son esprit. La formule qu'il emploie ici confirme en tout cas, si toutefois elle a bien le sens

que nous lui donnons, qu'il s'est effectivement servi de plusieurs ouvrages. Par ailleurs la méthode que Palladius met en œuvre dans ce chapitre, et qui consiste à donner « en vrac » une suite de *sententiae* ou de *praecepta* d'allure souvent proverbiale, fait songer à celle de Pline, *N.H.*, 18, 25 : *oraculis maiore ex parte agemus.*

2. *praesentia domini prouectus est agri* : lieu commun de la littérature agronomique ancienne. Cf. Magon, d'après Pline, 18, 35 ; Col., 1, 1, 18 : *non adsiduus labor et experientia uilici, non facultates ac uoluntas inpendendi tantum pollent quantum praesentia domini* ; Pline, *N.H.*, 18, 31 : *frontem domini plus prodesse quam occipitium* ; *Géop.* 2, 1 : « La présence constante du propriétaire est ce qui bonifie le mieux un domaine » et déjà Xénophon, *Econ.* 12, 20 : « Qu'est-ce qui fortifie le plus vite un cheval ? l'œil du maître » (et même la fable de Phèdre *Ceruus ad boues*). Mais Palladius insiste beaucoup moins sur ce point que ne le faisaient ses prédécesseurs : c'est qu'il écrit à une époque où la résidence du *dominus* sur la *uilla* est une chose beaucoup plus courante.

3. *color terrae...* : reprise maladroite de 1, 5, 2 : *color tamen non magno opere quaerendus est,* avec cette fois citation presque littérale de Columelle, 2, 2, 16 : *non ergo color, tamquam certus auctor, testis est bonitatis aruorum.* La différence d'expression semble bien confirmer ce qui nous était apparu à divers indices, à savoir que, dans le chapitre précédent, ce n'était pas directement de Columelle, mais peut-être de Magon ou de l'un de ses abréviateurs, que s'inspirait Palladius.

4. *sed terris tuis experta* : l'idée, exprimée de façon plus générale, est dans Col., 1, 4, 4 : *nec contenti tamen auctoritate uel priorum uel praesentium colonorum, nostra praetermiserimus exempla, nouaque temptauerimus experimenta... Numquam experimentorum uarietas omittenda est.* Cf. également Col., *Arb.* 20, 1.

5. *semina... degenerant* ; *quare subinde succurrat electio* : cf. Virgile, *Géorg.* 1, 197-199 : *uidi lecta diu semina et multo spectata labore / degenerare tamen, ni uis humana quotannis / maxima quaeque manu legeret,* cité par Col., 2, 9, 12.

6. *ferrarii, lignarii... auertat* : une idée analogue est exprimée par Varron, *R.R.* 1, 16, 4 : *si a fundo longius absunt oppida aut uici, fabros parant (domini) quos habeant in uilla, sic ceteros necessarios artifices, ne de fundo familia ab opere discedat... Itaque ideo Sasernae liber praecipit ne quis de fundo exeat praeter uilicum et unum quem uilicus legat.* Mais Varron ne donnait ce conseil que pour un domaine éloigné de toute ville ou bourg ; dans le cas contraire, il estimait que seuls les très grands propriétaires, *lati fundi diuites*, ont intérêt à entretenir chez eux en permanence des ouvriers spécialisés (*ibid.*). Palladius généralise ici le point de vue particulier de Varron, comme le faisaient avant lui *Géop.* 2,

49, 2, dont sa phrase n'est qu'une simple traduction, et qui attribuaient à tort ce précepte à Varron lui-même. Columelle ne prenait pas position sur ce point, mais notait que l'intendant ne doit autoriser personne à sortir du domaine, sauf en cas d'absolue nécessité (cf. 11, 1, 23 : *nec ulli terminos egredi, nisi magna coegerit necessitas, permittat*). — Ce passage de Palladius est l'un des textes qui permettent de poser le problème de l'autarcie domaniale, bien étudié par H. Gummerus, mais seulement à propos de Caton, Varron et Columelle, dans son ouvrage fondamental *Der römische Gutsbetrieb als wirtschaftlicher Organismus nach den Werken des Cato, Varro und Columella*, Leipzig, 1906. Gummerus montre que si, à la mauvaise saison, les esclaves étaient utilisés à des travaux d'artisanat divers, cela restait tout de même fort limité, et que beaucoup d'articles de nécessité devaient être achetés (p. 68) ; au total, sauf, comme nous l'avons vu, sur les domaines trop éloignés d'un centre urbain, il n'y avait pas d'autarcie domaniale à l'époque « classique ». On voit, en revanche, qu'au temps de Palladius cette autarcie, qui sera l'une des principales caractéristiques de l'économie féodale, est « à l'ordre du jour » : Palladius pour sa part en est un ferme partisan. — Nous avons traduit le terme de *rusticos* par « paysans », en sachant bien ce que le mot français a d'impropre. S'agit-il en fait d'esclaves, *serui rustici*, ou de « colons » au sens qu'a ce terme au IVe siècle ? Il semble impossible de le déterminer.

7. *locis frigidis...* : Columelle, en 3, 12, 1-3, résume les nombreuses controverses qui existaient chez les agronomes au sujet de l'exposition des vignobles ; il conclut, quant à lui (§ 6) : *in locis frigidis meridiano uineta subiciantur, tepidis orienti aduertantur... Feruentibus prouinciis, ut Aegypto et Numidia, uni septemtrioni obponantur.* Palladius adopte ici apparemment un point de vue analogue, *temperatis* correspondant chez lui au *tepidis* de Columelle, et *calidis* à *feruentibus*. L'expression *si necesse est* est sans doute à traduire par « si l'on ne peut pas faire autrement » : on sait en effet que l'exposition au couchant était formellement déconseillée par Virgile, *Géorg.* 2, 298. Néanmoins Pline, *N.H.* 17, 19, tout en signalant le point de vue de Virgile, notait que certains spécialistes étaient d'un avis opposé (*Vergilius ad occasum seri damnauit, aliqui sic maluere quam in exortu*), et estimait que, sur ce point, on ne peut donner aucun précepte absolu (*nec arbitror perpetuum quicquam in hoc praecipi posse*), car tout dépend en fait de la région où se trouve le vignoble. Ni Caton, qui se borne à préconiser pour la vigne un *locus ostentus soli* (*Agr.* 6, 4), ni Varron n'adoptent une position nette à se sujet. Le plus complet, à cet égard, des agronomes latins est finalement Pline, qui, en 17, 19-20, pose les problèmes avec beaucoup de précision, et leur apporte des réponses extrêmement nuancées. Il va de soi qu'en cette matière la considération de la latitude est fondamentale.

8. *soli et prouinciae consuetudo* : pour l'idée générale, cf. Col., 2, 4, et *Géorg.* 1, 51-52 : *praediscere... cura sit... patrios cultus habitusque locorum.*

9. *quae florent constat non esse tangenda* : la même idée se retrouvera au paragraphe suivant : *in uite uel arbore quae facienda sunt perage ante apertionem floris et gemmae*, mais d'autres préceptes sans aucun rapport avec celui-ci auront été formulés dans l'intervalle : dans tout ce chapitre, le souci de la composition n'est pas la préoccupation majeure de Palladius. La source semble être Columelle, 4, 28, 1 : *tempus pampinationis antequam florem uitis ostentat maxime est eligendum*. Mais il peut s'agir aussi de Gargilius Martialis.

10. *nisi hoc officium prius electus adsumat* : c'est la leçon de presque tous les manuscrits, et celle qu'adoptait Schneider. Le ms. *Q* porte *eligens*, leçon préférée par les éditeurs anciens, ainsi que par Schmitt. L'édition Didot, qui reproduit le texte de Schneider, propose la traduction suivante : « le choix de la semence est mal fait, quand celui qui en est chargé en délègue le soin », c'est-à-dire, en d'autres termes : quand ce n'est pas celui qui avait été désigné pour cela qui s'en charge. Saboureux de la Bonnetrie comprenait déjà de la même façon. « Ce qu'on destine à être semé sera toujours mal choisi, tant que la personne qu'on aura chargée de ce choix ne le fera pas elle-même », et Cabaret-Dupaty : « Il est impossible de bien choisir ce que l'on doit semer, si la personne chargée de ce soin ne le choisit elle-même» (même interprétation donc, bien que son auteur ait adopté la leçon *eligens* !). Ces traductions nous paraissent forcées, et en outre elles ne rendent pas vraiment le jeu de mots auquel se livre Palladius. Quant à la leçon *eligens*, elle ne nous paraît pas pouvoir offrir un sens satisfaisant, et il faut sans doute y voir une faute, qui s'explique aisément par la proximité de *eligi* et peut-être aussi par le fait que le ms. ayant servi de modèle au copiste de *Q* était écrit en onciale (voir notre introd., p. LVIII). Un peu excessif en tout cas nous paraît le désarroi qui s'emparait de Schneider devant ce précepte, à propos duquel il notait : « Non intellegere me istuc fateor, neque si *electus* praeferamus ». La source de ce précepte n'apparaît pas.

11. *officia iuuenum congruunt, imperia seniorum* : à rapprocher, mais sans qu'il s'agisse d'une source à proprement parler, de Varron, *R.R.* 1, 17, 6 : *qui praesint, esse oportere... aetate maiore quam operarios*, et 2, 10, 6 : *oportet... magistrum pecoris esse maiorem natu potius quam alios et peritiorem quam reliquos, quod iis qui aetate et scientia praestant animo aequiore reliqui parent.* Columelle précise pour sa part que, si le *uilicus* ne doit pas être un jeune homme, il ne doit pas pour autant être trop vieux : il faut que ce soit un homme dans la force de l'âge, ayant à la fois assez d'expérience et d'autorité pour se faire obéir, et assez de vigueur physique pour supporter les fatigues de sa condition (1, 8, 3). Dans sa préface déjà, Columelle reprochait à ses contemporains de ne prendre comme *uilici* que de vieux esclaves, *defectissimos annis et uiribus*, alors qu'une telle fonction exige *non solum scientiam, sed et uiridem aetatem cum robore corporis ad*

labores sufferendos (*praef.*, 12). Palladius, lui, se borne à citer une formule vraisemblablement proverbiale, qui remonte peut-être à Hésiode, frg. 321 Merkelbach-West (Oxford, 1970) : ἔργα νέων, βουλαί τε μέσων, εὐχαί τε γερόντων. Mais on rapprochera aussi les développements de Cicéron, *Cato maior* 17 : *non facit* (*senex*) *ea quae iuuenes*, et ceux de *Géop.* 2, 2, 1-2.

12. *in uitibus putandis...* : cf. Col., 4, 24, 1 : *quandoque igitur uinitor hoc opus* (sc. *putationem*) *obibit, tria praecipue custodiat : primum ut quam maxime fructui consulat, deinde ut in annum sequentem quam laetissimas iam hinc eligat materias, tum etiam ut quam longissimam perennitatem stirpi adquirat.* — Le troisième point est exprimé par Palladius d'une façon curieuse et assez obscure : le *locus* en question, c'est ce que Columelle désigne par *stirps*, à savoir le cep lui-même. Il s'agit, comme on le sait, d'obtenir une récolte quantitativement et qualitativement valable, en limitant la « charge » du cep, c'est-à-dire le nombre d'yeux fertiles portés par la souche : si la charge est trop faible, la quantité de raisin sera insuffisante ; si elle est trop forte, c'est la qualité qui sera compromise, et même, à la limite, la vie de la souche qui sera menacée. Connaissant Columelle à la perfection, Palladius ne s'est peut-être pas avisé que sa formulation risquait d'être un peu énigmatique pour le lecteur moins informé.

13. *uitem si maturius putes...* : cf. Col., 4, 23, 3 : *nec dubium quin sit... uirgultorum natura talis ut, quanto maturius detonsa sint, plus materiae, quanto serius, plus fructus adferant.* Dans le cas présent et dans le précédent, le rapprochement de la phrase de Palladius et de celle de Columelle est particulièrement apte à faire apparaître combien sont différents les styles des deux auteurs.

14. *sicut homines, ita arbores...* : tous les mss. anciens et quelques *recentiores* offrent la leçon *sicut arbores, ita homines.* Les autres *recentiores*, que suivent tous les éditeurs, proposent la leçon *sicut arbores ita uites*, qui semble bien n'être qu'une correction d'humaniste (cf. le ms. *S*, qui porte *uites*, avec en marge la notation : *uel homines*). Mais, outre que cette correction n'offre pas un sens très satisfaisant (car la vigne, pour les latins, fait partie des *arbores*, malgré les réserves de Col., *De arboribus*, 1, 1-2), on ne s'explique pas comment, si *uites* était la bonne leçon, aurait pu se produire la faute, le passage de *uites* à *homines* étant invraisemblable. On pourrait à la rigueur faire une autre conjecture allant dans le même sens, à laquelle nous nous avions tout d'abord songé, et qui serait : *sicut arbores ita Amineas* (« les vignes d'Aminéa », très réputées dans l'antiquité) ; dès lors la faute *homines* s'expliquerait d'une manière paléographiquement très satisfaisante (faute par banalisation) ; mais on voit mal, pour le sens, pourquoi Palladius n'aurait mentionné ici que cette variété de vigne, à l'exclusion des autres. En fait Pall. s'inspire ici de *Géop.* 2, 48, 1, où il est recommandé

de « transférer des lieux insalubres dans les lieux sains » τὰ φυτὰ καὶ τοὺς γεωργούς ; cela doit être observé οὐ μόνον ἐπὶ τῶν ἀνθρώπων, ἀλλὰ καὶ ἐπὶ τῶν φυτῶν (2, 48, 3). Notre interversion des deux termes, qu'appelle le sens, est confirmée par ce texte.

15. *duris et acutis utere ferramentis* : cf. *Géorg.* 2, 301-2 : *neu ferro laede retunso / semina* ; Col., *De arboribus* 3, 4 : *acutissima falce... amputato* : *R.R.* 4, 24, 21 : *super cetera illud etiam censemus, ut duris tenuissimisque ferramentis totum istud opus* (*sc. putationem*) *exsequamur.*

16. *ante apertionem floris* : reprise apparemment maladroite d'un précepte déjà donné au paragraphe précédent.

aratro praetermissa fossor emendet : cf. Col., 5, 5, 13 : *fossor insequitur, ac bidentibus eas partes subigit quas bubulcus non potuit pertingere.* Les labours dont il est ici question étaient au nombre de trois ou de quatre.

17. *locis calidis pampinandum non est* : allusion à l'opération nommée épamprage, ébourgeonnage ou émondage, qui consiste à retrancher, une ou deux fois dans le courant de la végétation, les pousses inutiles. Pas de source certaine pour cette recommandation négative de Palladius ; mais l'utilité des pampres pour protéger les raisins d'un soleil excessif est notée par Col., *Arb.* 11, 2 : *uuas quae meridiem aut occidentem spectabunt, ne perurantur, suo sibi pampino tegito.* Les raisins exposés au soleil ont généralement de belles couleurs, mais une assez faible teneur en saccharine, et risquent, de ce fait, de donner un vin médiocre : d'où le conseil de Palladius. Mais on peut se demander dans quelle mesure ce dernier ne confond pas ici l'épamprage et l'effeuillage, qui sont deux opérations différentes.

18. *Vulturnus* : c'était le vent du sud-est, le « Sirocco », qui dans certaines régions est particulièrement nuisible aux vignobles (cf. Col., 3, 12, 6 : *tepidis locis orienti* [*uineta*] *aduertantur, si tamen non infestabuntur Austris Eurisque, uelut orae maritimae in Baetica*). Dans une région de ce genre, Columelle prescrit, non de couvrir les vignes, mais de les exposer au nord ou à l'ouest (*melius Aquiloni uel Fauonio committentur*). Mais il note, en 5, 5, 15, que son oncle paternel, *diligentissimus agricola Baeticae prouinciae,* couvrait ses vignes de nattes de palmier (*palmeis tegetibus*) vers le lever de la Canicule, parce qu'à cette période de l'année le vent du sud-est « brûle les fruits comme une flamme » (*sic infestantur Euro, quem incolae Vulturnum appellant, ut, nisi teguminibus uites opacentur, uelut halitu flammeo fructus uratur*).

19. *ramus laetus, uiridis...* : cf. Col., 5, 9, 18 : *nonnumquam in olea unus ramus ceteris aliquanto est laetior, quem nisi recideris, tota arbor contristabitur.* On notera la maladresse de Palladius, qui interrompt brusquement une série de prescriptions concernant la vigne pour parler de l'olivier, avant de revenir plus loin à la

viticulture : on ne parvient pas à comprendre dans quel esprit il a rédigé ce chapitre, qu'il ne paraît pas s'être soucié de construire. Peut-être a-t-il été guidé par un souci purement esthétique de variété, en dépit des intentions exprimées dans sa préface.

20. *sterilitas et pestilentia...* : il semble que l'on ait ici un résumé de Col., 1, 3, 1 : *neminem sanum debere facere sumptus in cultura sterilis soli, nec rursus pestilenti, quamuis feracissimo pinguique, agro dominum ad fructus peruenire* (citation de Caton). Point de vue analogue dans Pline, *N.H.* 18, 27 : *Attius Regulus locis aiebat neque fecundissimis... insalubrem agrum parandum, neque effetis saluberrimum.* Il s'agit donc d'un lieu commun, mais qui semble pas davantage à sa place que le précepte précédent.

21. *in pastinato solo*, etc. : la source du premier précepte est sans aucun doute *Géop.* 5, 11, 1-2 : « Certains sèment des fèves et de l'ers dans les vignes... et d'autres des citrouilles et des concombres ; mais l'expérience a prouvé qu'il vaut mieux n'y rien semer du tout ». Celle du second est *Géop.* 5, 11, 3 : « En tout cas il convient d'en écarter le chou, car il est sec par nature et possède une antipathie naturelle avec la vigne ». Palladius reviendra sur ce point en 9, 5, 3 : *Raphanum sicut brassicam constat esse uitibus inimicam.* La source première est Théophraste, *H.P.* 4, 20. On rapprochera également *Géop.* 12, 17, 20, sur l'« antipathie » entre le chou et le vin. — Un *pastinatum solum* est un terrain défoncé à la houe dans sa totalité, et pas seulement par fosses isolées ou par tranchées (cf. Col., 3, 13) : cette technique de défoncement du sol est de loin la plus recommandable, mais elle était peu utilisée, à l'époque de Columelle tout au moins, en raison de son caractère coûteux (l'agronome fait allusion à ceux *qui pastinationis inpensam reformidant*) ; c'est sans doute la raison pour laquelle Virgile n'y fait même pas allusion, au grand étonnement de R. Billiard, *Agr.*, p. 179. Sur la *pastinatio*, voir *infra*, p. 186-188.

omnia legumina Graecis auctoribus... : la source est *Géop.* 2, 40, 1 : « Les légumineuses à l'exception de la fève, viennent bien dans un sol sec ». Pall. semble procéder ici par simple association d'idées.

22. *domino uel colono confinia possidenti...* : Caton (*Agr.*, 4) et Columelle (1, 3, 5) insistent l'un et l'autre sur la nécessité d'avoir de bons voisins, mais la source du précepte ici formulé par Palladius n'apparaît pas clairement ; l'expression en est du reste assez maladroite : si le verbe *possidere* est celui qu'on attend pour le *dominus*, il ne convient pas pour le *colonus*, qui par définition n'est pas propriétaire du domaine. Quoi qu'il en soit, Palladius veut sans doute faire allusion aux querelles de bornage, fréquentes dans le monde rural antique (cf. Cic., *Pro M. Tullio*, 14 sq.), et aboutissant soit à des violences, comme précisément dans l'affaire de Marcus Tullius (c'est ce que Palladius semble désigner par *damnis*), soit à des procès (*actiones finium regundorum*), évoqués

ici par le mot *litibus* ; il est probable que le cultivateur auquel son voisin avait loué un terrain était plus enclin qu'un autre, en raison des facilités que cela lui donnait, à déplacer à son avantage les *fines* des deux propriétés.

23. *periclitantur interiora* : la source et la signification de ce précepte sont aussi obscures l'une que l'autre. Palladius veut probablement dire qu'il faut en quelque sorte monter la garde sur les remparts si l'on ne veut pas perdre le donjon, ceci valant aussi bien contre les empiétements du voisin que contre l'invasion des mauvaises herbes et parasites de toute sorte.

24. *omne triticum solo uliginoso...* : Columelle (2, 6) distingue l'*adoreum* ou *far* (« amidonnier ») et le *triticum* (« froment »), le premier supportant bien l'humidité, le deuxième venant mieux dans une terre sèche. Dans la catégorie du *triticum*, c'est-à-dire celle des blés tendres, l'agronome distingue le *robus* (froment de première qualité), la *siligo* (froment de deuxième qualité défini par lui, 2, 9, 13 comme étant *tritici uitium*) et le *trimestre* (« trémois », variété de *siligo*). La phrase de Palladius est une citation presque littérale de Col. 2, 9, 13 : *omne triticum solo uliginoso post tertiam sationem conuertitur in siliginem.*

25. *tria mala aeque nocent...* : encore une notation qui paraît n'être pas à sa place. En outre, elle est curieusement exprimée : on attendrait *uicinus malus*, et non *uicinus* tout court. A moins que Palladius ne soit un pessimiste, pour qui il n'y a pas de bon voisin... La phrase de Palladius semble être un résumé très concis de Col., 1, 3, 1-8.

26. *qui terram sterilem uineis occupat...* : cette remarque paraît superflue, et l'on voit mal pourquoi une terre stérile n'est récusée par Palladius que pour les vignobles : faut-il comprendre qu'il l'admettrait pour les céréales ? Il est probable qu'il emprunte cette notation à un traité de viticulture, dans lequel les autres cultures n'étaient pas envisagées, et où elle pouvait à la rigueur se justifier. Mais dans le traité général de Palladius, elle semble absurde. On pourrait évidemment imaginer que cela est dit du point de vue d'un cultivateur qui réserverait aux céréales les meilleures terres de son domaine, et planterait en vignes les moins bonnes. Mais terre à blé et terre à vigne sont de toute façon deux choses différentes.

27. *campi largius... colles nobilius* : cf. Col., 3, 2, 6 : *fere omni statu locorum campestria uineta largius uinum, sed iucundius adferunt collina.* Notation valable ici encore, mais à condition de préciser, comme le fait Columelle, que cela s'applique aux régions de climat tempéré ; sans cette précision, la remarque de Palladius est contestable ; elle est en outre curieusement située : elle aurait dû normalement trouver sa place au paragraphe 2, où se trouve déjà un précepte concernant l'orientation des vigno-

bles. Ici encore, Palladius semble procéder par association d'idées.

28. *necessitas feriis caret* : à rapprocher de Caton, *Agr.* 2, 4 : *per ferias potuisse fossas ueteres tergeri*, etc. et Col., 2, 21, 1 : *nos quoque monendos esse agricolas existimamus quae feriis facere quaeque non facere debeant*, etc. Mais l'idée n'est pas exactement la même. La formule de Palladius est sans doute un proverbe plutôt qu'un précepte d'économie rurale : d'où la tournure que nous avons adoptée en français.

29. *si siccitas longa est...* : résumé de Col., 2, 8, 4 : *nec ignoro quosdam ueteres auctores praecepisse ne seminarentur agri, nisi cum terra pluuiis permaduisset... Sed si, quod euenit nonnumquam, seri sunt imbres, quamuis sitienti solo recte semen committitur... Nam quod sicco solo ingestum et inoccatum est, proinde ac si repositum in horreo non corrumpitur.* Le *tutius* de Palladius dépasse la pensée de Columelle, qui se contentait de dire *proinde ac si.* L'expression *temperatis agris*, opposée à *siccis agris*, fait à première vue difficulté : on attendrait *madefactis* ou *madentibus.* On trouve en effet chez Columelle, 2, 8, 3, l'expression *in agro temperato et minime humido*, opposée à *locis uliginosis atque exilibus aut frigidis* : il s'agit, dans ce passage, du climat, Columelle expliquant que, dans les pays de climat tempéré et où il ne pleut pas trop, on peut faire les semailles assez tardivement, mais que, dans les régions humides et froides, il faut les faire *citra kalendas Octobris*, afin que les racines puissent prendre assez de force pour résister aux pluies et aux gelées hivernales. On a donc l'impression que Palladius a mélangé, dans un résumé hâtif et maladroit, deux idées différentes. On peut néanmoins noter que *temperare* s'emploie fréquemment, au IVe siècle, avec le sens de « mouiller, humecter » (d'où le français « tremper », issu de « temprer » par métathèse) : c'est sans doute la véritable explication de son emploi ici.

30. *uiae malitia* : c'est la leçon de la plupart des mss., adoptée par tous les éditeurs. Elle pourrait cependant être mise en doute, dans la mesure où cette notation n'a pas de source connue. Une autre lecture du texte, suggérée par les leçons *uiae malitiaeque* de *Q* et surtout *uia malitiae* de *V*, trouverait en outre à s'appuyer sur une notation de Col., 1, 5, 6 : *nec paludem quidem uicinam esse oportet aedificiis nec iunctam militarem uiam... Haec autem* (sc. *militaris uia*) *praetereuntium uiatorum populationibus et adsiduis deuertentium hospitiis infestat rem familiarem.* En référence à ce passage, on pourrait peut-être, en ne changeant qu'une lettre dans le texte de *V*, lire dans notre passage *uia militiae* = *uia militaris.* Le sens de « mauvais état » pour *malitia* est rare, mais on le retrouve en 1, 6, 16 : *malitia eius* (*terrae*). — Pour ce qui est de *uoluptatis et utilitatis aduersa*, le génitif est la leçon de tous les mss. anciens sauf *G* ; le datif se lit dans *G* et dans les *recentiores*, suivis par tous les éditeurs sauf Schmitt. Le génitif, qui donne à l'adjectif le sens de « ennemi de », nous paraît devoir

être conservé (cf. Salluste, *Iug.* 43, 1 : *Metello Numidia euenerat... aduorso populi partium*).

31. *grauem tributis creditorem* : c'est la comparaison inverse de celle de Cicéron, *Cato Maior* 51 : *habent* (sc. *agricolae*) *rationem cum terra, quae numquam recusat imperium nec umquam sine usura reddit quod accepit, sed alias minore, plerumque maiore cum foenore.* Pour Cicéron, le cultivateur était le créancier de la terre ; pour Palladius, il en est le débiteur. La source n'apparaît pas. Mais l'idée générale est celle de Columelle, pour qui l'agriculture n'était rentable qu'à condition d'être coûteuse.

32. *qui arando crudum solum... uber infamat* : source inconnue. Le mot *uber*, qui appartient au vocabulaire poétique, et notamment virgilien (cf. *Géorg.* 2, 185, 234, 275; *Aen.* 7, 262; 1, 531), est donné par tous les mss. anciens sauf *Q* ; nous avons cru devoir le maintenir, contre la leçon *ubertatem* fournie par *Q* et les *recentiores*, et adoptée par tous les éditeurs. On le retrouvera du reste en 1, 7, 1 : *uber soli feracis.* On serait tenté d'y voir une recherche littéraire, voire une préciosité, si le mot n'était employé aussi, et dans le même sens, par Col. 4, 27, 5 : *uber uitis.*

33. *fecundior est culta exiguitas...* : reprise sous une autre forme du précepte formulé par Columelle en 1, 3, 9 : *nec dubium quin minus reddat laxus ager non recte cultus, quam angustus eximie.* A rapprocher bien entendu de *Géorg.* 2, 412-413 : *laudato ingentia rura, / exiguum colito*, excellemment traduit par Olivier de Serres dans son *Théâtre d'agriculture* : « Au grand terroir louange donne, à semer le petit t'adonne » (cité par M. Gorrichon, *Influence des Agronomes latins sur Charles Estienne et Olivier de Serres*, in *Caesarodunum*, n° 4, 1969, p. 213).

34. *nigras uites omnino repudies*, etc. : notation peu claire, et à laquelle nous n'avons pas trouvé de source. Que veut dire exactement *in prouinciis* ? Svennung a bien montré (pp. 598-99) que Palladius emploie fréquemment ce mot comme un simple synonyme de *regio*, mais ce n'est pas le cas ici. On rapprochera Col., 5, 4, 1 : *uinearum prouincialium plura genera esse comperi*, et 4, 1, 3 : *prouincialibus agricolis*, ainsi que Palladius lui-même, 3, 11 (chapitre intitulé *de uineis prouincialibus*) ; mais ces textes ne nous apprennent rien concernant le précepte que nous lisons ici. Signalons que le traducteur italien de Palladius, P. Zanotti, estime que chez Palladius *prouincia* = « la Provence », et *prouincialis* = « provençal » (?). Quant au terme *acinaticium* (*uinum*), formé sur *acinus*, « grain de raisin », il désigne un vin de luxe, fait sans doute à partir des seuls grains du raisin, séparés de leur rafle (Sab. de la Bonnetrie). Cassiodore, *Variae* 12, 4, 2 le définit par son étymologie : *uinum acinaticium, cui nomen ex acino est...*, puis s'étend longuement sur ses mérites : c'est, affirme-t-il, le seul vin que l'ingéniosité des Grecs n'a pas su inventer (*sub tanta exquisitione reperitur* [*Graecia*] *simile nil habere*) ; sa couleur est admirable et son goût merveilleux (*et colore regium et sapore*

praecipuum) ; on croirait à le voir une teinture de pourpre (*ut blattam aut ipsius putes fontibus tingui aut liquores eius a purpura credantur expressi*). C'était un vin doux et sucré, s'il faut en croire le même Cassiodore (*dulcedo illi ineffabili suauitate sentitur*), alors qu'en général les vignes à raisin noir avaient la réputation de donner un vin très fort : cf. Pall., 11, 14, 1 : *uuis nigris* [*uinum*] *fieri forte, rubris suaue, albis uero plerumque mediocre.* On le trouve mentionné également, mais sans autres explications, dans le traité de médecine de Plinius Valerianus, 3, 14 : *uinum modicum bibat, nigrum uero acinaticum* (*sic*) *ne bibat.* Ces deux textes et celui de Palladius sont les seuls où il en soit question, du moins si l'on en croit le *Thesaurus.* Pour les vignes à raisin noir, les *Géop.* préconisent de les planter dans les terrains arides et sablonneux (5, 2, 3), et les présentent comme donnant un vin abondant, excellent et vieillissant bien.

35. *teneram et uiridem uitem...* : Palladius semble ici se séparer de Columelle, et rejoindre l'opinion exprimée par Virgile, *Géorg.* 2, 362-366, Saserna, Stolon et Caton (cités par Col.), *non esse ferro tangendos anniculos malleolos* (4, 11, 1). Col., quant à lui, rejette cette *ueterem opinionem* que, dit-il, « l'expérience a condamnée ». Il est intéressant de voir Palladius affirmer ici son originalité par rapport à sa source principale — mais il ne le fait guère à bon escient.

36. *omnis incisura auertatur a gemma* : cf. Col., 4, 24, 16 : *optimum est... deuexam resectionem facere post gemmam, ne... superlacrimet et gemmantem caecet oculum.*

37. *pro macie uel soliditate...* : pas de source nette, mais rapprochement possible avec Col., 4, 21, 1-2 : *quot palmites relinqui debeant, incertum est* ; *nam loci laetitia plures, exilitas pauciores desiderat.* Mais il faudrait alors admettre que Palladius, citant de mémoire ce précepte de Col., commet une erreur, en rapportant à la vigne ce que Col. disait du terrain (*locus*).

38. *terra profunda, quod Graeci adserunt...* : le texte auquel Palladius fait allusion ici est *Géop.* 9, 4, 6-7 : « Nous condamnons la terre profonde, de même que la terre rouge, qui brûle les plants en s'échauffant. Mais il faut fuir davantage encore une terre défoncée, car elle donne des productions maigres et des fruits aqueux » (τὴν δὲ βαθύγειον οὐκ ἐπαινοῦμεν, οὔτε τὴν ἐρυθράν... Πολὺ δὲ μᾶλλον φευκτεόν τὴν καταρρηγμένην. Τὸν γὰρ καρπὸν ἀλιπῆ φέρει, καὶ τὸ γέννημα ὑδατῶδες).

Sa traduction est très approximative. L'olivier demande effectivement une terre maigre et rocailleuse (cf. *Géorg.* 2, 179-181 : *difficiles primum terrae collesque maligni / tenuis ubi argilla et dumosis calculus aruis / Palladia gaudent silua uiuacis oleae*). — Pour l'amurque, cf. *infra*, p. 130, note 5.

39. *aer oleas tepidus iuuat* : à rapprocher de Col., 5, 8, 5 : *nulla ex his generibus olearum aut praeferuidum aut gelidum statum*

caeli patitur ; *itaque aestuosis locis septemtrionali colle, frigidis meridiano gaudet.* Cf. Billiard, *Agr.*, p. 256 : « L'olivier est par excellence un arbre des climats tempérés, et le rivage méditerranéen, grâce à ses influences marines, est son lieu d'élection ».

40. *uitis quae ad iugum colitur...* : résumé de Col., 4, 19, 1-3 : *de positione iugi, quatenus a terra leuandum sit, hoc dixisse abunde est, humillimam esse IV pedum, celsissiman VII, quae tamen in nouellis seminibus uitanda est... Ceterum, quanto umidius est solum et caelum placidioresque uenti, tanto est altius adtollendum iugum... Rursus exilis terra et accliuis torrensque aestu uel quae uehementibus procellis obnoxia est, humilius iugum poscit.* A son habitude, Palladius est beaucoup plus bref que sa source, mais sa brièveté confine ici à l'insuffisance, les adjectifs *molestioribus* et *placidioribus* étant beaucoup trop vagues, et impropres à résumer valablement les prescriptions de Columelle.

41. *hortus... prope est ut liber sit* : Columelle, tant dans son poème *De cultu hortorum*, qui constitue le dixième livre de son traités (cf. vers 23-24 : *uicini quoque sint amnes, quos incola durus / adtrahat auxilio semper sitientibus hortis*), que dans son livre en prose consacré au même sujet (cf. 11, 3, 8 : *locum autem eligi conueniet... qui aduenienle riuo uel, si non sit fluens aqua, fonte puteali possit inrigari*) insiste lui aussi sur la nécessité d'une irrigation abondante pour les jardins. Remarque analogue chez Pline, *N.H.* 19, 20 : *hortos uillae iungendos non est dubium, riguosque maxime habendos, si contingat, praefluo amne, si minus, e puteo* (la source de Pline est du reste ici Columelle lui-même, qui précisait de la même façon : *locum eligi conueniet, si permittit agri situs, iuxta uillam*). — En revanche ce n'est pas de Columelle que provient la notation de Palladius, surprenante au demeurant aussi bien par son contenu que par sa place, sur l'extrême facilité de l'horticulture. On observera néanmoins que Columelle considérait ce sujet comme si mince qu'il redoutait un peu, en le traitant, de paraître déchoir par rapport à ses autres livres (cf. 10, *praef.*, 4 : *adgressi sumus tenuem admodum et paene uiduatam corpore materiam, quae tam exilis est ut in consummatione totius operis adnumerari uelut particula possit laboris nostri*).

42. *subligatio acerbis uuis...* : précepte de bon sens, auquel nous n'avons pas trouvé de source. Palladius l'a peut-être emprunté à Gargilius Martialis. — Même observation pour le suivant.

43. *fossorem si apertus uitis oculus uiderit* : Palladius veut dire ici qu'il ne faut pas bêcher un vignoble lorsque la vigne bourgeonne, car on risque alors, en travaillant entre les ceps, de faire tomber ou d'endommager les bourgeons, ce qui ruinerait tout espoir de vendange. On notera le jeu de mots *apertus oculus / caecabitur*, dont nous avons essayé de trouver un équivalent dans notre traduction. Saboureux de la Bonnetrie notait à ce propos : « Palladius, qui déclamait dans le chap. I contre les auteurs re-

cherchés dans leur style, n'est sûrement pas excusable ici de ce défaut ». Mais il est possible qu'il s'agisse d'un proverbe, non d'une préciosité. Schneider notait excellemment à ce propos : « Et talibus pari acumine dictis hodieque rustici mirifice capiuntur, meliusque ea memoria servant ». Il est certain qu'une formule bien frappée n'est pas forcément le résultat d'une recherche esthétique gratuite : elle peut être dictée par un souci pédagogique, et viser à obtenir une mémorisation aisée de la part de l'élève. Quoi qu'il en soit, la même idée est exprimée d'une manière beaucoup plus simple dans *Géop.* 5, 25, 1 : σκάπτειν δὲ χρὴ πρὸ βλαστοῦ προσολῆς, formule que Palladius traduira d'ailleurs littéralement en 3, 20 : *priusquam gemma procedat.* Cf. également Col., 4, 27, 1.

44. *terrae altitudinem...* : la source est Col., 2, 2, 21 : *frumentis sat erit, si aeque bona suberit bipedanea humus, arboribus altitudo quattuor pedum abunde est* ; *haec cum ita explorauerimus, agrum sationibus faciundis expediemus.* Sur ces chiffres, correspondant respectivement à 0,60 m. et 1,20 m., cf. Billiard, *Agr.*, pp. 176-177 : plus le climat est sec, plus le défoncement doit avoir de profondeur, donc plus il faut avoir d'épaisseur de terre (de nos jours, la profondeur des défoncements atteint 2 m. dans les environs de Rome, 1,50 m. au Portugal, mais 0,35 m. seulement en Beaujolais et en Bourgogne). Le chiffre de 1,20 m., donné par Columelle et Palladius, peut donc être considéré comme un chiffre moyen ; on le trouvait déjà chez Caton, *Agr.* 43.

45. *uitis nouella... incurrit* : résumé très succinct de Columelle qui, en 4, 3, 5, exprime la même idée en six lignes. La phrase de Palladius, qui implicitement personnifie la vigne et suggère l'image d'une enfant ou d'une jeune fille ayant besoin de tendresse pour se développer, n'est pas dépourvue d'une certaine poésie, qui d'ailleurs ne lui est pas personnelle, mais se trouvait déjà dans le texte de Columelle : *nouella uero, dum adolescit,* etc. — Palladius traitera de façon détaillée des soins à donner aux vignes nouvelles en 4, 7 : *de nouellis uitibus curandis.*

46. *modum tene aestimatis facultatibus...* : cf. Col., 1, 3, 12 : *modus erit sua cuique uoluntas facultasque,* et 1, 3, 8 : *sapiens unus de septem in perpetuum posteritati pronuntiauit adhibendum modum mensuramque rebus* ; *...ut non solum aliud acturis, sed et agrum paraturis dictum intellegatur, ne maiorem quam ratio calculorum patitur emere uelint.*

47. *semina plus quam annicula esse non debent...* : cf. Pline, 18, 195 : *semen optimum anniculum, bimum deterius, trimum pessimum, ultra sterile.* Un équivalent grec de cette notation était fourni à Palladius par *Géop.* 2, 16, 4 : « La meilleure semence est celle d'un an ; celle de deux ans est moins bonne ; celle de trois est très mauvaise. Plus vieille, une semence est stérile ». On rapprochera les chiffres rapportés par R. Billiard, *Agr.*, p. 110 :

Blé de 1 an	....	
—	2 ans	
—	3 ans	9…
—	4 ans	71 %
—	5 ans	5 %

Bien que Billiard s'appuie sur ce tableau pou… « la faculté germinative des grains décroît très rapi… l'âge », sans qu'on voie bien le rapport qui peut existe… e chiffres qu'il cite et la conclusion qu'il en tire, il semble que… mation de Pline et celle plus catégorique encore de Palladius so… fort exagérées ; certes il faut veiller à ne pas mettre en terre d… graines trop vieilles ; mais cela signifie simplement qu'elle ne doivent pas avoir plus de trois ans.

48. *frumentum collis*, etc. : la source est Col., 2, 9, 3 : *collis enim quamuis granum robustius aliquanto, minus tamen tritici reddit*. En 1, 2, 4, Columelle recommandait à l'exploitant agricole de cultiver du blé à la fois en plaine et sur les collines, tout en notant qu'il vient mieux sur un terrain plat que sur un terrain en pente, et il ajoutait : *celsiores agri frumentarii planities habere et quam mollissime deuexi ac simillimi debent esse campestri positioni*. Même point de vue exprimé par Varron, *R.R.* 1, 6, 5 : *segetes meliores existimantur campestres, uineae collinae, siluae montanae*. La remarque de Palladius est à rapprocher de celle qu'on lisait déjà au paragraphe 7 : *campi largius uinum, colles nobilius ferunt*. Le fait qu'il n'ait pas songé à rapprocher dans son texte deux remarques aussi voisines par le sens révèle un défaut singulier d'esprit de synthèse, ou une curieuse conception de la composition. L'ensemble de ce chapitre donne un peu l'impression d'un fichier en désordre ; mais peut-être s'agit-il d'un désordre voulu, visant à éviter la monotonie que pourrait engendrer le classement rationnel des idées : dans le domaine de la composition comme dans celui de l'expression, il n'est pas toujours aisé de faire chez Palladius le départ entre la maladresse et la recherche à finalité esthétique.

49. *omnia quae seruntur...* : à rapprocher de *Géop*. 10, 2, 13 : « Tous les arbres doivent être mis en terre quand la lune est visible, et il en est de même pour la vigne ; si on plante un arbre durant la phrase de croissance lunaire, il grandira beaucoup ; si c'est durant la phrase de décroissance, il sera petit, mais plus robuste ». Mais il s'agit là de plantation ; pour les semailles, les *Géop*. sont moins catégoriques que Palladius : cf. 2, 14, 7 : « Certains sont d'avis de procéder à l'ensemencement lorsque la lune croît, depuis le premier quartier jusqu'à la pleine lune, c'est-à-dire au quinzième jour ». A propos de la fève, Columelle écrit : *adhuc lunae crescente lumine spargatur* (2, 10, 1). Varron consacre à l'influence de la lune sur les récoltes tout le chap. 37 de son livre 1, et note pour sa part : *quaedam faciunda in agris potius crescente luna quam senescente, quaedam contra* (1, 37, 1) ; mais, dans le dialogue, aucune réponse n'est apportée à la question

s interlocuteurs : *quemadmodum luna quadri-* *ea diuisio ad agros pollet* ? (1, 37, 2). Sur l'influence es Anciens à la lune sur toutes choses, et notamment nce selon laquelle la croissance des animaux ou des ait liée à celle de cet astre, cf. Apulée, *Mét.* 11, 1, 2 : *iam summatem deam* (i.e. *lunam*) *praecipua maiestate resque prorsus humanas ipsius regi prouidentia, nec tantum na et ferina, uerum inanima etiam diuino eius luminis numi- sque nutu uegetari, ipsa etiam corpora caelo marique nunc incre- mentis consequenter augeri, nunc decrementis obsequenter imminui.* Cf. encore Horace, *Sat.* 2, 4, 30 ; Pline, *N.H.* 2, 109 ; et, concernant spécialement les travaux agricoles, Minucius Felix, *Oct.* 17, 6 (avec extension aux autres astres : *quod arandi metendique tempus inducant*). En 1, 27, 1, Palladius recommandera, dans le même esprit, de ne mettre des œufs à couver que pendant la phase de croissance lunaire, depuis son dixième jusqu'à son quinzième jour. Aujourd'hui encore, les prescriptions de ce genre sont scrupuleuse- ment suivies dans beaucoup de nos campagnes.

50. Pour *diebus tepidis*, cf. le long développement de Col., 2, 8, 1-3, où il est notamment précisé : *tritici satio dierum XLVI* [*est*], *ab occasu Vergiliarum, qui fit ante diem IX Kal. Nouembr., ad brumae tempora* (soit approximativement entre le 20 octobre et le 20 décembre), avec cette précision que, dans les régions froides, il faut procéder aux semailles dès la fin septembre. *Tepidus* s'oppose donc à la fois à *calidus* et à *frigidus* : il s'agit, comme le dit très bien R. Billiard (*Agr.*, p. 114), « que la plante s'installe dans le sol avant la mauvaise saison, mais pas assez tôt pour avoir à redouter la concurrence des plantes adventices ».

51. *si tibi ager est siluis inutilibus tectus* : source obscure. Tout au plus peut-on rapprocher Col., 2, 2, 11 : *nemorosi frutecto- sique tractus duplex cura est, uel extirpandis radicitus arboribus et remouendis, uel, si rarae sint, tantum succidendis incendendisque et inarandis.* On rapprochera également *Géorg.*, 1, 84 : *saepe etiam sterilis incendere profuit agros.* La *noualis* (*terra*), ou le *nouale*, encore appelé *ueruactum* (cf. Varron, *R.R.* 1, 44, 2), est le terrain prêt à être labouré et ensemencé, après avoir été en quelque sorte renouvelé par une période de repos (notion de jachère). Pour ce qui est des vertus de l'incendie, elles sont réelles, surtout lorsqu'il s'agit de faire brûler une végétation importante, susceptible de fournir beaucoup de cendres.

52. *sed sic urenda distingues*, etc. : nous n'avons trouvé aucune source à cette phrase, qui est en outre extrêmement obscure. Tout d'abord le sens de *distingues* n'apparaît pas clairement : les traducteurs de l'édition Didot et de l'édition Panckoucke omet- tent de le rendre en français ; Sabouréux de la Bonnetrie le rendait par le verbe « distribuer » ; en fait on voit très mal ce qu'a voulu dire Palladius. En outre et surtout, on peut se demander pourquoi il est recommandé de ne revenir au terrain incendié que cinq ans après l'incendie : Palladius « voudrait-il donc, se demande

à ce propos Saboureux, qu'on laissât une terre couverte de cendres et sans culture *pendant cinq ans*, ou ne voudrait-il pas plutôt qu'on n'y brûlât la paille et le chaume que *tous les cinq ans* ? Si ce dernier sens, qui paraît le plus plausible, est celui de l'auteur, il faut convenir qu'il n'est pas trop clairement expliqué ». Cette dernière hypothèse est effectivement la plus vraisemblable, mais est-il possible d'admettre que l'expression de Palladius : *ad incensum agrum post quinquennium reuertaris* signifie qu'il faut « incendier le terrain tous les cinq ans » ? Elle peut à la rigueur, nous semble-t-il, se comprendre ainsi, à la double condition de considérer que *incensum agrum* équivaut à *incendium agri* et que *reuertere ad* à la valeur de *renouare* (soit : « recommencer l'incendie du terrain au bout de cinq ans »). Le traducteur de l'éd. Didot, quant à lui, prenait parti sans équivoque pour la première des deux hypothèses de Saboureux, et traduisait : « laissez après cela reposer cinq ans le sol incendié », et c'est ainsi que comprenait aussi Cabaret-Dupaty : « tu laisseras celles-ci chômer pendant cinq ans » ; Saboureux pour sa part se bornait à une traduction littérale : « de façon que vous reveniez au bout de cinq ans au terrain auquel vous aurez mis le feu » ; nous avons adopté le même parti, considérant que respecter les obscurités et les maladresses du texte original est un des devoirs du traducteur.

53. *cum fecunda aetate contendat* : tous les mss. (y compris *Q* malgré la lecture de Schmitt) donnent *fecunditate*, leçon acceptée par Schneider et Schmitt, mais corrigée en *fecunda* (*gleba*) par les autres éditeurs. Bien plus satisfaisante est la conjecture que nous a suggérée M. J. André ; sans être sûre, elle est très vraisemblable, et nous tenons à l'en remercier ici.

54. *Graeci iubent oliuam*, etc. : le précepte qu'on lit dans les *Géop*. 9, 2, 5, est plus précis — plus pittoresque aussi : « Etant pure, l'olive veut que le soient aussi ceux qui la récoltent, et qu'ils jurent venir de chez leur seule épouse, et non pas d'une couche étrangère : c'est à cette condition qu'elle sera féconde à l'avenir. On dit d'ailleurs qu'à Anazarbos en Cilicie ce sont des garçons vierges qui font la récolte des olives, et que pour cette raison les oliviers y portent un très grand nombre de fruits » (ou : « de très beaux fruits » — l'expression grecque : εὐφορωτάτας εἶναι... τὰς ἐλαίας s'appliquant sans doute à la fois à la quantité et à la qualité). On voit par ce texte que la chasteté absolue n'était recommandée, pour les esclaves chargés des oliviers, que dans une partie de la Cilicie : dans le reste de la Grèce, on se bornait à recommander aux oléiculteurs la fidélité conjugale. En ce qui concerne Palladius lui-même, cette notation est évidemment une de celles qui conduisent à se demander s'il doit ou non être considéré comme un des derniers représentants du paganisme ; il semble bien qu'il ne rapporte pas ce précepte comme une simple curiosité, mais le place sur le même plan que les autres, et le prend au sérieux. Mais on observera qu'il se borne à dire *castitatem* là où l'on attendrait *castitatis deam* (i.e. Athéna), et cette

formulation elliptique pourrait à la rigueur être le fait d'un chrétien. Une fois de plus, il est impossible de trancher. Quoi qu'il en soit, on rapprochera cette recommandation de celle qui sera faite plus loin à l'apiculteur : *purus custos et castus accedat* (1, 37, 4). Au point de vue de la syntaxe, on remarquera la construction curieuse : *iubent oliuam... operandum* (pour *operandam* attendu). Elle est évidemment à expliquer par la prolepse, à partir de ce que serait la phrase au style direct : *oliua cum plantatur et legitur, a mundis pueris atque uirginibus est operandum,* et il faut comprendre *est operandum* comme un passif impersonnel, signifiant : « le travail doit être accompli ». Dans la tournure au style indirect, le nominatif *oliua* est devenu un accusatif, mais il n'est en rien sujet de *operandum* (cf. sur ce point J.H. Schmalz, *Sprachliche Bemerkungen, art. cit.*, pp. 173-175).

55. *nomina frumentorum superfluum est praecipere* : cf. Pline, *N.H.* 18, 81, qui note que les espèces de froment ne sont pas les mêmes partout et que, là où elles sont les mêmes, elles portent des noms différents. — Cette remarque à propos des *frumenta* ne se trouve que chez Pline et Palladius ; les autres agronomes latins la formulent en revanche à propos des diverses espèces de vigne et de leurs dénominations : cf. Col., 3, 2, 30 : *uniuersae regiones regionumque paene singulae partes habent propria uitium genera, quae consuetudine sua denominant,* et *Géorg.* 2, 103-104 : *sed neque quam multa species, nec nomina quae sint / est numerus, neque enim numero comprendere refert.* Dans le passage cité ci-dessus, Columelle ajoutait au § 31 : *quare prudentis magistri est eiusmodi nomenclationis aucupio... studiosos non demorari, sed illud in totum praecipere, quod et Celsus ait et ante eum M. Cato : nullum genus uitium conserendum esse nisi fama, nullum diutius conseruandum nisi experimento probatum.* C'est, semble-t-il, de ce dernier précepte que Palladius se souvient ici.

56. *lupinus et uicia pabularis...* : résumé de Col., 2, 13, 1-2 : *Saserna putat... stercorari lupino, faba, uicia... De lupino nihil dubito, atque etiam de pabulari uicia, si tamen eam uiridem desectam confestim aratrum subsequatur, et quod falx reliquerit, priusquam inarescat, uomis rescindat atque obruat* ; *id enim cedit pro stercore. Nam, si radices eius, desecto pabulo relictae, inaruerint, sucum omnem solo auferent uimque terrae absument, quod etiam in faba ceterisque leguminibus, quibus terra gliscere uidetur, uerisimile est accidere.* — On remarquera la façon dont Palladius simplifie l'expression de Columelle : au lieu de *aratrum subsequatur* et *uomis rescindat atque obruat,* il dit simplement *aretur,* et *terrae sucus aufertur* au lieu de *sucum omnem solo auferunt uimque terrae absument.* Le style de Columelle se caractérise avant tout par la *copia uerborum,* et à ce titre, sans aucun doute, il n'est pas approprié au sujet. Palladius, c'est « du Columelle amaigri » — ce qui constitue une incontestable amélioration ; en revanche, à force de vouloir faire court, Palladius en arrive à omettre des idées impor-

tantes : ainsi applique-t-il ce que Columelle disait de l'ensemble des légumineuses à deux d'entre elles seulement. — Pour ce qui est du fond, la notation est curieuse, et n'a rien à voir avec la réalité. En fait, comme les Anciens le savaient du reste fort bien, ce n'est pas une fois coupées, mais pendant leur vie, que les légumineuses, qui fixent mieux que toute autre plante l'azote atmosphérique, bonifient le sol comme le ferait un engrais (c'est ce qu'on appelle parfois les « fumures en vert »).

57. *ager aquosus plus stercoris...* : citation presque littérale de Col. 2, 15, 3 : *nec dubium, quin aquosus ager maiorem* [*stercoris*] *copiam, siccus minorem desideret.* En 10, 1, 2 c'est entre les terres en plaine et les terres en coteaux que Palladius, à la suite de Col., 2, 5, 1, fera une distinction concernant la quantité de fumier à leur donner (respectivement 50 à 60 mètres cubes par *iugerum*, soit, selon le calcul de R. Billiard, *Agr.*, p. 78, 40 et 50 tonnes par hectare, ce qui paraît beaucoup).

58. *calidis, maritimis, siccis,* etc. : nous n'avons pas trouvé de source à ce précepte, qui paraît dicté par le simple bon sens.

59. *omne opus rusticum,* etc. : la source est Col., 11, 2, 3 : *satis autem erit per dimidios menses exequi quodque negotium, quia neque praefestinatum opus inmature uideri possit ante XV dies factum, nec rursus post totidem nimium tarde.*

60. *frumenta omnia maxime laetantur...* : la source est Col., 2, 9, 3 : *omne autem frumentum maxime campo patente et ad solem prono apricoque et soluto laetatur.* Pourquoi Palladius, passant une fois de plus du coq à l'âne, place-t-il ici cette notation ? Elle aurait dû en fait être placée au paragraphe 13, où se trouvait déjà une remarque analogue et, qui plus est, empruntée au même passage de Columelle : on ne saurait imaginer plus grand désordre.

61. *spissa et cretosa et umida terra...*: la source est Col., 2, 9, 3 : *densa cretosaque et uliginosa humus siliginem et far adoreum non incommode alit.* Cette phrase et la précédente mettent en évidence l'habileté avec laquelle Palladius démarque Columelle tout en modifiant suffisamment son expression pour donner à ses préceptes une forme originale : cf., dans la phrase précédente, *frumenta omnia* = *omne frumentum* ; *patenti campo* = *campo patente* ; *ad solem reclini* = *ad solem prono.* Dans celle-ci : *umida* = *uliginosa* ; *terra* = *humus* ; *triticum* = *siliginem* ; *bene nutrit* = *non incommode alit.* C'est un élément de plus qui donne à penser que l'instruction des *rustici* n'était pas son but unique : il s'adresse aussi à un public constitué par les lecteurs de Columelle, et capable d'apprécier la maîtrise avec laquelle Palladius pratique l'art de la *uariatio.* — Le *triticum* (dont la *siligo* était l'une des trois variétés principales) et le *far* ou *semen adoreum* (« amidonnier ») étaient les deux espèces de blé les mieux représentées dans l'antiquité.

62. *hordeum soluto agro delectatur et sicco, nam si in lutoso spargatur, inmoritur* : la source est Col., *ibid.* : *hordeum nisi solutum et siccum locum non patitur*, et, plus loin, au § 4 : *hoc si lutoso commiseris, emoritur.* Palladius réunit ainsi dans une même phrase deux notations qui chez Col. se trouvaient à trois phrases d'intervalle. — Les mss. sont divisés entre ceux qui donnent *inmorietur*, ceux qui donnent *inmoritur* et ceux qui donnent *morietur.* Tous les éditeurs antérieurs à Schmitt adoptent la correction de l'édition de 1514, *moritur* ; Schmitt pour sa part choisit *inmorietur.* En fait, le problème est complexe : d'une part les exigences de la clausule sembleraient impliquer le rejet de *morietur* et de *inmorietur*, qui aboutissent tous deux à une fin d'hexamètre, clausule en principe bannie de la prose, et exiger l'adoption, soit de *inmoritur* (trochée + péon premier), soit de *moritur* (spondée + péon premier) ; d'autre part la discordance par rapport au subjonctif *spargatur* est moins rude avec l'indicatif futur (tour classique) qu'avec l'indicatif présent. Mais ni l'un ni l'autre de ces arguments n'est déterminant, puisque la discordance temporelle entre la protase et l'apodose est fréquente chez Palladius, et que d'autre part celui-ci ne s'interdit pas la clausule « héroïque » : cf. 1, 6, 7 : *est inimicus* ; 1, 6, 15 : *horis operandi.* Il est donc impossible d'aboutir ici à une certitude, et le choix que nous avons fait de la leçon de *M* ne saurait être considéré comme sûr.

trimenstris satio locis frigidis... : la source est Col., 2, 9, 7 : *sed est altera* [*satio*], *cum cogit necessitas* : *trimenstrem uocant agricolae* ; *ea locis praegelidis ac niuosis, ubi aestas est umida et sine uaporibus, recte committitur* ; *ceteris admodum raro respondet.* Les semailles du *trimenstre* — qui, comme le soulignait à juste titre Columelle, ne constituait pas en réalité une espèce spéciale — avaient lieu au mois de février (cf. Pall., 3, 3 : *hoc mense serendum omne trimenstrium genus*), quand les intempéries de l'automne n'avaient pas permis de semer du blé d'hiver ; c'est ce que nous appelons le « blé de mars », la différence des mois s'expliquant par celle des latitudes.

63. *semen trimenstre locis tepidis*, etc. : cf. Col., 2, 9, 8 : *trimenstre* [*semen*] *iactum autumno melius respondet.* La phrase de Palladius est obscure, et sa notation très maladroite, parce qu'il omet de reproduire un raisonnement qui se trouve chez Columelle, et qui est indispensable à une bonne intelligence de cette remarque : certains prétendent, disait Columelle, qu'il existe une espèce particulière de blé qui pousse en trois mois (*natura trimenstre semen*) ; en fait il n'en est rien, et il ne s'agit nullement d'une espèce spéciale, étant donné que le même grain, si on le sème en automne — comme il est normal dans les régions tempérées —, vient tout de même beaucoup mieux ; les semailles de printemps ne sont donc pas autre chose qu'un pis-aller. C'est ce que veut dire ici Palladius, mais on ne peut le comprendre qu'en se reportant à Columelle. Signalons que l'opinion justement combattue

par Columelle est en revanche défendue par Pline, son adversaire fréquent, *N.H.* 18, 70, où son hostilité à Columelle s'exprime de façon très vive : *In tantum fallitur Columella, qui ne trimestri quidem proprium genus existimauerit esse, cum sit antiquissimum !* Tous les mss. donnent *sperari* (y compris, quoi qu'ait lu Schmitt, le ms. *V*) ; cette leçon a paru à beaucoup d'éditeurs ne pas offrir un sens acceptable. D'où la correction *operari*, proposée par l'*editio Aldina*, et qui serait séduisante si elle n'obligeait pas à une seconde correction parfaitement arbitaire : celle de *de salsa terra* en *in salsa terra*. La leçon adoptée par Schmitt (*sperare*) n'est pas, comme il le croit, celle de *V*, mais revient en fait à une correction. Il n'y a en réalité aucune raison de ne pas conserver le texte des mss., la construction du verbe *cogere* avec un accusatif et un infinitif passif étant parfaitement classique.

64. Nous n'avons pas trouvé de source à ce précepte. Columelle, en 3, 1, 9, à la suite de Virgile, *Géorg.* 2, 238 sq., se bornait à condamner catégoriquement la *salsa tellus* (cf. également 3, 11, 9 ; 4, 22, 8) mais le dessalement du sol par l'eau courante constitue une opération possible, que Palladius a raison de recommander (cf. Diffloth, *op. cit.*, p. 211).

65. *seminarium mediocri terra...* : résumé de Col., 3, 5, 2 : *prudentis autem coloni est ex deteriore terra potius in meliorem, quam ex meliore in deteriorem transferre* ; *propter quod mediocritas in electione loci maxime probatur, quoniam in confinio boni malique posita est.*

66. *lapides qui supersunt...* : la source est *Géop.* 5, 19, 2 : « Toutes les pierres se trouvant à la surface, d'une part brûlent la base des ceps en été, du fait qu'elles sont chauffées par le soleil, d'autre part leur font du mal en hiver, où elles sont glacées ». Cette notation n'est nullement contradictoire avec le précepte de Magon, repris par Virgile, *Géorg.* 2, 348 sq. et Col., 3, 15, 4-5, selon lequel il convient de placer quelques pierres dans les fosses où l'on plante la vigne, afin d'écarter l'eau des racines pendant l'hiver, et de protéger ces dernières de la chaleur pendant l'été. Car il s'agit ici des pierres se trouvant à la surface du sol : cf. Col., *Arb.* 3, 7 : *saxa summa parte terrae et uites et arbores laedunt, ima parte refrigerant.*

67. *terra quae circa arbores mouetur* : la source n'apparaît pas. Il s'agit peut-être de Gargilius Martialis.

68. *in laetandis arboribus*, etc. : la source est *Géop.* 2, 21, 3 : « Quand on fume des plants, il ne faut pas mettre le fumier directement sur les racines, mais y jeter d'abord un peu de terre, puis le fumier, puis une nouvelle couche de terre. Cela leur évite à la fois d'être brûlés par le contact du fumier et d'en perdre la chaleur », précepte repris également dans *Géop.* 3, 1, 3 ; 5, 26, 5 ; 10, 81, 5. On voit que la raison donnée dans l'ouvrage grec n'est pas la même : il s'agit avant tout d'éviter que les racines ne soient brûlées par le contact direct du fumier. Pour le sens de

crates, cf. notre commentaire à 1, 5, 1 : *ad tegendam graminis sui crate sufficiens.*

69. *agri praesulem non ex dilectis seruulis...* : la source paraît être Col., 1, 8, 1 : *praemoneo ne uilicum ex eo genere seruorum, qui corpore placuerunt, instituamus.* Mais la raison que donnait Columelle était différente : il reprochait aux esclaves de ce genre d'être paresseux et accoutumés à fréquenter les lieux de plaisir plutôt qu'à travailler. Aucun précepte comparable chez les autres agronomes latins, non plus que dans les *Géop.*, dont le chapitre consacré au régisseur (2, 44 : Περὶ τοῦ ἐν τῷ ἀγρῷ ἐπιτρόπου ἢ οἰκονόμου) est également muet sur ce point. Etait-il courant de réserver la fonction de *uilicus* (à laquelle paraît correspondre l'expression *agri praesul*, qui est un hapax) à un ancien mignon du propriétaire ? On peut évoquer à ce propos le *concubinus* auquel s'adresse ironiquement Catulle dans son chant d'Hyménée (61, 136-140), et que son maître, semble-t-il, au jour de son mariage, s'apprête à envoyer rejoindre les peu séduisantes *uilicae* (cf. *sordebant tibi uilicae*). — Quoi qu'il en soit, ce passage est évidemment l'un de ceux à partir desquels on peu s'interroger sur la personnalité de Palladius : Svennung pose à ce propos (*Untersuchungen*, p. 14) le problème du christianisme éventuel de notre auteur, et estime que le dernier précepte du chapitre 6 est de nature à nous rendre fort sceptiques sur l'existence ou tout au moins sur la profondeur des sentiments chrétiens de Palladius : « dass unser Verfasser noch in diesen späten Zeiten diese Sache, die der christlichen Moral so abscheulich war, mit solchen Worten erwähnen kann, deutet kaum auf ein tieferes Christentum ». — La notation de Palladius n'implique pas que l'agronome songe à une économie rurale fondée sur le mode d'exploitation esclavagiste. Elle semble en revanche indiquer qu'au ve siècle encore, le régisseur des grands domaines continuait à être recruté, tout comme à l'époque de Columelle, parmi les esclaves de la *familia urbana* : nous sommes encore bien dans le « monde antique ». Elle prouve aussi que le public auquel s'adresse Palladius est celui des riches propriétaires. — Le texte enfin fait difficulté : celui de la très grande majorité des mss. est : *fiducia praeteriti amoris ad impunitatem culpae praesentis expectat.* Ce texte n'offre guère de sens, et la plupart des éditeurs l'ont corrigé, soit en supprimant *ad*, soit en écrivant *spectat* pour *expectat* (Schmitt). La première correction donne pour le sens : « en raison de la confiance que lui donne l'amour d'autrefois, il espère l'impunité pour ses fautes d'aujourd'hui » ; le texte de Schmitt, auquel nous nous rallions, peut se comprendre : « grâce à la confiance, etc., il vise à (obtenir) l'impunité... ».

Chap. 7

1. *in eligendo agro uel emendo* : ce chapitre de Palladius correspond à Caton, *Agr.* 1 ; Varron, *R.R.* 1, 12 ; Col., *R.R.* 1, 6 ; Pline,

N.H. 18, 26-35. Mais il contient des recommandations qui ne se retrouvent chez aucun des autres agronomes latins.

2. *colentium inertia* : les précisions fournies par Palladius en ce qui concerne la conduite à adopter lorsqu'on a fait l'acquisition d'un domaine négligé par son ancien propriétaire semblent lui être personnelles ; en tout cas les autres agronomes latins sont loin d'être aussi explicites. On rapprochera évidemment Caton, 1, 4 : *de domino bono colono bonoque aedificatore melius emetur*, et Pline 18, 28 : *Cato inter prima spectari iubet... ut* (sc. *ager sit*) *bene aedificatus et cultus. In quo falli plerosque uideo* ; *segnitiem enim prioris domini pro emptore esse arbitrantur. Nihil est damnosius deserto agro. Itaque Cato* : *de bono colono melius emi.* A propos de *emendari insitione* on remarquera que Palladius paraît s'être intéressé tout particulièrement à la technique de la greffe, à laquelle il a consacré un livre entier : sans doute cela tient-il au fait qu'il pouvait utiliser sur ce point le *De arboribus pomiferis* de Gargilius Martialis.

3. *latitudini pastinorum* : c'est le thème de la *pulchritudo iungendi*, illustré notamment par le Trimalcion de Pétrone (cf. P. Veyne, *Trimalcion*, in *Annales d'hist. éc. et soc.*, mars-avril 1961, p. 235 sq.). La leçon *pastinorum* (lectio difficilior) est celle de tous les manuscrits sauf *G*, qui présente la « lectio facilior » *pastinatorum*. Mais il s'agit dans ce dernier cas d'une correction inutile, car Palladius emploie volontiers *pastinum* au sens de *ager pastinatus* (cf. p. ex. 3, 9, 13 : *in pastinis uel sulcis*). Il est remarquable, au point de vue de l'histoire des techniques agricoles, que Palladius considère *pastinum* comme synonyme de *uinetum* : Columelle nous apprend en effet, en 3, 13, 4, qu'à son époque beaucoup de viticulteurs considéraient la *pastinatio* comme un mode de culture trop coûteux, et nous avons déjà noté que, pour la même raison sans doute, Virgile ne la mentionnait pas dans les *Géorgiques*. Pour Palladius en revanche, la culture au *pastinum* paraît aller de soi, et l'emploi qu'il fait de ce terme semble indiquer qu'elle était universellement pratiquée à son époque : peut-être faut-il y voir un résultat de l'éloge justifié qu'en avait fait Columelle. Voir sur ce point *infra*, p. 186. En ce qui concerne la négligence des viticulteurs dans le choix des plants, cf. Col., 3, 3, 4 : *in explorandis seminibus nemo adhibet diligentiam, et ideo pessimi generis plerique uineta conserunt.* Le *plerique* de Palladius est sans doute une simple reprise de celui de Columelle.

4. *uitiis talibus occupatum* : l'expression est curieuse et assez maladroite : on attendrait *uitibus*. Peut-être faut-il y voir l'erreur d'un copiste trop bien intentionné, qui aura corrigé *uitibus* en *uitiis*, après avoir confondu le gén. pluriel *uitium* de la ligne précédente avec *uitium* neutre singulier. Quoi qu'il en soit, la concordance des mss. sur ce point nous interdit de modifier un texte qui peut tout de même se comprendre.

5. *positio ipsius agri*, etc. : l'enseignement de Palladius sur ce point peut être rapproché de celui de Columelle, 1, 5, 5 : *optime autem salubribus locis... ad orientem uel ad meridiem, grauibus ad septemtrionem uilla conuertitur.* Mais l'équivalence que ce rapprochement conduit à établir entre *salubribus* et *frigidis* d'une part, *grauibus* et *calidis* d'autre part est assez surprenant. Du reste, c'est la phrase de Columelle, non celle de Palladius, qui fait difficulté pour le sens : il semble en tout cas que pour l'agronome de Gadès la salubrité du climat aille de pair avec sa fraîcheur, la chaleur étant au contraire considérée comme malsaine ; le point de vue de Palladius, si tant est que ce dernier soit d'origine gauloise, est naturellement différent. La confrontation des deux textes donne à penser qu'ils dérivent d'une source commune, qui était vraisemblablement un passage de Magon (ou d'un de ses abréviateurs) mettant en rapport, comme il était normal à Carthage, les notions de fraîcheur et de salubrité, de chaleur et d'insalubrité : dans ce passage chacun des deux agronomes latins aura privilégié la notion qui lui paraissait la plus importante. On trouve un point de vue différent et beaucoup plus sommaire dans Varron, *R.R.* 1, 12, 1 : *quae* (sc. *uilla*) *posita est ad exortus aequinoctiales aptissima, quod aestate habet umbram, hieme solem.* Pour Caton, en revanche, le domaine doit être exposé au midi : cf. 1, 3 : *in meridiem spectet.* Le point de vue de Pline est très proche de celui de Palladius, mais rappelle aussi celui de Varron : cf. 18, 33 : *Spectare in aestiuosis locis septemtriones debet, meridiem in frigidis, in temperatis exortum aequinoctialem.* C'est très probablement le même passage de Magon, diversement exploité, qui se trouve à l'origine des recommandations de Varron, Columelle, Pline et Palladius : chacun y a puisé ce qui lui convenait (Varron, notamment, ayant défini en 1, 2, 4, l'Italie comme le pays tempéré par excellence, n'en a conservé que la notation applicable aux pays de ce type). — L'expression *algore rigescat* paraît excessive. Elle témoigne en tout cas d'une recherche stylistique dont notre traduction tente de donner un équivalent.

6. *si uicinus est fluuius*, etc. : le danger que peuvent présenter les rivières est signalé par Col., 1, 5, 4 : *plerique amnes aestate uaporatis, hieme frigidis nebulis caligant quae, nisi ui maiore inspirantium uentorum submouentur, pecudibus hominibusque conferunt pestem.* Mais Columelle se borne à recommander que les bâtiments aient l'eau par derrière, et non par devant : *cauendum tamen erit ut a tergo potius quam prae se flumen habeat, et ut aedificii frons auersa sit ab infestis eius regionis uentis et amicissimis aduersa.* Varron, pour sa part, signale seulement les risques d'inondation (1, 12, 4). Pline, sur le même sujet, adopte une position analogue à celle de Columelle : cf. 18, 33 : *conuenit nec iuxta paludes ponendam esse* [*uillam*] *neque aduerso amne.* Le mot *fabrica* paraît avoir ici le sens de « construction », avec la même double valeur qu'en français, où le mot désigne à la fois l'action de construire et le résultat de cette action, c'est-à-dire le bâtiment.

7. *palus omni modo uitanda est* : notation analogue chez Col. 1, 5, 6, où est de même soulignée la nocivité particulière des marécages à la saison chaude, mais avec un grand luxe de détails que Palladius, toujours plus sobre, n'a pas repris : *caloribus noxium uirus eructat* (sc. *palus*), *et infestis aculeis armata gignit animalia...*, *tum etiam nantium serpentiumque pestes*. Notation semblable, et elle aussi fort détaillée, chez Varron, 1, 12, 2 : *crescunt animalia quaedam minuta, quae non possunt oculis consequi, et per aera intus in corpus per os ac nares perueniunt atque efficiunt difficiles morbos*. Pour Pline, voir la note précédente : *nec iuxta paludem...* Mais Palladius peut s'inspirer aussi, dans ce passage, de Vitruve (1, 4, 1, à propos de la construction d'une ville) : *in ipsis uero moenibus ea erunt principia* : *primum electio loci saluberrimi...* ; *deinde sic uitabitur palustris uicinitas* : *cum enim aurae matutinae cum sole oriente ad oppidum peruenient, et his ortae nebulae adiungentur spiritusque bestiarum palustrium uenenatos cum nebula mixtos in habitatorum corpora flatu spargent, efficient locum pestilentem*. A partir du chapitre suivant, en tout cas, et pour tout ce qui concerne la construction de la *uilla* et l'architecture des différents corps de bâtiments, Palladius s'inspirera essentiellement de Faventinus, et accessoirement de Vitruve.

Chap. 8

1. *pro agri merito et fortuna domini* : dans *N.H.* 18, 31, Pline note que l'entretien de la maison ne doit pas être trop coûteux, mais estime néanmoins important que le propriétaire soit bien logé sur ses terres, où il doit trouver un confort suffisant pour l'inciter à y faire de fréquents séjours : *...ita ut uillarum tutela non sit oneri* ; *eum tamen qui bene habitet saepius uentitare in agrum, frontemque domini plus prodesse quam occipitium non mentiuntur*. Le point de vue de Varron était très proche de celui de Palladius : cf. 1, 11, 1 : *In modo fundi non animaduerso lapsi multi, quod alii uillam minus magnam fecerunt quam modus postulauit, alii maiorem, cum utrumque sit contra rem familiarem ac fructum* : *maiora enim tecta et aedificamus pluris et tuemur sumptu maiore*. Le *sustinere* de Palladius exprime la même idée que le *tuemur* de Varron. Columelle cite à ce propos, en 1, 4, 7, deux exemples à ne pas suivre, et les commente en des termes qui sont une citation presque littérale de Varron : *...cum utrumque sit contra rem familiarem* ; *diffusiora enim consaepta non solum pluris aedificamus, sed etiam inpensis maioribus tuemur*. Palladius exprime ici la même idée de façon heureuse et originale ; l'évaluation précise qu'il donne (*unius anni aut multum biennii pensione*) semble lui être personnelle.

2. Tous les mss. offrent la leçon *aut multum*, corrigée en *aut ut multum* par l'ensemble des éditeurs (l'omission de *ut* s'expliquant alors par un saut du même au même). Néanmoins Svennung (*Untersuchungen*, p. 285), à la suite de J.H. Schmalz (*Glotta*,

VI, 1915, 181 sq.), considère que le rétablissement de *ut* ne s'impose pas : il s'agit en effet, à ses yeux, d'un emploi du positif pour le superlatif, qui se trouve fréquemment, avec le même sens, employé seul. Nous n'avons pourtant pas cru pouvoir renoncer à la correction de nos devanciers.

3. *ipsius praetorii situs* : pour l'emploi de *praetorium* au sens de « château, résidence du propriétaire », cf. Stace, *Silu.* 1, 3, 25 : *Alternas seruant praetoria ripas* (imité par Ausone, *Mos.* 186 : *alternas praetoria ripas*) ; Juvénal, *Sat.* 1, 75 : *criminibus debent hortos, praetoria, mensas* (traduit par P. de Labriolle : « c'est le crime qui donne ces jardins, ces châteaux, ces tables ») ; Suétone, *Aug.* 72, 5 : *ampla et operosa praetoria grauabatur* ; *Cal.* 37, 4 : *in exstructionibus praetoriorum atque uillarum.* Cet emploi devait être un néologisme à l'époque de Juvénal, car il ne se rencontre chez aucun agronome latin avant Palladius : Columelle emploie dans le même sens l'expression *uilla urbana* ou *pars urbana uillae* (cf. 1, 6, 1 : *diuidatur* [*uilla*] *in tres partes* : *urbanam, rusticam, fructuariam*) ; de même Varron, R.R. 1, 13, 6 : *illorum uillae rusticae erant maioris preti quam urbanae, quae nunc sunt pleraeque contra.* Quant à *praetorium*, il semble que ce soit un terme du vocabulaire militaire, passé dans la langue courante, avec le sens qu'il a ici, vers la fin du Ier siècle de notre ère : il traduit du reste fort bien le fait que la grande exploitation agricole esclavagiste était en tous points comparable à une caserne ou à un camp militaire, comme les anciens eux-mêmes en avaient conscience (Xénophon compare le grand propriétaire à un général, et Columelle le *uilicus* à un officier). — L'idée que l'emplacement du *praetorium* doit être plus élevé que celui des autres constructions semble propre à Palladius. Bien que les considérations de sécurité et de surveillance des environs soient absentes du propos de ce dernier, qui paraît bien ne songer ici qu'à l'agrément que procure une belle vue (cf. *laeto aspectu*), on voit apparaître, dans ce passage, ce qui sera l'un des éléments fondamentaux du paysage médiéval : le château construit sur une hauteur et dominant les habitations des paysans, colons ou serfs, groupées sous forme de *uillaticum.* Ce paysage est du reste courant dès le IVe siècle : cf. la description des *uillae* mosellanes par Ausone, *Mos.* 321 sq., qui montre bien les *uillae* tantôt bâties sur une roche (*in aggere saxi*), tantôt flanquées, lorsqu'elles sont au creux de la vallée, d'une sorte de donjon (*ostentans altam... turrim*) ; le même Ausone insiste beaucoup sur la vue splendide dont jouissent les heureux propriétaires de ces bâtiments. On rapprochera également Sidoine Apollinaire, *Ep.* 2, 2, 11 et 2, 9, 1. En outre M. Raymond Chevallier, « Problématique de la villa gallo-romaine » (*Actes* du 93e Congrès national des Sociétés savantes de Tours, 1968, publ. Paris, Bibliothèque Nationale, 1970, p. 451-480), fait observer qu'en ce qui concerne la situation topographique des villas, « on est toujours frappé par le choix très habile des sites retenus... le plus souvent au milieu d'une pente protégeant des vents froids et

offrant de belles vues sur le paysage et l'ensemble du domaine » (p. 461).

4. *fundamenta autem...* : la source du développement de Palladius sur les *fundamenta* n'apparaît pas clairement. Il ne s'agit pas de Vitruve, qui est beaucoup moins précis sur ce point, se bornant à écrire en 1, 5, 1 : *murorumque fundamenta sic sunt facienda uti fodiantur, si queant inueniri, ad solidum et in solido, quantum ex amplitudine operis pro ratione uideantur, crassitudine ampliore quam parietum qui supra terram sunt futuri*. De même en 3, 4, 1 : *fundationes eorum operum* (sc. *templorum*) *fodiantur, si queat inueniri, ab solido et in solidum, quantum ex amplitudine operis pro ratione uidebitur, exstruaturque structura totum solum quam solidissima*. Il ne s'agit pas davantage de Faventinus. On notera le grand intérêt que les données de Palladius présentent pour l'archéologie, dans la mesure où l'on peut grâce à elles se faire une idée d'un bâtiment dont ne subsistent que les fondations (cf. à ce propos l'utilisation de notre passage par G.T. Schwarz, *Antike Vorschriften für Fundamente, und ihre Anwendung auf römische Bauten in der Schweiz*, in *Provincialia, Festschrift für R. Laur-Belart*, Basel, Schwabe, 1968).

5. *studendum praeterea...* : l'idée sera reprise par Palladius en 1, 34, 1 : *horti et pomaria domui proxima esse debebunt*.

6. *sed totus fabricae tractus...* : source inconnue. Vitruve, en 6, 1, 1, se borne à signaler que l'orientation qu'il faut donner à une maison est fonction du climat sous lequel on bâtit. Les *Géoponiques*, 2, 3, 6, signalent que certains constructeurs adoptent le point de vue qui est ici celui de Palladius, mais c'est pour en faire la critique : « Certains préconisent d'orienter les maisons au midi, afin qu'elles aient le soleil plus longtemps. Mais je préfère quant à moi (sc. Didymos) une maison orientée à l'est, car le *Notus*, qui souffle du sud, est [un vent] humide. capricieux et très malsain ». — L'expression : *in primo angulo excipiens ortum solis hiberni*, etc., est obscure. Palladius veut, semble-t-il, préconiser une orientation de la façade non pas vers le plein sud, mais vers le sud-sud-est, selon le schéma suivant :

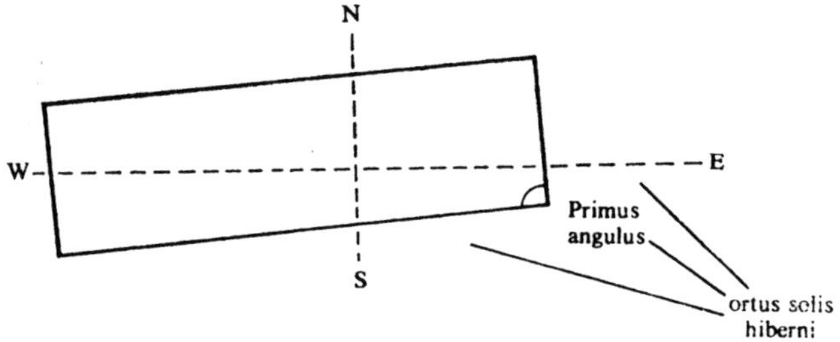

M. R. Chevallier, *art. cit.*, p. 463, note que les bâtiments des villas gallo-romaines sont généralement orientés à l'E.-S.-E., « les exceptions s'expliquent par le régime des vents dominants ».

Chap. 9

1. *et aestati et hiemi* : cf. Col., 1, 6, 1 : *pars urbana in hiberna et aestiua digeratur.*

2. *quae hiemi parantur*, etc. : d'après ce qui a été dit à la fin du chapitre précédent, cet appartement doit être aménagé à l'angle sud-ouest de la maison, de manière à bénéficier d'une double exposition. Plus précis, Columelle prescrivait à ce propos, en 1, 6, 1 : *ut spectent hiemalis temporis cubicula brumalem orientem, cenationes aequinoctialem occidentem.*

3. *axes quernae cum aesculis non misceantur* : les qualités des diverses espèces de bois avaient été étudiées par Vitruve, 2, 9, 8-9 : *non potest* (sc. *quercus*) *in corpus recipere liquorem, sed fugiens ab umore resistit et torquetur et efficit, in quibus est operibus, ea rimosa. Aesculus... habet in aedificiis magnas utilitates* ; *sed ea, cum in umore conlocatur, uitiatur. Cerrus, quercus, fagus, quod pariter habent mixtionem umoris et ignis et terreni... celeriter marcescunt.* Pline avait posé lui aussi, en *N.H.* 16, 218, le problème de la résistance des différentes espèces de bois à l'humidité : *fagus et cerrus celeriter marcescunt* ; *aesculus quoque umoris inpatiens.* Le *quercus* est le chêne pédonculé ; *l'aesculus* le grand chêne d'Italie méridionale ; le *cerrus* le chêne chevelu ou chêne lombard. Mais le passage de Vitruve qui est indirectement la source du nôtre, se trouve en fait en 7, 1, 2 : *...danda est opera ne commisceantur axes aesculini querco, quod quercei, simul umorem perceperunt, se torquentes rimas faciunt in pauimentis. Sin autem aesculus non erit et necessitas coegerit propter inopiam, querceis sic uidetur esse faciundum ut secentur tenuiores* ; *quo minus enim ualuerint, eo facilius clauis fixi continebuntur* ; *deinde in singulis tignis, extremis partibus axis, bini claui figantur, uti nulla ex parte possint se torquendo anguli excitare. Namque de cerro aut fago seu farno nullus ad uetustatem potest permanere. Coaxationibus factis, si erit, filex, si non, palea substernatur, uti materies a calcis uitiis defendatur.* Voir également Faventinus, 12 et 19, car le précepte de Palladius : *transuersus atque directus... clauis frequentibus fixus* ne correspond pas à celui que donne Vitruve dans la phrase correspondante : *deinde in singulis tignis... anguli excitare.* C'est que Palladius introduit ici un précepte emprunté à un autre passage de Vitruve (7, 1, 5), dans lequel l'architecte expliquait comment il fallait s'y prendre pour construire un plancher en plein air, donc soumis aux intempéries : *cum coaxatum fuerit, super altera coaxatio transuersa sternatur clauisque fixa duplicem praebeat contignationi loricationem.* Le rapport entre les deux phrases est évident : cf. *transuersus* / *transuersa* ; *clauis fixa* / *clauis frequentibus fixus* ; *duplex ordo* / *duplicem loricationem.* Cette *contaminatio*, qui mêle deux passages de significations fort différentes, est assez étonnante ; mais elle se trouve déjà chez Faventinus, et cela indique de façon certaine que notre texte a pour source directe non pas Vitruve, mais l'abréviateur de celui-ci.

4. *super statuminibus rudus... constitues* : nous nous sommes ici, non sans hésitation, résolu à corriger le texte des manuscrits, qui donnent pour cette phrase : *tunc superstatuminabis rudus*, etc. Il faut en effet, pour comprendre ce que veut dire Palladius, se reporter à Vitruve, 7, 1, 3 et à Faventinus, 19, qui prescrivent l'un et l'autre de recouvrir le plancher d'une « première couche » ou *statumen*, faite de cailloux bruts, sur laquelle on étendra ensuite le *rudus*, ce dernier étant une sorte de mortier grossier, que Faventinus définit très clairement (*rudus est maiores lapides contusi cum calce mixti*), et qui est nettement distinct du simple lit de pierres sèches constituant le *statumen* (cf. Vitr. : *Tunc insuper staturninetur ne minore saxo quam qui possit manum implere* ; *statuminationibus inductis, rudus si nouum erit ad tres partes una calcis misceatur... Deinde inducatur* ; et Fav. : *tunc insuper statuminetur saxo, ne minori quam qui possit manum implere* ; *statuminibus* (*factis* ?) *ruderi ad duas partes una calcis misceatur*). On voit que chez les deux auteurs le verbe *statuminare* est employé absolument, avec le sens de *statumen facere*. Or, si nous conservons le texte des manuscrits, nous devons admettre d'une part que Palladius omet de mentionner le *statumen* (ou le confond avec le *rudus*), d'autre part que le verbe *statuminare* (ou plus exactement son composé *superstatuminare*, qui semble être un hapax) est à ses yeux un verbe transitif ayant pour complément *rudus*. Il nous a donc semblé préférable de corriger. la leçon *superstatuminabis* des mss. en *super statuminibus*, le substantif *rudus* devant être alors considéré comme complément de *constitues* : cette correction, au reste aussi économique que possible, nous paraît fournir un texte acceptable, et en accord avec ceux dont s'inspirait Palladius. Egalement possible serait la correction proposée par Nohl dans son étude sur *Faventinus und Palladius*, in *Comment. phil. in hon. Th. Mommseni*, 1876, p. 64, et consistant à ajouter *et* devant *rudus* ; le sens serait le même qu'avec notre propre conjecture.

5. *hos cum ad sex digitorum...* : on observe ici une contradiction entre Palladius et Vitruve : selon ce dernier, le *rudus* devait avoir neuf pouces d'épaisseur (soit une vingtaine de centimètres), et l'on devait encore étendre par-dessus une autre couche, le *nucleus*, ayant cette fois six pouces d'épaisseur (soit environ 12 cm.). Cf. Vitr., 7, 1, 3 : *Deinde rudus inducatur... et id non minus pinsum absolutum crassitudine sit dodrantis* (« un empan ») ; *insuper ex testa nucleus inducatur, mixtionem habens ad tres partes unam calcis, ne minore crassitudine pauimentum digitorum senum.* Palladius semble donc confondre ici le *rudus* et le *nucleus*, ou en tout cas estimer qu'ils sont interchangeables, comme il l'indique au début de la phrase suivante : *inducto itaque rudere uel testaceo pauimento* (= *uel nucleo*). Cela s'explique par le fait qu'il a utilisé ici non le texte de Vitruve, mais celui de Faventinus, comme l'indique nettement son chiffre de *duabus partibus et una calcis*, qui n'est pas celui de Vitruve (*tres partes*), mais celui de l'abréviateur (*ad duas partes una calcis*) ; Faventinus en effet préconisait

déjà de donner au *rudus* une épaisseur de six pouces ; d'autre part, moins précis dans les termes que Vitruve, il n'employait pas celui de *nucleus*, se bornant à évoquer ce dernier par la phrase suivante : *exacto pauimento, ad regulam et libellam supra inpensa testacea mollior indicatur.* Moins clair que celui de Vitruve, son développement a été mal compris par Palladius, qui a cru qu'il suffisait de deux couches (*statumen* + *rudus*) là où sa source en préconisait trois (*statumen* + *rudus* + *nucleus*) ; si l'on s'en tenait au texte des mss., généralement accepté jusqu'ici par les éditeurs, ces deux couches se trouveraient même réduites à une seule, le *rudus*, mais cela n'est guère vraisemblable.

6. *si loca hiemalia sunt*, etc. : le procédé ici décrit par Palladius est repris de Vitruve, 7, 4, 5 et /ou de Faventinus, 26 (*pauimenta ut in hieme tepeant*). Le rapprochement des trois textes ne permet pas de décider duquel des deux auteurs Palladius s'inspire plus particulièrement : par rapport à l'un comme à l'autre son adaptation est assez libre, d'autant qu'il modifie l'ordre des notations (cf. celle qui concerne les *ministri*, dont Vitruve et Faventinus parlaient à la fin de leur développement, alors que Palladius les mentionne au début du sien). Sur le revêtement de sol contenant du charbon et de la cendre, que l'on appelait *genus Graecanicum*, cf. Pline, 36, 187.

7. Résumé très succinct de Faventinus, 19, repris de Vitr., 7, 1, 3-4,

Chap. 10

1. Pour tout ce développement, cf. les chapitres 8 et 9 de Faventinus, repris de Vitruve, 2, 4-5.

2. *genera sunt tria* : Vitruve, par ailleurs démarqué mot pour mot par Palladius, en citait quatre : cf. 2, 4, 1 : *genera autem harenae fossiciae sunt haec : nigra, cana, rubra, carbunculus.* Faventinus, ramenant lui aussi ce chiffre à trois, omettait *cana*, tandis que Palladius omet le *carbunculus*, sable d'origine volcanique fréquent en Toscane (omission peut-être intentionnelle, s'expliquant par le caractère trop local du matériau en question). Ce passage indique nettement que Faventinus n'est pas, comme on l'a parfois prétendu, la source unique de Palladius, puisqu'il ne parle pas de la *cana harena.* La hiérarchisation de ces différentes sortes de sable (*omnes praecipuae*, etc.) est apparemment originale : elle n'est, en tout cas, pas reprise de Vitruve, et pas davantage de Faventinus.

3. Même source ; à noter que le vocabulaire employé par Palladius est plutôt celui de Faventinus : *conprehensa* et *edit* sont communs aux deux auteurs, les termes correspondants chez Vitruve étant *confricata* et *fecerit.* Ce chapitre apparaît comme l'un des plus révélateurs de la méthode de travail de

Palladius : il utilise sans doute principalement, pour des raisons de commodité, l'abrégé de Faventinus, mais il a aussi sous les yeux le traité de Vitruve, dans lequel il contrôle les données de sa source principale ; enfin il ajoute çà et là, mais très rarement, une notation personnelle. Il est permis de penser qu'il a travaillé de la même façon dans les chapitres proprement agronomiques de son traité, suivant une source principale qui est Columelle, mais ayant en même temps sous les yeux les ouvrages de Gargilius Martialis, le recueil de Vindanios Anatolios et peut-être aussi le traité de Magon ou tout au moins un abrégé de celui-ci.

4. *sed si fossilis harena non fuerit*, etc. : cf. Vitr., 2, 4, 2 : *Sin autem non erunt harenaria unde fodiatur, tum de fluminibus aut e glarea erit excernenda, non minus etiam de litore marino*, et Faventinus 8 : *si uero non fuerit unde arenae fodiantur, tunc de fluminibus aut de glareis excernenda erit aut de litore marino.* En réalité, c'est le sable de rivière qui est de loin le meilleur pour la construction, car il a le double mérite de n'être pas trop fin et de ne pas contenir d'impuretés. — En ce qui concerne le texte, l'expression de *fluminibus aut glarea aut litore* fait difficulté : les éditions antérieures de Palladius et les premières éditions de Vitruve suppriment *aut* devant *glarea* ; dans cette perspective, l'expression *de fluminibus glarea* équivaut à *glarea fluminum*, « sable de rivière » (cf. S. de la Bonnetrie et éd. Didot) ; en revanche, les éditeurs modernes de Vitruve maintiennent *aut*, et traduisent : « *aus Flüssen oder aus Kies* » (Fensterbuch, 1964) ou : « *from the river bed or from gravel* » (F. Granger, 1955). Ces traductions présentent évidemment l'inconvénient de ne pas rendre compte de la dualité, dans le texte de Vitruve, des prépositions *de* (*de fluminibus*) et *ex* (*e glarea*) ; en outre on voit mal comment expliquer un parallélisme ou une opposition entre *glarea* et *flumen*, non plus qu'entre *gravel* et *river bed* ou *Kies* et *Flüssen* : car la *glarea* (« gros sable, gravier ») est bien évidemment ce qui se trouve dans le *flumen*. On est donc tenté de comprendre : *glarea de fluminibus aut de litore marino*. Cela conduirait à corriger le texte, non en supprimant le premier *aut*, mais en le déplaçant de manière à obtenir le balancement : *aut de fluminibus aut litore*. Mais cette correction, qui serait valable pour Palladius, et à laquelle nous nous serions résolu si notre texte n'avait pas de source connue, ne peut en fait être retenue, car elle ne saurait s'appliquer au texte de Vitruve, où il n'y a pas un second *aut* susceptible d'être symétrique du premier, mais un *non minus etiam* qui est tout différent. Quant à la suppression pure et simple de *aut*, à laquelle procèdent nos devanciers, rien ne la justifie paléographiquement dans le texte de Palladius ; en revanche, dans celui de Vitruve, de l'interprétation duquel tout dépend en fin de compte, on peut serdemander s'il ne faut pas tout simplement lire : *de fluminibus glarea erit excernenda, non minus etiam de litore marino*, en supprimant donc *aut e*, qui pourrait bien être une faute consistant dans la reprise, par inadvertance, du *autem* situé en début de

phrase. La faute, ancienne, serait alors passée dans le texte de Faventinus et de là dans celui de Palladius ; mais il faut alors admettre que Faventinus aurait transcrit servilement le texte de sa source sans le comprendre, ce qui est assez difficile à croire. Comme nos devanciers, nous nous sommes résigné à supprimer *aut* ; mais il faut bien voir que paléographiquement cette suppression ne se justifie que dans le texte de Vitruve, non dans celui de Palladius. — On remarquera, par ailleurs, que Palladius emploie *litus* seul, là où Vitruve et Faventinus employaient *litus marinum*. Peut-être conviendrait-il de rétablir cet adjectif, et de lire : *aut litore colligetur* ⟨ *marino* ⟩. *Marina autem harena tardius*, etc. L'omission s'expliquerait aisément par la place de *marino*, juste devant *marina*. Mais on peut aussi considérer que *litus* a ici à lui seul le sens de « bord de mer ».

5.. *marina harena tardius siccatur*, etc. : mêmes sources que ci-dessus. La confrontation des textes fait apparaître que Palladius suit ici le traité de Faventinus plutôt que celui de Vitruve. L'expression *ne opus onerata corrumpat* est passablement obscure.

6. *sed si uti... lacuna umoris dulcis inmergi* : Palladius fait ici une entorse à son habituelle brièveté : sa phrase développe un seul mot (*lota*) de Vitruve, 1, 2, 8 : *utendum est, ubi non est harena fossicia, fluuiatica aut marina lota*. Faventinus omettait quant à lui, cette précision. Notons qu'en fait le sable de plage est considéré de nos jours comme totalement impropre à la construction.

7. *calcem quoque...* : ce développement correspond à Vitr., 2, 5 et Fav. 9. L'énumération que fait Palladius des roches à partir desquelles s'obtient la chaux est beaucoup plus fournie que celle de Vitruve, qui se bornait à écrire : *de calce diligentia est adhibenda, uti de albo saxo aut silice coquatur*. Elle est reprise directement de Faventinus. On sait que l'usage de la chaux dans la construction a été aujourd'hui dans une large mesure éliminé par celui du ciment, que ne connaissaient pas les Anciens.

8. *in duabus harenae partibus* : mêmes proportions que chez Vitruve. Mais ce dernier fait suivre ces notations chiffrées, qui sont parfaitement valables, d'une longue explication théorique de la *mira soliditas*, laissée de côté par Fav. et Pall. Voir aussi Pline, 36, 175.

Chap. 11

1. Pour ce chapitre, cf. Vitr., 2, 8, 18 et Faventinus, 10. Dans ce long chapitre, Vitruve traitait des différentes sortes de maçonnerie, parmi lesquelles il distinguait : la maçonnerie en pierres taillées ; la maçonnerie en pierres brutes ; la maçonnerie faite des deux à la fois ; enfin la maçonnerie en briques, qu'il considère comme la plus solide, mais qui de son temps était peu usitée à Rome, en raison de la loi interdisant de donner aux murs mitoyens

plus d'un pied d'épaisseur, ce qui aurait été insuffisant pour des murs de briques destinés à soutenir plusieurs étages. A la campagne, en revanche, Vitruve recommandait vivement l'usage des briques : aussi Palladius se borne-t-il à reprendre ce passage du chapitre de Vitruve, tout en négligeant d'ailleurs de mentionner la recommandation fondamentale de l'architecte concernant l'épaisseur (Vitr., 2, 8, 17).

2. *structura testacea...* : démarquage à peu près textuel de Vitruve, 2, 8, 18 : *summis parietibus structura testacea sub tegula subiciatur altitudine circiter sesquipedali habeatque proiecturas coronarum.* Qu'est-ce au juste que cette *structura testacea* ? Fensterbuch traduit l'expression par « Mauerwerk aus gebrannten Ziegeln », Granger par « walling of burnt brick », ce qui ne fait que calquer les termes latins. Il s'agit en fait de ce qu'on appelle le « bandeau d'entablement », que l'on peut observer de nos jours sur nombre de maisons, notamment dans le Sud-Ouest de la France, et qui consiste en une sorte de corniche en surplomb destinée, comme l'indique fort bien Palladius, à empêcher tout ruissellement des eaux pluviales le long du mur.

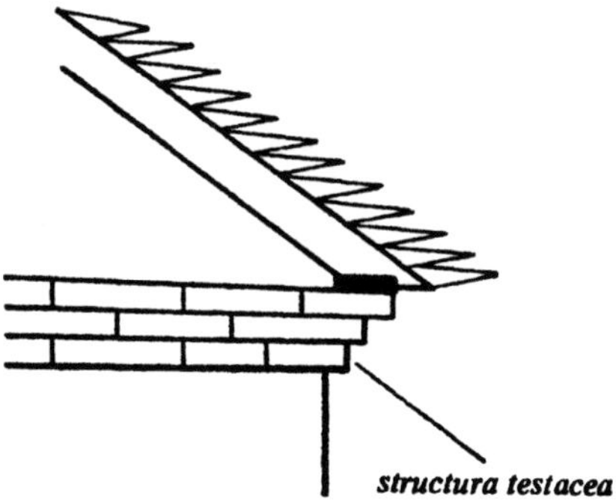

Chap. 12

1. *de lumine et altitudine* : reprise de Vitruve, 6, 5, 1 et Fav., 15. En ce qui concerne les précisions chiffrées, disons, pour prendre un exemple, qu'une pièce rectangulaire de 30 m² (6 × 5) devrait avoir, selon ce calcul, une hauteur de plafond de 5,5 m. Faut-il en déduire que, dans cette perspective, les diverses pièces d'une maison auraient des hauteurs de plafond différentes ? Ce serait évidemment absurde : il doit s'agir de la hauteur minimale.

Chap. 13

1. *de camericis canniciis* : ce chapitre est repris de Vitruve, 7, 3, 1-2 (*de camerarum dispositione*) et Fav., 21. Il appelle peu d'observations. La technique décrite (consistant à passer un

enduit sur un lattis de bois ou un treillage d'osier) est encore utilisée de nos jours en bien des régions. En ce qui concerne le bois de cyprès, Vitruve le recommandait de préférence au bois de sapin, auquel il reprochait de se gâter rapidement : *asseres... maxime cupressei, quod abiegnei a carie et a uetustate celeriter uitiantur.* On notera que le *lignum Gallicum*, mentionné par Palladius, ne l'était pas par Vitruve ; en dépit de ce que disait ce dernier, il s'agit certainement du bois de sapin — déconseillé, mais non formellement exclu par l'architecte —, dans la mesure où cet arbre est beaucoup plus répandu en Gaule qu'en Italie : du reste la critique même de Vitruve n'aurait pas eu de raison d'être si le bois de sapin n'avait pas été couramment utilisé en pareil cas. C'était d'ailleurs le seul que mentionnait Faventinus. Isidore de Séville, *Origines*, 17, 7, 32, confirme bien l'hypothèse selon laquelle il s'agirait du sapin : *hanc* (sc. *abietem*) *quidam Gallicam uocant.* Pour ce qui est du bois dont sont faites les « chevilles » (*catenae ligneae*), Vitruve ajoutait la *robur* (chêne rouvre), mais condamnait la *quercus* (chêne pédonculé), *quod ea se torquendo rimas faciat* (cf. supra 1, 9, 2). Ce passage est un de ceux qui montrent le mieux que Palladius a dû utiliser à la fois Vitruve et Faventinus.

2. *palustrem cannam, uel hanc crassiorem...* : la deuxième catégorie mentionnée par Palladius correspond apparemment à ce que Vitruve, 7, 3, 2 appelait *arundines Graecae.* Sans doute s'agit-il *d'Arundo donax* L. l'espèce dont on fait couramment des haies et des tonnelles dans les pays méditerranéens, tandis que la *palustris canna* est *Arundo phragmites* L.

Chap. 14

1. *de opere albario* : cf. Vitruve, 7, 3, 4 et surtout 7, 2, 2 : *sumatur ascia et, quemadmodum materia dolatur, sic calx in lacu macerata ascietur*, etc. ; cf. également Faventinus, 20.

Chap. 15

1. *de tectoriis* : correspond à Vitruve, 7, 3, 5 et Faventinus, 22. Ce court chapitre n'appelle pas de remarques particulières. Les indications qui y figurent sont parfaitement valables. *Rutrum* désigne ici une pelle de terrassier (cf. K.D. White, *A.I.R.W.*, p. 28-30 : « a grubber »).

Chap. 16

1. *de uitanda ualle...* : ce chapitre, à première vue, ne semble pas à sa place, car la condamnation qu'il contient de l'installation dans une vallée aurait dû normalement figurer dans le chap. 7

(*de agri electione uel situ*). En fait, il s'agit d'un chapitre de transition, permettant à Palladius de passer des problèmes généraux de construction au problème particulier de l'aménagement d'une citerne.

Chap. 17

1. *de cisternis...* : la source de ce chapitre demeure inconnue. Vitruve indique bien la manière de construire une citerne en 7, 6, 14 sq., et introduit son développement d'une façon analogue à celle de Palladius : *si loca dura erunt aut nimium funditus uenae fuerint* (= *si puteus desit* de notre chap. 16), *tunc Signinis operibus ex tectis aut a superioribus locis excipiendae sunt copiae aquarum.* Mais la description de Palladius ne correspond pas à celle de l'architecte, non plus qu'à celle de Pline, *N.H.* 36, 52, qui n'est d'ailleurs qu'un résumé très succinct du texte de Vitruve. Les *Géoponiques* consacrent également un chapitre à la façon de recueillir les eaux pluviales (cf. 2, 7 : Πῶς δεῖ τὸ ὄμβριον ὕδωρ συνάγειν), mais seules y sont décrites les canalisations conduisant à la citerne, et non la citerne elle-même ; il est néanmoins probable que cette dernière l'était dans un chapitre qui ne nous est pas parvenu. Quant à Faventinus, il traite des puits dans son chapitre 4 (*de puteorum fossionibus et structuris*), mais on ne trouve rien chez lui sur les citernes. Le recours à celles-ci était, d'ailleurs, loin de faire l'unanimité des spécialistes (cf. Pline, 31, 31 : *Miror cisternarum aquas ab aliquis maxime probari* et 31, 34 : *cisternas medici confitentur inutiles aluo faucibusque, etiam limi non aliis adesse plus aut animalium quae faciunt taedium*). Opinion contraire chez Columelle, 1, 5, 2 : *Si deerit fluens unda, putealis quaeratur in uicino... Haec quoque si deficiet, ...uastae cisternae... instruantur colligendae aquae tandem pluuiali, quae salubritati corporis est accommodatissima.* C'est très probablement Columelle qui — une fois de plus — est visé par la critique de Pline.

2. *Signinis parietibus* : la « maçonnerie de Signia », qui tirait son nom d'une ville du Latium (aujourd'hui Segni), est décrite par Pline, *N.H.* 35, 165 et Vitruve, 8, 7, 14 : elle était à base de briques concassées.

3. *cui delectaris* : c'est la leçon de tous les manuscrits. Toutefois celui que lisait Politien, et dont il nous a transmis certaines leçons, portait *qua delectaris*, lectio facilior adoptée par Schneider et Schmitt. En fait rien n'interdit de conserver le datif (cf. Svennung, *Untersuchungen*, p. 221, et Ernout-Thomas, *Syntaxe latine*, p. 74-75).

4. *lardo pingui... perfricandum* : « ce « graissage », visant à l'imperméabilisation de l'intérieur de la citerne, se pratique encore dans certaines campagnes.

5. *anguillas piscesque...* : cette notation est pour le moins curieuse, et paraît absurde ; on peut néanmoins rapprocher

Pline, *N.H.* 31, 36 : *Si amnis anguillis scateat, salubritatis indicium habetur*, et Aristote *ap.* Ath. 298 a : « Aristote dit que les anguilles aiment l'eau très pure » (cité par G. Serbat, commentaire à Pline 31, Belles Lettres, 1972, p. 110).

6. *hoc genus malthae* : sur le même sujet, cf. le chap. 40. La source de Pall. est ici le long chapitre 30 de Faventinus, *de malthis diuersis*, par lequel se termine son traité. L'auteur y décrit avec force détails les *malthae*, c'est-à-dire les diverses sortes de « mastic » servant, notamment en plomberie, à colmater les fissures. Le terme de *maltha* est évidemment un emprunt au grec μάλθη, formé sur la même racine que μαλακός, « mou » et μαλάσσω, « amollir » ; ce terme désigne un enduit, quel qu'il soit, de consistance molle (sorte de goudron chez Hipponax, 41 ; cire pour les tablettes à écrire chez Démosthène). Pline en donne en 36, 181 une recette selon lui excellente : *maltha e calce fit recenti* ; *glaeba uino restinguitur, mox tunditur cum adipe suillo et fico, duplici lenimento. Quae res omnium tenacissima, et duritiam lapidis antecedens* ; il s'agit, on le voit, d'une recette voisine de celle de Palladius. L'*axungia* dont parle ce dernier était, précise Pline en 28, 141, de la graisse de porc (ou, comme le dit Palladius, du suif). L'étymologie (de *axis*, « essieu » et *ungere*, « oindre, enduire ») indique suffisamment quelle était sa destination principale ; l'expression *adeps suillus*, dans la recette donnée par Pline en 36, 180, désigne le même produit. S. de la Bonnetrie glosait ainsi le terme : « c'est ce que nous appelons du *vieux-oing* ». Palladius n'a choisi ici qu'une recette, parmi les très nombreuses que lui fournissait Faventinus.

7. *salutare erit...* : ici Palladius s'inspire visiblement de Col., 1, 5, 2 : *...pluuialis aqua salubritati corporis est accommodatissima* ; *sed ea sic habetur eximia, si fictilibus tubis in contectam cisternam deducitur.* Mais il place maladroitement cette dernière notation, qui aurait dû logiquement servir d'introduction au chapitre. A noter que, si Palladius ne traite ici que de la citerne, il consacrera aux puits le chap. 9 du livre 9 : *de puteis.*

Chap. 18

1. *cellam uinariam septemtrioni habere debemus*, etc. : reprise de Col., 1, 6, 11 et de *Géop.* 6, 2, 8 : « Le cellier doit être éloigné de la citerne (ἀπὸ λάκκου), de l'écurie, des lieux d'aisance, de la grange à paille, de la boulangerie et des bains ». Mais le reste du chapitre n'a pas de source connue.

La *cella uinaria* que décrit Palladius peut être considérée comme relativement « moderne » : en effet ce texte est le seul qui nous présente un système perfectionné d'écoulement du jus de raisin, lui permettant de passer directement (avec sans doute un dispositif de filtrage) du pressoir dans les *dolia*, au lieu d'y être transporté, comme cela se faisait le plus souvent, par des ouvriers, les *haustores* (cf. le bas-relief de la villa Albani, reproduit par R. Billiard, *Agr.*, p. 236). C'est ce qui explique que, pour Palladius, le fouloir (*calcatorium*) se trouve à l'intérieur même de la cave. Néanmoins il apparaît que, si le système d'écoulement est perfectionné, il n'en est pas de même du système de pressurage : on observera en effet que Palladius ne parle que du fouloir, et ignore apparemment le pressoir (*torcular* ou *torcularium*), dont on connaît la description par Caton, *Agr.* 18 et Vitruve, 6, 6, 3. Faut-il croire qu'aux yeux de notre auteur le foulage du raisin était suffisant, et qu'il lui paraissait superflu d'extraire en outre, grâce au pressoir, le jus contenu dans le marc, résidu du foulage ? Ce serait surprenant, et il s'agit plus vraisemblablement d'un oubli, certes fâcheux, mais que l'on peut également reprocher à Virgile, qui lui aussi ne connaît que le fouloir (cf. *Géorg.* 2, 4-8). H. Plommer, *Vitruvius and later roman building manuals*, *op. cit.*, p. 8, tente d'expliquer la mention du seul *calcatorium* par l'existence du mode d'exploitation esclavagiste, à cause duquel « machines, even *torcularia*, would be expensive toys ». Mais on croira difficilement que les esclaves étaient plus nombreux à l'époque de Palladius qu'à celle de Vitruve. Du reste Faventinus, 13, mentionne bel et bien le *torcular*, et en fin de compte Palladius est le seul écrivain technique qui semble ne pas le connaître.

2. L'expression *ut basilicae ipsius forma... constructum*, assez gauche, semble signifier : *ut calcatorium, loco basilicae simili, quasi in tribunali constructum sit*. Le terme de *basilica* (cf. Vitruve 5, 1, 4 sq.) désigne un palais de justice : les juges y siégeaient, dans une salle voûtée, sur une estrade ou *tribunal*, à laquelle Palladius compare implicitement le *locus altior* sur lequel doit être installé le fouloir. — On se représentera l'ensemble de la *cella uinaria* d'après le plan ci-dessous :

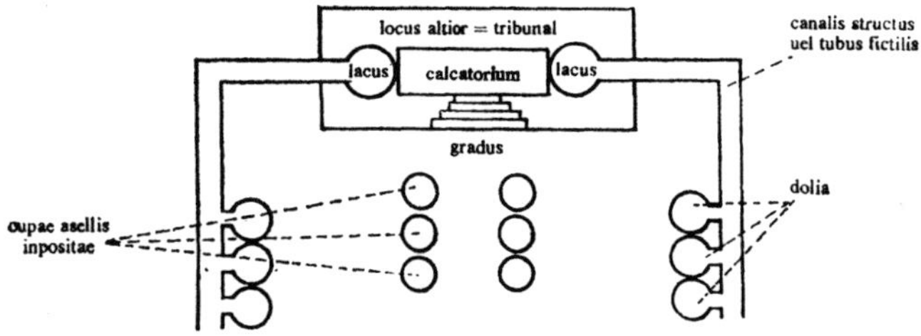

Chap. 19

1. Les éditeurs ajoutent *septemtrionis* après *ipsam*. Cette addition ne s'impose nullement : comme l'a montré Svennung (*Untersuchungen*, p. 307 sq.), *ipse* a souvent, chez Palladius, la valeur de *idem* ; c'est le cas ici, et il faut comprendre *ipsam*

partem comme équivalant à *eamdem partem* (*ac cella uinaria*) — c'est-à-dire, effectivement, *septemtrionis*, mais sans qu'il soit nécessaire de le préciser.

2. Cette phrase est un résumé de Col., 1, 6, 10 : *sed granaria... spirantibus*. Cf. également Faventinus, 13 : *granaria ad septemtrionem uel aquilonem spectent*, repris de Vitruve, 6, 6, 4: *granaria sublinita et ad septemtrionem aut aquilonem spectantia disponantur*. Mêmes notations dans *Géop.* 2, 27, 2 : « Que le grenier soit à l'abri de l'humidité, des mauvaises odeurs et des exhalaisons désagréables ; qu'il soit surtout éloigné des écuries, des étables et autres bâtiments du même genre, ainsi que de toute source de chaleur ». On rapprochera aussi Varron, *R.R.* 1, 57, 1 : *ad quae* (sc. *granaria*) *nulla aura humida ex propinquis locis adspiret*.

3. *solum igitur... debemus inprimere* : la source est Col., 1, 6, 12 : [*horrei*] *solum terrenum priusquam consternatur, perfossum et amurca recenti non salsa madefactum, uelut Signinum opus pilis condensatur*. L'expression de Palladius : *testaceum pauimentum* n'est autre qu'une définition du *Signinum opus* ; mais, alors que pour Columelle il suffisait d'un sol en terre battue ressemblant (cf. *uelut*) à du *Signinum opus*, Palladius se montre plus exigeant. S'il faut veiller à ce qu'il n'y ait pas de crevasses dans le sol, c'est, précise Columelle, parce que ces dernières *caua praebent et latebras subterraneis animalibus*.

4. *tunc diuisas cellas*, etc. : c'est en gros ce que recommandait Col., 1, 6, 13: *lacubus* (= *cellis*) *distinguuntur granaria, ut separatim quaeque legumina ponantur*.

5. *si terrae pauperes minora promittunt...* : notation apparemment originale. On remarquera, au point de vue du style, le procédé, cher à Palladius, de la « personnification » (ici de la terre), réalisée par l'emploi d'un verbe tel que *promittere* avec un nom de chose pour sujet (cf. Svennung, *Untersuchungen*, pp. 74-83). — On observera, par ailleurs, que Palladius ne dit rien de la conservation du blé en « silos » (gr. σειροί, lat. *siri* : cf. Col., 1, 6, 15 et Varron, *R.R.* 1, 57, 3), constitués par des fosses creusées dans la terre : elle ne se pratiquait, en fait, que dans les régions très sèches comme par exemple la Cappadoce, et Columelle la déconseillait formellement *in nostris regionibus, quae redundant uligine*.

6. *amurca luto mixta... adiciuntur* : cf. *Géop.* 2, 27, 7 : « Il est excellent d'enduire d'amurque le béton ⟨ du sol ⟩, car elle a le double mérite de faire périr tous les parasites et de rendre le blé plus solide et plus compact; c'est pourquoi certains aspergent les parois d'amurque à demi bouillie » (précepte dû à Tarentinos, et dont la première partie est traduite littéralement de Varron, *R.R.* 1, 57, 1). Cf. déjà Caton, *Agr.* 91 et 128, ainsi que Col. 1, 6, 13-14. Sur l'amurque, voir *infra*, p. 130, note 5.

7. *coriandri folia* : la coriandre est une ombellifère, cultivée pour son fruit qui est utilisé comme condiment. Ses feuilles ont une odeur forte (cf. gr. κόρις, « punaise »), et cela explique sans doute la recommandation de Palladius ; dans *Géop.* 2, 27, 6, c'est l'absinthe qui joue le même rôle. Mais le texte de Pall. est douteux.

8. *nihil tamen commodius erit...* : à rapprocher de Col., 2, 20, 5 : *in area detrita frumenta sic sunt adgerenda, ut omni flatu possint excerni*. La même idée sera reprise par Pall. en 1, 36, 2.

9. *negat Columella...* : comme on le voit par le passage cité dans la note 8, Columelle non seulement ne condamnait pas, mais encore recommandait vivement la ventilation des grains sur l'aire, avant leur emmagasinement dans le grenier. C'est en revanche une fois dans le grenier que le blé, au dire du même auteur, 1, 6, 16-17, devait être tenu à l'abri du vent, contrairement à une opinion très répandue (*multi opinantur...* ; *id autem falsissimum est...*). L'agronome de Gadès considérait pour sa part qu'il valait mieux perdre ce qui était déjà gâté, plutôt que d'exposer toute la récolte (*longeque praestat id solum, quod iam uitiatum est, quam totum periculo subicere*). C'était là un point de vue parfaitement valable. Le *palmus* représente un peu plus de 7 cm. — Ce passage est un de ceux qui permettent de poser la question de savoir si Columelle est la source constante, ou seulement occasionnelle, de Palladius : on pourrait en effet être conduit à penser que, s'il le cite ici expressément, c'est que, dans les autres passages du même chapitre où nous avons vu qu'il paraissait s'inspirer de lui, il utilisait en réalité une autre source, qui pourrait être Gargilius Martialis s'inspirant lui-même de Columelle, selon le schéma : Columelle → G. Martialis → Palladius. En fait une telle conclusion ne s'impose nullement : si Palladius précise ici que l'opinion en question est celle de Columelle, c'est parce qu'elle était originale, et s'opposait à l'opinion courante ; aussi Palladius la mentionne-t-il sans la reprendre à son compte. Nous verrons du reste que de la même façon, au chapitre 35, il reprend plusieurs préceptes dus à Démocrite et Apulée, mais le plus souvent sans le dire (ces deux auteurs n'étant cités nommément qu'une fois chacun).

Chap. 20

1. *de olei factorio* : le terme de *factorium*, qui ne se trouve que chez Palladius (ici et en 11, 10, 1 : *ubi compleueris modum factorii*), dérive du substantif *factor*, désignant « l'ouvrier employé à la fabrication de l'huile », à mettre en relation avec *factus*, qui désigne la quantité d'huile obtenue à chaque tour de pressoir, la « pressée », comme l'indique la recommandation de Caton, *Agr.* 67, 1 : *factoribus det in singulos factus olei sextarios*, et surtout la définition de Varron, *R.R.* 1, 24, 2 : *hostum uocant quod ex uno facto olei reficitur* ; *factum dicunt quod uno tempore conficiunt*.

Les autres agronomes latins, au lieu de *factorium*, emploient *torcularium* ou *torcular*.

2. *meridianis obiecta partibus*, etc. : la source semble être Col., 1, 6, 18 : *torcularia praecipue cellaeque oleariae calidae esse debent, quia commodius omnis liquor uapore soluitur, ac frigoribus magis constringitur... Propter quod torcular debet a meridiana parte inlustrari*. Mais cf. également Vitruve, 6, 6, 3 : *olearia autem ita est conlocanda, ut habeat a meridie calidisque regionibus lumen* ; *non enim debet oleum congelari, sed tepore caloris extenuari*. C'est surtout en 12, 52 que Columelle traite la question du pressoir à huile, s'étant aperçu qu'il avait omis dans le premier livre nombre d'indications importantes. Rien sur ce point, en revanche, dans les *Géoponiques* telles qu'elles nous sont parvenues.

3. *per specularia* : pas de source à cette indication. On sait que l'usage des « pierres spéculaires » servant de vitres (elles provenaient de Cappadoce et d'Espagne citérieure) remontait à l'époque augustéenne seulement ; il va de soi qu'au Ier siècle elles n'étaient pas encore d'une utilisation courante à la campagne : Pline les connaît pourtant pour les fruitiers (cf. 15, 59) et Columelle, 11, 3, 5 parle des *specularia* employés pour couvrir les serres où sont cultivés les concombres.

4. *quae hieme futura sunt* : cf. Virgile, *Géorg.* 1, 305-306 : *et quernas glandes tum* (sc. *hieme*) *stringere tempus / et lauri bacas oleamque* et Minucius Felix, *Oct.* 17, 7 : *hiberna oliuitas necessaria*. Il s'agit très exactement du mois de janvier.

5. *trapetis et rotulis et prelo... consuetudo dictauit* : la désinvolture de Palladius est extrême dès qu'il s'agit de machines, qu'il semble répugner à décrire : cf. son silence, déjà noté, sur le pressoir à raisins, et, au chap. 41, la façon expéditive dont il traite (en deux lignes !) la question du moulin à eau. En ce qui concerne les divers modèles de pressoirs à huile et les termes qui les désignaient, nos renseignements sont extrêmement fragmentaires. Columelle (12, 52, 6) en distingue quatre principaux, les *molae*, le *trapetum*, la *solea* et le *canalis* ; il considère que les premières sont supérieures au second, et le second aux deux autres ; il mentionne en outre une cinquième sorte de pressoir, le « battoir » ou *tudicula*, qu'il estime efficace, mais d'un maniement délicat. Par ailleurs, en 12, 52, 10, il emploie les termes de *torcular* (cf. *C.G.L.* 4, 269, 34 : *ubi oleum aut uinum exprimitur*) et de *prelum* (cf. *ibid.*, 269, 34 : *ubi oleum de oliuis exprimitur*), mais ne parle plus des instruments qu'il avait mentionnés précédemment. Essayons d'y voir un peu plus clair : on sait que le pressage des olives doit s'effectuer en deux temps : en effet il faut d'abord écraser les fruits, pour en faire sortir un liquide amer et impropre à la consommation, l'*amurca* (« amurque » ou « eau de végétation », définie par Pline, *N.H.* 15, 9, comme étant « une humeur amère », *sanies... amara*, de l'olive), ensuite, une fois la pulpe écrasée et débarrassée de l'*amurca*, la presser pour en exprimer le suc gras de l'*oleum* proprement dit. C'est à la première de ces deux opé-

rations que servaient les instruments énumérés par Columelle au paragraphe 6, tandis que le *torcular* et le *prelum* servaient à la seconde. Reprenons maintenant la liste de Columelle : de la *solea* et du *canalis* nous ne savons rien ; tout au plus pouvons-nous conjecturer, d'après le sens général du mot, que la première consistait en une dalle au moyen de laquelle on écrasait les fruits. Quant à la différence qu'il pouvait y avoir entre les *molae* et le *trapetum*, elle demeure pour nous mystérieuse, puisque Varron (*R.R.* 1, 55, 5) donne précisément le nom de *trapetae* à ce qu'il définit comme étant *molae oleariae e duro et aspero lapide* ; cf. également *C.G.L.* 5, 486, 49 : *trapetum est molum* (sic) *in quo oliuae moluntur*. Sur quoi peut donc reposer la distinction, et même l'opposition qu'établit Columelle entre *molae* et *trapetum* ? Nous formulerons ici une hypothèse : le *trapetum* nous est bien connu par la description qu'en donne Caton, *Agr.* 20-22 : il se composait, pour l'essentiel, d'un mortier en pierre, dans lequel deux meules, actionnées par deux manches de bois, tournaient *mais sans rouler sur elles-mêmes*, c'est-à-dire *en glissant* en quelque sorte dans le mortier ; les *molae* de Columelle devaient être au contraire des meules, peut-être superposées, *tournant surs elles-mêmes* dans le mortier au moyen d'une manivelle, ainsi que le ferait une roue ; en outre elles devaient être d'assez petite taille, car l'agronome précise qu'en les utilisant on ne risque guère d'écraser les noyaux, ce qu'il faut en effet absolument éviter. Nous supposons que c'est ce système que Palladius désigne par le terme de *rotulae*, « les roulettes ». Quant au *prelum*, il s'agit du « pressoir » proprement dit (les autres systèmes étant plutôt des « moulins » ou des « broyeurs »), analogue à celui que décrit, mais pour le raisin, Caton, *Agr.* 18-19, et dont la pièce essentielle était le *prelum* au sens strict, énorme poutre qui venait faire pression sur un disque de bois, *orbis*, sous lequel on disposait, après le premier broyage, soit les raisins soit les olives ; on avait fini par désigner l'ensemble de la machine par le mot qui à l'origine ne désignait que sa pièce principale. Il apparaît donc que les systèmes du pressage et du broyage étaient employés l'un et l'autre, mais à des moments différents. On voit encore de nos jours, en Normandie, des pressoirs à pommes qui fonctionnent selon le même double système, et ressemblent trait pour trait, en ce qui concerne leur seconde pièce, à l'instrument décrit par Caton ; les derniers fonctionnaient encore il y a moins de dix ans. Quoi qu'il en soit, il paraît impossible, en l'état actuel de notre documentation, d'apporter à ces problèmes de vocabulaire une solution définitive. — En ce qui concerne le texte, qui fait difficulté, nous adoptons la « lectio difficilior » *nata* et la leçon *dictauit* que donnent le ms. *M* et toutes les éditions, sauf la première. Sur l'ensemble de ces problèmes, on se reportera à A.G. Drachmann, *Ancient Oil Mills and Presses*, Copenhague, 1932.

6. *receptacula olei semper munda sint* : pas de source sûre, mais, sur les soins à donner aux récipients à huile, cf. les prescriptions détaillées de Col., 12, 52, 14.

7. *subiectis cuniculis*, etc. : Palladius décrit ici le système bien connu de l'hypocauste, sur lequel il reviendra de façon plus précise au chapitre 39, à propos des bains. Ce système, qu'il préconise soit de façon originale, soit d'après une source inconnue de nous, permettait de résoudre un problème difficile, que Columelle avait fort bien posé en 1, 6, 18, en attirant l'attention de ses lecteurs sur le fait que la chaleur, si nécessaire à la *cella olearia*, doit être naturelle et résulter de l'orientation, et en proscrivant formellement l'emploi du feu, dont la fumée et la suie risqueraient de nuire gravement à la saveur de l'huile : *ut calore naturali est opus, qui contingit positione caeli et declinatione, ita non est opus ignibus aut flammis, quoniam fumo et fuligine sapor olei corrumpitur*. Columelle revenait d'ailleurs sur ce problème capital en 12, 52, 13 : *ad eum statum caeli et torcular et cella olearia constituenda est, qui maxime a frigidis uentis auersus est, ut quam minime uapor ignis desideretur*. Seul effectivement le système de l'hypocauste, c'est-à-dire du chauffage en sous-sol, permettait d'utiliser la chaleur du feu sans faire subir à l'huile les dommages de la fumée, puisque la source de chaleur se trouvait non pas dans, mais sous la *cella olearia*. Mais, bien qu'à la date où il écrivait ce système eût été déjà décrit par Vitruve, 5, 10, 2, Columelle n'y avait pas songé. On rapprochera Pall., 11, 10, 2 : *focos non propius admouebis, ne olei saporem fumus inficiat*. Pour l'effet bénéfique de la chaleur sur l'huile, cf. Théophr., *C.P.* 1, 19, 4, et Pline, *N.H.* 15, 10 : il faut entretenir du feu dans les pressoirs et les celliers.

Chap. 21

1. *stabula... meridianas respiciant partes* : la source n'apparaît pas. Le point de vue de Columelle était différent : il recommandait d'avoir à la fois des étables d'été et des étables d'hiver (1, 6, 4 : *duplicia sint, hiberna atque aestiua*), en précisant qu'elles ne devaient être ni trop chaudes ni trop froides : *neque frigore neque calore infestentur*.

2. *ab omni umore suspensa sint* : cf. Col., *ibid.* : *omnia stabula sic ordinentur, ne quis umor influere possit*.

3. *si focum proxime habeant* : la source est ici Faventinus, 13 : *bubilia in parte meridiana* (sc. *designentur*), *ita ut ad ortum aut ad focum boues spectent ; nitidiorem enim cultum recipiunt, si ad lumen adtendant*, d'après Vitruve, 6, 6, 1 : *in corte culina quam calidissimo loco designetur ; coniuncta autem habeat bubilia, quorum praesepia ad focum et orientis caeli regionem spectent, ideo quod boues lumen et ignem spectando horridi non fiunt* (c'est le contraire pour les chevaux : cf. *ibid.*, 5). Varron insistait de la même façon sur l'importance de la chaleur pour les bœufs (cf. *R.R.* 1, 13, 1 : *in uilla faciunda stabula. ita ut bubilia sint ibi, hieme quae possint esse calidiora*).

4. *octo pedes ad spatium standi...* : on rapprochera Vitr., 6, 6, 2 : *bubilium autem debent esse latitudines nec minores pedum X nec maiores XV* ; *longitudo, uti singula iuga ne minus pedes occupent septenos* et Fav., 13 : *latitudo XV pedibus disponatur et in singulis paribus VIII pedes relinquantur.* Ce rapprochement montre que la traduction traditionnelle de la phrase de Palladius (S. de la Bonnetrie : « huit pieds suffisent à une paire de bœufs lorsqu'ils se tiennent debout, et quinze lorsqu'ils sont couchés ») constitue un contresens. Ce que disent en effet Vitruve et Faventinus, dont Palladius s'inspire ici manifestement, c'est que les étables doivent avoir de 10 à 15 pieds *de largeur* (soit de 3 à 4,5 m.), et *une longueur* variable, qui sera bien entendu fonction du nombre de paires de bœufs, l'essentiel étant que chaque paire dispose d'au moins 7 pieds (soit 2,10 m.), ce qui est en effet le strict minimum (cf. figure ci-dessous). Palladius dit la même chose, et *in porrectione* ne signifie pas « lorsqu'ils sont couchés », mais tout simplement « dans le sens de la largeur » (voir figure ci-dessous).

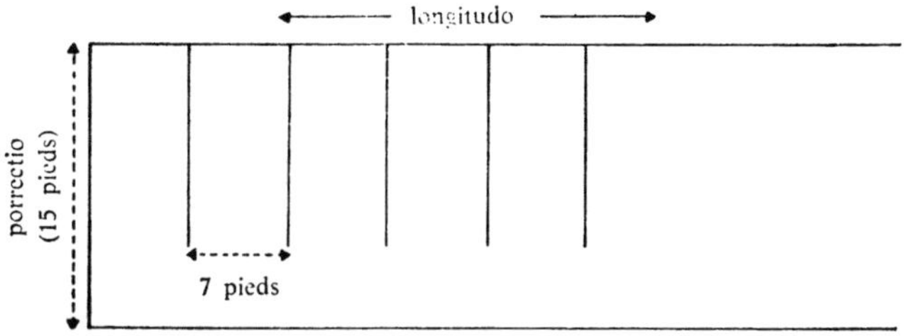

5. *plancae roboreae...* : pas de source pour cette notation, au demeurant valable. Le terme de *planca* (cf. français « planche »), correspondant à *tabula* de la langue classique, est extrêmement rare, mais se lit chez Tertullien, *Paen.* 12, et dans les inscriptions (cf. L. Dalmasso, *Appunti lessicali...*, p. 64).

Chap. 22

1. Pas de source nette pour ce chapitre. Faventinus se bornait à dire : *primo ita cortes et culinae calidis locis designentur* (cf. chap. 13 : *de fabrica uillae rusticae disponenda*). Rien dans Columelle sur ce point. Varron en revanche insistait beaucoup, en 1, 13, sur l'aménagement de la cour, estimant que, dans les grandes exploitations, il convient d'en avoir deux, l'une intérieure, l'autre extérieure, chacune possédant un bassin destiné à recevoir les eaux de pluie. — La question se pose de savoir quels sont les *animalia* auxquels songe Palladius dans ce passage : il ne s'agit ni des bœufs ni des chevaux, dont il a été traité au chapitre précédent, ni des volailles, dont il sera question dans les chapitres suivants ; il est donc probable que Palladius veut parler ici du petit bétail, moutons et chèvres, auquel cas le rapprochement est à faire avec Col., 1, 6, 4 : *ceteris autem pecoribus* (Columelle

vient de parler du gros bétail), *quae intra uillam esse conuenit, ex parte tecta loca, ex parte sub diuo parietibus altis circumsepta, ut illic per hiemem, hic per aestatem sine uiolentia ferarum conquiescant.* Mais il est évident que ce n'est pas la source de Palladius, dont la description doit être personnelle.

Chap. 23

1. Même remarque, sauf pour la prohibition de la fiente d'oie pour les fumures, qui provient de Col., 2, 14, 1, où la condamnation est étendue à tous les oiseaux aquatiques. Ce bref chapitre va entraîner Palladius à écrire sept chapitres, souvent assez longs, constituant une digression très détaillée sur les problèmes de l'aviculture. Pour la mention du *stercus*, cf. *infra*, chap. 33.

Chap. 24

1. *columbarium uero... sublimis una turricula* : on rapprochera l'adjectif *sublimis* de la notation de Varron (3, 7, 1), qui fait dériver le mot *columba* de *columen*, parce que les pigeons sauvages (*agrestes*), en raison de leur caractère craintif, recherchent toujours les points les plus élevés des bâtiments (*propter timorem naturalem summa loca in tectis captant*), et s'installent volontiers *in turribus ac columinibus uillae.* Pline néanmoins, au contraire de Palladius, considérait comme « une folie » la construction de véritables tours destinées à servir de pigeonnier : cf. *N.H.* 10, 110 : *columbarum amore insaniunt multi : super tecta exaedificant turres.* Sur les *turres*, cf. également Martial 3, 58, 18 : *sonantque turres plausibus columbarum.* On sait d'autre part qu'à l'époque de Varron la manie de l'hellénisme faisait souvent donner au pigeonnier le nom de περιστερεών ou de περιστεροτροφεῖον. En dépit de l'étymologie qu'il donne, Varron ne préconise pas spécialement de l'aménager en un lieu élevé ; Palladius ici ne s'inspire pas davantage des *Géoponiques* (cf., sur les pigeons, 14, 6), mais plutôt, sans que ce soit d'ailleurs très net, de Columelle : ce dernier distinguait en effet deux sortes de pigeonniers : d'une part ceux que l'on peut avoir en pleine campagne, et d'où les pigeons sont libres de sortir pour chercher leur nourriture dans les champs (cf. 8, 8, 1 : *longinquis regionibus... uel summis turribus uel editissimis aedificiis adsignatas sedes frequentant patentibus fenestris, per quas ad requirendos cibos euolitant*) ; d'autre part ceux qu'il faut avoir dans les domaines suburbains, d'où l'on ne peut se permettre de laisser sortir librement les pigeons, en raison des risques qu'ils courent du fait des oiseleurs (cf. 8, 8, 2 : *Sed hoc* (sc. *se ipsas pascere seminibus agrestibus*) *suburbanis locis facere non possunt, quoniam intercipiuntur uariis aucupum insidiis. Itaque suburbanis locis... clausae intra tectum pasci debent, nec in plano uillae loco nec in frigido, sed in edito fieri tabulatum oportet, quod adspiciat hibernum meridiem*). Palladius, on le voit,

est beaucoup moins précis, et du reste tout son chapitre concernant les pigeons est beaucoup trop sommaire, puisqu'il ne parle, contrairement à Columelle, ni des « cases » destinées aux nids, ni de l'eau qu'il faut donner aux volatiles, ni du choix de ces derniers.

2. *leuigatis et dealbatis parietibus* : cf. Col., 8, 8, 3 : *Totus autem locus et ipsae columbarum cellae poliri debent albo tectorio, quoniam eo colore praecipue delectatur hoc genus auium, nec minus extrinsecus leuigari parietes.*

3. *a mustelis tutae fiunt*, etc. : nous n'avons pas trouvé de source à cette curieuse recommandation. Varron explique, pour sa part, comment fabriquer et installer, près du pigeonnier, des pièges pour prendre les corbeaux et les éperviers (cf. 3, 7, 7). Dans *Géop.* 14, 4, il est recommandé, pour protéger les pigeons contre les animaux carnassiers, de suspendre aux entrées des pigeonniers des rameaux de rue (κλωνία πηγάνου). En ce qui concerne le précepte de Palladius, il est à rapprocher de la série de « remèdes », magiques pour la plupart, dont l'énumération constitue le chap. 35 du livre 1 (cf. *infra*) ; pour la *spartea*, ou *solea spartea*, cf. Col., 6, 12, 3 et 6, 15, 2, où l'on voit qu'il s'agissait d'une sorte de bottine, qui servait de pansement pour les bœufs souffrant d'une blessure au sabot ; cf. également Pline, *N.H.* 19, 26-30, sur les différents (et nombreux) usages du sparte ou genêt d'Espagne, qui provenait essentiellement de la région de Carthagène ; quant aux « belettes » dont il est ici question, ce sont vraisemblablement celles qui, comme on le sait, jouaient dans l'antiquité, en tant qu'animaux domestiques, le même rôle que de nos jours les chats : Varron, *R.R.* 3, 10, 14 et Col. 8, 14, 9 recommandent d'en protéger les oisons, mais le second mentionne aussi les chats (*feles*), peut-être sauvages ; Palladius conseille, pour sa part, en 4, 9, 4, de mettre dans les champs de cardons des chats (qu'il appelle *catti*), pour qu'ils détruisent les taupes.

4. *non pereunt et neque locum deserunt* : non sans hésitations, nous avons, à la suite de Schmitt, maintenu la lectio difficilior *et neque*, contre *neque* donné par certains manuscrits. J.H. Schmalz (*Sprachliche Bemerkungen...*, p. 177) rapproche Suétone, *Iul.* 78, 2 : *ut proclamauerit et nec destiterit...* (mais ici encore texte suspect), et interprète *neque* comme signifiant « pas une seule fois » (*nicht einmal*), en rapprochant Pall., 2, 9, 2 : *quod nec desiderat.*

5. *aliquid de strangulati hominis loro* : autre précepte de caractère magique, auquel nous n'avons pas davantage trouvé de source. Columelle indique pour sa part, en 8, 8, 1 un autre moyen, tout différent, bien que lui aussi de caractère magique, d'obtenir le même résultat : il préconise d'enfermer vivants, dans des pots de terre que l'on fermera hermétiquement, des petits de l'oiseau appellé crécerelle, et de suspendre ces pots dans le

pigeonnier : *quae res auibus amorem loci sic conciliat, ne unquam deserant.*

6. *inducunt alias*, etc. : Varron recommandait lui aussi d'attirer dans le pigeonnier, autant que faire se pouvait, les pigeons sauvages vivant dans les environs (cf. 3, 7, 8), mais n'indiquait aucun moyen pour cela. Palladius s'inspire ici de *Géop.* 14, 3, 1 : « Si l'on donne du cumin à ceux qui vont sortir pour chercher leur nourriture, d'une part on les retiendra, d'autre part on en fera venir beaucoup d'autres avec eux, attirés par l'odeur du cumin ». Le « baume », *balsamum*, gr. βάλσαμον, est la résine de l'arbuste appelé baumier, *Commiphora opobalsamum* Engl. On rapprochera également *Géop.* 14, 2, 1 : « Enduis avec de l'huile de baume les portes, les fenêtres et les coins du pigeonnier, et ils ⟨ y ⟩ resteront ». Mais la mention des *hirci alarum* n'a pas de source connue ; peut-être s'agit-il d'un contresens commis par Palladius sur l'expression grecque τὰς γωνίας τοῦ περιστερεῶνος, « les angles, les coins du pigeonnier » (?). Pour le sens de *hirci* = *ascelli*, cf. Svennung, *Untersuchungen*, p. 572, et *Thesaurus* VI, 3, 2822, 25 sq.

7. *fetus frequentant*, etc. : ici encore pas de source nette. Varron se bornait à dire : *delectantur milio, tritico, ordeo, piso, fasiolis, eruo* (3, 7, 8) ; Columelle citait : *uicia, eruum, lenticula, milium, lolium* (« ivraie »), *triticum* et *alia legumina quibus etiam gallinae aluntur* (8, 8, 6) ; même liste dans les *Géop.*, qui, à propos de la fécondité du pigeon, se bornent à dire : φύσει δὲ καὶ πολυγόνον τὸ ζῷον (14, 1, 3).

8. *tringinta columbis uolantibus* : Palladius veut vraisemblablement désigner ici les pigeons libres d'aller et venir dans la campagne, donc susceptibles d'y trouver par eux-mêmes une nourriture abondante ; il est le seul des agronomes latins qui chiffre la quantité de nourriture nécessaire aux pigeons, et son chiffre est très faible (*tres sextarii* = un litre et demi).

Chap. 25

1. Columelle, en 8, 9, 1, précisait qu'en ce qui concerne les tourterelles il ne s'agit pas de les élever à proprement parler (*educare*), car c'est un oiseau qui ne se reproduit pas en captivité, mais simplement de les engraisser après leur capture (*uolatura, ita ut capitur, farturae destinatur*). Bien que Palladius ne donne pas cette précision, son point de vue est évidemment identique, puisqu'il n'envisage pas le problème de la ponte et de la reproduction. Le point de vue de Varron semble à première vue différent : cf. 3, 8, 3 : *Ad saginandum adpositissimum tempus circiter messem ; etenim matres eorum tum optimae sunt, cum pulli plurimi gignuntur, qui ad farturam meliores ; itaque eorum fructus id*

temporis maxime consistit. Mais il est probable qu'en parlant des *pulli* Varron fait allusion à des poussins capturés, et non pas nés en captivité.

2. *cubiculum breue et prope obscurum* : notation originale, semble-t-il, qui ne se retrouve en tout cas ni chez Columelle ni chez Varron ; ce dernier estimait quant à lui qu'il fallait aux tourterelles un local aménagé de la même façon que le pigeonnier (cf. 3, 8, 1 : *item ut de columbis dictum est*).

3. *aestate, qua sola maxime pinguescunt* : cf. Col., 8, 9, 2 : *aestate uel sua sponte, dummodo sit facultas cibi, pinguescit,* et Varron, passage cité ci-dessus.

4. *milium mulsa maceratum* : Palladius regroupe en un seul, d'une façon d'ailleurs absurde, deux préceptes de Columelle. Ce dernier préconisait en effet de donner aux tourterelles, en été du *milium*, et en hiver des boulettes de pain trempées dans du vin (*offae panis uino madefactae*) ; mais il précisait bien que les graines, elles, doivent être données sèches (cf. 8, 9, 3 : *semina dari nisi sicca non oportet*). Palladius commet donc ici un véritable contresens, en mêlant deux idées différentes et sans rapport entre elles.

5. *semodius diurnus*, etc. : chiffres fournis à Palladius par Col., qui les avait lui-même trouvés chez Varron. Mais on peut se demander s'il n'y a pas contradiction entre le nombre (d'origine varronienne) de 120 tourterelles et la mention du *cubiculum breue* au début du chapitre : c'est encore, semble-t-il, une inconséquence de Palladius. Le *semodius* représente environ quatre litres.

Chap. 26

1. *alieno tempore* : pour le sens le plus probable de cette expression obscure, voir notre traduction. Palladius veut désigner ici les mois d'été, et non, comme le pense le commentateur de l'édition Didot, la fin de l'automne : cf. en effet Col., 8, 9, 1 : *per hiemem maior est turdi copia,* et Varron, 3, 5, 7 : *turdi... quotannis in Italiam trans mare aduolant circiter aequinoctium autumnale, et eodem reuolant ad aequinoctium uernum.* C'est donc entre l'équinoxe d'automne et celui de printemps que les grives étaient le plus nombreuses en Italie : aussi leur prix était-il bas, tandis qu'en été elles se vendaient fort cher. Le nombre des oiseaux migrateurs qui séjournaient en Italie à une époque ou à une autre était prodigieux : cf. Varron, *ibid.* : *alio tempore turtures ac coturnices immani numero* ; c'est pourquoi l'éleveur avisé les capturait à l'époque où ils abondaient, afin de les écouler sur le marché au moment où ils ne se trouvaient plus à l'état sauvage. C'est ce que signifie la notation de Palladius ; elle nous indique de façon certaine qu'à son époque l'économie rurale était encore

fort loin d'être une économie fermée : l'aviculteur songeait avant tout à la vente, et, comme sous le Haut-Empire ou à la fin de la République, il existait un marché important pour les produits de luxe. La formule *parcitati beneficium ministrante luxuria* est passablement obscure : Palladius semble vouloir dire que, si le propriétaire sait se montrer économe et frugal, en ne consommant pas lui-même les produits de son élevage, mais en les réservant pour le marché, il sera récompensé de sa *parcitas* par le bénéfice qu'il obtiendra, grâce à la *luxuria* des acheteurs. La traduction de l'édition Didot (« car le luxe met du prix aux raretés ») nous paraît erronée ; celle de Cabaret-Dupaty (« on en retire un bénéfice en les sacrifiant au luxe d'autrui ») était plus proche de la vérité.

2. *locus mundus et lucidus et undique leuigatus* : cette notation ne se trouve pas chez Columelle, mais elle semble impliquée, chez ce dernier, par la phrase : *locum aeque munitum et apricum quam columbi desiderant* (8, 10, 2). La mention de la clarté (cf. *lucidus*) pourrait provenir de Varron, 3, 5, 3 : *tantum luminis locum habere oportet ut aues uidere possint ubi adsidant, ubi cibus, ubi aqua sit* ; mais chez Varron ce précepte avait un caractère restrictif (« juste assez de lumière pour que... »), et au demeurant il ne semble pas que Palladius ait utilisé le traité varronien.

3. *transuersae perticae...* : cf. Col. 8, 10, 2. Mais au lieu de *post inclusum uolatum*, Col. disait : *satiati cibo* ; même notation chez Varron. L'expression *post inclusum uolatum* fait difficulté : Saboureux de la Bonnetrie comprenait : « des perches sur lesquelles ces oiseaux pourront se reposer, et qui leur ôteront la liberté de voler » ; le traducteur de l'éd. Didot modifie ainsi la fin de la phrase : « ...et qui les empêcheront de voler ». Cela revient, semble-t-il, à donner à *post* le sens de *praeter*, soit littéralement : « outre le fait que leur vol sera limité ». Bien que l'idée puisse paraître juste, elle ne correspond pas à l'expression latine ; de plus on remarquera que, lorsque Columelle prescrit — pour les tourterelles — de les empêcher de voler, il préconise de tendre à cet effet des filets devant leurs perchoirs (cf. 8, 9, 3 : *...praetentis retibus, quibus prohibeantur uolare*) : le même procédé serait, peut-on penser, valable pour les grives, si l'éleveur se proposait d'atteindre le même résultat, et il est certain que, chez Columelle tout au moins, les *perticae transuersae* ne jouent pas un tel rôle. D'où notre traduction, qui rejoint celle de Cabaret-Dupaty : « où les prisonnières pourront se reposer de leur vol ».

4. *rami etiam uirides* : cf. *Géop.* 14, 24, 6-7 (de même pour le précepte suivant).

5. *caricae tunsae mixtis pollinibus* : cf. Col., 8, 10, 3 : *arida ficus diligenter pinsita et permixta polline*, à rapprocher de Varron, *R.R.* 3, 5, 4 : *offas... ex ficis et farre mixto.* A l'origine, le mot *carica* désignait une certaine variété de figue, originaire de Carie ; mais à partir de Pline on le trouve employé couramment

comme synonyme de *ficus*. S'il faut en croire Columelle, certains aviculteurs faisaient mâcher les figues avant de les donner aux grives ; mais c'était un procédé coûteux, car d'une part les « mâcheurs de figues » se faisaient payer cher (*non paruo conducuntur qui mandant*), d'autre part ils mangeaient, par gourmandise, une partie de la nourriture destinée aux oiseaux (*ab ipsis aliquantum propter iucunditatem consumitur*) : aussi n'est-il pas étonnant que Palladius le passe sous silence.

6. *myrti etiam*, etc. : cf. Col., 8, 10, 4. Comme à l'ordinaire, Palladius exprime en trois lignes un précepte qui en occupait six chez son modèle. Rien chez Varron sur ce point.

7. *mixtis aliquibus ante nutritis* : cf. Col., 8, 10, 1 : *ueterani debent intermisceri, qui ab aucupibus in hunc usum nutriti quasi adlectores sint, captiuorum maestitiamque eorum mitigent interuolando.* Exemple particulièrement net du soin qu'apporte Palladius à employer des termes qui ne soient pas ceux de Columelle, et aussi de la recherche stylistique, à la limite du maniérisme, qui le caractérise parfois, surtout à la fin des chapitres.

CHAP. 27

1. *gallinas educare nulla mulier nescit* : cette notation semble propre à Palladius. On pourrait à la rigueur rapprocher Col., 8, 2, 7 : *Parandi autem modus est ducentorum capitum, quae pastoris unius curam distendant, dum tamen anus sedula uel puer adhibeatur custos uagantium, ne obsidiis hominum aut insidiatorum animalium diripiantur.* Mais, si dans notre texte *mulier industria* peut apparaître comme une reprise de *anus sedula*, on voit que l'idée de Columelle était très différente : pour lui, la « vieille femme » en question n'était que l'auxiliaire du *pastor*, qui apparaît comme le véritable responsable du poulailler (Varron parlait de même d'un *gallinarius curator*, cf. *R.R.* 3, 9, 11). Palladius paraît être d'avis que l'élevage des poules ne pose guère de problèmes. Telle n'était pas l'opinion de Columelle, qui lui avait consacré six chapitres, dont deux forts longs ; Varron également avait développé ce point beaucoup plus que Palladius (cf. le long chapitre 9 du livre 3). On notera, en particulier, que Columelle commençait par énumérer les diverses espèces de poules et leurs qualités respectives (8, 2) ; puis il décrivait longuement le poulailler (8, 3). On voit mal pourquoi Palladius a cru devoir négliger ce dernier point, puisqu'il avait pris soin de décrire, fût-ce brièvement, le local des pigeons, celui des tourterelles et celui des grives.

2. *fumo, puluere utantur et cinere* : bien que surprenante au premier abord, la lectio difficilior *fumo* doit être conservée, comme l'avait bien vu Schmitt, alors que tous les autres éditeurs adoptaient *fimo*, tant il leur paraissait normal de dire que les poules ont besoin de fumier, le tas de fumier étant le lieu ordinaire où

on peut les observer dans les cours de nos fermes. En fait, la source de Palladius est ici Col., 8, 3, 1 : *gallinaria... iuncta sint furno uel culinae, ut ad aues perueniat fumus, qui est huic generi praecipue salutaris.* On voit mal au premier abord la raison d'être de cette étrange notation. Rien de tel en tout cas chez Varron, qui pour sa part, en 3, 9, 15, recommandait vivement de conduire les jeunes poulets sur les tas de fumier : (*pulli*) *prodigendi... in sterquilinium, ut se uolutare possint, quod ita alibiliores fiunt.* Pourtant la notation de Columelle, reprise ici par Palladius, s'explique assez bien par le rapprochement avec un texte de Pline (cf. *infra*, note 9 au même chapitre). Pour ce qui est de la poussière (qui est plutôt, semble-t-il, du sable fin) et de la cendre, cf. Col., 8, 4, 4 : *Siccus etiam puluis et cinis... iuxta parietes reponendus est, ut sit quo aues se perfundant. Nam his rebus plumam pinnasque emundant, si modo credimus Ephesio Heraclito, qui ait sues coeno, cohortales aues puluere uel cinere lauari* (la notation est parfaitement exacte).

3. *nigrae aut flaui coloris* : cf. Col., 8, 2, 7 : *Eae sint rubicundae uel fuscae plumae, nigrisque pennis...* ; *sin aliter uitentur albae* ; Varron, *R.R.* 3, 9, 4 : *rubicunda pluma, nigris pennis* ; et *Géop.* 14, 7, 9 : αἱ ξανθίζουσαι. Ces considérations de couleurs n'ont en fait aucune valeur : de nos jours parmi les poules de type Leghorn (race dite « italienne » ou « de Livourne »), c'est la variété blanche qui est la plus répandue dans tous les pays (bien qu'il en existe aussi des variétés brunes, dorées et noires), et elle est considérée comme une remarquable pondeuse. Mais il n'est guère possible de préciser à quelles espèces songeaient les agronomes anciens.

4. *uinaciae cibo sterilescunt* : reprise, sous une forme schématisée et accentuée, du précepte de Columelle, 8, 4, 2-3 : *uinacia quamuis tolerabiliter pascant, dari non debent, nisi quibus anni temporibus auis fetum non edit, nam et partus raros et oua faciunt exigua* ; *sed cum plane post autumnum cessant a fetu, possunt hoc cibo sustineri.*

5. *hordeo semicocto*, etc. : la source est Col., 8, 5, 2. C'est toujours un problème délicat, pour un éleveur de volailles, que de chercher à obtenir à la fois de gros œufs et des œufs nombreux, car, comme le note un spécialiste, « la nature ne pousse souvent une qualité au point maximum qu'au détriment d'une faculté voisine » (M. Ponsignon, *Les poules*, Hachette, 1942, p. 159). C'est effectivement une question de nourriture, mais aussi de sélection des sujets.

6. *duobus cyathis hordei* : cf. Col., 8, 4, 5 et 5, 2. Cette quantité, qui représente environ un décilitre, paraît faible ; mais il s'agit d'une poule libre d'aller et venir, donc de se nourrir à l'extérieur de l'enclos. Pour une poule enfermée, Columelle préconisait le double de cette quantité.

7. *oua numero inpari* : cf. Col., 8, 5, 8 : *numerus ouorum quae subiciuntur impar obseruetur, nec semper idem* (en l'occurrence :

15 en janvier, 19 en mars, 21 ensuite) ; Varron, quant à lui, conseillait simplement de ne pas en donner plus de vingt-cinq (3, 9, 8). On connaît la valeur religieuse attachée par les anciens aux nombres impairs : *numero deus impare gaudet...* Par ailleurs, on observera que les chiffres donnés par les agronomes latins sont fort élevés : les spécialistes modernes s'accordent à considérer que la poule couveuse ne peut couver au maximum que douze à quinze œufs, selon sa taille (cf. M. Ponsignon, *op. cit.*, pp. 123-124). Nous avons donc là une indication qui montre que les œufs obtenus par les aviculteurs anciens étaient de faible volume.

8. *luna crescente*, etc. : la source est Col., 8, 5, 9 (même indication exactement). Varron se bornait à dire : *incubare oportet incipere secundum nouam lunam* (3, 9, 16). On rapprochera cette recommandation de celle que nous avons trouvée en 1, 6, 12 : *omnia quae seruntur crescente luna... sunt serenda* (voir notre commentaire *ad loc.*).

9. *pituita his nasci solet* : la « pépie » est à peu près la seule maladie que les agronomes anciens semblent connaître et redouter pour les poules : ils l'attribuent à certaines nourritures (cf. Col. 8, 5, 21-22), alors qu'elle est souvent une conséquence et un simple symptôme des maladies respiratoires, bronchite, pneumonie, coryza et surtout diphtérie, auxquelles les jeunes oiseaux surtout sont aisément sujets, et qui les contraignent à respirer le bec ouvert. Mais il est est exact que cette ulcération de la langue est occasionnée aussi, et assez fréquemment, par de l'eau corrompue. La description du mal (*quae alba pellicula*, etc.) semble propre à Palladius. L'arrachage de la pellicule avec l'ongle, bien que déconseillé par certains vétérinaires, est une pratique courante à la campagne, mais la recommandation de Palladius à ce sujet (*haec unguibus uellitur*) ne se trouve ni chez les autres agronomes latins ni chez Pline, qui prescrit des remèdes originaux sans mentionner cette pratique (cf. *N.H.* 10, 157 : *Inimicissima omnium generi pituita maximeque inter messis ac uindemiae tempus. Medicina in fame et cubitu in fumo, utique si e lauru aut herba sabina fiat... ; cibus allium cum farre aut aqua perfusus in qua maduerit noctua, aut cum semine uitis albae coctus ac quaedam alia*). Le remède ici indiqué par Pline (*cubitus in fumo, utique si lauru aut herba sabina fiat*) est évidemment à rapprocher de la notation de Columelle et de Palladius sur le caractère bénéfique que la fumée présenterait pour les poules : il s'agit en somme d'un traitement par fumigations, et c'est sans doute ce que Columelle avait dans l'esprit lorsqu'il écrivait que la fumée était pour les poules *praecipue salutaris*. Mais il est étonnant, dans ces conditions, que lui-même ne mentionne pas ce traitement parmi ceux qu'il prescrit contre la pépie.

10. *cinere et allio trito... allii mica trita cum oleo* : le second précepte vient de Col., 8, 5, 21 : *sunt qui spicas allii tepido madefactas oleo et faucibus inserant.* La source du premier n'apparaît

pas. De nos jours, la cautérisation de la plaie s'effectue généralement avec du jus de citron ou de la teinture d'iode.

11. *stafis etiam agria prodest* : cf. Col., 8, 5, 21 : *uua quoque, quam Graeci* ἀγρίαν σταφυλὴν *uocant, cum cibo mixta prodest.* Pour la staphisaigre, cf. Pline, *N.H.* 23, 18 : *quidam eam pituitariam uocant* (mais rien de plus à ce sujet). Il s'agit en fait d'une plante fort toxique, utilisée de nos jours en décoction comme insecticide : la médication que préconise ici Palladius à la suite de Columelle est donc assez surprenante.

12. *si amarum lupinum*, etc. : source obscure. En 8, 5, 22, Columelle signale que la pépie peut gagner les yeux (*oculos circumuenire*), et donne à cette forme de la maladie le nom latin de *grauedo* et le nom grec de *coryza* (κόρυζα) ; il en est question dans les *Géop.* 14, 17, 5. Columelle préconise, dans ce cas, de percer les joues des poules malades avec un instrument métallique, puis d'en faire sortie le pus (*ferro rescinduntur genae, et coacta sub oculis sanies omnis exprimitur*). Mais il ne dit rien, non plus que les *Géoponiques*, du lupin amer. La maladie en question est en réalité la diphtérie. Cf. M. Ponsignon, *op. cit.*, p. 276 : « Il peut se produire notamment des abcès de la joue ou de la région oculaire, ceux-ci pouvant même amener la fonte du globe de l'œil... Il existe également une forme cutanée, qui porte les noms d'épithélioma contagieux ou de variole. De petites tumeurs variqueuses apparaissent alors sur la face du malade et peuvent même gagner les régions emplumées ». On reconnaît les symptômes décrits par Palladius ; mais il est évident que ce dernier en méconnaît le diagnostic véritable. Il s'agit bien en fait, comme l'indique Columelle, de la même maladie qui est à l'origine de la pépie, mais avec une localisation différente.

13. *portulacae suco et mulieris lacte*, etc. : la source de Pall. est ici *Géop.* 14, 17, 1 : « On soignera les yeux des poules avec du lait de femme ou du jus de pourpier (ἀνδράχνης χυλῷ) dont on les baignera extérieurement, ou bien avec du sel ammoniac ou du cumin et du miel, écrasés en quantités égales » (on relève une assez nette différence entre Palladius et sa source en ce qui concerne l'ammoniac, le cumin et le miel). Le nom grec (ἀνδρ - άχνη) de la plante appelée en latin *portulaca* et le voisinage des expressions γυναικείῳ γάλακτι et ἀνδράχνης χυλῷ conduisent à se demander si l'on n'est pas en présence soit d'un jeu de mots soit d'une erreur d'interprétation due à Paxamos, auteur du précepte dans les *Géoponiques*, dont la phrase de Palladius est la traduction littérale. On notera que Palladius, sur le chapitre des soins à apporter aux poules malades, est très incomplet, et beaucoup plus bref que les *Géoponiques* et Columelle, qui signalent plusieurs autres remèdes omis par lui. L'emploi ici mentionné de la staphisaigre explique son nom vulgaire d'« herbe aux poux ». Comme nous l'indiquions ci-dessus, elle possède effectivement des propriétés insecticides. Cf. à cet égard les prescriptions de l'ouvrage

collectif sur *Les poules*, éd. Manufrance, Saint-Etienne, 1949, p. 207 : « Pour détruire les poux sur les volailles, on peut se servir de poudres insecticides ; celles... de graines de staphysaigre ou de cévadille sont les plus employées ».

Chap. 28

1. *pauones nutrire facillimum est* : pour l'élevage des paons, voir Varron, 3, 6 et Columelle, 8, 11. Il s'était introduit à Rome dans la première moitié du Ier siècle avant notre ère, au dire de Varron, 3, 6, 1 : *de pauonibus nostra memoria greges haberi coepti et uenire magno*, et la mode consistant à en servir dans les festins avait été lancée par Q. Hortensius, au grand scandale des tenants du *mos maiorum*, lors de celui qu'il avait donné pour fêter son accès à l'augurat (*ibid.*, 6 et Pline, *N.H.* 10, 45) ; cet exemple ayant été suivi avec enthousiasme, le prix de ces oiseaux avait considérablement augmenté, et leur élevage était devenu fort lucratif. Néanmoins cet engouement avait dû être d'assez courte durée, car Columelle n'envisage cette forme de *uillatica pastio* qu'à des fins d'agrément (cf. 8, 11, 1 : *pauonum educatio... non aliena est agricolae captantis undique uoluptates adquirere, quibus solitudinem ruris eblandiatur*). Il est assez étonnant, dans ces conditions, que le chapitre consacré par Palladius aux paons soit le plus long et le plus précis de ceux où il traite d'aviculture ; mais il semble, nous le verrons, que l'agronome ait été en quelque sorte un spécialiste de cet élevage : son chapitre 28 est en tout cas un de ceux qui offrent le plus de notations originales.

2. *per agros uagati sponte se pascunt* : cf. Col., 8, 11, 1-2 : *sine custode tuto uagatur, maioremque pabuli partem sibi adquirit ; feminae quidem sua sponte... pullos enutriunt, nec curator aliud facere debet quam ut diei certo tempore, signo dato, iuxta uillam gregem conuocet.* Pour Varron au contraire, les paons doivent être élevés dans un enclos et nourris de céréales, orge notamment (3, 6, 3 : *pascuntur omne genus obiecto frumento, maxime hordeo*).

3. *altissimas uespere arbores petunt* : notation apparemment originale. Varron et Columelle prévoient pour les paons un local garni de perchoirs.

4. *feminas a uulpe custodias* : notation originale également. Pour Columelle, la ponte et la couvaison doivent se faire en un lieu clos (cf. 8, 11, 9).

5. *in insulis breuibus* : ici la source est Col., 8, 11, 1 : *genus alitum nemorosis et paruis insulis... facillime continetur.* Mais on trouve la même notation dans *Géop.*, 14, 18, 1 : « Les paons s'élèvent surtout sur des îlots artificiels » (ἐν νησιδίοις χειροποιήτοις). A propos des *insulae*, Columelle ajoutait toutefois en 8, 11, 3 : *sed huius possessionis rara condicio est* ; c'est la raison pour laquelle il recommandait d'aménager pour les paons un terrain protégé par une clôture (*herbidus siluestrisque ager planus sublimi clauditur*

maceria). Palladius, quant à lui, semble partisan d'élever les paons aux moindres frais, peut-être justement parce qu'il ne s'agissait pas d'un élevage financièrement rentable.

6. *uni masculo feminae quinque sufficiunt* : cf. Col., 8, 11, 5 : *Masculus pauo gallinaceam salacitatem habet atque ideo quinque feminas desiderat*. La phrase de Palladius est curieuse, dans la mesure où elle semble signifier le contraire de ce que disait Columelle : si cinq femelles « suffisent à un coq », cela semble vouloir dire qu'il ne pourrait pas en coquer davantage ; plutôt que *sufficiunt*, il semble que Palladius aurait dû écrire, pour rendre l'idée exprimée par Columelle, *necessariae sunt* : maladresse d'expression, ou mauvaise intelligence du texte columellien ? Il est difficile de trancher. Mais on retrouvera la même formulation dans les deux chapitres suivants.

7. *masculi oua et pullos suos persequuntur* : notation à rapprocher de Pline, *N.H.* 10, 161 : *mares ea* (sc. *oua*) *frangunt desiderio incubantium*. On peut également rapprocher *Géop.* 14, 18, 2 : « Il faut séparer les paons vigoureux (γενναίους) des faibles, car les plus forts attaquent les plus faibles ». Mais l'idée n'est pas exactement la même.

8. *ab idibus Februariis calere incipiunt* : cf. Col., 8, 11, 7 : *...ineundi cupiditas exercet mares, cum Fauonii spirare coeperunt, id est tempus ab idibus Februariis usque ante Martium mensem*. Il existe effectivement, en ce qui concerne la fécondation, des variations dues à la saison, l'automne étant la plus mauvaise période et le mois de février la meilleure. Mais ces notations auraient été tout aussi valables dans le chapitre précédent.

9. *faba leuiter torrefacta* : cf. Col., 8, 11, 6. Six *cyathi* représentent environ trois décilitres.

10. *cupidinem coeundi masculus confitetur*, etc. : contrairement à son habitude, Palladius est ici plus long et, pourrait-on dire, plus « littéraire » que Columelle, qui se bornait à écrire : *Signa sunt exstimulatae libidinis, cum semetipsum ueluti mirantem caudae gemmantibus pennis protegit* ; *idque cum facit, rotare dicitur* (8, 11, 8). Cela confirme ce que nous avons déjà noté, à savoir que Palladius apparaît comme un spécialiste de l'élevage des paons et un observateur particulièrement attentif de ces oiseaux et de leurs mœurs, qu'il prend un visible plaisir à décrire. On pourra comparer ce passage à la célèbre description du paon faisant la roue, chez Pline, *N.H.* 10, 43.

11. *si oua pauonum gallinis subponantur*, etc. : pour Palladius, ce n'est là qu'une possibilité, la règle étant de laisser les paonnes couver elles-mêmes leurs œufs (cf. plus haut : *incubantes per agrum feminas*). Columelle, au contraire, ne semble envisager que la couvaison par des poules (cf. 8, 11, 9 : *Quae* (sc. *oua*) *quanto recentiora gallinis subiecta sunt, tanto commodius excluduntur*).

De même Varron, 3, 6, 4 : *procurator oua emit ac supponit gallinis.* La raison donnée par Columelle est la même que celle de Palladius.

12. *electae nutrices gallinae sint* : pour Columelle, 8, 11, 11, il importait de choisir *ueteres gallinae uernaculi generis*, c'est-à-dire des poules d'Italie (soit, sans doute, du type dit aujourd'hui « Leghorn »), que d'une façon générale l'agronome préférait à toutes les autres (cf. 8, 2, 5 : *nobis nostrum uernaculum genus maxime placet*).

13. *quae a primo incremento lunae*, etc. : reprise presque littérale du précepte de Columelle, 8, 11, 11. Varron ne donnait aucune précision à ce sujet.

14. *decima die*, etc. : dans tout le paragraphe 4, Palladius suit Columelle pas à pas ; néanmoins, là où il se borne à dire : *nam minoribus pauciora subpones*, Columelle était plus précis, et écrivait : *Quae si mediocris habitus sunt, non debent amplius quam terna pauonina oua et sena generis sui fouere* (8, 11, 13). La technique du retournement des œufs (*saepe manu conuertantur*) est bien connue des éleveurs modernes de poules, qui pratiquent le plus souvent l'incubation artificielle : il faut procéder à ce retournement deux fois par jour ; il a pour but d'empêcher que l'embryon, qui flotte à l'intérieur de l'œuf et a toujours tendance à gagner la partie la plus élevée, n'occupe sans cesse la même position par rapport à la coquille, à laquelle il risquerait alors d'adhérer ; une poule couvant ses propres œufs les retourne elle-même avec ses pattes, chaque fois qu'elle se recouche sur son nid après l'avoir quitté un moment.

15. *dicit Columella... / mihi uero...* : cf. Col., 8, 11, 13 : *donec quinque et uiginti capitum grex efficiatur.* Ici encore, comme en plusieurs autres points de ce chapitre, Palladius affirme sa « spécialité », à juste titre en l'occurrence.

16. Tout ce passage, jusqu'au milieu du paragraphe 6 (*reuocantur ad uillam*), est une reprise à peu près littérale de Col., 8, 11, 14-15. Ce dernier ajoutait qu'il fallait éviter de mener, là ou se trouvent les jeunes paons avec leur nourrice, d'autres poules élevant leurs propres poussins, car celles-ci, séduites par la grande taille et la beauté des paonneaux, risqueraient d'abandonner leur progéniture ; c'était en fait une légende dépourvue de fondement, que Palladius a raison de ne pas reprendre à son compte.

17. *pituitas uero et cruditates...* : cf. Col., 8, 11, 16 : *Nam et pituita et cruditas, et si quae aliae sunt pestes iisdem remediis quae proposuimus prohibentur.*

18. *maximum illis periculum est*, etc. : encore une notation originale, et exprimée, comme déjà plus haut quand il s'agissait du paon faisant la roue, dans un style passablement « littéraire ».

Chap. 29

1. *in fasianis nutriendis...* : Palladius est le seul des agronomes anciens qui traite de l'élevage du faisan. On remarquera qu'au paragraphe 3, il emploie comme substantif le mot *fasianus* (cf. *quod si pituitam patientur fasiani*), qui à l'époque classique était encore senti comme un adjectif, formé sur le nom propre *Phasis*, désignant le Phase, rivière de Colchide (cf. gr. Φασιανὸς ὄρνις) : chez Martial, 3, 76, 16 : *impiorum phasiana Colchorum*, Pline, 11, 114 : *phasianas uero interemit*, et 10, 132, *phasianae in Colchis*, Suétone, *Vit.* 13, 3 : *fasianarum et pauonum cerebella*, la forme féminine prouve qu'il faut suppléer le substantif *auis*. Mais, par ailleurs, le texte de Martial indique que l'élevage du faisan était pratiqué au IIe siècle, puisque cet oiseau était présent dans la basse-cour de Faustinus, à côté des oies (v. 13), des paons (*ibid.*), des dindons (v. 14), des perdrix (v. 15), des pintades (*ibid.*), des poules de Rhodes (v. 17), des pigeons (v. 18), des pigeons ramiers (v. 19) et des tourterelles (v. 20). Il semble donc que l'élevage du faisan (qui n'est du reste qu'un gallinacé très proche parent du coq : les coqs sont des faisans) remonte au IIe siècle, mais probablement pas au-delà : en tout cas, Pline considère cet oiseau comme un oiseau exotique, auquel il consacre à peine une phrase (*phasiana in Colchis geminas ex pluma aures submittunt subriguntque*). — A cela il convient d'ajouter que l'élevage des faisans est envisagé dans *Géop.* 14, 19, mais d'une façon très sommaire, et en même temps que celui des « poules de Numidie » (c'est-à-dire des pintades), des perdrix et des francolins (Περὶ φασιανῶν καὶ νουμιδικῶν καὶ περδίκων καὶ ἀτταγῶν) : il y est dit essentiellement que l'élevage de ces oiseaux est analogue à celui des paons, et ce texte n'est donc pas la source de Palladius — si source il y a, ce qui n'a rien de nécessaire. Palladius ne s'inspire pas davantage d'Aristote, qui ne fait aux faisans que trois allusions fugitives (*H.A.* 5, 557 a ; 559 a et 633 b), non plus que d'Athénée, 9, 387 c. — Il convient en tout cas de noter que, dans toute l'Antiquité, les oiseaux exotiques ont constitué « l'un des raffinement les plus fréquents et les plus coûteux de la table des riches » ; c'est ainsi notamment que dans le *Navire* de Lucien, 23, « la mention de l'origine lointaine de chaque oiseau, note très justement Mme G. Husson, est un signe supplémentaire du luxe de la table d'Adeimantos : le Phase surtout, considéré par les anciens comme l'extrémité du monde, devait impressionner beaucoup l'auditoire » (commentaire au *Navire*, B.L., 1970, p. 60). Or précisément les choses ont changé, à cet égard, au temps de Palladius, et le masculin *fasianus* montre que pour lui ce n'est plus « l'oiseau du Phase », avec tout ce que cela pouvait avoir de prestigieux, mais tout bonnement, comme pour nous, le « faisan ».

2. En ce qui concerne l'ensemble de ce chapitre 29, peu de remarques sont à faire : les préceptes donnés au § 2 pour

l'alimentation des jeunes faisans sont à peu près les mêmes que ceux qui ont été donnés pour les paons ; selon P. d'Hérouville (« Une correction à l'*Op. agr.* de Pall. », *R. Ph.*, 1928, pp. 52-53), la notation *tricesimus dies* est une erreur : le chiffre exact serait *uicesimus* ; mais ce n'est pas une raison pour corriger le texte, comme il le propose. Au paragraphe 4, à propos de l'engrais, Palladius s'inspire visiblement du texte de Columelle (8, 7, 3) concernant la façon d'engraisser les poules : *Cibus autem praebetur hordeacea farina quae, cum est aqua conspersa et subacta, formantur offae, quibus aues saginantur... Cruditas uitanda est maxime, tantumque praebendum quantum digerere possint, neque ante recens admouenda est quam temptato gutture apparuerit nihil ueteris escae remansisse.*

CHAP. 30

1. *anser sane nec sine aqua nec sine herba*, etc. : cf. Cornelius Celsus *ap.* Col., 8, 13, 2 : *anser neque sine aqua nec sine multa herba facile sustinetur, neque utilis est locis consitis, quia, quicquid rerum contingere potest, carpit.* L'expression *multa herba*, qu'employait Celsus, est plus juste que celle de Palladius : un proverbe paysan dit encore que « quatre oies mangent autant qu'une vache »... Et Lucilius, 1106, appelle cet oiseau *herbilis anser.* Parmi tous les oiseaux amphibies, précisait Columelle en 8, 13, 1, l'oie est l'espèce la plus fréquemment élevée à la campagne, *quod nec maximam curam poscit et sollertiorem custodiam quam canis praebet* ; cette dernière fonction, à propos de laquelle l'agronome ne manquait pas de rappeler l'épisode des oies du Capitole, est négligée par Palladius.

2. *pullos praestat et plumas* : reprise presque textuelle de Col., 8, 13, 3. Ce dernier considérait du reste qu'il n'y avait guère d'autre profit à retirer de l'élevage des oies ; aussi recommandait-il de pratiquer celui-ci *non quia magni sit fructus, sed quia minimi oneris* — point de vue qui n'est d'ailleurs valable que dans une certaine mesure, car en fait l'oie consomme tant de nourriture que son élevage en grand ne se pratique guère, de nos jours tout au moins, que sur des exploitations importantes ; il est vrai que c'était précisément le cas des exploitations envisagées dans son traité par l'agronome de Gadès. Précisons qu'une oie produit annuellement environ 250 grammes de plumes et 100 grammes de duvet.

3. *uni masculo tres feminae sufficiunt* : le chiffre a été fourni à Palladius par Col., 8, 13, 3 ; il paraît plutôt faible, et Columelle aurait pu aller jusqu'au double. Mais à propos des paons déjà, après avoir, on s'en souvient, noté que le paon mâle possède la même vigueur sexuelle que le coq (*gallinaceam salacitatem habet*), Columelle ajoutait : *atque ideo quinque feminas desiderat*, ce qui était également un chiffre faible, car on considère aujourd'hui

qu'il faut avoir environ un coq pour 10 à 12 poules, voire même pour 15 chez les races légères (cf. M. Ponsignon, *op. cit.*, p. 115). La modestie de ces chiffres tient peut-être à une insuffisance de l'alimentation des volailles chez les anciens.

4. *si desit fluuius, lacuna formetur* : résumé très succinct de Col., 8, 14, 2 : *Extra uillam deinde, non longe ab aedificio, si est stagnum uel flumen, alia non quaeratur aqua* ; *sin aliter, lacus piscinaque manu fiant.* Sur ce dernier point, cf., dans Palladius, 1, le chap. 31. Varron parlait également de *flumen aut piscina* (3, 10, 3).

5. *si herba non subpetat*, etc. : Columelle mentionnait à ce propos *trifolium*, *fenum graecum* (la « trigonelle », plante voisine du trèfle) et *lactuca*, mais ajoutait la vesce (*uicia*) ; il mentionnait également *agrestia intyba*, mais, ne sachant comment la nommer en latin, il employait la périphrase *genus intubi quod* σέριν *Graeci appellant* (cf. *Géop.* 12, 28). L'éventualité d'un manque d'herbe doit, pour être comprise, être replacée dans le contexte d'une économie rurale méditerranéenne ; mais c'est une hypothèse qui, pratiquement, exclut que l'on envisage d'élever des oies.

6. *incubant a calendis Martii* : cf. Col., 8, 14, 4: *a kal. Februariis uel Martiis usque ad solstitium.* En ce qui concerne *Martii*, nous avons, non sans hésitations, conservé la « lectio difficilior ».

7. *plus parient, si gallinis oua subponas* : cf. Col., 8, 14, 4-5 (avec une précision supplémentaire : trois fois par an).

8. *extremum partum... permittimus* : Columelle, en 8, 14, 5, ne prenait pas ce précepte à son compte, et se bornait à écrire : (*nouissimum*) *partum nonnulli permittunt ipsis matribus educare, quia reliquo tempore uacaturae sunt a fetu.*

9. *pariturae ad haram perducantur*, etc. : le conseil vient de Columelle, 8, 14, 5-6 : *Minime autem concedendum est feminis extra saeptum parere... Quam ob rem perduci ad haram debent includique ut fetum edant.* C'est un fait qu'en règle générale les oies vivent en plein air, et ne fréquentent guère leur cabane ; aussi beaucoup des œufs qu'elles pondent sont-ils perdus pour l'éleveur. Le mot *hara*, qui désigne « une cabane », est expliqué par Varron, *R.R.* 3, 10, 3 : *singulis, ubi pariant, faciundum haras quadratas circum binos pedes et semipedem, eas substernendum palea.* Il doit donc y avoir, selon Varron, une cabane pour chaque oie, alors que Columelle et Palladius semblent en envisager une seule pour l'ensemble du troupeau.

10. *gallinis sicut pauonina*, etc. : cf. Col., 8, 14, 6 : *Subponuntur autem gallinis huius generis oua, sicut pauonina, plurima quinque, paucissima tria.*

11. *anserina oua ne noceantur, subpositis subiciatur urtica* : Palladius reprend ici, mais très maladroitement, une recommandation d'ailleurs curieuse de Columelle, qu'il ne paraît pas avoir

comprise. Columelle prescrivait en effet de placer sous les œufs *herbae urticarum*, c'est-à-dire, semble-t-il, de jeunes pousses d'orties, non point pour protéger les œufs eux-mêmes, mais pour immuniser — pour « vacciner » en quelque sorte — les oisons à venir contre les piqûres d'orties, qui leur seraient mortelles (cf. 8, 14, 7 : *Sed custodiri debet ut ouis subiciantur herbae urticarum, quo quasi remedio medicantur ne noceri possit excusis anserculis, quos enecant urticae, si teneros pupugerint*). De toute évidence, Palladius a commis ici un contresens. Toutefois la notation relative au danger que présentent les orties pour les oisons se retrouvera au paragraphe suivant, directement inspiré de Col., 8, 14, 7.

12. *quattuor mensum bene saginantur* : pour tout ce développement cf. Col., 8, 14, 11. La construction *quattuor mensum saginantur* surprend au premier abord (aussi l'*éditio Aldina* corrigeait-elle *mensum* en *mensibus*) ; en fait *mensum* doit être considéré comme un génitif de qualité complétant *anseres* sous-entendu (cf. Schmalz, *Sprachliche Bemerk.*, art. cit., p. 178, qui rapproche Pall., 4, 10, 32 : *surculus legendus est anniculus* ; *inutilis enim creditur maioris uel minoris aetatis*). On notera également la tournure curieuse : *secundo mense pinguescunt*, correspondant à Col. : *duobus mensibus pinguescunt* et Varron, *R.R.* 3, 10, 7 : *duobus mensibus fiunt pingues*. Il semble que Palladius prenne ici *pinguescunt* au sens de *pingues facti sunt* : « au bout du deuxième mois, ils sont devenus gras ». Même remarque pour *die tricesimo*, où l'on observe en outre une divergence avec Columelle, qui donnait le chiffre de *quadraginta diebus*. On remarquera enfin que la technique du « gavage » était apparemment inconnue des anciens.

13. *legumen omne excepto eruo* cette notation ne se trouve ni chez Varron ni chez Columelle. Elle provient de *Géop.* 14, 22, 2 : τροφὴν δοτέον ὄσπρια πάντα, ἄνευ ὀρόβου.

14. *ne pulli edorum setas glutiant* : les mss. donnent *pulli eorum* (« leurs petits »), leçon naturellement très acceptable, bien que la précision *eorum* soit superflue. Mais la confrontation avec le texte des *Géoponiques* qui est la source de ce précepte (cf. 14, 22, 5 : φυλακτέον μή πως ἐρίφου ἢ χοίρου τρίχας καταπιῶσι, « il faut veiller à ce qu'ils n'avalent pas des poils de chevreau ou de porc ») a conduit Schneider à se demander avec raison si *eorum* ne serait pas une faute pour *edorum* notant *haedorum* ; *edus* est donné par Ernout-Meillet comme une forme « rurale » ; elle permet une correction plus économique que la forme « classique » *haedus*.

15. *Graeci saginandis anseribus*, etc. : cf. *Géop.* 14, 22, 7.

16. *ut iecur his tenerescat... tunsas caricas*, etc. : c'est la même nourriture que celle qui était préconisée pour les grives (cf. *supra*, 26, 2). Cette allusion au « foie gras » est la seule que l'on trouve chez les agronomes latins, et il est assez étonnant que Columelle

n'en dise rien, car sa consommation était connue à Rome depuis le premier siècle avant notre ère (cf. Pline, *N.H.* 10, 52 : *Nostri sapientiores, qui eos iecoris bonitate nouere ; fartilibus in magnam amplitudinem crescit... Nec sine causa in quaestione est quis tantum bonum inuenerit, Scipio Metellus uir consularis an Marcus Seius eadem aetate eques Romanus*). Les *Géoponiques* mentionnent également le foie gras en 14, 22, 11. — On s'étonne, par ailleurs, que Palladius ne parle pas de l'élevage des canards, qui était envisagé aussi bien par Varron (3, 11) que par Columelle (8, 15) : sa basse-cour, avec faisans, mais sans canards, ressemble de façon surprenante à celle de Faustinus dans le poème de Martial déjà cité ; mais il paraît difficile d'y voir autre chose qu'une coïncidence fortuite. Manquent également chez Palladius l'élevage des poissons en viviers, ainsi que celui des mammifères d'origine sauvage (loirs, chevreuils, sangliers, lièvres) et celui des escargots, tous élevages que mentionnait brièvement Columelle, et qui occupaient une place importante dans le livre III de Varron.

Chap. 31

1. *his ordinatis* : cette expression ne peut évidemment se rapporter aux diverses prescriptions concernant l'aviculture ; ces dernières doivent être considérées comme une sorte de parenthèse, ouverte après le chap. 23 (*de auiariis*) : Palladius avait commencé d'indiquer et de décrire les divers bâtiments ou locaux que doit comporter une exploitation agricole (chap. 17-23), et la mention des *auiaria* l'avait conduit à une longue digression sur l'aviculture (chap. 24-30) ; il reprend maintenant son développement là où il l'avait interrompu.

2. *piscinae duae*, etc. : en dépit de l'étymologie, il ne s'agit pas ici de « viviers », comme chez Varron, *R.R.* 3, 17, 2 (*cum piscinarum genera sint duo, dulcium et salsarum, alterum apud plebem... ; illae autem maritimae piscinae nobilium*) ou chez Col., 8, 16, 2 (*piscinas, quas ipsi construxerant, frequentabant*). Les *piscinae* de Palladius sont simplement des « bassins », des « réservoirs d'eau », nullement destinés à l'élevage des poissons, branche de l'économie rurale qui semble avoir disparu dans l'antiquité tardive. Mais Columelle employait déjà le mot *piscina* avec le même sens que Palladius, en 1, 5, 2 : *piscinae pecoribus instruantur* et 1, 6, 21 : *piscinas minime duas, alteram quae anseribus pecoribusque seruiat, alteram in qua lupinum, ulmi uimina et uirgas atque alia, quae sunt usibus nostris apta, maceremus.* Ce dernier passage est évidemment la source de Palladius ; mais la notation *uel solo inpressae uel caeso lapide* semble propre à celui-ci. Cf. également Varron, *R.R.* 1, 13, 1. Pour le lupin, cultivé surtout en tant que plante fourragère, cf. Col., 2, 10, 1 sq., et plus particulièrement la notation : *boues per hiemen maceratum probe alit* (2, 10, 1).

3. *aut fonte aut imbre subpleri* : sans doute résumé de Col., 1, 5, 2 : *uastae cisternae hominibus piscinaeque pecori struantur* ; *quae tamen pluuialis aqua salubritati corporis est accommodatissima... Huic proxima fluens aqua, quae montibus oriunda per saxa praeceps deuoluitur.*

Chap. 32

1. *feni, palearum*, etc. : cf. Col., 1, 6, 9 : *siccae autem* (sc. *res*) *congerantur tabulatis* (« sur des planchers »), *ut frumenta, fenum, frondes, paleae ceteraque pabula*, et surtout Faventinus, 13 : *horrea, fenilia, pistrina extra uillam sunt constituenda, ut ab ignis periculo uillae sint tutiores.*

Chap. 33

1. *stercorum congestio*, etc. : Palladius ne prévoit qu'un seul tas de fumier ; Columelle (1, 6, 21) en prévoyait deux, l'un pour le fumier nouveau (*unum quod noua purgamenta recipiat*), l'autre pour le fumier ancien (*alterum ex quo uetera uehantur*) ; il ne précisait pas leur emplacement. Sur ce point, Columelle s'inspirait lui-même de Varron, *R.R.* 1, 13, 4 : *duo habere oportet sterquilinia, aut unum bifariam diuisum* ; *alteram enim in partem ferri oportet e uilla nouum fimum, ex altera ueterem tolli in agrum* ; *quod enim infertur recens, minus bonum* ; *id cum flacuit* (« lorsqu'il a macéré »), *melius* (le texte est extrêmement corrompu et peu sûr, mais son sens général ne fait pas de doute).

2. *umor abundans*, etc. : résumé de Col., 1, 6, 21-22 : *ne umorem sterquilinia transmittant* ; *plurimum enim refert non adsiccato suco fimum uires continere et adsiduo macerari liquore, ut, si qua interiecta sint stramentis aut paleis spinarum uel graminum semina, intereant nec in agrum exportata segetes herbidas reddant.* Varron préconisait pour sa part (*R.R.* 1, 13, 3) de mettre le fumier à l'abri du soleil et d'y faire couler de l'eau.

3. *stercus asinorum*, etc. : Columelle consacrait aux diverses variétés de fumier et à leur utilisation deux chapitres assez longs (2, 14 et 15). C'est au premier de ces deux chapitres que sont empruntées les notations de Palladius sur ce point, mais son jugement est sensiblement différent : Columelle mettait en effet au premier rang la fiente des oiseaux (*auium primum habetur*), comme, semble-t-il, le faisait déjà Caton (*Agr.* 36 : *stercus columbinum spargere oportet in pratum uel in hortum uel in segetem*), et comme le font les *Géop.* 2, 21, 4 ; au deuxième rang les excréments humains (*secundum quod homines faciunt*), qui au temps de Varron n'étaient utilisés que par certains cultivateurs (1, 13, 4 : *in eoque* (sc. *stercilinio*) *quidam sellas familiarias ponunt*) ; au troisième rang seulement le fumier provenant du bétail (*tertium*

locum obtinet pecudum stercus) : dans cette catégorie sa hiérarchie était donc la même que celle de Palladius, qui la lui emprunte, de même que la mention de la cendre. Mais Palladius ne mentionne pas l'engrais humain, ce qui indique très vraisemblablement qu'il n'a pas en vue un domaine cultivé par un grand nombre d'esclaves « encasernés » ; et il est beaucoup moins enthousiaste que Columelle en ce qui concerne le *stercus auium* (cf. *satis utile* au lieu de *primum habetur*). Columelle sur ce point avait pour source Magon, comme l'indique un passage de Varron (1, 38, 2), qui donne la hiérarchie des engrais d'après Cassius, abréviateur de l'agronome carthaginois : *Cassius secundum columbinum scribit esse hominis* (*stercus*), *tertio caprinum et ouillum et asininum.* Mais il avait modifié l'ordre des engrais appartenant à la troisième catégorie. Quant à la mention du fumier de porc, elle devait lui être personnelle, car Cassius n'en disait rien et il est probable que les Carthaginois, qui étaient des Sémites, n'élevaient pas cet animal (ce qui explique sans doute le silence de Virgile, tributaire de Magon, sur cet élevage : cf. R. Martin, *Recherches...*, p. 49) ; chez Varron citant Cassius, on trouve, à la place de cette mention, *minime bonum equinum.* Mais l'opinion personnelle de Varron sur le fumier de porc était apparemment identique à celle de Columelle et Palladius : cf. 1, 19, 3 : *non modo qui prata habent, ut potius oues quam sues habeant curant, sed etiam qui non solum pratorum causa habent, propter stercus.* Sur l'utilisation du fumier de porc, cf. néanmoins Garg. Martialis, *Arb.* 3, 7 : *nec minus utile est si effundatur stercus suillum, humano lotio resolutum et radicibus superfusum* ; Pline, *N.H.* 17, 52 : *Proxime spurcitias suum laudant, Columella solus damnat* ; et *Géop.* 2, 21, 8, où il est donné comme excellent , sauf pour les semis.

4. *stercus quod anno requieuerit* : cf. Col., 2, 14, 9 : *Illud quoque praecipiendum habeo, stercus omne quod tempestiue repositum anno requieuerit segetibus esse maxime utile...* ; *quanto autem uetustius sit, minus prodesse*, et *Géop.* 2, 21, 10.

5. *pratis uero*, etc. : cf. Col., *ibid.* : *pratis quam recentissimum debere inici, quod plus herbarum progeneret.* Pour l'emploi de *uber*, cf. *supra*, 1, 6, 8.

6. *maris purgamenta* : la source est *Géop.* 2, 22, 2 : « On mélange, en les arrosant soigneusement d'eau douce, les déchets couverts de mousse que rejette la mer ».

Chap. 34

1. *horti et pomaria domui proxima...* : cf. Col., 11, 3, 8 : *Locum autem eligi conueniet, si permittit agri situs, iuxta uillam.* L'ensemble de ce chapitre de Palladius a pour source le très long chap. 3 du livre 11 de Columelle, dans lequel ce dernier reprenait

en prose, à la demande du jeune Claudius Augustalis, le sujet qu'il avait déjà traité en vers dans son livre 10, pour répondre aux vœux de son ami Publius Silvinus en comblant une lacune des *Géorgiques*.

2. *hortus sit sterculino maxime subiectus* : notation originale, à ce qu'il semble. Columelle se bornait à recommander de fumer le jardin, notamment avec du crottin d'âne (11, 3, 12). Néanmoins il avait fait en 1, 6, 24 une recommandation assez semblable à celle que fait ici Palladius, en écrivant : *Pomaria et hortos oportet... esse in propinquo atque in ea parte qua possit omnis stercorata colluuies cortis balineorumque et oleis expressa amurcae sanies influere* ; *nam quoque eiusmodi laetatur alimentis et olus et arbor.* — En ce qui concerne le texte, nous suivons ici nos devanciers, qui, à partir de *et* donné par le manuscrit *L*, rétablissent *sit* après *hortus* : l'omission du verbe dans la plupart des mss. s'explique aisément par un saut du même au même (*sit st-*) ; la correction peut être considérée comme sûre.

3. *ab area longe situs* : recommandation empruntée à Col., 11, 3, 9 : *Prouidendum est ne hortus areae subiaceat, neue per trituram uenti possint paleas aut puluerem in eum perferre, nam utraque sunt oleribus inimica.* Cf. également *Géop.* 2, 26, 1, et Palladius lui-même, 1, 36, 2.

4. *cursus aquae fluentis* : cf. Col., 11, 3, 8 : *Locus... quique aduenienle riuo, uel si non sit fluens aqua, fonte puteali possit irrigari*, Cf. également 10, 23-24 :

uicini quoque sint amnes, quos incola durus
adtrahat auxilio semper sitientibus hortis.

A rapprocher du souhait exprimé par le même Columelle dans son évocation du domaine idéal, en 1, 2, 4 : *tum riuos decurrentes in prata et hortos et salicta uillaeque aquas salientes demittant.*

5. *si fons desit*, etc. : pour ce qui est du *puteus*, cf. la phrase de Col. citée dans la note précédente. La recommandation concernant la *piscina* semble en revanche originale. Il est certain que l'irrigation posait des problèmes difficiles aux agriculteurs anciens, surtout dans les régions de climat méditerranéen, où les pluies d'été sont inexistantes : là, disait Columelle, où l'on n'a à sa disposition ni eaux courantes ni puits, *nullum quidem aliud auxilium est quam hiemales pluuiae* (11, 3, 10).

6. *si hac omni facultate carueris*, etc. : cf. Col., 11, 3, 10 : *Potest tamen etiam in siccissimis locis opus custodiri, si depressius pastinetur solum, eiusque abunde est gradum effodere tribus pedibus, ut in quattuor consurgat regestum.* Palladius semble avoir mal compris la phrase de Columelle : ce dernier ne préconisait pas de creuser la terre jusqu'à 4 pieds de profondeur (soit 1,18 m.), mais jusqu'à 3 pieds seulement (soit 0,89 m.), de telle sorte que le *regestum*, c'est-à-dire l'ensemble de la terre rendue meuble,

atteigne, en raison du phénomène de « foisonnement » dont il a été question plus haut (voir notre commentaire à 1, 5, 3), une épaisseur de 4 pieds.

7. *uitanda creta, quam argillam dicimus, atque rubrica* : pas de source nette pour cette recommendation dans le livre 11 de Columelle, mais des notations analogues, à propos des terres convenant aux vignobles, dans 3, 11, 9-10 : *creta, qua utuntur figuli quamque nonnulli argillam uocant, inimicissima* (sc. *uitibus*) *est... Grauis est rubrica, ... et ad comprehendendum radicibus iniqua, sed alit eadem uitem, cum tenuit* ; *uerum est in opere difficilior, quod neque umentem fodere possis, quod sit glutinosissima, nec nimium siccam, quia ultra modum praedura*. C'est certainement de ce texte que s'inspire ici Palladius, car sa parenthèse *quam argillam dicimus* est une reprise de celle de Col. *quam nonnulli argillam uocant* (laquelle est d'ailleurs surprenante, car le terme *argilla* n'avait rien d'un néologisme à l'époque de Columelle, puisqu'on le trouve déjà chez Caton, *Agr.* 40, 2 : *argillam uel cretam coaddito*).

8. *illud quoque custodies... ut diuidas partes* : nous n'avons trouvé aucune source à ce précepte, qui est sans doute emprunté au *De hortis* de Gargilius Martialis. On notera la construction *diuidas partes*, pour *eos diuidas in partes*.

9. *munitionis multa sunt genera* : d'après Col., 11, 3, 2, le problème des clôtures avait été étudié avec un soin particulier par Démocrite, dans les *Géorgiques* qui lui étaient attribuées. Ce dernier déconseillait d'entourer les jardins de murs (*munimenta*), car il considérait d'une part que les murs de briques n'étaient pas assez solides, d'autre part que les murs de pierre revenaient trop cher. Pour ce qui est des diverses méthodes de clôtures signalées ici par Palladius, les deux premières sont précisément celles que condamnait Démocrite ; pas de source connue pour les autres.

10. *figulatos ex partibus* : tous les mss. donnent la leçon *figuratos ex partibus*, corrigée en *f. ex lateribus* par l'éd. princeps, que suivent tous les éditeurs antérieurs à Schmitt (*ex lateribus* étant dans cette hypothèse le complément de *figuratos*). Ce dernier, en conservant tel quel le texte des mss., nous paraît avoir fait preuve d'un conservatisme excessif ; aussi nous sommes-nous résolu à une correction, mais beaucoup plus économique que celle des autres éditeurs : elle consiste à corriger simplement *figuratos* en *figulatos*, qui, lui, n'appelle pas de complément, ce qui permet de conserver *ex partibus*, à construire comme complément à valeur adverbiale de *imitantur*, avec le sens de « dans une certaine mesure » (cf. Svennung, *Untersuchuugen*, p. 595).

11. *alii spinarum plantas*, etc. : pour tout ce passage, la source est Col., 11, 3, 4-5, qui disait s'inspirer lui-même d'auteurs « fort anciens » (*uetustissimi auctores*). Mais Palladius réduit des deux tiers environ le développement de Columelle, qui occupait une

trentaine de lignes. Le *rubus caninus*, appelé par Col. *sentis canis* (gr. κυνόσβατος) est l'églantier. On rapprochera également Pline, *N.H.* 17, 66 : *spinas saepis causa serunt, tomice moris spinarum circumlita*, et *Géop.* 5, 44, 5-6 et 11, 7, 4.

12. *partes sane horti sic diuidendae sunt...* : Palladius s'inspire ici assez librement de Col., 11, 3, 9 : *Mox ordinandi pastinandique soli duo sunt tempora, quoniam duae quoque olerum sationes ; nam et autumno et uere plurima seruntur*, et 11 : *Sed curabimus ut ager, quem uere conseri oportet, autumno circa Cal. Nouembres pastinetur ; quem deinde uelimus autumno instituere, mense Maio conuertemus, ut aut hiemis frigoribus aut aestiuis solibus et gleba soluatur et radices herbarum necentur.* Columelle plaçait après ce dernier passage un développement sur la fumure du sol, omis par Palladius.

13. *areae faciendae sunt angustiores...* : cf. Col., 11, 3, 13 : *Quae* (sc. *areae*) *tamen sic informandae sunt, ut facile runcantium manus ad dimidiam partem latitudinis earum perueniant.* La précision chiffrée de Palladius (= 3,60 m. de long sur 1,80 m. de large) semble originale, mais peut avoir été empruntée à Garg. Martialis ; la formulation de son précepte (*propter spatia utrimque purganda*), plus concise que celle de Col., manque de clarté et n'est pas très heureuse.

14. *inter areas, si umor consueuit effluere...* : cette notation semble originale ; on ne trouve chez les autres agronomes anciens aucune mention du système d'irrigation perfectionné qui est ici décrit, et qui consiste à faire traverser le jardin par une série de petits canaux, vraisemblablement en maçonnerie ou en terre cuite, surélevés par rapport aux plates-bandes, et munis de tuyaux d'écoulement permettant d'arroser directement ces dernières.

15. *frigidis locis*, etc. : pas de source connue à ce précepte de simple bon sens ; on rapprochera 1, 6, 15. Pour l'allusion à la lune croissante ou décroissante, cf. 1, 6, 12, et notre commentaire.

Chap. 35

1. Ce long chapitre est sans aucun doute le plus curieux de tout le traité de Palladius. Il est surtout intéressant de constater que l'auteur y met sur le même plan des *remedia* de caractère sinon scientifique à proprement parler, du moins technique et rationnel (par exemple lorsqu'il indique des recettes pour faire de l'insecticide ou de la « mort-aux-rats »), et d'autres de caractère authentiquement magique, comme de planter en terre des haches ensanglantées pour éloigner la grêle, ou de suspendre, aux mêmes fins, une peau de crocodile à l'entrée de la *uilla*. Il est clair qu'à ses yeux il n'y a aucune différence de nature entre ces deux

catégories de *remedia* : science et magie, technique et magie vont de pair — tout comme par ailleurs, bien souvent dans l'antiquité, médecine et magie. Tout ce chapitre est donc révélateur d'une structure de pensée que l'on peut qualifier de primitive — encore qu'elle soit loin d'avoir disparu dans nos campagnes. L'un des traits fondamentaux en est sans doute un « animisme » plus ou moins conscient : les éléments naturels sont conçus comme doués de pensée, ils sont susceptibles d'éprouver des sentiments, et l'on peut, par conséquent, agir sur eux comme on agirait sur des êtres vivants : ainsi le nuage de grêle aura peur des haches sanglantes ou de la peau de crocodile ; l'orage auquel on présentera sa propre image dans un miroir croira avoir affaire à un rival, et battra en retraite. Un deuxième trait important de cette psychologie est la croyance en la possibilité de transmission de la « vertu » spécifique que possède chaque être ou chose : c'est ainsi que la fécondité de l'étalon se transmettra au jardin, qui en sera ainsi fertilisé, par l'intermédiaire d'un crâne de jument placé sur le sol, si cette dernière a connu le mâle. Enfin un troisième trait consiste à croire en la possibilité d'actions à distance, qu'il s'agisse d'une distance temporelle ou d'une distance spatiale : il suffit de faire tremper les graines que l'on veut semer dans une mixture spéciale, pour que toutes les plantes auxquelles ces graines donneront naissance soient protégées leur vie durant de toute espèce de fléau. Un commentaire approfondi de ce chapitre exigerait évidemment de s'appuyer sur une enquête ethnologique portant sur la signification et sur la persistance éventuelle de croyances analogues dans les sociétés rurales du bassin méditerranéen. — En ce qui concerne la transmission des *remedia* dont Palladius nous donne ici un aperçu, d'ailleurs très incomplet, il est probable que, dans l'antiquité, circulaient, comme encore de nos jours à la campagne, un certain nombre de traités de magie pratique, comparables à ceux qui, depuis le XVIIe siècle jusqu'à maintenant, n'ont cessé d'être colportés dans les milieux ruraux, et qui ont pour titres le *Corneille Agrippa*, le *Petit* et le *Grand Albert*, le *Manuel du Magicien*, etc. (cf. M.-C. Poinsot, *La magie des campagnes*, Paris, 1957, p. 135-139). Leurs auteurs pouvaient être obscurs, mais certains d'entre eux en tout cas étaient fort connus : c'est ainsi que Palladius cite les noms de Démocrite et Apulée (cf. sur ce point R. Martin, « Apulée dans les *Géoponiques* », *R. Ph.*, XLVI, 1972, p. 244-255). Il convient, par ailleurs, de noter que les *remedia* prescrits par Palladius sont pour la plupart empruntés aux *Géop.*, essentiellement livres 12 et 13, qui constituent une véritable mine de renseignements sur la magie antique (à quelques exceptions près auxquelles nous n'avons pas trouvé de source, mais qui ont néanmoins, selon toute probabilité, la même origine, notre édition du recueil grec présentant des lacunes). Mais Palladius n'a choisi que quelques-unes des très nombreuses prescriptions du même genre que lui offrait sa source, qui est beaucoup plus complète à cet égard, et constitue un document de premier ordre pour toute étude de la magie et des croyances populaires dans l'antiquité. On peut enfin observer que, si l'on trouve çà et là chez les autres agronomes latins des notations du même genre (Columelle notamment les emprunte parfois à Démocrite), Palladius est le seul qui leur consacre un chapitre complet. Néanmoins il faut noter que dans son livre 10, écrit en vers et consacré à l'horticulture, Columelle fait une large place à ces *remedia*, qu'il évoque aux vers 337-368, et qui sont ceux-là mêmes que prescrit Palladius ; cela doit tenir dans une certaine mesure au fait que, s'exprimant dans ce livre en poète, il a été sensible au pittoresque de ces prescriptions, exactement comme il l'a été au pittoresque de la petite exploitation familiale, bien différente du grand domaine esclavagiste décrit dans ses autres livres. On sait au demeurant que, dans l'antiquité tardive, le déclin simultané du rationalisme et du paganisme gréco-romain traditionnel a provoqué un regain d'intérêt pour les pratiques magiques. Il est symptômatique, en tout cas, que Palladius, dans tout ce chapitre, ne dise pas un mot des *oscilla* dédiés à Bacchus, qui, selon Virgile, *Géorg.* 2, 388-89, étaient suspendus par les viticulteurs aux branches des arbres, pour attirer sur la plantation la protection du dieu, et qu'il ne mentionne pas davantage le Priape des jardins ; c'est un fait que magie et religion, si à bien des égards elles apparaissent liées, s'opposent aussi dans une large mesure, le recours à la magie traduisant souvent une baisse de la confiance mise dans la prière et dans la pratique religieuse. Il y a notamment, dans cette perspective, une différence d'esprit fondamentale entre le traité de Palladius et celui de Caton : ce dernier insistait longuement sur les prières et les sacrifices à faire en vue de purifier les terres et d'en écarter toutes les calamités (cf. *Agr.* 134 et 150-151) ; en revanche il ne mentionnait aucun *remedium agri* analogue à ceux que préconise Palladius : ses convictions religieuses lui permettaient de se passer de magie. Il est d'ailleurs frappant de voir Columelle signaler, en 11, 3, 62 (à propos des semis de raves, raiforts et navets) : *seruantque adhuc antiquorum consuetudinem religiosiores agricolae, qui, cum ea serunt, precantur ut et sibi et uicinis nascantur.* Cette *consuetudo antiquorum* avait probablement disparu à l'époque de Palladius. Resterait bien sûr à savoir quelle créance ce dernier lui-même apportait aux procédés qu'il recommande : sans doute était-il assez sceptique sur leur efficacité, sinon l'on voit mal pourquoi il préconiserait, pour atteindre tel ou tel but particulier, plusieurs procédés dont chacun est censé être souverain. D'autres se rencontreront çà et là dans les autres livres de l'*Opus agriculturae.*

2. *contra nebulas et rubiginem...* : cf. *Géop.* 5, 33, 2 où il est précisé que ce précepte est dû à Apulée ; les *purgamenta* devaient être, selon ce dernier, du fumier de chèvres (cf. ἀχύρων καὶ αἰγείας κόπρου). En fait, comme on le constate le plus souvent, le précepte d'Apulée n'était original que dans une certaine mesure (mention du fumier de chèvre). Car on trouve déjà chez Pline, *N.H.* 18, 293, le conseil de faire brûler, contre les brouillards, « des tas de menue paille, des herbes et des broussailles arrachées ».

3. *contra grandinem multa dicuntur*, etc. : nous possédons pas la source de tout ce développement, mais il s'agit certainement pour une bonne part de *Géop.* 1, 15, chapitre qui était précisément consacré aux moyens de se préserver de la grêle, mais dont il ne subsiste que le titre. La recommandation de la graisse d'ours vient quant à elle de *Géop.* 5, 30. La « vigne blanche » (ou bryone) est indiquée par Col., 10, 346-47, mais comme préservatif contre la foudre : *utque Iouis magni prohiberet fulgura Tarchon, / saepe suas sedes praecinxit uitibus albis*, et par Pline, *N.H.* 23, 28, mais à titre de protection contre les oiseaux de proie. Tous ces procédés ont pour but, semble-t-il, d'inspirer à la grêle menaçante un sentiment de crainte : c'est évident pour ce qui est des haches ensanglantées, mais aussi pour la toile rouge (couleur du sang), pour la graisse d'ours (animal redoutable) et pour la chouette crucifiée (oiseau de mauvais augure). On sait que la crucifixion des oiseaux de nuit est encore en usage dans certaines campagnes, où elle a pour but d'empêcher les sorcières de nuire aux habitants de la ferme. On notera l'importance attachée au secret, condition essentielle du succès dans toute opération magique. C'est ce passage que vise implicitement R. Billiard lorsqu'il évoque, à propos du danger mortel que représente la grêle pour les vignobles, « les niaiseries que débitait Palladius, et qui avaient peut-être le mérite de rassurer les esprits quand la raison aux abois ne savait plus qu'inventer » (*Agr.*, p. 231). Dans les *Questions Naturelles* 4, 6, Sénèque souligne la crédulité de ceux qui s'imaginent qu'il suffit, pour détourner la grêle, d'immoler un agneau ou un poulet, voire de faire couler une goutte de son propre sang ; mais il ne signale aucun autre *remedium*, et semble ignorer ceux qu'évoque Palladius. En revanche la crucifixion des oiseaux de nuit est signalée par Col., 10, 348-50, qui en attribue l'idée au fils d'Amythaon, c'est-à-dire Mélampe, médecin et devin d'Argos (cf. E. de Saint-Denis, commentaire du livre 10, Belles Lettres, 1969, p. 68) :

Hinc Amythaonius, docuit quem plurima Chiron,
nocturnas crucibus uolucres suspendit, et altis
culminibus uetuit feralia carmina flere.

4. *contra culices...* : source obscure. Ce précepte ne se lit pas dans *Géop.* 13, pourtant très riche en prescriptions contre les insectes. Mais Columelle le connaissait déjà, comme l'atteste 10, 351-54 :

Sed ne dira nouas segetes animalia carpant,
profuit interdum medicantem semina pingui
Palladia sine fruge salis conspargere amurca,
innataue laris nigra satiare fauilla.

L'imprécision de ce texte, qui ne mentionne pas les moucherons et les limaces, montre qu'il n'est pas la source de Palladius. Cette dernière n'est pas non plus Col., 11, 3, 60, où l'agronome préconise la suie contre les moucherons, mais ne parle ni des limaces ni du marc d'huile.

5. *contra formicas...* : source obscure également. Pour la ligne blanche (de caractère magique), cf. néanmoins *Géop.* 13, 10, 3 ; mais le contexte est un peu différent : il s'agit de la tracer, non autour du jardin, mais autour d'un tas de blé. Peut-être avons-nous affaire à l'interprétation naïve d'un vieux « truc » de sorcier. consistant à utiliser — de façon très rationnelle — une poudre insecticide en faisant croire qu'il s'agit simplement de cendre ou de craie.

6. *contra erucas...* : bien que le recours au jus de *semperuiuum* et la suspension d'une écrevisse dans le jardin, soient mentionnés par Pline, *N.H.* 19, 180, la source de ce passage n'apparaît pas, sauf pour ce qui est de la *mulier menstruans* (*Géop.* 12, 8, 5). Nous savons en outre par Col., 11, 3, 64, que Démocrite était l'auteur ou tout au moins le premier rédacteur de ce précepte. Columelle ajoutait : *post hoc Democritus adfirmat decidere omnes uermiculos, et ita emori.* Même notation dans Pline, *N.H.* 28, 78 : *si nudatae menstruantes segetem ambiant, erucas ac uermiculos scarabaeosque ac noxia alia decidere* ; cf. également 17, 266 : *priuatim autem contra urucas* (sic) *ambiri arbores singulas a muliere incitati mensis, nudis pedibus, recincta.* Sa source est non pas Démocrite, mais Métrodore de Scepsis, selon lequel ce procédé aurait été découvert en Cappadoce (Asie-Mineure), où d'ailleurs les femmes se contentaient de retrousser leurs jupes ; Pline ajoute, ce qui correspond plus précisément aux détails fournis par Columelle et les *Géop.* : *alibi seruatur ut nudis pedibus eant, capillo cinctuque dissoluto.* Le même procédé passait en outre pour préserver de l'orage, de la grêle, et d'une façon générale de tous les fléaux atmosphériques (*ibid.*). — La prescription concernant le jus de joubarbe était également due à Démocrite, comme le précise Col., 11, 3, 61 : *Veteres quidam auctores, ut Democritus, praecipiunt semina omnia suco herbae quae sedum appellatur medicare, eodemque remedio aduersus bestiolas uti.* Le terme *sedum*, tout comme *semperuiuum*, désigne la « joubarbe » (*Iouis barba*), plante grasse très commune en Europe. Plus loin (11, 3, 63), Columelle précise, comme ici Palladius, que ce *remedium* est plus particulièrement valable contre les *erucae.* Néanmoins ce n'est pas lui qui est la source de ce passage de Palladius, puisque ce dernier ne mentionne pas le nom de Démocrite lorsqu'il parle de la *mulier menstruans*, se contentant d'un *aliqui* qui traduit le τινες des *Géop.* : sa source est donc bien l'ouvrage grec, mais il s'agit d'un texte plus complet que le nôtre. On rapprochera également le long développement de Col., 10, 357-66, de beaucoup le plus précis de nos textes :

At si nulla ualet medicina repellere pestem,
Dardanicae ueniunt artes, nudataque plantas
femina, quae iustis tum demum operata iuuencae
legibus obsceno manat pudibunda cruore,
sed resoluta sinus, resoluto maesta capillo,
ter circum areolas et saepem ducitur horti.
Quem cum lustrauit gradiens, mirabile uisu,
non aliter quam decussa pluit arbore nimbus

uel teretis mali uel tectae cortice glandis,
uoluitur in terram distorto corpore campe.

On connaît, d'une façon générale, les rapports étroits qui ont toujours existé, dans la pensée « primitive », entre la femme et l'agriculture, dans la mesure où une solidarité a toujours été reconnue entre la fécondité de la glèbe et celle de la femme (cf. à cet égard les faits signalés et commentés par Mircéa Eliade, dans son *Traité d'histoire des religions*, Paris, Payot, 1970, p. 282 sq.) : chez les Finnois, notamment, les femmes apportaient les semences aux champs « dans la chemise menstruelle, dans le soulier d'une prostituée, dans le bas d'un bâtard, augmentant ainsi la fécondité des grains par le contact d'objets portés par des personnes marquées d'une puissante note érotique ». Ainsi s'expliquerait aussi, par un rite de magie, la nudité rituelle de certains travaux agricoles, qui s'observe surtout dans l'Europe du Nord, mais dont il est extrêmement probable qu'elle explique le fameux *sere nudus* virgilien, même si le poète lui-même ne l'interprétait pas ainsi. Dans le texte de Palladius et ceux dont il s'inspire, la signification du précepte est certes quelque peu différente, puisqu'il ne s'agit pas de fertiliser la terre, mais de détruire les insectes nuisibles (qui n'étaient d'ailleurs pas les seuls à être incommodés : cf. Pline, *N.H.* 11, 44 : [*apes*]... *mulierum menses odere*). Le fait n'en est pas moins à rapprocher de ceux que signale M. Eliade. Mais on voit mal comment les Anciens conciliaient cette prescription avec la croyance, rapportée par Pline en 19, 176, selon laquelle l'approche d'une *mulier menstrualis* avait une influence néfaste sur toutes les plantes, dont elle faisait jaunir les feuilles, et en 19, 64, concernant le caractère mortel du sang menstruel pour la végétation.

7. *contra animalia quae uitibus nocent...* : ce précepte est donné à deux reprises dans les *Géop.* 5, 49 et 13, 16, 1, où il est attribué à Zoroastre (qu'Apulée présente, dans son *Apologie* 26, 2 comme l'un des deux fondateurs de la magie : *magian... iam inde a Zoroastre et Oromaze auctoribus suis nobilem*). Sur les cantharides — qui sont de petits coléoptères, vulgairement appelés « mouches d'Espagne » — cf. Pline, *N.H.* 29, 30 : on les utilisait dans la préparation de médicaments et de poisons. Quant aux « animaux qui nuisent aux vignes », il ne s'agit pas ici des chèvres, bien qu'elles fussent unanimement considérées dans l'antiquité, en raison du caractère « venimeux » de leur morsure, comme un fléau pour les vignobles (cf. Varron, *R.R.* 1, 2, 19 ; Pline, *N.H.* 8, 204), mais des chenilles et des pucerons (cf. *infra*).

8. *extinguuntur cimices*, etc. : la source est *Géop.* 13, 4, 4, qui au lierre ajoutent le câprier. Columelle signale pour sa part, en 8, 5, 14, qu'un « très grand nombre de personnes » (*plurimi*) considèrent les rameaux de laurier comme un préservatif très efficace contre le tonnerre, qui gâte les œufs et tue les embryons. Il signale en 6, 18, 2 un remède qui présente la particularité d'être l'inverse de celui que donne Palladius en mentionnant les sang-

sues brûlées contre les punaises : il recommande de faire brûler des punaises pour détruire les sangsues accidentellement avalées par un bœuf. Quant au fiel de bœuf, on sait qu'il apparaît dans quantité de recettes magiques. On rapprochera également Pline, *N.H.* 32, 124 : *natura earum* (sc. *sanguisugarum*) *aduersatur cimicibus, suffitu necat eos.*

9. *ut olera animalia infesta non generent...* : la source est *Géop.* 12, 7, 5 pour ce qui est de la carapace de tortue, mais ce texte ne fait aucune mention de la menthe. Pour l'utilisation de la carapace de tortue, on rapprochera *infra*, 14 : la plupart des animaux sont susceptibles d'une utilisation magique, et les manuels colportés dans les campagnes en indiquent un très grand nombre.

10. *hoc praestare fertur...* : ici la source est *Géop.* 12, 7, 1. L'ers est une variété de vesce fourragère. Sur la jusquiame (plante vénéneuse, utilisée de nos jours en pharmacie, pour ses propriétés voisines de celles de la belladonne), cf. Pline, *N.H.* 25, 17 : elle passait pour avoir été découverte par Héraclès. Nous touchons ici du doigt le passage incessant — et inconscient — qu'opère Palladius entre les recettes purement magiques (les semences mises à sécher dans une carapace de tortue) et celles qui, même si elles nous apparaissent inexactes, n'en présentent pas moins un caractère dans une certaine mesure scientifique et en tout cas rationnel (la préparation d'un insecticide contre les pucerons) : il est évident que notre auteur et ses sources ne font pas le départ entre les deux catégories de préceptes.

11. *campas fertur euincere...* : la source est *Géop.* 5, 48, 6 : « Pour que les chenilles ne nuisent pas aux vignes, enduisez les serpettes d'ail broyé » ; d'autre part, selon *Géop.* 10, 80, on se débarrasse des oiseaux en suspendant des gousses d'ail dans les arbres. Le mot *campa* (ou *campe*) est la latinisation du terme grec désignant la chenille, qui se dit en latin *eruca* (cf. Col., 11, 3, 63 : *animalia, quae a nobis appellantur erucae, Graece autem* κάμπαι *nominantur*). Dans la théorie astrologique des plantes (cf. M.C. Poinsot, *op. cit.*, p. 194), l'ail (ainsi que toutes les plantes vénéneuses ou d'odeur âcre : ortie, oignon, moutarde, etc.) est rangé parmi les « plantes de Mars » et, à ce titre, considéré comme puissamment roboratif et efficace contre toutes sortes de maux. Il est possible — mais non certain — que ce soit la raison de sa présence ici. Sur ses diverses (et fort nombreuses) utilisations médicinales, cf. Pline, *N.H.* 20, 23 : *allio magna uis, magnae utilitates*, etc. Dans le passage déjà cité ci-dessus, Columelle note que ses contemporains attribuent aux gousses d'ail la même propriété qu'aux feuilles de laurier, à savoir d'être un préservatif contre le tonnerre (*ramulos lauri, nec minus allii capita*). La juxtaposition, dans la même phrase, d'un précepte scientifiquement valable (le sulfurage des pieds de vigne) et d'un autre de caractère purement magique (l'arrosage du jardin avec une

décoction de chenilles provenant du jardin voisin) est particulièrement frappante.

12. *ne cantharides uitibus noceant...* : on a souvent remarqué que l'un des procédés magiques les plus courants consiste à accomplir symboliquement l'acte que l'on désire voir se produire (cf. notamment la technique d'envoûtement bien connue, consistant à percer avec une aiguille, à l'emplacement du cœur, une statuette représentant la personne que l'on veut soit s'attacher soit faire périr) ; c'est ce qui se produit ici : l'acte magique préfigure la mort des insectes dont on veut se débarrasser. La source est *Géop.* 13, 16, 1 (d'après Zoroastre).

13. *Democritus adserit...* : tout ce paragraphe est une traduction littérale de *Géop.* 5, 50 (cf. aussi précepte analogue dans *Géop.* 2, 18, 3). On rapprochera cette prescription de la croyance, universelle dans l'antiquité, selon laquelle l'odeur de l'écrevisse brûlée serait nuisible aux abeilles (cf. Pall., 1, 37, 5).

14. *formicas abiges...* : prescription reprise de *Géop.* 13, 10, 5 ; remèdes divers (y compris le recours à l'amurque) chez Pline, *N.H.* 17, 266 et 19, 178. Elle est scientifiquement valable en ce qui concerne le soufre ; la mention de l'origan, qui est peut-être la marjolaine bâtarde, est plus obscure. d'autant que, comme le fait observer J. André dans son *Lexique des termes de botanique*, « on désigne par « origan » diverses Labiées mal discernables, dont les noms correspondent mal chez les auteurs ; la plus grande confusion règne chez Pline ».

15. *item coclearum uacuas testas...* : repris de *Géop.* 13, 10, 4. La raison d'être du procédé, évidemment fantaisiste, n'apparaît pas.

16. *culices*, etc. : repris de *Géop.* 13, 11, 3 ; cf. également Pline, *N.H.* 19, 180. Le *galbanum* est une gomme-résine fournie par certaines plantes ombellifères du Moyen-Orient. Le lupin, souvent appelé « lupin amer », est un engrais vert, nocif pour le bétail (il en existe aussi une espèce douce ou plus exactement adoucie, qui, elle, peut servir de fourrage). Le psilotre (gr. ψίλωθρον) est la « vigne blanche » ou « bryone » (ἄμπελος λευκή), connue pour ses propriétés dépilatoires. Toutes les plantes ici mentionnées appartiennent, comme l'ail et l'oignon, à la catégorie de celles que leur senteur âcre ou leur goût amer faisait ranger parmi les « plantes de Mars ».

17. *mures*, etc. : le premier précepte (piège à souris) est repris de *Géop.* 13, 4, 9 ; les suivants (recettes de poisons) de *Géop.* 13, 4, 1. Tous présentent un caractère strictement technique, et non magique. Les *mures* sont les « souris » proprement dites (le manuscrit *K* glose en marge le terme par *sorices*), celles que l'on trouve dans les maisons ; le texte grec les appelle μύες κατοικίδιοι.

18. *aduersus mures agrestes*, etc. : il s'agit ici des « mulots », ou « campagnols », ou « rats des champs » (gr. μύες ἀρουραῖοι), fléau parmi les plus redoutables pour les cultures. Le précepte apuléien vient de *Géop.* 13, 5, 1 : il est de caractère magique. L'autre est repris de *Géop.* 13, 5, 3 ; les *nonnulli* en question sont les Bithyniens. Pour le caractère effectivement vénéneux du laurier-rose, cf. Apulée, *Mét.* 4, 2, 8 : *flores quos... rurestri uocabulo uulgus indoctum rosas laureas appellant, quorumque cuncto pecori cibus letalis est.*

19. *talpas Graeci hoc genere persequuntur...* : traduction de *Géop.* 13, 7, 2. Le procédé ici décrit est purement technique, et paraît valable.

20. *mures rusticos*, etc. : cf. *Géop.* 13, 4, 2. Les *mures rustici* ne semblent pas être autre chose que les *mures agrestes* du § 9, à moins que l'une des deux expressions ne désigne le « mulot » et l'autre le « campagnol » ; mais les deux espèces sont très voisines, et généralement confondues par les cultivateurs : il est peu probable que Palladius les distingue. R. Billiard, *Agr.*, p. 448, rapproche le procédé indiqué par Palladius de la technique qu'on emploie aujourd'hui pour lutter contre ces rongeurs, et qui consiste à les infecter au moyen d'un germe pesteux, le virus de Danyz.

21. *serpentes*, etc. : la lutte contre les serpents est un point abondamment développé dans les *Géop.* : cf. 5, 48, 2 ; 12, 27, 2 ; 18, 2, 4 ; et surtout 13, 8, très long chapitre d'où est extrait le précepte de Palladius (= 13, 8, 1-2). On rapprochera *Géorg.* 3, 414-415, Pline, *N.H.* 12, 126 (même emploi du *galbanum*), et Col. 8, 5, 20 ; Virgile préconise en outre de brûler du cèdre, *odoratam cedrum*, que Palladius ne mentionne pas (cf. aussi Pline, 24, 19 et Nicandre, *Thér.* 52 : emploi de la sciure de cèdre). En 28, 71, Pline signale aussi l'odeur des cheveux de femme brûlés : *mulierum capilli si crementur, odore serpentes fugari.* De même Columelle.

22. *opinio Graecorum est*, etc. : la source est Démocrite *in Géop.* 13, 1, 5-6 ; « Si une nuée de sauterelles survient, il faut que tout le monde se dissimule dans la maison : alors elles passeront leur chemin. Si elles s'abattent avant que l'on n'y ait pris garde, elle ne toucheront à aucune plante pour peu qu'on les arrose de lupin amer ou de concombre sauvage bouillis dans de la saumure, car elles périront sur le champ... Si d'autre part on brûle des sauterelles que l'on aura prises, l'odeur les étourdit ; une partie d'entre elles meurt, une autre se laisse capturer, ou est détruite par le soleil... De même si on brûle des scorpions, ou bien on capturera les autres, ou bien on les mettra en fuite ». Palladius devait lire un texte quelque peu différent du nôtre, où ne figure pas son deuxième précepte (*si continuo omnes ad tecta confugiant*), à moins qu'il ne soit de son invention. On observera que, dans les régions où existe un tel fléau, les cultivateurs, loin de sa cacher à l'approche d'un nuage de sauterelles, ont soin au contraire de

sortir et de faire le plus de bruit possible pour effrayer les insectes. Les Anciens semblaient s'imaginer que les sauterelles, ne voyant aucun être humain dans les parages, croiraient être en présence d'une terre inculte (?).

23. *campas nonnulli...* : cf. *Géop.* 12, 8, 2-3.

24. *prasocoridas Graeci uocant...* : repris de *Géop.* 12, 9. Le terme πρασοκουρίς est formé de πράσον, « poireau » et κουρίς, « coiffeur » ; il désigne les « courtilières » (cf. Aristote, *H.A.* 5, 19, 12 et Théophraste, *H.P.* 7, 5, 4), le mot français étant quant à lui dérivé de « courtil », terme désignant dans l'ancienne langue le jardin. La graphie *prasocoridas* (pour *-curidas*) est celle de tous les mss. La technique ici indiquée paraît valable. Le *ergo* de la phrase *ergo uentriculum ueruecis*, etc. s'explique mal à première vue. Il implique en fait un raisonnement que Palladius ne formule pas, mais qui doit être à peu près le suivant : « les courtilières sont par définition des tondeuses de verdure, πρασοκουρίδες ; il faut donc pour les attirer leur offrir ce qu'elles aiment, et notamment le contenu d'un estomac de mouton ».

25. *grandini creditur obuiare...* : les préceptes des §§ 14 et 15 sont repris de *Géop.* 1, 14, 5 (la peau de crocodile), 1, 14, 8 (la tortue), 1, 14, 4 (le miroir) et 1, 14, 3 (la peau de veau marin placée sur un cep). Par ailleurs Columelle signale en 2, 9, 9 que certains cultivateurs, en vue d'obtenir une récolte abondante, conservent quelque temps le grain dans un panier à semer (*satoria trimodia*) garni d'une peau de hyène. Aussi désordonné ici qu'au chap. 6, Palladius énonce dans ce paragraphe une série de prescriptions qu'il aurait dû logiquement placer au début du chapitre, lorsqu'il parlait déjà des moyens de préserver champs et jardin de la grêle : ainsi se révèle une fois de plus sinon sa maladresse, du moins son indifférence à la construction d'un exposé. Les prescriptions, tout comme celles du paragraphe 1, sont de caractère purement magique — et pour cause, la grêle étant le type même du fléau dont il est impossible de se garantir. L'explication que donne Palladius de l'usage du miroir semble lui être personnelle ; les *Géop.* se bornaient en effet à dire : « Certains assurent que, si on présente un miroir au nuage qui s'approche, la grêle s'éloignera ».

26. *omnia semina horti uel agri...* : repris de *Géop.* 12, 7, 4.

27. *item equae caluaria...* : repris de *Géop.* 12, 6 ; il s'agit d'un précepte emprunté au traité de Démocrite ; mais dans le texte grec tel que nous le lisons il n'est pas question de la jument, et on lit simplement : κρανίον ὄνου εἰς τὸ μέσον τοῦ κήπου ἀπόθοιο. Prescription analogue, mais non exactement semblable, et donnée comme d'origine étrusque, chez Col., 10, 344-45 : *Hinc caput Arcadici nudum cute fertur aselli / Tyrrhenus fixisse Tages in limite ruris*, et chez Pline, *N.H.* 19, 180 : *...totum uero necari erucas, si palo inponantur in hortis ossa capitis ex equino genere,*

feminae dumtaxat. Il semble bien que Palladius contamine ici deux traditions, celle de Pline qui ne parle que d'une jument, et celle de Columelle et des *Géoponiques*, qui ne font mention que d'un âne ou d'une ânesse. J. André, dans son commentaire du l. 19 de Pline (B.L., p. 172), rappelle à ce propos que, selon P. Fest. 246, 21, le sacrifice de l'*equus October* avait lieu *ob frugum euentum.*

Chap. 36

1. *area longe a uilla esse non debet*: cf. Col., 1, 6, 23: *Area... ita constituenda est ut uel a domino uel certe a procuratore despici possit.* Palladius complète et précise ici l'idée de Col. Cette phrase constitue l'un des rares passages dans lesquels Palladius laisse entrevoir le mode d'exploitation auquel il songe, et il semble bien qu'il s'agisse de l'exploitation « en régie ». Nous nous sommes contenté de traduire *procurator* par « procurateur » (S. de la Bonnetrie : « l'agent », Cabaret-Dupaty « l'intendant »), dans l'ignorance où nous nous trouvons du sens exact que Palladius donne à ce mot : s'agit-il du même personnage que celui qui est désigné en 1, 6, 18 par l'expression *agri praesul* ? Ce n'est pas sûr : Columelle en effet distingue le *uilicus*, de condition servile (« intendant, régisseur »), sur les fonctions duquel il s'étend longuement, en particulier dans la première partie de son livre 11, et le *procurator*, dont le rôle n'apparaît pas clairement, mais qui est présenté au livre 1 comme supérieur au *uilicus* (cf. 1, 6, 7 : *Vilico iuxta ianuam fiat habitatio, ut intrantium exeuntiumque conspectum habeat*; *procuratori supra ianuam, ob easdem causas, et is tamen uilicum obseruet ex uicino*) ; même distinction chez Cicéron, *de Or.* 1, 249. Varron recommande comme Columelle, et pour la même raison, de loger le *uilicus* près de la porte d'entrée (cf. 1, 13, 2 : *uilici proxime ianuam cellam esse oportet*), mais ne parle pas du *procurator*. Palladius pour sa part n'emploie par le terme de *uilicus*, et il est donc impossible de savoir s'il fait ou non la même distinction que Columelle. Sur ce problème, cf. R. Martin, *Recherches...*, p. 366-367 et *Familia rustica*, dans les *Actes* du Colloque 1972 sur l'esclavage, in *Annales litt. de l'Université de Besançon*, 1974, p. 273.

2. *si autem uel strata silice*, etc. : Columelle se bornait à dire en 1, 6, 23 : *eaque* (sc. *area*) *optima est silice constrata*, mais décrivait avec plus de détails, en 2, 19, une aire en terre battue ; Varron recommandait simplement la terre battue : *solida terra pauita, maxime si est argilla* (1, 51, 1), tout en ajoutant : *quidam, aream ut habeant solidam, muniunt lapide aut etiam faciunt pauimentum* (1, 51, 2) ; Caton — qui était du reste la source de Varron sur ce point — ne connaissait que la terre battue (*Agr.*, 91). De même Virgile (cf. *Géorg.* 1, 178-180) ; de même aussi *Géop.* 2, 26. La technique de battage envisagée par Palladius est le piétinement du grain par des bœufs (cf. *ungulis pecorum*, et plus loin

propter armenta quae cum teretur inducimus) : c'était le procédé le plus couramment employé (cf. Varron, *R.R.* 1, 52, 2 ; Col., 2, 10 ; Pline, *N.H.* 18, 298), bien que les anciens aient connu aussi le battage au « fléau » (*pertica* ; cf. Col., 2, 20 et Pline, *N.H.* 18, 298) et le battage par des machines spéciales, le *tribulum* (cf. *infra*, commentaire à 1, 42, 3 : *falciculas tribulatas*) et la *traha* ou « traîneau » (*ibid.*), technique encore utilisé de nos jours dans certains pays d'Europe, notamment l'Espagne.

3. *clausa deinde et robustis munita cancellis* : notation originale ? En tous cas la source n'apparaît pas.

4. *locus alter planus et purus* : pas de source nette. On rapprochera Col., 2, 20, 5 : *in area detrita frumenta sic sunt aggerenda, ut omni flatu possint excerni.* Le terme *durabilitas* est un hapax.

5. *fiat... proximum tectum...* : la source est Col., 1, 6, 24 : *Huic* (sc. *areae*) *autem nubilar applicari debet, maximeque in Italia, propter inconstantiam caeli, quo collata semitrita frumenta protegantur, si subitaneus imber incesserit.* Columelle avait lui-même pour source Varron, *R.R.* 1, 13, 5 : *Aedificium facere oportet, sub quod tectum totam fundi subicere possis messem, quod uocant quidam nubilarium* ; *id secundum aream faciundum, ubi triturus sis frumentum.* En ce qui concerne le texte, les mss. donnent *undecumque* après *fiat deinde* ; nous l'avons conservé, comme nos devanciers, bien qu'il n'offre guère de sens à cette place ; peut-être faut-il le supprimer, en le considérant comme une anticipation fautive de celui de la phrase suivante.

6. *loco undecumque perflabili* : la raison en est donnée par Col., 2, 20, 5 : *At ubi paleis inmixta sunt frumenta, uento separentur* ; *ad eam rem Fauonius habetur eximius, qui lenis aequalisque aestiuis mensibus perflat.*

7. *longe tamen ab hortis*, etc. : reprise plus développée de la recommandation déjà faite par Palladius en 1, 34, 1 : *ab area longe situs* (sc. *hortus sit*), *nam puluerem palearum patitur inimicum.* La source était Col., 11, 3, 9. Comme nos devanciers, nous suppléons un *has*, dont l'omission dans les mss. s'explique sans doute par la ressemblance graphique des deux groupes *-bus* et *has*.

Chap. 37

1. A Rome, le grand spécialiste de l'apiculture avait été Hygin, qui lui avait consacré une monographie exhaustive, fondée sur d'importantes recherches bibliographiques (cf. Col., 9, 2, 1). C'est cet ouvrage, ainsi que le chant 4 des *Géorgiques* et le traité — moins complet, mais plus élégant que celui d'Hygin — composé par Celse, qui avaient constitué les principales sources de Columelle pour les chapitres 2 à 16 de son livre 9. Columelle est à son tour la principale source de Palladius dans les deux chapitres où

ce dernier traite de l'apiculture ; il faut y ajouter les *Géop.*, qui en sont une source secondaire ; il semble aussi que Palladius, comme au chapitre 5, se soit souvenu à plusieurs reprises de Virgile.

2. *non longe a domnicalibus* : cf. Col., 9, 5, 2 : *magis expediet sub oculis domini esse apiarium.* De même Varron, *R.R.* 3, 16, 12 : *mellaria secundum uillam... esse oportet.* On notera que Palladius, Columelle et Varron emploient chacun un mot différent pour désigner le rucher, que Varron désigne aussi par les termes grecs μελιττῶνες, et μελιττοτροφία. Selon Aulu-Gelle, *N.A.* 2, 20, 8, le terme *apiarium*, qu'utilise Columelle, appartenait à la langue vulgaire, et les purites l'évitaient. Cf. également *Géop.* 15, 2, 37 : τοῦ δὲ οἴκου ὁ μελισσῶν ἐγγὺς ἔστω. L'expression *apibus statio* est celle de Virgile, *G.* 4, 8 : *sedes apibus statioque. Apium castra* est une expression traditionnelle, cf. Virg., *G.* 4, 108 ; *Aen.* 12, 589 ; Pline, *N.H.* 11, 20 ; 11, 54 ; Lactance, *Inst.* 3, 10, 4, etc. Le terme *domnicalia* pour désigner le *praetorium* est un hapax ; il appartient certainement, comme l'indique sa forme, à la langue tardive ; Columelle emploie en 9, *praef.*, 1, avec le même sens, l'expression *dominicae habitationes* ; Schneider suggérait, sans nécessité, de corriger en *domini aedibus.*

3. *aprica et a uentis remota et calidiore* : notation différente de celle de Columelle, qui recommandait d'installer le rucher *nec calido loco nec frigido* (9, 5, 1), comme l'avait fait avant lui Varron : *neque aestate feruido neque hieme non aprico.* Pour *a uentis remota*, cf. *Géorg.* 4, 9 : *neque sit uentis aditus.* En fait, l'emplacement du rucher est fonction du climat : dans les pays froids il doit être ensoleillé ; dans les pays chauds il vaut mieux au contraire l'abriter du soleil.

4. *in quadratam constituta mensuram* : pas de source. On ne voit pas la raison d'être de cette notation : Palladius semble établir un rapport logique entre la forme du rucher et le fait que voleurs et bestiaux en seront écartés, mais on discerne mal quel peut être ce rapport. Peut-être veut-il dire que cent ruches disposées en dix rangs de dix sont moins accessibles aux voleurs et aux animaux que si elles sont disposées en deux rangs de cinquante.

5. *fures et accessus hominum pecudumque* : cf. Col., 9, 5, 1 : *procul a tumultu et coetu hominum ac pecudum.* On voit mal pourquoi Palladius remplace la mention du calme nécessaire aux abeilles par celle des voleurs dont il faut les protéger — notation inutile en raison de sa trop grande évidence. On rapprochera également *Géorg.* 4, 10-12 : *neque oues haedique petulci / floribus insultent, aut errans bucula campo / decutiat rorem et surgentes adterat herbas.*

6. *sit abundans floribus*, etc. : cette notation et les listes qui la suivent se retrouvent chez tous les auteurs anciens qui ont

traité le même sujet. En réalité, comme le fait justement remarquer R. Billiard, *Agr.*, p. 393, il est absolument inutile d'entretenir des fleurs autour des ruches — si ce n'est à titre ornemental. C'est sur des champs entiers, voire sur des hectares de terrain, que les abeilles récoltent le pollen, mais les Anciens, assez curieusement, ne semblent pas s'en être rendu compte. Le classement des différentes plantes (pour l'identification desquelles on se reportera à l'ouvrage de J. André, *Lexique des termes de botanique* en latin) en trois catégories provient en partie de Col. Sur les plantes jugées mellifères par les apiculteurs antiques, cf. R. Billiard, *L'abeille et l'apiculture dans l'antiquité*, Lille, 1900, p. 55 sq.

7. Le choix entre les leçons *ulex* et *ilex* pose un problème délicat. R.H. Rodgers (« Three shrubbs in Palladius », *Studii Classice*, XV, 1973, p. 154-155) estime, à l'encontre de tous les éditeurs, qu'il faut adopter *ulex*, désignant une variété de romarin, en référence à Col., 9, 4, 2 ; *ilex* serait alors une faute par banalisation. Mais Columelle, comme il est normal, range *ulex* non point parmi les arbres, mais parmi les arbustes, alors que chez Palladius le mot controversé se trouve bel et bien dans la liste des *arbores*. Cela conduit à supposer que Palladius a utilisé un texte de Columelle qui comportait déjà la faute *ilex* ; il a pu croire, dès lors, que Columelle avait commis une erreur de classement, et il a dû vouloir corriger cette prétendue erreur en déplaçant la mention de cette plante. Dans ces conditions, *ilex* serait bien, chez Palladius, la leçon authentique, même si elle constitue une faute par rapport au véritable texte de Columelle. Néanmoins le problème se complique du fait que chez Columelle, *tinus* est également rangé parmi les arbustes, alors que Palladius le classe, tout comme *ilex* / *ulex*, parmi les arbres : d'où la correction en *pinus*, proposée par Schneider, mais difficile à adopter vu la tradition manuscrite. En résumé, nous dirons que le classement (*arbores*) donné par Palladius paraît contraindre à imprimer *ilex* et *pinus*, tandis que la tradition manuscrite paraît contraindre à adopter *ulex* et *tinus*. Le problème nous semble insoluble.

8. *taxi remoueantur inimicae* : cf. Col., 9, 4, 5 : *solae ex omnibus nocentes taxi repudiantur* et *Géorg.* 4, 47 : *neu propius tectis taxum sine*. Le miel d'if est effectivement amer ; aussi sa douceur est-elle évoquée par Calpurnius, *Ecl.* 8, 75-76, dans une liste d'ἀδύνατα : *dulcia mella / sudabunt taxi*.

9. *primi saporis*, etc. : la hiérarchie des miels est reprise de Col., 9, 4, 6. Mais ce dernier se montrait beaucoup plus sévère que Palladius pour le miel ici qualifié de *rusticus*, et écrivait à ce propos : *Sed ex sordidis deterrimae notae mel habetur nemorense, quod sparto atque arbuto prouenit et uillaticum, quod nascitur in oleribus et stercorosis herbis* (le *rusticum mel* étant apparemment celui que récoltaient les petits propriétaires).

10. *fons uel riuus*, etc. : la description de ces ruisseaux avec passerelles en miniature — indication parfaitement valable —

se trouve chez tous les agronomes latins : cf. Col., 9, 5, 3-5 ; Varron, *R.R.* 3, 16, 27 : *Géorg.* 4, 19-22. Cf. également *Géop.* 15, 2, 2-3. Voir nos observations dans *Recherches...*, p. 207-209.

11. *omnia odoris horrendi* : cf. Col., 9, 5, 1 : *in ea parte quae taetris latrinae sterquiliniique et a balnei libera est odoribus.* On notera néanmoins que seuls les *balnea* sont communs à l'énumération de Palladius et à celle de Columelle. C'est un fait que l'odorat des abeilles est extrêmement développé ; leur répugnance à l'égard des mauvaises odeurs est cependant, semble-t-il, une légende, à laquelle Palladius ajoute foi à la suite des naturalistes anciens (cf. Pline, *N.H.* 11, 44 : [*apes*] *factorem mulierumque menses odere*).

12. *animalia, quae sunt apibus inimica* : parmi ces nuisibles, Columelle cite en 9, 7, 6, les lézards et les serpents, et, en 9, 7, 5, « le gecko venimeux, la race impure des scarabées et des papillons, et les cloportes qui fuient la lumière » ; ce n'est du reste qu'un résumé de la liste, beaucoup plus complète, dressée par Virgile dans *Géorg.* 4, 239-247 (les « papillons » de Columelle n'étant autres sans doute que la « fausse teigne », *dirum tiniae genus* de Virgile).

13. *purus custos... et castus* : précepte à rapprocher de celui, beaucoup plus précis, que donnent les *Géop.* 15, 2, 19 : « D'une façon générale elles apprécient peu l'approche des êtres humains, qu'elles attaquent ; mais elles s'élancent avec encore plus de férocité sur ceux qui sentent le vin ou le parfum ; et elles attaquent aussi les femmes, surtout celles qui viennent de se livrer à l'acte sexuel ». Cf. également Col., 9, 14, 3 : *maxime custodiendum est curatori, cum aluos tractare debebit, uti pridie castus a rebus Venereis, neue temulentus, nec nisi lotus ad eas accedat* et Pline, *N.H.* 11, 44 : *lauti purique* (pour retirer la récolte). On rapprochera aussi *Géorg.* 4, 228-230 :

Si quando sedem angustam seruataque mella
thesauris relines, prius haustu sparsus aquarum
ore foue fumosque manu praetende sequaces.

14. La source est Col., 9, 5, 3 : après avoir prescrit d'adjoindre au rucher une chaumière (*tugurium*) pour les esclaves préposés aux abeilles, l'agronome ajoutait : *sitque maxime repletum praeparatis alueis ad usum nouorum examinum.* Palladius réunit donc ici dans une même phrase deux préceptes de caractère très différent, et entre lesquels n'existe aucun rapport logique.

15. *uitetur odor coeni*, etc. : cf. Col., 9, 5, 6 : *Grauis et taetri odoris non solum uirentia, sed et quaelibet res prohibeantur, sicut cancri nidor, cum est ignibus adustus, aut odor palustris coeni* ; *nec minus uitentur cauae rupes aut uallis argutiae, quas Graeci* ἠχοῦς *uocant.* De même Pline, *N.H.* 11, 65 : *inimica est apibus echo resultanti sono, qui pauidas alterno pulset ictu.* Même notation dans *Géorg.* 4, 47-50 :

Neu propius tectis taxum sine, neue rubentes
ure foco cancros, altae neu crede paludi
aut ubi odor coeni grauis, aut ubi concaua pulsu
saxa sonant uocisque offensa resultat imago.

Cf. également Varron, *R.R.* 3, 16, 12 : ...*secundum uillam potissimum ubi non resonent imagines* ; *hic enim sonus harum fugae causa existimatur esse.* Magon était sans doute la source commune de Varron, Virgile, Pline et Columelle ; quant à Palladius, il s'inspire vraisemblablement de ce dernier, dont il se borne à modifier l'expression. Pour R. Billiard (*Agr.*, p. 392), « ce sont de ces croyances dont l'antiquité nous offre tant d'exemples, qui ne reposent sur aucun fond sérieux, et que nos campagnes... conservent comme un pieux héritage de superstition échappant à toute discussion ». L'écrevisse grillée était dans l'antiquité un remède employé à des fins très diverses, au témoignage de Pline, *N.H.* 32, *passim* ; d'où la fréquence probable de son odeur, qui explique la notation de Palladius.

16. *absint et herbae...* : moins précis, Columelle se bornait à proscrire, en fait de plantes, celles qu'il appelait *grauis et taetri odoris uirentia* (9, 5, 6). Pall. s'inspire de *Géop.* 15, 2, 17.

17. *aluearia meliora sunt... feruescunt* : tout ce passage est un résumé de Col. 9, 6, 1-2. Notations analogues, mais moins précises, dans Varron, *R.R.*, 3, 16, 15 et *Géorg.* 4, 33-36. Ces notations sont exactes, mais R. Billiard fait observer à ce propos (*Agr.*, p. 397) que les Anciens ne semblent pas avoir connu les ruches en paille (ou « paniers »), qui sont d'usage courant dans nos campagnes.

18. *podia... fabricentur*, etc. : Palladius suit ici de très près Col., 9, 7, 1.

19. *angustus aditus admittat examina*: cf. Col., 9, 7, 5: *foramina, quibus exitus aut introitus datur, angustissima esse debent, ut quam minimum frigoris admittant.* Mais il y a ici une évidente bévue de Palladius, qui parle des essaims (*examina*), alors que c'est, bien entendu, simplement des abeilles (prises individuellement) qu'il s'agit. A cela près, la notation est parfaitement exacte.

20. *sane uentis frigidioribus...* : remarque correspondant à celle de Col., 9, 7, 4 : *semper aedificium sit post apiarium, quod Aquilonis excipiat iniuriam, stabulisque praebeat teporem.* La notion de réchauffement « par réflexion », que nous introduisons dans notre traduction, n'est pas explicite dans le texte de Palladius, non plus que dans celui de Columelle, mais nous semble, tout comme à nos prédécesseurs, implicitement contenue dans le verbe *apricare.*

21. *soli obponantur hiberno* : Columelle précisait : *hibernum orientem* (9, 7, 5).

22. *qui in uno cortice... utentur egressu* : résumé très succinct de Col., 9, 7, 5. R. Billiard, *Agr.*, p. 398, fait observer à ce propos que, si les abeilles trouvent trop grandes les entrées qui leur sont ménagées, et qui effectivement ne devraient pas dépasser 1 cm. de hauteur, elles remédient elles-mêmes à cet inconvénient, en bouchant partiellement les trous au moyen de résine. La correction en *utentur* du *uitentur* des mss. nous paraît s'imposer.

CHAP. 38

1. *apes si emendae sunt...* : résumé rapide de Col., 9, 8, 2 ; pour la recommandation du transport nocturne, cf. également *Géop.* 15, 2, 11 : νυκτὸς... αἱρέτω πρὸ ἡμέρας. Columelle, 9, 8, 3, en précisait la raison : *nam diebus requies* (*apibus*) *danda est.* A propos de l'acquisition des abeilles, on peut noter que Palladius, pourtant si crédule à bien des égards (cf. chap. 35), est, de tous les agronomes latins, le seul qui ne dise rien de la fameuse « recette d'Aristée » (selon laquelle les abeilles naîtraient spontanément des entrailles d'un bœuf immolé), exposée pourtant même par Columelle, à la suite de Magon, et, au XVIe siècle encore, par Olivier de Serres. Mais on ne saurait bien entendu en déduire qu'il n'y croyait pas.

2. *collo nocte portentur* : l'expression *collo portare*, qui se trouvait déjà chez Columelle (*optime noctibus collo portabuntur*), fait difficulté. Le traducteur de Columelle dans l'éd. Didot et Louis Dubois, traducteur de l'éd. Panckoucke, comprennent qu'il s'agit de porter les ruches « sur sa tête » ; celui de Palladius omet de traduire *collo* ; Cabaret-Dupaty le rend par « sur vos épaules ». Ces interprétations ne sont pas absolument invraisemblables, dans la mesure où ce portage sur la tête ou les épaules serait destiné à éviter aux abeilles les cahots de la route, dont un transport en voiture ou sur le dos d'un animal les ferait sans doute souffrir (cf. Col. : *curabimus ne salebris sollicitentur*). L'expression latine n'en est pas moins obscure (on attendrait *in capite* ou *in humero*) ; de plus, chez Columelle, le pluriel *noctibus* étonne, et se comprend mal, bien que naturellement le voyage puisse ne pas se faire d'une traite ; enfin, on ne trouve rien de semblable dans les *Géoponiques*, où il est en revanche précisé que les abeilles doivent être transportées dans des « vases » (ἄγγεια). On est donc tenté de suspecter le texte de Columelle, où nous proposerions volontiers de lire *nocte uasculo* au lieu de *noctibus collo*. Quoi que l'on pense de cette conjecture, elle ne s'appliquerait bien évidemment qu'au texte de Columelle, et nullement à celui de Palladius ; celui-ci reproduit, à tort ou à raison, le *collo* qui figurait dans sa source et qui, même fautif dans cette dernière, est une leçon sûre dans notre passage. Nous l'avons donc maintenu, en tentant de le traduire.

3. *speculemur deinde post triduum...* : la leçon *post triduum*, rejetée par tous les éditeurs au profit de la « lectio facilior » *per*

triduum, est défendue par Svennung (*Untersuchungen*, p. 377), qui considère que *post* est employé ici avec la valeur de *per*. Mais, tout en conservant *post*, on peut se demander si ce mot n'est pas en réalité employé adverbialement, le groupe *deinde post* formant alors une expression pléonastique, et *triduum* étant un accusatif de durée sans préposition.

4. *suo mense* : cf. livres 4, 15 ; 5, 7 ; 6, 10 ; 7, 7 ; 9, 7 ; 11, 13 ; 12, 8.

5. *stercus uituli* : la source de ce curieux précepte est *Géop.* 15, 4, 1 : « Les abeilles ne s'enfuiront pas, si on enduit les ouvertures des ruches avec la bouse d'un veau premier-né » (βοὸς πρωτοτόκου ἀφοδεύματι). On rapprochera Varron, *R.R.* 3, 16, 16, où il est conseillé — mais dans un tout autre esprit, technique, et non pas magique, comme ici — d'enduire de bouse de vache l'intérieur et l'extérieur des ruches d'osier, afin d'en faire disparaître les aspérités : *uitiles fimo bubulo oblinunt intus et extra, ne asperitate absterreantur*. Il est possible que le précepte emprunté par Palladius à sa source grecque ait pour origine une déformation ou une interprétation erronée de celui que transmet Varron.

Chap. 39

1. Palladius est le seul, parmi les agronomes anciens, qui accorde aux *balnea* une place aussi importante. Les *Géoponiques* (2, 3, 7) se bornent à leur consacrer quelques lignes, en recommandant, comme Palladius lui-même, l'orientation au midi et au couchant d'hiver, également conseillée par Vitruve, 5, 10, 1 : *primus eligendus locus est quam calidissimus, id est auersus a septemtrione et aquilone* ; *ipsa autem caldaria tepidariaque lumen habeant ab occidente hiberno*. Quant à Columelle, il estimait indispensable d'aménager des bains pour les esclaves ruraux, mais, considérant que se baigner trop souvent affaiblit le corps, il recommandait au maître de n'en permettre l'usage que les jours de fête (cf. 1, 6, 20 : *balneas refert esse, in quibus familia, sed tantum feriis, lauetur* ; *neque enim corporis robori conuenit frequens usus earum*). Par ailleurs on connaît la description détaillée que fait Sidoine Apollinaire des *balnea*, beaucoup plus vastes et luxueux que ceux dont Palladius préconise l'installation, de sa *uilla* d'Avitacus. Le même auteur nous apprend qu'en revanche les *uillae* gallo-romaines étaient loin de toutes posséder des installations de bains : les amis dont il parle dans *Ep.* 2, 9, 8-9, n'en avaient pas, et devaient se baigner dans une « fosse » aménagée près d'un cours d'eau, dans laquelle on jetait des cailloux brûlants ; mais l'un et l'autre avaient néanmoins des *balnea* en cours de construction : *balneas habebat in opere uterque hospes*.

La proposition *ne uligo eum fornacibus uicina refrigeret*, qui ne se lit pas chez Vitruve, est d'une extrême obscurité. Cabaret-

Dupaty comprenait qu'il faut placer la salle de bains « dans un lieu à l'abri de toute humidité qui refroidirait les fourneaux », ce qui n'a rien à voir avec le texte latin ; pour le traducteur de l'éd. Nisard, qui suit Saboureux de la Bonnetrie, Palladius veut dire que la salle de bains « sera placée à portée de la chaleur du fourneau, mais à l'abri de l'humide vapeur qui s'en exhale », ce qui n'offre guère de sens. Notre traduction s'efforce de rendre compte du texte latin, mais on comprend mal ce que veut dire ici Palladius.

2. Dans toute la première partie du chapitre 39, jusqu'à la fin du paragraphe 2, Palladius suit de très près les indications de Vitruve, 5, 10, 2, concernant les *suspensurae* et l'aménagement de l'hypocauste : *Suspensurae caldariorum ita sunt faciendae ut primum sesquipedalibus tegulis solum sternatur, inclinatum ad hypocausin, uti pila cum mittatur, non possit intro resistere, sed rursus redeat ad praefurnium ipsa per se : ita flamma facilius peruagabitur sub suspensione. Supraque laterculis besalibus pilae struantur, ita dispositae uti bipedales tegulae possint supra esse conlocatae ; altitudinem autem pilae habeant pedes duo. Eaeque struantur argilla cum capillo subacta, supraque conlocentur tegulae bipedales, quae sustineant pauimentum.* Cf. également Faventinus, 16, où sont reprises les mêmes indications.

Le texte de Vitruve présente d'ailleurs une double difficulté qui se retrouve dans celui de Palladius. Si en effet le sol de l'hypocauste (c'est-à-dire de la chaufferie installée sous la salle de bains) est incliné vers la source de chaleur, ainsi que l'indiquent les deux auteurs, on ne voit pas comment les piliers (*pilae*) supportant le carrelage de la salle de bains peuvent avoir tous deux pieds et demi de haut ; il faut nécessairement qu'ils soient de hauteurs inégales, à moins que le sol des *balnea* ne soit lui-même en pente, ce qui est peu vraisemblable. A cela il convient d'ajouter que, de toutes façons, la notation concernant la « balle » (*pila*), qui doit pouvoir rouler vers la source de chaleur en raison de l'inclinaison du sous-sol est surprenante, dans la mesure où elle paraît constituer un truisme : en effet, si le sol de l'hypocauste est en pente et descend vers la chaudière, comme l'indique avec une clarté très suffisante l'expression *inclinata sit stratura ad fornacem* (= Vitr. : *solum inclinatum ad hypocausin*), il va de soi qu'une balle placée dessus roulera dans le sens de la pente ; on ne voit pas quel intérêt présente l'énonciation d'une telle évidence, qui ne contribue en rien à la clarté du texte, et tendrait même à obscurcir ce dernier, en raison de l'homonymie fâcheuse de *pila* « la balle » et de *pila* « le pilier ». — Bains et système de chauffage sont succinctement décrits dans *Géop.* 2, 3, 7-9 ; mais Palladius ne doit rien à ce texte.

La fin de notre chapitre 39, à partir de *camerae in balneis* (dernière phrase du paragraphe 4), jusqu'à *nitore decorabis*, est également reprise de Fav.-Vitr. ; la dernière phrase du chap. est en revanche une notation originale. Quant à la partie intermédiaire, dans laquelle est décrit le *miliarium* et indiqué comment doivent être disposées les cabines que comporte la salle de bains, elle ne provient pas du traité de Vitruve tel que nous le lisons, mais de celui de Faventinus. Faut-il supposer que le texte vitruvien que nous lisons comporte une lacune qui n'existait pas dans celui que lisait son abréviateur ? C'est une hypothèse d'autant plus plausible qu'il n'est pas exclu que les manuscrits actuellement connus de Vitruve remontent tous à un seul et même manuscrit, *B.M. Harl.* 2767, que l'on désigne par la lettre *H*. Il est donc possible que la description du *miliarium* et des *cellae* provienne elle aussi, directement ou non, du traité de Vitruve, où son absence apparente ne laisse pas de surprendre. Mais il n'est pas exclu non plus que Faventinus l'ait trouvée ailleurs ou ait imaginé lui-même ce système, comme le pense H. Plommer, *op. cit.*, p. 13-14. — Sur le *miliarium*, cf. également Sénèque, *Nat.* 3, 24, 2 (où est expliquée, par une comparaison familière, la formation des sources d'eau chaude) : *Facere solemus dracones et miliaria et complures formas... Frigida* (sc. *aqua*) *itaque intrat, effluit calida. Idem sub terra Empedocles existimat fieri...*, etc. (les *dracones* de Sénèque, que Palladius ne mentionne pas, sont un système de tuyauterie affectant la forme tortueuse d'un serpent). On donnait le nom de *miliarium* à un réservoir profond et étroit, comme l'indiquera en 5, 8, 7 Palladius lui-même, qui décrit en ces termes un réservoir de forme analogue : *uas aeneum, miliario simile, id est altum et angustum* ; on donnait le même nom au réservoir qui, dans le pressoir, était destiné à recevoir l'huile (cf. Caton, *Agr.* 20, 1 : *columellam ferream, quae in miliario stat*). Le plateau de cuivre (*aerea patina*), sur lequel Palladius recommande de placer le *miliarium*, avait pour rôle d'empêcher ce dernier de fondre, ce qui aurait risqué de se produire, puisqu'il était en plomb, s'il avait été directement au contact de la flamme. On notera que le terme de *miliarium* ne figure pas chez Faventinus, qui dit simplement : *plumbeum uas, quod patenam aeream habet, super fornacem collocetur.* — Les baignoires (*solia*), apparemment individuelles, sont installées dans des sortes de boxes (ou loges, ou cabines), les *cellae piscinales*. L'idée d'utiliser pour l'irrigation du jardin les eaux résiduelles des *balnea* semble originale ; elle est révélatrice, tout comme la dernière phrase du chapitre, de l'esprit à la fois pratique et économe qui est celui de Palladius. — La notation de la dernière phrase du chapitre (*Possumus etiam...*) est intéressante, au même titre que celle du § 4 sur l'irrigation du jardin par les eaux usées des *balnea* ; toutes deux sont en effet originales, et révèlent chez Palladius un remarquable esprit pratique : « he displays a true architectural instinct », note très justement H. Plommer, *op. cit.*, p. 15.

Chap. 40

1. *de malthis calidae et frigidae* : ce chapitre appelle peu de remarques. Pour la définition du terme *maltha*, cf. notre commen-

taire à 1, 17, 2-3. Même si les diverses recettes données par Palladius à la suite de Faventinus peuvent paraître fantaisistes, elles n'en sont pas moins très susceptibles de fournir un mastic valable. En ce qui concerne le « sang de bœuf » (*sanguis bubulus*) ou « de taureau » (*sanguis taurinus*), expressions sans doute interchangeables, on l'utilisait encore dans un passé récent en certaines régions de France, d'une façon analogue à celle qu'indique ici Palladius (ainsi dans la région Velay-Auvergne) ; en outre, des démolitions effectuées dans la partie médiévale de la ville du Puy ont fait apparaître, sur les canalisations, de nombreuses taches colorées, qui ont été reconnues comme dues à la présence de sang de bœuf (ces renseignements nous ont été fournis par M. Louis Bourdelin, expert auprès du Tribunal du Puy, que nous en remercions ici).

Chap. 41

1. On sait que la diffusion du moulin à eau constitue, avec celle de la charrue à roues et à versoir (VIe siècle), du collier d'attelage, de la ferrure à clous et du gouvernail d'étambot (IXe et Xe siècles), l'un des progrès techniques fondamentaux qui ont dominé l'histoire de l'économie européenne durant la fin de l'Antiquité et le début du Moyen Age. Les historiens y voient tantôt une *cause* de la fin du système esclavagiste, qui aurait été rendue possible par ces progrès techniques (cf. le célèbre schéma par lequel on résume parfois la conception marxiste de la « Periodisierung » : au moulin à bras correspond le système esclavagiste ; au moulin à eau le système féodal ; au moulin à vapeur ou électrique le système capitaliste), tantôt une *conséquence* de la fin de ce système : ce dernier étant de plus en plus battu en brèche, à la fois en raison de son faible rendement et de l'arrêt de la conquête romaine, il a bien fallu imaginer des techniques nouvelles, permettant de se passer des esclaves. En fait, le moulin à eau (tout comme d'ailleurs le moulin à vent) était connu longtemps avant la fin de la période esclavagiste, comme le montre notamment une épigramme de l'*Anthologie Palatine*, 9, 418, d'Antipater de Thessalonique, contemporain d'Auguste (citée par A. Aymard, postface au tome I de l'*Histoire générale du Travail*, p. 371) : « Ne mettez plus la main à la meule, ô meunières ; dormez tard, même si le chant du coq annonce l'aurore. Car Déméter a chargé les Nymphes d'accomplir la besogne de vos bras », ainsi que le texte de Pline, *N.H.* 18, 97, où ce dernier nous apprend que l'on connaissait de son temps les moulins à eau, et qu'on les utilisait : *maior pars Italiae nudo utitur pilo, rotis etiam quas aqua uerset obiter*. En outre, Vitruve les avait décrits en 10, 5. Mais Palladius est le seul des Agronomes latins à en faire mention, ce qui n'a pas manqué de surprendre les commentateurs : « A quoi donc attribuer, se demandait déjà S. de la Bonnetrie (*op. cit.*, p. 79). cette espèce de mépris pour une des choses les plus utiles qui soient au monde, si ce n'est à la multitude des esclaves

qu'il était important d'occuper ? ». C'était du reste apporter au problème une solution assez peu satisfaisante, dans la mesure où le texte de Palladius nous rappelle que, si l'on faisait volontiers tourner les meules par des esclaves (cf. *hominum labore*), on utilisait aussi, à cet effet, des bêtes de somme (cf. *animalium*). Plus intéressante est la thèse développée par A. Aymard (*op. cit.*, p. 372 sq.), qui estime que l'Antiquité a délibérément « refusé le machinisme » — dont le niveau scientifique et technique atteint à l'époque classique aurait pourtant permis le développement—, et qui explique ce refus par le mépris du travail, conséquence du système esclavagiste, et entraînant à son tour comme conséquence le mépris de toute application pratique des inventions techniques.

Il convient de noter qu'il faut, en tout cas, attendre le ve siècle pour voir un agronome préconiser la construction d'un moulin à eau. Mais il le fait d'une manière assez singulière, puisque le moulin dont il parle semble devoir fonctionner grâce à l'eau utilisée pour les bains, et non grâce au courant d'une rivière. Un tel système serait absurde, et l'on peut se demander si Palladius ne l'emprunte pas à un auteur (inconnu de nous), qu'il aurait mal compris. — On ne comprend pas davantage pourquoi il donne ici un conseil apparemment inutilisable, puisque ne s'accompagnant pas de la moindre description du moulin : faudrait-il en déduire qu'à son époque les moulins à eau étaient déjà si répandus qu'une telle description lui paraissait superflue ? Probablement pas : nous avons déjà eu l'occasion de noter une désinvolture analogue de sa part, à propos des pressoirs à vin et à huile, qu'il ne décrivait pas davantage, alors que par ailleurs il croyait devoir décrire longuement la citerne, l'aire, les bains, la pose d'un plafond, etc. Il faut sans doute simplement considérer que, ne se sentant pas capable de procéder à une description personnelle, il préférait s'en tenir à celles que lui offraient ses sources (peut-être n'avait-il pas à sa disposition le livre 10 de Vitruve).

Chap. 42

1. *de instrumentis agrestium* : la liste des instruments agricoles que dresse ici Palladius est évidemment à rapprocher de celle que donnait Caton aux chapitres 10 et 11 de son propre traité. Mais elle est à la fois moins complète et moins précise que celle de ce dernier, qui avait pris la peine de chiffrer minutieusement les *instrumenta* en fonction des dimensions et de la nature de l'exploitation : *sarcula VIII*, *palas IV*, *falces fenarias VI*, etc. En outre, au chap. 135, Caton indiquait de façon très détaillée les endroits où l'on pouvait se procurer les différents ustensiles : les charrues à Rome et en Campanie, les clous à Nole, les divers récipients à Capoue, etc. Cela tenait au fait que son traité n'avait pas une portée générale, mais, destiné originellement à la forma-

tion de son fils, concernait une région bien déterminée et une seule : Caton, tout en faisant preuve d'un esprit très « moderne » pour son époque, était encore à cet égard le « paysan » au sens propre du terme — l'homme « du pays », du terroir —, et son traité possède une incontestable saveur « régionaliste ». Les autres Agronomes latins, y compris Palladius, s'adressent au contraire à un public géographiquement indifférencié. — Voir, sur ce chapitre, les diverses observations de R.H. Rodgers dans le *Bulletin* n° 18 (1971) de l'*Institute of Classical Studies* (University of London), p. 46-52.

2. *aratra simplicia uel aurita* : ce que Palladius désigne par l'expression *aratrum simplex*, c'est l'araire proprement dit (appelé par Pline en 18, 171 *genus uulgare*) ; il était fait d'une seule pièce, à savoir un tronc d'arbre dont l'extrémité inférieure coudée formait une sorte de croc. Il peut paraître surprenant de voir Palladius en recommander ici l'acquisition, car on considère généralement que l'usage de cet instrument aratoire primitif — et d'une très faible efficacité — ne s'était conservé, déjà à l'époque de Virgile, que « chez les pauvres paysans, qui le fabriquaient eux-mêmes, chez ceux qui n'étaient pas assez riches pour se procurer les pièces de fer forgé qu'exigeait un instrument plus parfait » (R. Billiard, *Agr.*, p. 61). Certes nous avons vu que, dans sa préface, c'est bien à un tel public que Palladius prétendait s'adresser ; mais nous avons vu aussi qu'en réalité l'exploitation agricole que présente son traité est bel et bien une exploitation importante, comportant notamment une « maison de maître » pourvue de tout le confort. En outre il est ici formel : dans les régions montagneuses tout au moins, c'était encore l'*aratrum simplex* qui était utilisé à son époque, l'*aratrum auritum* étant réservé aux régions de plaine (cf. *si plana regio permittit*). Ce dernier instrument est celui que décrit Virgile dans *Géorg.* 1, 169-175 : il se composait de l'age (*buris*), auquel était fixé le timon (*temo*), et qui s'emboîtait sur le sep (*dentale*), terminé à l'avant par le soc (*uomer*), généralement métallique ; un manche (*stiua*), fixé à l'arrière, permettait au laboureur de diriger l'araire ; quant aux « oreilles » (*aures*), dont la forme évoquait en effet les oreilles dressées d'un animal, elles étaient fixées de part et d'autre du sep, et rejetaient la terre de chaque côté du sillon, lequel se trouvait ainsi, comme l'indique fort bien Palladius, protégé par un double « mur ».

Il est important de souligner que Palladius ne mentionne pas l'araire à roues, pourtant en usage dans certaines régions dès l'époque de Pline, et encore moins la charrue proprement dite (à roues et à versoir), qui ne s'est répandue en Europe que dans le courant du VIe siècle. — Par ailleurs il n'est pas sans intérêt de noter que l'araire, contrairement à ce que l'on s'imagine parfois, est loin d'avoir disparu de nos campagnes : dans le Massif Central notamment, et en particulier dans la région vellave, où il nous a été donné d'en voir plusieurs, cet instrument archaïque est encore utilisé par les cultivateurs, d'une part pour le « labourage léger », celui que l'on donne aux terres à ensemencer qui ont été préalablement labourées à la charrue, d'autre part pour l'arrachage des pommes de terre. Il porte en occitan le nom d'*araïrou* ; fait le plus souvent en bois de peuplier, en raison de la résistance de ce bois à l'humidité, il coûtait une centaine de francs à l'achat en 1974.

3. *bidentes* : le *bidens* était, comme son nom l'indique, une sorte de binette à deux pointes, qui servait essentiellement au piochage des vignes et des oliviers. R. Billiard estime qu'il s'agissait d'un instrument relativement léger (*Agr.*, p. 206), par opposition au *raster* — dont parle Virgile en 1, 164 et 496 — mais que Palladius ne mentionne pas —, de forme semblable, mais, selon lui, beaucoup plus lourd. En revanche, le même auteur identifie le *bidens* et le *ligo*, tout en reconnaissant que Palladius les cite concurremment (cf. *ligones*, deux lignes plus loin). En fait le *ligo* était sans doute une sorte de houe, tantôt *simplex*, tantôt *bicornis*, alors que le *bidens*, moins lourd, devait être une petite pioche à deux pointes ; quant à *raster* ou *rastrum*, c'était, semble-t-il, un terme générique servant à désigner tout instrument à plusieurs dents, le *bidens* en étant en quelque sorte un cas particulier : c'est ainsi qu'en 10, 3 et 11, 4, Caton parle de *rastri quadridentes* (cf. sur ce point K.D. White, *A.I.R.W.*, p. 37-40 et 47-56). Sur ce problème, et ceux que posent les *instrumenta agrestium* en général, voir le bel article méthodologique de J. Kolendo, « A propos de la méthode des recherches sur l'histoire de l'outillage agricole des Romains », *Archeologia*, XXII, 1971, p. 204-214 : dans les textes latins apparaissent différents types de houes, désignées par les termes *ligo*, *marra*, *sarculum*, *bidens*, *rastrum*, *capreolus* et *occa* ; mais on ne saurait parler pour autant de sept types de cet outil, et il peut arriver, tantôt que plusieurs mots désignent un même instrument, tantôt que deux instruments soient désignés par le même, mot. Au total « nous sommes dans l'impossibilité d'identifier les noms et les objets de façon indubitable en ce qui concerne les houes » (p. 206).

4. *dolabras* : la « dolabre » était un instrument à double fer, pouvant faire fonction à la fois de hache et de pioche, comme l'indiquent les textes suivants : Col., *Arb.* 10, 2 : *arida et uetera, quae falce amputari non possunt, acuta dolabra abradito* ; Col., 2, 2, 28 : *rosaria... circumfodiuntur sarculis uel dolabris* ; Pall., 2, 3, 2 : *glebae dolabris dissipandae sunt.* (Cf. K.D. White, *A.I.R.W.*, p. 61-64).

5. *falces putatorias... messorias, fenarias* : nous avons évité, dans notre traduction, le terme de « faux », qui eût été impropre, les Anciens ne connaissant pas la grande faux, dont l'usage n'est apparu qu'au XVIIIe siècle et ne s'est généralisé qu'au XIXe,

mais seulement la « faucille », à lame recourbée et à manche court, qui prend le nom de « serpette » en arboriculture et en viticulture. Néanmoins Ch. Parain, « Le développement des forces productives dans l'Ouest du Bas-Empire », *Studien über die Revolution*, 1969, p. 13, émet l'hypothèse que les *falces messoriae* pourraient être des faucilles, et les *falces fenariae* de véritables faux.

6. *ligones* : cf. *supra*, commentaire à *bidentes*.

7. *lupos* : employé en ce sens, le terme semble être un hapax. La description précise qu'en donne Palladius rend tout commentaire superflu : il s'agit de l'instrument que nous appelons aujourd'hui la « scie de jardinier ».

8. *acus* : encore un hapax en ce sens. Mais la nature et le rôle de cet outil, indiqués par Palladius, s'aperçoivent sans difficulté. Selon Mme A.M. Tibiletti-Bruno, le mot se continue, avec le même sens, sous la forme *ago* dans certains dialectes italiens (cf. *Il lessico agricolo latino*, 2e éd., Amsterdam, Hakkert, 1969). En revanche nous n'en connaissons aucune représentation et n'en avons conservé aucun spécimen, fait observer K.D. White, *A.I.R.W.*, p. 110.

9. *falces... lunatas* : Palladius désigne sans doute ici la « serpette vigneronne » proprement dite, en latin *falx uinitoria*, qui sert à la taille de la vigne, et qui est décrite de façon très précise par Col., 4, 25. Elle se composait de cinq parties : le *culter* servant à couper, le *sinus*, à tirer vers soi les rameaux, le *rostrum*, à creuser, la *securis*, qui présentait l'aspect d'une *semiforma luna* (d'où la qualification de l'instrument), à trancher d'un coup sec, et le *mucro*, à nettoyer une plaie étroite.

10. *cultellos minores* : l'expression désigne apparemment des serpettes de petite taille. C'était, selon Isidore de Séville, *Or.* 20, 14, 3, un instrument archaïque, qui avait précédé l'invention de la serpette : *ex ipsis* (sc. *cultellis*) *ueteres in arbore utebantur et uite, priusquam falces essent repertae.* Le texte de Palladius indique qu'en réalité cet instrument n'était pas sorti d'usage, et servait encore pour certaines opérations.

11. *falciculas breuissimas tribulatas* : la correction *tribulatas* (de *tribulum*, sorte de herse décrite avec précision par Varron, *R.R.* 1, 52, 1, et servant à séparer le grain de l'épi) remonte à l'éd. princeps. Seul de nos prédécesseurs, Schmitt n'a pas cru devoir l'adopter, mais elle paraît indispensable, les autres leçons (*tabulatas* ou *tubulatas*) n'offrant aucun sens satisfaisant. Il s'agit vraisemblablement de la « faucille dentée », appelée par Columelle *falx denticulata* (2, 20, 3), que l'on rencontre encore dans certaines régions de France. R.H. Rodgers, *art. cit.*, p. 49-50, se résigne à imprimer avec Schmitt *tubulatas*, mais en marquant ce terme de la *crux desperationis* ; c'est faire preuve d'un

conservatisme excessif, dans la mesure où une correction plausible et économique est possible. K.D. White, *A.I.R.W.*, p. 90, adopte comme nous la conjecture *tribulatas*, mais demeure très évasif sur le sens qu'il convient de lui donner. On remarquera, une fois encore, le désordre dans lequel sont énumérés les différents outils (les *falciculae* auraient dû être citées en même temps que les *falces* des §§ 1 et 2), et l'incapacité (ou l'indifférence) de Palladius à structurer ne serait-ce qu'une simple liste énumérative.

12. *serrulas minores* : le sens est clair, mais l'utilisation pratique de cet outil n'apparaît pas. Au § 2, Palladius avait déjà cité les *serrulas minores* : s'agit-il d'une répétition par inadvertance, ou l'expression désigne-t-elle un outil différent ? De toutes façons, sa place dans le chapitre constitue une maladresse supplémentaire. Notre traduction reprend celle de S. de la Bonnetrie, mais nous la donnons sous toutes réserves. Cabaret-Dupaty se contentait de traduire : « de petites scies ».

13. *uangas* : le mot, d'origine germanique, n'est pas employé par les autres agronomes. Néanmoins sa continuation dans l'italien *vanga* permet de savoir quel outil il désigne : il s'agit, selon Mme Tibiletti-Bruno, d'une pelle-bêche, munie d'une barre horizontale fixée sur le fer, pour permettre au pied d'exercer sur ce dernier une poussée plus forte (cf. *C.G.L.* 5, 625, 1 : *uanga est pala cum ferro*). La traduction traditionnelle (« des houes ») est donc erronée. Un tel terme ne semble guère avoir pu entrer en usage avant le milieu du ve siècle.

14. *runcones* : le mot ne se trouve qu'ici et chez Isidore de Séville, *Or.* 20, 14, 5. qui lui donne un synonyme, *falcastrum* (non attesté ailleurs), et le définit comme désignant *ferramentum curuum cum manubrio longo ad densitatem ueprium succidendam.* K.D. White, *A.I.R.W.*, p. 91-92, le rapproche dubitativement du gr. ῥύγχος, « bec d'oiseau », et le glose par *brambel-cutter*, « outil pour couper les ronces ». En revanche le verbe *runcare* et le substantif *runcatio* sont bien connus. Le terme désigne une sorte de serpe ou de « machete » destinée au défrichage.

15. *secures dolabratas* : cf. *supra* la définition de la *dolabra*.

16. *sarculos uel simplices uel bicornes* : le masculin *sarculus* n'est employé que par Palladius et Isidore, tous les autres agronomes latins préférant le neutre *sarculum*. Pas de difficulté pour le sens ; il s'agit de sarcloirs servant à arracher les mauvaises herbes.

17. *uel ascias* : l'*ascia* désigne en principe la « cognée », la « hache », et nous avons rencontré le terme employé avec ce sens au chapitre 14 (*ascia calcem quasi lignum dolabis*). Mais la présence de la conjonction *uel* semble interdire de lui donner ce sens, et implique apparemment que Palladius désigne par ce mot une

autre sorte de sarcloir (à moins de corriger *uel* en *et*, comme le faisait Schneider à la suite du copiste de *E* : la faute s'expliquerait aisément après les deux *uel* qui précèdent). On peut néanmoins faire observer que Palladius emploie volontiers *uel* avec le sens de *et* (cf. Svennung, *Untersuchungen*, p. 396, et, dans notre chapitre, *uel quae* = *et quae* à la fin du § 3). Il est donc possible de conserver le texte des manuscrits, en comprenant que Palladius désigne ici un instrument bivalent, tout comme la dolabre ; on rapprochera Isidore, *Or.* 19, 19, 12 : *Est* (sc. *ascia*) *manubrio breui ex aduersa parte referens uel simplicem malleum aut cauatum uel bicorne rastrum* ; c'est à ce dernier type que songe Palladius. On notera que d'après J. Rougé, « L'*ascia*, outil agricole ? », *Latomus*, XVIII, 1959, p. 649-653, l'*ascia* en fait ne serait pas un véritable outil agricole, mais uniquement « un outil du bois ».

18. *cauteres* : il s'agit vraisemblablement des fers servant à marquer les animaux. Mais cf., en 1, 40, 2 : *cautere cuncta percurre*, l'usage fait du « cautère » en plomberie.

19. *tunicas uero pellicias*, etc. : les *tunicae* de Palladius semblent correspondre à ce que Caton appelait *centones*, et les *cuculli* à ce qu'il désignait par *cuculiones* (cf. *Agr.* 2, 3) ; mais pour plus de précision cf. aussi *ibid.*, 59 : *uestimenta familiae* : *tunicam aut sagam dabis, prius ueterem accipito, unde centones fiant.* Le *cento* était donc fait à partir d'une vieille tunique. Quant aux *ocreae*, qui désignaient dans le vocabulaire militaire les « jambières » du combattant (ou du gladiateur), elles désignent dans notre passage des « guêtres » ou des « bottes ».

C'est ici (*possint esse communes*) que se termine le livre 1 dans les manuscrits. Les éditeurs lui ajoutent néanmoins la phrase suivante, qui, dans les manuscrits, est la première du livre 2 : *Expletis his, quae pertinent ad generale praeceptum, nunc operas suas singulis mensibus explicabimus, et a mense Ianuario faciemus initium.* On pourrait penser, en effet, que l'emploi par Palladius du pronom *his* exige de placer cette phrase en conclusion du livre 1. Mais en réalité l'emploi de *his* pour le simple anaphorique *eis* n'a rien de surprenant chez notre auteur (cf. Svennung, *Untersuchungen*, p. 308 sq.), et nous ne voyons, par conséquent, aucune raison sérieuse de ne pas laisser la phrase à la place qu'elle occupe dans les manuscrits.

COMMENTAIRE LIVRE II

CHAP. 1

1. L'opération dont parle ici Palladius porte les noms de « déchaussage, déchaussement, échausselage », ou encore, en Provence, de « cavaillonnage » : d'où notre traduction de *excodicare*, visant à donner un équivalent français du terme dialectal que l'agronome signale à ses lecteurs non italiens. On a parfois voulu tirer de cette notation la conclusion que Palladius n'était pas italien lui-même, puisqu'il semble considérer le verbe *excodicare* comme une curiosité linguistique ; en fait l'argument ne vaut rien : comme nous l'avons déjà noté, Palladius, quel que fût son pays d'origine, avait des domaines en Italie et était donc italien en tant que propriétaire ; sa remarque linguistique ne fait que le confirmer ; on peut la rapprocher de la phrase de 2, 7 : *fenum Graecum in Italia... serimus*, où l'emploi de la 1re personne montre bien que l'agronome s'exprime en tant qu'italien. *Excodicare*, formé sur *codex /caudex = truncus arboris*, est sans descendance ; en revanche *ablaqueare* se continue dans le verbe *ablavô* du patois beaujolais (cf. Billiard, *La vigne...*, p. 83, note 2) ; l'étymologie suggérée par Palladius (*id est uelut lacus efficere*) est discutable, encore qu'elle s'accorde avec la forme *ablacuo* employée par Varron, *R.R.* 1, 29, 1 ; pour Ernout-Meillet, il s'agirait plutôt d'un dérivé de *laqueus* (cf. *Dict. étym.*, à ce mot) ; en revanche l'étymologie de Palladius est adoptée par Walde-Hofmann, *Lat. etym. Wörterbuch*, I, 4. On rapprochera Col., 4, 8, 2 : *in lacusculis laqueationis*, et 4, 8, 3 : *praedicti lacusculi aequandi sunt*. C'est *oblaqueare* qui est employé par Isidore, *Or.* 17, 5, 31 : *Oblaqueare est circa codicem terram aperire et uelut lacus efficere* ; *hoc aliqui excodicare appellant.* — Palladius est le seul des agronomes anciens qui recommande de procéder à cette opération en janvier ; il s'inspire apparemment de Col., 11, 2, 11 : *Vineae quae sunt palatae et ligatae recte iam* (sc. *mense Ianuario*) *fodiuntur*, mais sans voir, semble-t-il, qu'il ne s'agissait pas de la même opération ; c'est en fait en 4, 8, 1, ainsi qu'en 11, 2, 79 (et aussi dans *Arb.*, 10) que Columelle parlait de l'*ablaqueatio*, à laquelle il recommandait de procéder au mois d'octobre (même date dans *Géop.* 3, 13, 3) ; c'est d'ailleurs ce que dira Palladius lui-même en 11, 5, 1 : il semble ici avoir mal interprété le texte de sa source, mais il s'accorde avec Varron, *R.R.* 1, 29, 1 : *In primo interuallo, inter Fauonium et aequinoctium uernum... oportet... circum uites ablaqueari.*

Chap. 2

1. La source est Col., 11, 2, 7 : *Apricis etiam et macris aut aridis locis prata iam purganda et a pecore sunt defendenda, ut feni sit copia.* On peut faire observer que le long chapitre 2 du onzième livre de Columelle constituait comme une ébauche du « calendrier rustique » de Palladius, de même que Pline, *N.H.* 18, 230-271, Varron, *R.R.* 1, 29-37, et tout le livre 3 des *Géop.*, composé à partir de Varron et des Quintilii.

Chap. 3

1. Pour l'ensemble de ce chapitre, cf. Col., 2, 2 et 2, 4 ; pour la date, Col., 11, 2, 8 ; pour le sens de *proscindere*, Varron, *R.R.* 1, 29, 2.

2. Plus complet que Palladius, Columelle précisait que l'attelage par les cornes avait été condamné par l'unanimité des agronomes (*ab omnibus qui praecepta rusticis conscripserunt*), tout en le considérant comme possible dans le cas où l'on utiliserait de petits araires légers, ne permettant en fait qu'un labourage superficiel (c'était la méthode préconisée par Celse, partisan de réduire, dans toute la mesure du possible, les frais de culture).

3. Pas plus de 120 pieds de long : afin, expliquait Columelle, d'éviter aux bœufs une fatigue excessive. — On observera que Palladius laisse de côté Col., 2, 3 (soins à donner aux bœufs après le travail).

4. Il est probable que Palladius envisage ici, comme Columelle à qui il emprunte ce précepte, un labour effectué par des esclaves ; il formulera une recommandation analogue plus loin (cf. 2, 10, 4). Le système esclavagiste ne pouvait être efficace que dans la mesure où les esclaves étaient soumis à une surveillance attentive et constante, mais sa rentabilité en était fortement diminuée, les grands propriétaires se trouvant contraints d'entretenir tout un personnel d'encadrement, coûteux et non productif (voir nos remarques dans *Recherches...*, p. 359 et dans *Familia rustica*, in *Actes* du Colloque 1972 sur l'esclavage (Besançon), Belles Lettres, 1974, p. 277-281).

5. Recommandations empruntées à Col., 2, 4, 5-6 ; les *rustici*, précisait Columelle, appellent *uaria* (« inégale ») et *cariosa* (« pourrie ») une terre que des pluies légères n'ont qu'à moitié mouillée, trempant la surface sans pénétrer dans le sol. Cf. également Pline, *N.H.* 18, 176 : *lutosam terram ne tangito.*

6. Cas d'une colline : cf. Col., 2, 4, 10, où était précisée la raison de ce précepte : *Hac ratione difficultas decliuitatis infigitur, laborque pecudum et hominum commodissime sic minuitur.* Columelle donne chaque fois le pourquoi de ses recommandations ; Palladius s'en dispense le plus souvent.

Chap. 4

1. Ce court chapitre a pour source Col., 2, 9, 16. Columelle distinguait deux espèces d'orge, *hordeum hexastichum* (ou *cantherinum*), susceptible, selon lui, de remplacer le blé en cas de disette, et *hordeum distichum* (ou *Galaticum*), remarquable par son poids et sa blancheur, au point de constituer, mélangé à du froment, une excellente nourriture pour les esclaves (*ponderis et candoris eximii, adeo ut, tritico mixtum, egregia cibaria familiae praebeat*). Les semailles de la première espèce (= « orge de cheval ») avaient lieu en septembre (cf. Pall., 10, 4), celles de la seconde normalement en mars ; mais Columelle ajoutait : *Melius tamen respondet, si clementia hiemis permittit, cum seminatur circa Idus Ianuarias* ; Palladius considère cette date comme la plus normale, mais en 3, 8 il ira jusqu'à fin février-début mars (*circa Martias Kalendas*) dans les régions froides ; en revanche on ne trouve aucune mention de l'orge au livre 4, consacré au mois de mars. — La quantité préconisée par Palladius (huit boisseaux = 70 litres) est supérieure à celle que donnaient Columelle, *loc. cit.*, Varron, *R.R.* 1, 44, 1 et Pline, *N.H.* 18, 198 (six boisseaux) : sans doute Palladius, qui sait de temps à autre, comme ici, faire preuve d'originalité, se fonde-t-il sur les exigences de ses propres terres (cf. Pline, *N.H.* 18, 196 : *Certum terras alias plus seminis recipere, alias minus*). Un arpent représente 25 ares.

Chap. 5

1. Palladius ne fait, dans ce chapitre, que reprendre presque intégralement Col., 2, 10, 19 ; le chiffre de trois boisseaux = 26 litres est également celui de Columelle et de Pline, *N.H.* 18, 198. — On sait que la gesse, tout comme la vesce et l'ers qui sont des plantes très voisines, appartient à la famille des papilionacées ; tous trois sont cultivés en tant que plantes fourragères. Columelle décrivait *cicercula* comme étant *piso similis* ; le mot est un dérivé de *cicer*.

Chap. 6

1. En 2, 10, 29, Columelle distingue deux semailles de la vesce : celle qui se fait, *pabulandi causa*, vers l'équinoxe d'automne, et celle qui se fait, *semini progenerando*, « au mois de janvier ou même plus tard » ; pour le premier cas, cf. Pall., 10, 8. Ce qu'il écrit ici est une reprise presque intégrale de Columelle. Il est intéressant de voir comment Palladius, travaillant sans doute sur « fiches », ventile tout au long de son calendrier la matière traitée par Columelle selon un plan différent. Dans *Géop.* 2, 18, 11, il est recommandé, d'après Africanus, de semer en même temps que la vesce (βίκια) un peu de fenugrec ; cela est censé lui éviter

d'être mangée par les animaux nuisibles. Quant à Pline, *N.H.* 18, 137, il recommande trois époques pour semer la vesce : vers le coucher d'Arcturus (c'est-à-dire vers la fin du mois d'octobre), *ut Decembri mense pascat* ; en janvier ; en mars (*satio.. ad frondem utilissima*).

Chap. 7

1. Le *fenum Graecum* (littéralement « fourrage grec ») ou *silicia* (les paysans, note Columelle, disent *siliqua*), en grec τῆλις, appartient, comme les deux plantes précédentes et comme la suivante, à la famille des papilionacées ; deux semailles, comme pour la vesce : cf. Col., 2, 10, 33, repris par Palladius ici et en 10, 8. *Quanto peius tractatur, tanto prouenit melius*, écrivait, non sans exagération, Pline, *N.H.* 18, 140. Semailles de janvier seules signalées dans *Géop.* 12, 1 ; les Grecs l'utilisaient notamment, selon *Géop.* 7, 12, 6 pour empêcher le vin de tourner au vinaigre (on le mêlait au vin, après l'avoir fait sécher au soleil ou au four et l'avoir écrasé), précepte repris par Col., 12, 28, 1, et pour la protection de la vesce après ses semailles (cf. *supra*). Mais le nom même de *fenum Graecum* montre que pour les Latins son utilisation était surtout fourragère. — Six boisseaux = 52,5 litres ; quatre doigts = 8 cm.

Chap. 8

1. Ici Palladius est beaucoup plus succinct que Columelle, qui écrivait en 2, 10, 34 : *Potest* (sc. *eruum*) *et autumno seri, nec minus post brumam, Ianuarii parte nouissima uel toto Februario* ; mais les semailles de février feront l'objet de 3, 7. Sur l'ers, voir également Pline, *N.H.* 18, 139, où sont distinguées trois semailles : en mars ; en automne ; au début du printemps (les dernières seules étant recommandées). Pour ce chapitre et les quatre précédents, on notera avec quel soin Palladius, comme d'ailleurs avant lui Columelle, varie stylistiquement la formulation de ses préceptes : cf. *octo modiis iugerum conplebitur / tres modii iugerum conplent / iugerum sex modii occupant / sex modii iugero sufficient / in iugero quinque modii seruntur* : la même idée est exprimée chaque fois d'une façon différente, et ces cinq brefs chapitres suffiraient à prouver, s'il en était besoin, que les préoccupations littéraires sont loin d'être indifférentes à Palladius, dont la prose est bel et bien une prose d'art ; il convenait bien entendu d'introduire la même variété dans la traduction. — Cinq boisseaux = 43,75 l. (Pline, *N.H.* 18, 198, donnait le chiffre de six boisseaux, mais en 18, 139 il disait « cinq boisseaux pour ensemencer ce que laboure ⟨ en un jour ⟩ une paire de bœufs »).

Chap. 9

1. Columelle, qui continue à être la source de Palladius, commençait, en 2, 11, 1-2, par évoquer les discussions qui opposaient les spécialistes sur la question de savoir s'il convient ou non de sarcler, puis exprimait en 2, 11, 3 sa propre opinion, très nuancée en fonction des régions et des climats (le sarclage est inutile en Egypte ou en Afrique, où, en raison de la sécheresse, les mauvaises herbes ne poussent pour ainsi dire pas ; en revanche, *multis nos regionibus aptam esse hiemalem sarritionem comperimus, dumtaxat ubi et siccitas caeli et tepores permittunt*). Palladius n'envisage que ce dernier cas, et n'évoque que très rapidement les discussions que résumait Columelle : à noter qu'à l'en croire « la plupart » des auteurs étaient hostiles au sarclage, alors que Columelle ne donnait nullement à penser que les adversaires du sarclage fussent plus nombreux que ses partisans ; en tout cas, dans *Géop.* 2, 24, le sarclage est présenté uniquement sous son aspect bénéfique ; quant à Pline, *N.H.* 18, 185, il se montrait nuancé, recommandant le sarclage pour le blé en herbe, mais le déconseillant ou le jugeant non nécessaire pour la fève, le lupin et le fenugrec. Palladius adopte, pour sa part, une position de juste milieu, seule notation personnelle de ce chapitre, qui par ailleurs n'est qu'un résumé très succinct de Columelle. — Nous avons, à l'encontre de tous nos devanciers, adopté la leçon *gelicidia* (fém. sg.) qui est celle de tous les mss. à l'exception de *G*, bien que les agronomes de l'époque classique emploient le neutre *gelicidium* (Varron, *R.R.* 1, 55, 2), le plus souvent au pluriel (Caton, *Agr.* 65, 2 ; Col., 2, 8, 3) : il s'agit certainement d'une forme analogue à *gaudia* > « joie », cf. Meyer-Lübke, *Rom. et. Wörterbuch* (3e éd. 1935), 3716.

Chap. 10

1. Au sens premier, le terme *pastinum* semble avoir désigné une sorte de « plantoir », comme l'indique Col., 3, 18, 1 : *Pastinum autem uocant agricolae ferramentum bifurcum quo semina panguntur*, ce qui permet de poser un ancien * *pagstinum*. D'où, poursuit l'agronome, l'emploi de *repastinatae* (« replantées »), appliqué aux anciennes vignes que l'on a arrachées pour les replanter. D'où encore, par une extension de sens (que Columelle explique comme résultant d'une ignorance des usages anciens), l'emploi de *repastinatus* pour qualifier tout terrain que l'on a travaillé pour y mettre des vignes (*quicquid emoti soli uineis praeparatur*). Ainsi s'explique sans doute le sens le plus courant de *pastinum*, désignant une sorte de houe avec laquelle on défonçait le terrain destiné à devenir un vignoble ; mais, comme le fait remarquer K.D. White, *A.I.R.W.*, p. 1094, Palladius, pour sa part, emploie également *pastinum*, d'une part au sens de *pastinatio*, « action de houer », d'autre part au sens de *pastinatum* (*solum*), « terrain travaillé à la houe » : c'est le cas ici.

2. Les « sillons » ou « tranchées » (comme préfère traduire Billiard, *La vigne*, p. 256), *sulci*, constituent en quelque sorte la solution moyenne entre les fosses isolées (*scrobes*), seules mentionnées par Virgile dans les *Géorgiques*, 2, 288, et le défonçage uniforme du terrain (*pastinatio* prorement dite). Il y a une gradation ascendante des fosses aux tranchées et des tranchées au défonçage intégral, qui constitue de beaucoup la meilleure solution, mais exige évidemment beaucoup de temps ou beaucoup d'ouvriers : dans *Arb.* 4, 3, Columelle précise qu'il faut 90 journées de travail pour défoncer au *pastinum*, sur une profondeur de 3 pieds (soit environ un mètre) un *iugerum* (soit environ 26 ares) ; et il ajoute qu'en une journée on creuse une vingtaine de fosses cubiques, c'est-à-dire ayant 3 pieds en tous sens ; un rapide calcul, tenant compte d'un intervalle moyen de 4 pieds entre les fosses, montre qu'un *iugerum* contenait en moyenne 600 fosses, dont le creusement exigeait donc seulement 30 journées de travail, soit trois fois moins, la solution des *sulci* en exigeant quant à elle environ 60. Selon Col. 3, 13 (qui est la source de Palladius pour ce chapitre), la *pastinatio* proprement dite, qu'il définissait comme étant *genus uertendi et subigendi agri*, était inconnue « dans les régions éloignées » (*remotis regionibus*), et ne se pratiquait guère qu'en Italie, où l'on peut penser qu'elle était rendue possible par l'afflux d'esclaves à bon marché résultant des conquêtes romaines. Pour la date de la *pastinatio* (janvier), cf. Col., 11, 2, 15.

3. Virgile n'envisageait pas le défonçage intégral du terrain ; Columelle au contraire, fidèle à son principe selon lequel l'agriculture, pour être rentable, devait être coûteuse, lui était extrêmement favorable (*id genus praeparandi soli probatissimum est*, note-t-il en conclusion de 3, 13) ; Palladius adopte une fois de plus une position de juste milieu, en estimant cette technique nécessaire dans certains cas seulement. Pline, *N.H.* 17, 159, se montrait en principe, comme Columelle, très favorable au défonçage intégral du terrain : *Solum... in seminario siue in uinea bidente pastinari debet, ternos pedes bipalio alto*, et précisait en 17, 166 : ⟨ *Tribus* ⟩ *uero seritur modis* : *optime in pastinato, proxime in sulco, nouissime in scrobe.* Il estimait néanmoins, sur les terrains en pente, le système des sillons préférable au défonçage, afin d'éviter les descentes de terre : cf. 17, 170 : *In colles sulcos agere transuersos melius quam pastinare, ut defluuia transtris eorum* (« par leurs banquettes ») *contineantur* ; de même préconisait-il les *sulci* ou les *scrobes* en terre légère et meuble, tout en exigeant « un double défonçage » en terre compacte : donc au total une position complexe et très nuancée.

4. Palladius inverse ici l'ordre de Columelle, qui parlait d'abord des *scrobes*, ensuite des *sulci*, ordre plus logique, puisque correspondant à la gradation indiquée ci-dessus, note 2.

5. En ce qui concerne les chiffres donnés par Palladius, ici et dans le reste du chapitre, on peut dresser avec ceux de Columelle le tableau comparatif suivant :

COLUMELLE	PALLADIUS
— *Scrobes.* Longueur : 3 pieds Profondeur : 2 pieds Largeur : celle de l'instrument utilisé (même indication chez Pline, 17, 167, mais à propos du *sulcus*).	Longueur : 3 pieds Profondeur : 3 pieds Largeur : 2,5 pieds
— *Sulci.* Profondeur : 3 pieds Largeur : 6 pieds	Profondeur : 2,5 ou 3 pieds Largeur : 2,5 ou 3 pieds
— *Pastinum.* Profondeur : 2,5 pieds en plaine, 3 dans les terrains en pente douce, 4 dans les terrains en pente forte	Profondeur : 2,5 ou 3 pieds

Ce tableau fait apparaître la relative originalité de Palladius, mais aussi son insuffisance sur le troisième point. En revanche, il a certainement raison de fixer (comme Pline, *N.H.* 17, 167) pour les *scrobes* une profondeur de 3 pieds = 0,90 m. au lieu des 2 pieds = 0,60 m. de Columelle, qui sont fort insuffisants en pays méditerranéen. D'ailleurs même la profondeur préconisée par Palladius reste très modeste : on sait en effet que plus le climat est sec, plus les fosses doivent être profondes (cf. les chiffres cités par Billiard, *La vigne*, p. 256 : 2 m. aux environs de Rome ; 1,5 m. au Portugal ; 0,40 m. en Bourgogne). Les faibles profondeurs indiquées par les agronomes latins pourraient conduire à se demander si le climat de l'Europe, ou du moins celui des régions méditerranéennes, n'était pas plus humide dans l'antiquité que de nos jours. Quoi qu'il en soit, Pline, 17, 167, est formel : *Altitudo in quocumque genere tripedalis.*

6. Ce précepte, formulé par Palladius d'une façon passablement obscure, a pour source Col., 4, 4, 2, où l'agronome expliquait, beaucoup plus clairement, que les blessures pourraient être infligées à la vigne au moment du déchaussage, pour peu que l'on veuille fouiller assez profond autour du pied.

7. D'après Col., 3, 13, 11, les *rustici* donnaient à cette perche le nom de « cigogne », *ciconia* ; mais son emploi, précise l'agronome,

donnait lieu à des contestations et à des disputes avec les ouvriers, car les résultats n'étaient pas les mêmes selon qu'on la tenait perpendiculaire au terrain ou inclinée : aussi Columelle avait-il apporté à cet instrument de mesure un perfectionnement considérable, qui rendait impossible toute contestation et sur lequel il s'explique de façon détaillée (voir figures dans Billiard, *La vigne*, p. 237). Palladius ne dit rien de ce perfectionnement, et semble juger suffisant l'appareil sommaire que critiquait Columelle. On appelait *scamna* (« bancs ») les parties non défoncées du terrain : cf. Col., 2, 2, 25 ; 3, 13, 10 ; Pline, *N.H.* 17, 159.

Chap. 11 et 12

1. Ces chapitres correspondent à la première moitié du cinquième livre de Columelle (chapitres 1 à 5), où l'agronome répondait au désir d'un de ses lecteurs, Marcus Trebellius, qui lui avait reproché de n'avoir donné aucune méthode pour la mesure des champs ; Columelle commençait par se justifier en faisant valoir qu'il ne faut pas confondre le métier d'agriculteur et celui d'arpenteur, puis il exposait, très longuement (l'ensemble représente environ deux cents lignes) et très savamment, les diverses unités de mesure et les diverses opérations à faire pour calculer, d'une part la superficie d'un champ selon sa forme, d'autre part le nombre de plants nécessaires pour une surface donnée. Palladius, quant à lui, simplifie considérablement les choses, en se bornant à envisager le cas de terrains carrés ayant une superficie d'une jugère, d'un demi-jugère ou d'un quart de jugère, que l'on mesure au moyen de perches de dix pieds, soit environ trois mètres. Ces deux chapitres semblent originaux, mais on voit mal l'intérêt pratique qu'ils pouvaient présenter : ils ne sont qu'une pâle imitation des brillants chapitres de géométrie insérés par Columelle dans son traité, et ils comportent en outre une erreur assez grossière : le jugère était en effet la surface d'un rectangle ayant 240 pieds de long sur 120 de large, soit 28.800 pieds carrés = à peu près 26 ares ; mais Palladius, oubliant ou ignorant qu'à périmètre égal le carré est la figure géométrique ayant la plus grande superficie, raisonne à partir d'un carré de 180 pieds de côté (= moyenne entre 240 et 120), qui a bien le même périmètre que le rectangle ci-dessus considéré (720 pieds), mais une superficie nettement plus grande : 32.400 pieds carrés = à peu près 29 ares (cf. erreur analogue en 3, 9, 9). Sur les *paginae* qui constituaient les diverses sections d'un vignoble, voir les indications de Pline, *N.H.* 17, 169. — Nous avons adopté pour *iugerum* la traduction traditionnelle « arpent » ; mais elle ne doit pas faire oublier que les deux mots ne désignent pas réellement la même chose : l'arpent ordinaire représente 42 ares, l'arpent dit « des eaux et forêts » 51, et l'arpent « de Paris » 34.

Chap. 13

1. On voit mal pourquoi Palladius a placé ici ce chapitre : d'une part, en effet, il aurait été mieux placé au livre 1, par exemple après le chapitre intitulé *De qualitate terrarum* ; d'autre part, le mois de janvier n'est pas le mois de prédilection pour la plantation des vignes (cf. Col., 3, 14, 1 : *Sequitur opus uineae conserendae, quae uel uere uel autumno tempestiue deponitur, uere melius, si aut pluuius aut frigidus status caeli est* (...), *rursus autumno, si sicca, si calida est aeris qualitas*). Peut-être Palladius songe-t-il à *Géop.* 3, 1, 6, où il est au contraire recommandé de procéder à cette plantation à partir de la mi-janvier : « C'est à partir des ides de janvier qu'il faut planter la vigne et les autres arbres, pour autant que le permette la nature du terrain ». Quoi qu'il en soit, le début du chapitre est une reprise assez libre de Col., 3, 5.

2. On sait que, comme le fait observer Billiard, *La vigne*, p. 252, « le choix du terrain a une importance capitale non seulement sur la bonne tenue de la vigne, mais aussi sur la qualité du vin ».

3. Palladius s'inspire ici de Col., 3, 11, 4, où il était dit : *Ultima... est condicio restibilis uineae* ; Columelle était d'ailleurs plus complet, et préconisait non seulement d'arracher toutes les vieilles souches, mais encore de fumer entièrement le terrain, puis de le retourner, d'y brûler ensuite les vieilles souches, enfin de le recouvrir encore une fois de vieux fumier. Commentaire de Billiard, *La vigne*, p. 252-53 : « La nécessité de ce nettoyage s'imposait d'autant plus impérieusement que les productions sauvages et fortement balsamiques qui caractérisent les pays méridionaux eussent été capables d'influer sur le bouquet du vin... Si la vigne succédait à la vigne, alors cette épuration du sol ne suffisait même plus ».

4. Repris, de Col., 3, 11, 7.

5. Billiard observe à ce propos (*La vigne*, p. 248) que certaines grandes terres à vigne (notamment Epernay, Saumur, Frontignan, les Graves, Marsala) contiennent jusqu'à 70 % de cailloux.

6. Ce précepte, signale Col., 3, 11, 8, avait été énoncé pour la première fois par Tremelius Scrofa, puis repris par Hyginus.

7. La remarque, dit Columelle, avait été faite par Julius Atticus.

8. La notion de *temperamentum* provenait de Julius Graecinus (cf. Col., 3, 12, 1). Toutes ces notations écologiques étaient encore très neuves à l'époque de Columelle, qui écrivait en un siècle dont la première moitié avait vu une véritable floraison de traités de viticulture, dont l'agronome de Gadès réalisait pour la première fois la synthèse; à l'époque de Palladius, elles consti-

tuent en revanche un ensemble de connaissances dont il n'est plus nécessaire de signaler les diverses sources.

9. Pour le problème de l'exposition des vignes, Palladius se borne à reprendre la conclusion de Col., 3, 12, mais n'expose pas, comme ce dernier, l'état de la question, et laisse de côté la discussion des divers points de vue, qui occupait la seconde moitié de ce chapitre ; voir également Pline, *N.H.* 17, 19-24, où la discussion des diverses opinions est menée de façon très précise.

10. Concernant la pronfondeur à laquelle il faut défoncer le sol, suivant que le terrain est plat ou en pente plus ou moins forte, Palladius donne ici les précisions qu'il avait omises au chapitre précédent ; sa source est Col., 3, 13, 7-8, où la région de Ravenne était déjà prise en exemple (autre exemple de vignoble marécageux chez Pline, *N.H.* 17, 31 : *Caecubae uites in Pontinis paludibus madent*). La région de Ravenne était célèbre, dans l'Antiquité, pour ses marécages, ses brouillards et ses moustiques : cf., à l'époque même de Palladius, Sidoine Apollinaire, *Ep.* 1, 8, 2 : *...te Rauennae... exsulantem, auribus Padano culice perfossis, municipalium ranarum loquax turba circumsilit. In qua palude, indesinenter rerum omnium lege peruersa, ...aquae stant, turres fluunt*, et 3 : *Tu uide qualis sit ciuitas... quae facilius territorium potuit habere quam terram*; 7, 17, 2, v. 19 : *Rura paludicolae temnis populosa Ravennae.* On y cultivait malgré tout une variété de vigne, la *spionia* ou *spinea*, qui était la seule capable de résister aux conditions du climat et du sol : cf. Pline, *N.H.* 14, 34 : *...nebulis una alitur, ob id Ravennati agro peculiaris*, et Strabon, 5, 1, 7 : « Au milieu des marais se trouve la ville très importante de Ravenne... Elle reçoit à marée haute une part considérable des eaux de la mer, qui... évacuent continuellement toute la vase et purifient la ville des pestilences... Cette innocuité de l'air en plein marais est vraiment, à Ravenne, un sujet d'émerveillement... Mais le comportement de la vigne n'est pas moins étonnant, puisqu'elle pousse dans le marais, qui la fait croître magnifiquement et donner des fruits abondants, mais dégénérer en quatre ou cinq ans » (trad. F. Lasserre, Belles-Lettres, 1967).

11. On remarquera que ce chapitre, fort peu personnel, de Palladius se termine néanmoins par deux notations originales : le manque d'indépendance qu'on a souvent reproché à cet auteur vient surtout de ce que presque tout avait été dit avant lui sur les sujets qu'il traite ; aussi son apport personnel à la science agronomique est-il des plus réduits, mais on ne saurait le considérer comme absolument nul.

Chap. 14

1. Columelle avait consacré à l'horticulture maraîchère son livre 10 et le long chapitre 3 de son livre 11 ; elle avait en outre

fait l'objet du livre 19 de Pline, et elle occupe le livre 12 des *Géoponiques.* Enfin Gargilius Martialis lui avait consacré un ouvrage que nous n'avons pas conservé, mais dont Cassiodore, *Div. lect.* 28, fait l'éloge dans les termes suivants : *Quod si huius studii requirantur auctores, de hortis scripsit pulcherrime Gargilius Martialis, qui et nutrimenta olerum et uirtutes eorum diligenter exposuit, ut ex illius commentarii lectione, praestante Domino, unusquisque et saturari ualeat et sanari.*

2. Après avoir, en 11, 3, 14, rangé la laitue parmi les plantes qui peuvent se semer à la fois en automne et au printemps, voire même vers les ides de janvier dans les régions sèches ou tempérées (telles que les côtes de Calabre et d'Apulie), Columelle reprenait la question plus en détail en 11, 3, 25, et distinguait alors plusieurs variétés de laitue : la blanche et la verte, qui se sèment en janvier ; celle de Cappadoce, à feuilles pâles, qui se sème en février ; la blanche, qui se sème en mars ; mais, ajoutait-il, la laitue se sème très bien toute l'année, *aprico caeli statu, quibus locis aquarum copia est.* Palladius semble ici, à première vue, combiner Columelle et *Géop.* 12, 1, 12 : Μηνὶ Δεκεμβρίῳ σπείρεται... θριδάκιν. Mais il suit plutôt Garg. Martialis.

Pline écrivait, pour sa part, en 19, 130 : *Seruntur lactucae anno toto laetis et irriguis* (sc. *locis*) *stercoratisque, binis mensibus inter semen plantamque et maturitatem.* La transplantation de la laitue (semée en décembre) était indiquée comme devant être accomplie en février par *Géop.* 12, 1, 2. Mais la source de Palladius n'est ni l'un ni l'autre des textes que nous lisons : il s'inspire en fait très certainement, lorsqu'il traite du potager comme lorsqu'il traite du verger (cf. *infra*), de Gargilius Martialis, qu'il citera d'ailleurs sur ce sujet en 5, 3, 4 et 4, 9, 9.

3. Notation analogue dans Pline, *N.H.* 19, 130 et Col., 11, 3, 25.

4. Procédé analogue dans Col., 11, 3, 27, mais l'incision de la tige n'est pas indiquée ; elle l'est en revanche chez Pline, 19, 131, mais cette fois il est recommandé, non de comprimer la laitue, mais d'en enduire la tige de fumier de porc récent. Le procédé prescrit par Palladius, sans doute d'après Gargilius Martialis, combine donc ici encore (peut-être par suite d'une erreur de lui-même ou de sa source) ceux de Pline et de Columelle.

5. Même prescription dans Pline, 19, 131, mais il n'y est question que de sable de plage : le procédé, note J. André, comm. p. 147, est encore employé de nos jours ; la blancheur des feuilles est bien évidemment provoquée par leur mise à l'abri de la lumière. Les deux procédés (sablage et liaison des feuilles) sont également indiqués dans *Géop.* 12, 13, 3, mais séparément et non comme devant être appliqués ensemble.

6. Ce procédé étonnant se lit dans *Géop.* 12, 14, 1, où il est attribué à Didyme d'Alexandrie (auteur, d'après Suidas, d'un

traité d'économie rurale en 15 livres), tandis que les autres préceptes concernant la laitue proviennent de Florentinus, agronome du début du IIIe siècle. On constate néanmoins des différences portant sur le nombre et la nature des graines employées : outre la laitue, il est question dans le texte grec de céleri (ache) (σέλινον), de roquette (εὔζωμον) et de basilic (ὤκιμον), tandis que dans le texte latin le céleri est remplacé par le cresson alénois et le radis ou raifort ; il est vrai que la liste des *Géop.* n'était pas limitative (cf. καὶ τὰ τοιαῦτα). Par ailleurs il faut souligner la maladresse de la rédaction de Palladius, qui emploie tout d'abord *radix* (cf. le génitif *radicis*) au sens de « radis » (= *raphanus satiuus*, voir J. André, *Lexique*, p. 269), puis le reprend ensuite par *raphanus*, dans la phrase *raphanus nititur in radicem*, où cette fois *radix* paraît désigner la racine de la laitue ! Il est possible en fait que le gén. *radicis* soit une glose expliquant un *raphani* qui serait la bonne leçon (cf. 1, 35, 9 où dans le ms. *K* le mot *mures* est glosé en marge par *sorices*) ; cette glose aurait ensuite remplacé dans le texte le mot véritable. L'unanimité des mss. nous interdit néanmoins de corriger le texte, et du reste la correction laisserait subsister l'obscurité de *radicem*, employé seul pour *lactucae radicem*. Voir Isidore, *Or.* 17, 10, 10 : *Raphanum Graeci, nos radicem uocamus, eo quod totus deorsum nititur, dum reliqua olera in summa magis prosiliant.*

7. Ce second procédé, qui n'a pas de source connue, est certainement emprunté, tout comme d'ailleurs le précédent, à Gargilius Martialis. Les *Géop.* 12, 14, 2 donnent également un second procédé pour obtenir une *lactuca multiplex*, mais il consiste à mettre les diverses graines dans des crottes de brebis ou de chèvre broyées, et à placer le tout en terre, enveloppé dans un morceau de linge.

8. A rapprocher de Pline, *N.H.* 20, 67 : *lactuca lactens* ; le mot *lactuca* est vraisemblablement le féminin substantivé d'un adjectif * *lactucus* « qui est à *lacto* comme *caducus* à *cado* » (Ernout-Meillet, *D.E.L.L.*, p. 335) : il faut comprendre *lactuca herba*, « la plante laiteuse ». Cf. Isidore, *Or.* 17, 10, 11 : *Lactuca dicta est quod abundantia lactis exuberet* (même texte que chez Palladius).

9. Le mot *nasturtium* désigne le nasitort ou cresson alénois, encore appelé passerage des jardins, d'odeur assez forte, et utilisé comme condiment pour les rôtis ou les salades (le pseudo-Virgile le fait entrer dans la composition de son *moretum*, cf. v. 83, et Pline explique en 19, 155 : *Nomen accepit a narium tormento* ; Apicius en revanche ne le mentionne pas). Columelle se bornait à en signaler les semailles, en 11, 3, 14 ; il le recommandait, en 8, 14, 10 comme nourriture pour les oisons et en 10, 231-232 comme remède contre les vers intestinaux résultant de la mauvaise digestion. Les *Géop.* en signalent les semailles, en 12, 1, 8 (mois d'août) et consacrent un chapitre (12, 27) à son utilisation dans divers remèdes. Ici encore l'absence de source connue aux nota-

tions de Palladius indique qu'il s'inspire selon toute probabilité du traité perdu de Gargilius Martialis.

10. Le mot *eruca* désigne d'abord la chenille, puis la roquette, « plante dont la tige velue rappelle la chenille » (Ernout-Meillet, p. 201) ; elle est cultivée aujourd'hui pour ses feuilles, qui se consomment en salade ; mais ses graines interviennent aussi dans diverses recettes indiquées par Apicius ; en outre ses vertus aphrodisiaques étaient célèbres.

11. Ces mois sont ceux de février et de mars (cf. 3, 24, 5 et 4, 9, 5). Le parfait *adscriptum est* fait difficulté : en effet l'auteur n'a pas encore donné de prescription concernant les semailles du chou ; il faut donc sans doute y voir un présent passif périphrastique, d'où notre traduction.

12. Tout comme E. de Saint-Denis dans sa traduction de Col., 10, 113, nous nous contentons, faute de mieux, de rendre *ulpicum* par « ulpique » ; il s'agit d'une sorte d'ail à grosse tête (peut-être la rocambole, comme le suggère J. André, *Lexique*, p. 334, faisant observer que cette variété est désignée en italien par le terme *ulpicio*) ; les Grecs l'appelaient *allium Cyprium*, selon Pline, 19, 112 (d'où la traduction par « oignon de Chypre » chez nos prédécesseurs) ou *antiscordon* (*ibid.*, où ce mot est d'ailleurs un hapax) ; chez Col., 11, 3, 20, le terme grec est *aphroscordon* (hapax également), forme plus vraisemblable dans la mesure où elle fait allusion à l'écume (ἀφρός) que dégageait cet ail à la cuisson et qui est précisément signalée par Pline — lequel a dû se tromper sur la forme grecque ; on l'appelait encore *allium Punicum*, d'après Col., *ibid.*, ce qui s'explique par la notation de Pline : *praecipue Africae celebratum inter pulmentaria ruris* ; pas d'étymologie connue au nom latin. Columelle le qualifie de *late olens* en 10, 112, et traite assez longuement de sa culture en 11, 3, 20-22. — En ce qui concerne la date de plantation de l'ail et de l'ulpique, Palladius recommande non seulement, comme ici, le mois de janvier, mais aussi ceux de février (3, 24, 2), de mars (4, 9, 5), de novembre (12, 6) et de décembre (12, 3) ; selon Pline, 19, 114, elle doit avoir lieu « entre les Saturnales et les *Compitalia* », c'est-à-dire dans la deuxième quinzaine de décembre ; beaucoup plus précis, Columelle les range, en 11, 3, 15 (avec les oignons et la moutarde), parmi les plantes qui, dans les régions ensoleillées et voisines de la mer (*si tamen uel maritimum uel apricum agrum incolimus*), doivent être semées uniquement en automne (*tantum autumno conseri debent*), mais il ajoute en 11, 3, 22, que, dans les régions sujettes aux gelées blanches (*regionibus pruinosis*), il faut au contraire les semer non en automne, mais en janvier, et signale en 11, 3, 23 que bien des gens les sèment en décembre, s'il fait suffisamment chaud (*si caeli tepor permittit*) ; en tout cas il déconseille formellement le mois de février (cf. 11, 3, 16 : *allii et ulpici ultima est huius temporis* (sc. *Februarii*) *positio*). Mais par ailleurs, en 10, 112-113 c'est au début du printemps que le même

auteur plaçait les semis de ces deux plantes, et plus loin, lorsqu'il évoquait les travaux d'automne et d'hiver du jardinier, il omettait d'en parler : il y a donc contradiction manifeste entre Columelle poète et Columelle agronome. Pour ce qui est de Pline, dont l'érudition en la matière est purement livresque, il se borne sans doute à reproduire une source grecque, valable pour une région bien déterminée ; quant à Palladius, il opère, probablement d'après Gargilius Martialis, la synthèse entre ce que disait Columelle aux livres 10 et 11. En fait, on sait que l'ail se multiplie, non par semis à proprement parler, mais par mise en terre de « caïeux » (du lat. *catellus*), petits bourgeons souterrains qui se forment sur le côté des gousses et auxquels Col. fait allusion en 10, 112 (cf. *infractis spicis*) ; on y procède soit au printemps, soit en automne.

13. Cf. *Géop.* 12, 30, 1 : « L'ail devient fort beau dans les terres blanches » (les *Géop.* ne parlent pas de l'*ulpicum*), et Palladius lui-même, 12, 6 : *Hoc mense allium bene seritur et ulpicum terra maxime alba.*

Chap. 15

1. Palladius se conforme au plan qu'il a annoncé à la fin de la préface du premier livre : il va donner, dans le chapitre consacré au mois de janvier, l'ensemble des préceptes concernant les arbres qui se plantent le plus communément en ce mois, à savoir le sorbier, le noyer et l'amandier. Pour tous ces développements, sa source essentielle (et même probablement unique) sera non pas Columelle, mais le *De arboribus pomiferis* de Gargilius Martialis, qui avait lui-même pour sources, selon ses propres dires, Magon et son abréviateur Diophane, Columelle, Pline, Julius Atticus et Cornelius Celsus, les Quintilii, Justus Curtius, Dioscoride, Aristote et divers *Graeci* cités sans autres précisions. Du traité de Martialis il ne nous reste que vingt-neuf chapitres : deux sont consacrés au cognassier, douze au pêcher, huit à l'amandier et sept au châtaigner. On verra que la confrontation, lorsqu'elle est possible, montre que Palladius suit sa source pas à pas, et il en est certainement de même pour les arbres envisagés dans les chapitres perdus du traité de Martialis ; celui de Palladius en est donc un démarquage pur et simple pour tout ce qui concerne l'arboriculture fruitière, et il y a de fortes chances pour que les passages concernant l'horticulture soient dans le même rapport de dépendance au *De hortis* du même auteur.

2. Nous n'avons pas conservé les chapitres de Martialis consacrés au cormier ; Columelle, pour sa part, ne consacrait à cet arbre que quelques mots, cf. 5, 10, 20 : *Sorbi quoque et armeniaci atque persici non minima est gratia. Mala, sorba, pruna post mediam ⟨hiemen⟩ usque in Idus Februarias serito* ; rien dans le *De arboribus* ; des recettes pour la conservation des cormes en 12,

16, 4. En revanche plusieurs notations dans Pline, 17, 64, 67, 136, 221, 242, 253. Rien dans les *Géop.*

3. Les dates de plantation données par Palladius sont beaucoup plus nombreuses que celles qu'indiquait Columelle (et après lui Pline, qui reprend Columelle mot pour mot en 17, 136).

4. Pline se bornait à dire, en 17, 64 : *Sorba semine et a radice planta et auolsione proueniunt* (*auolsio* désignant le bouturage). On remarquera, ici encore, une notation apparemment personnelle de Palladius, mais provenant sans doute de Garg. Martialis.

5. Cf. Pline, *N.H.* 17, 64 : *Sorba in frigidis et umidis.* On sait qu'en France cet arbre est cultivé notamment en Alsace, où son fruit sert à faire une eau-de-vie.

6. Cf. Pline, 17, 221 : *Et sorbus arbor infestatur uermiculis rufis atque pilosis, atque ita emoritur.* Sur les diverses espèces de vers qui attaquent les arbres, voir Pline, 17, 220-221 et Théophraste, *H.P.* 4, 14 ; sur les vers du cormier, voir en outre Théophraste, *H.P.* 3, 12, 8, qui est la source de Pline. Le remède indiqué par Palladius est à rapprocher de 1, 35, 12 : *Aestimant aliqui locustas uel scorpios fugari posse, si aliqui ex his urantur e medio* ; on notera que l'agronome ne garantit pas l'efficacité du procédé (cf. *creduntur*) ; autres recettes contre les vers des arbres et de la vigne dans *Géop.* 5, 30 ; 5, 48 ; 10, 90.

7. A rapprocher de Pline, 17, 253 : *Pomiferis quae germinant nec ferunt fructum, fissa radice inditur lapis, fertilesque fiunt ; hoc idem in amygdalis e robore cuneo adacto, in piris sorbisque taeda ac cinere et terra cooperto.* Palladius ne donne pour le sorbier que la moitié de la recette indiquée par Pline, oubliant de préciser que le coin de résineux doit être recouvert de cendre et de terre. Voir les remarques de J. André, *Commentaire* au livre 17 de Pline, p. 189.

8. Il n'est pas sans intérêt de comparer cette brève notation avec le passage correspondant du *Carmen de insitione*, 137-141 : *Sorba suos partus merito maioris honestant / seminis et pulchro curua labore nitent. / Haec arbos spinae duros mucronibus artus / exuit ac libris mitibus arma tegit / aureaque annexo miscere cydonia fetus / gaudet et externi dona coloris amat* (« par un bienfait de leur propre espèce, les cormiers embellissent les fruits qu'ils font naître, et se montrent dans tout leur éclat, en ployant sous leur bel effort. Cet arbre dépouille de leurs poignards les membres durs de l'épine, et en cache les armes sous de douces écorces. Il aime à mêler les coings dorés à ses propres fruits, et chérit les présents d'une couleur qui lui vient d'autrui »).

9. Sur les diverses techniques de greffe dans l'antiquité, cf. Pline, *N.H.* 17, 100-122 et Col., 5, 11. Ce dernier notamment expose avec beaucoup de clarté cinq techniques différentes :

1° par rameau détaché et en fente (*in trunco*) ; 2° par rameau détaché et sous l'écorce (*sub cortice*) ; 3° par œil en écusson (*inoculatio* ou *emplastratio*) ; 4e par rameau détaché avec percement du tronc au moyen d'une tarière (*terebratio*) ; 5° par approche (procédé repris par Pline, 17, 137-138). Il estime que les deux premières valent pour la plupart des arbres, la troisième pour certaines espèces seulement (en particulier le figuier), la quatrième pour la vigne ; la cinquième permettrait selon lui de greffer entre elles des espèces très dissemblables. Palladius, on le voit, ne retient que les deux premières (de nos jours, on pratique essentiellement la greffe en fente, la greffe en écusson et la greffe par approche) ; il néglige de donner la date à laquelle cette opération devait avoir lieu, et qui était le printemps.

10. « Corme » est le nom que l'on donne généralement au fruit du sorbier (appelé encore cormier) ; c'est un fruit assez gros, pulpeux, en forme de poire. Le sorbier/cormier est le *Sorbus domestica* L., à ne pas confondre avec *Sorbus torminalis* Crantz, qui est l'alisier, et dont les fruits, tout petits, ne sauraient se couper en quartiers, non plus qu'avec *Sorbus aucuparia* L., qui est le « sorbier des oiseaux », et produit de petites baies de couleur rouge, à la saveur aigrelette. La première recette de conservation est empruntée à Col., 12, 16, 4 ; la confrontation des deux textes fait apparaître une légère difficulté, due au fait que Columelle avait écrit : *Deinde terram congerito, et modice desuper calcato* ; il faut donc admettre que *spissius* de Palladius correspond à *modice* de Columelle, ce qui est surprenant, car les deux adverbes signifient plutôt le contraire l'un de l'autre. La seconde recette n'a pas de source connue. Columelle en indiquait une autre, qui consistait à conserver les cormes dans du vin cuit jusqu'à diminution de moitié (*defrutum*), ou dans du vin de raisins secs (*passum*), en y ajoutant « un tampon de fenouil sec » (*adiecto spissamento aridi feniculi*) ; c'est à cette recette que Palladius fera allusion, mais de façon très incomplète, dans la dernière phrase du chapitre. Pas de source non plus pour la troisième recette.

11. Ce vin et ce vinaigre sont également mentionnés par Pline, *N.H.* 14, 103. Il convient de rapprocher aussi Virgile, *Géorg.* 3, 379-380 : *Pocula laeti / fermento atque acidis imitantur uitea sorbis* ; il est d'ailleurs difficile de savoir si les fruits (et l'alcool qui en est tiré) dont parle Virgile sont les mêmes que ceux de Palladius, ou s'il s'agit de ceux de *Sorbus aucuparia*, qui se distillent pour donner une eau-de-vie. Le cormier (*Sorbus domestica*), étant méditerranéen, n'était pas connu des Scythes, dont il est en principe question dans le texte de Virgile ; mais il est probable que dans ce passage le poète vise en réalité non la Scythie, mais la région de Tomes, au bord de la Mer Noire (cf. R. Martin, « Virgile et la Scythie », in *R.E.L.*, XLIV, 1966, p. 299-300) ; une chose est sûre, c'est que la boisson à laquelle il fait allusion n'est nullement une sorte de bière, comme on le dit traditionnellement.

12. Nous avons la bonne fortune de posséder, pour l'ensemble de ce sous-chapitre consacré à l'amandier, le texte de Gargilius Martialis qui en est la source ; une présentation synoptique des deux textes nous paraît s'imposer, afin de faire bien apparaître la méthode de travail de Palladius :

GARGILIVS MARTIALIS	PALLADIVS
3, 1 : ...et si nec ullus imber fuerit, ter in mense seminibus expositis umoris alimenta subministrentur.	2, 15, 8 : si siccitas intercesserit, ter in mense rigemus, et herbis nascentibus circumfodiendo saepe purgemus.
3, 3 : Quintilii omnem agrum in seminario amygdalis destinatum ad sesquipedis altitudinem fodiunt ; hunc in areas diuidunt, quo canalibus umor infusus diutius inmoretur ; dein per areas, intermisso pedis spatio, modicis scrobibus excitatis, ad digitorum IV altitudinem nuces mergunt.	2, 15, 6 : sed in hoc genere arboris nihil utilius est quam seminarium facere. Fodiemus ergo pede uno semis aream, in qua obruemus amygdala, non amplius IV digitis, ita ut acumina figamus in terra spatio inter se binorum pedum separata.
3, 4 : Viginti et quinque nonnulli, quidam et uiginti pedum iusta pronuntiant.	2, 15, 8 : spatia inter arbores uiginti aut uiginti quinque pedum dedisse sufficiat.
3, 5 : fossio contraria illis habetur ; nam florem statim amittunt, quod malum illis uel a nobis non debet inferri.	2, 15, 9 : circumfodi non debent quoties florent, quia inde flos eius excutitur.
3, 6 : plurimum generant ; si ferax non erit, terebrari in radicibus debet, et taxillus e taeda in foramen aptari uel in locum taedae cuneus qui esset in robore. Quidam radicibus perforatis silicem adiciunt, et ita arboris librum patiuntur inolescere.	2, 15, 9 : in uetustate plus adfert ; si ferax non est, taedae cuneum terebrata radice mergamus, uel silicem sic inseramus ut libro tegente claudatur.
3, 6 : in locis frigidis, in quibus metus est ne in flore deprensas... ⟨ nix ? ⟩ aut pruina conburat, hoc modo tradunt amygdalis subueniri : antequam floreant, nudare radices iubent, et albi generis	2, 15, 10 : locis frigidis, ubi metus est de pruina, Martialis dicit hoc remedio subueniri : antequam floreant, radices nudantur, et albi lapides minutissimi mixti arenis congeruntur, et ubi iam tempus

lapides quam minutissimos cum arenae cumulo adgregant ; cumque iam tempus uidebitur ut debeant germinare, fodere atque remouere quae fuerant infusa praecipiunt.	uidebitur ut debeant germinare, effossi iterum lapides submouentur.
3, 7 : ut teneras nuces procreent, utile erit, ablaqueatis radicibus, antequam floreant, aqua calida per aliquot dies irrigata.	2, 15, 11 : teneras nuces amygdalus creabit, ut dicit (Martialis), si ante florem radicibus ablaqueatis per dies aliquot calida aqua ingeratur.
3, 8 : a kal. Aprilis, ut putat Celsus, incipiunt esse matura ; ac si adseruanda deligi placeat, signum maturitatis ostendunt cum corticem remiserunt ; sunt quibus cortex difficulter abscedat, sed si paleis obruuntur, calore solari illico resolues ; tum corio liberatae, si quis aqua marina (*sequentia desunt*)	2, 15, 12 : amygdala ad legendum maturitatem fatentur cum fuerint spoliata corticibus. (Haec sine cura hominis seruantur in longum). Si difficulter corium dimittent, paleis obruta continuo relaxabunt. Item decoriata, si aqua marina lauemus aut salsa, et candida fiunt et plurimum durant.

On constate que les paragraphes 7 et 13, ainsi que le début de 6, une partie de 9 et la fin de 12, n'ont pas de correspondant chez Martialis ; cela est dû certainement au fait que nous n'avons conservé ni le début ni la fin de son développement consacré à l'amandier. Par ailleurs il est clair que Palladius se borne à répéter les préceptes contenus dans sa source, en les abrégeant quelque peu et surtout en prenant le plus grand soin de marquer son originalité au niveau de l'expression, grâce à des variations intéressant tantôt le vocabulaire, tantôt la syntaxe, tantôt simplement l'ordre des mots : cf. par exemple le parallélisme G. M., 3, 7 / P., 2, 15, 11 :

ut teneras nuces procreent / teneras nuces amygdalus creabit
antequam floreant / ante florem
ablaqueatis radicibus / radicibus ablaqueatis
per aliquot dies / per dies aliquot
aqua calida / calida aqua
utile erit... aqua irrigata / si... aqua ingeratur

On notera enfin que Palladius signale deux fois, mais deux fois seulement (2, 15, 10 et 2, 15, 11), qu'il a pour source Martialis, comme s'il voulait laisser entendre que tout le reste est de son cru ; nous avons déjà eu l'occasion de faire la même observation à propos de Columelle.

Sur l'amandier, cf. en outre Col., 5, 10, 12-14, ainsi que Pline, *N.H.* 17, 11 ; 63 ; 88 ; 131 ; 135 ; 237 ; 247 ; 253. Voir également *Géop.*, nombreux chapitres dans le livre 10.

13. Indication analogue dans Pline, 17, 131 : *Mago amygdalas ab occasu Arcturi* (= 2 novembre, selon J. André, comm. p. 153) *ad brumam seri iubet* (la notation de Magon s'applique évidemment à la région de Carthage, *locus calidus*), mais le naturaliste, homme de cabinet plutôt que praticien, oubliait de donner la période valable sous d'autres latitudes. Col., *Arb.*, 22, 1, était plus complet : *Nucem Graecam* (= *amygdalam*) *serito Arcturi signo, uel circa kal. Febr.* Dans *Géop.* 10, 57, 1 la période recommandée (d'après Florentinus) est l'automne, jusqu'au solstice d'hiver. En allant jusqu'au moins de février *inclus*, Palladius envisage certainement l'extrême limite septentrionale de cet arbre.

14. Indications analogues dans Pline, *N.H.* 17, 63 ; Col. 5, 10, 12-13 ; *Arb.* 22, 2 ; *Géop.*, 10, 57, 5-9. Palladius omet de donner un précepte formulé aussi bien par Pline que par Columelle, à savoir que les amandes doivent se semer trois par trois et en triangle. — D'après Pline, *ibid.*, le grand spécialiste des « arbres à noix » avait été Magon ; mais celui-ci, tout en admettant une terre « dure et chaude », recommandait de mettre l'amandier plutôt *in argilla molli*, précepte nettement différent de celui de Palladius ; Columelle, quant à lui, parlait d'un terrain « dur, chaud et sec » ; l'adjectif *calculosus* est donc propre à Palladius, qui emprunte sans doute cette notation à Martialis. — C'est un fait que « l'amandier est un arbre fruitier essentiellement méditerranéen. Sa culture exige un climat tempéré chaud... Il est très peu exigeant en eau ; grâce à son enracinement profond, il réussit sur des terrains particulièrement secs et pierreux ; il ne craint pas la sécheresse » (G. Euverte, *Les climats et l'agriculture*, P.U.F., 1959, p. 87).

15. Ces indications ne figurent pas dans ce que nous avons conservé de Gargilius Martialis, mais tous les textes agronomiques anciens relatifs à l'amandier les donnent, leur source commune étant Magon, résumé très succinctement par Pline en 17, 63 : *Inter ea quae semine seruntur Mago in nucibus operosus est. Amygdalam in argilla molli meridiem spectante seri iubet* ; *gaudere et dura calidaque terra, in pingue aut umida mori aut sterilescere* ; *serendas quam maxime falcatas et e nouella fimoque diluto maceratas per triduum aut pridie quam serantur aqua multa* ; *mucrone defigi, aciem lateris in aquilonem spectare* ; *ternas simul serendas, triangula ratione palmo inter se distantes* ; *denis diebus adaquari, donec grandescant.*

16. Sur les intervalles à laisser entre les diverses espèces d'arbres, cf. Pline, *N.H.* 17, 88 : minimum de neuf pieds (pour les grenadiers, les myrtes et les lauriers) ; intervalle moyen pour les pommiers et les poiriers, maximum pour les amandiers et les figuiers. Quinze ou vingt pieds = de 4,5 à 6 mètres.

17. Sur les conséquences fâcheuses de la morsure des animaux sur certains arbres, en particulier l'amandier, cf. Pline, *N.H.* 17, 237, ayant pour source Théophr., *C.P.* 2, 16, 1 et 5, 17, 5.

18. Les divers procédés préconisés par Palladius pour lutter contre la stérilité de l'amandier, la dureté ou l'amertume des amandes, et empruntés par lui à Gargilius Martialis, se retrouvent, parfois avec quelques différences chez Pline (cf. *N.H.* 17, 253 : contre la stérilité, enfoncer dans la racine un coin, mais de rouvre et non de pin ; 17, 252 : contre l'amertume, pratiquer un trou dans le tronc) et dans *Géop.* 10, 61 : coin de pin, mais en outre arrosage d'urine humaine ; 10, 59 : arrosage d'eau chaude ; 3, 3, 4 : trou percé dans le tronc et fumier de porc, mais avec en outre, ici encore, arrosage d'urine, préconisé par Théophr., *H.P.* 2, 3, ce dernier point étant à rapprocher de 10, 64, 2, où il est préconisé de faire macérer pendant quinze jours dans l'urine d'un jeune garçon vierge (παῖς ἄφθορος) les amandes que l'on veut mettre en terre.

19. Il y a contradiction entre ce qu'écrit ici Palladius et la recommandation que font *Géop.* 10, 57, 4 (d'après Florentinus) et 10, 62 (d'après Paxamos), de prendre le *surculus* non au sommet, mais au milieu de l'arbre (« non au sommet de l'arbre, mais au milieu ». — « La greffe de l'amandier se pratique au moyen de branches prises non pas au sommet du tronc, mais vers le milieu »). Il n'est cependant pas nécessaire de supposer une omission dans notre texte : l'erreur peut fort bien avoir été commise soit par Palladius lui-même, soit par Gargilius Martialis, à moins que l'un et/ou l'autre n'ait utilisé un texte fautif.

20. Ce curieux procédé est emprunté par Palladius à *Géop.* 10, 60, où il est attribué à Démocrite, de même qu'en 10, 14 un procédé analogue permettant d'obtenir des pêches pourvues d'une inscription (dans les deux cas il est en outre spécifié que le fruit ou le noyau doit être mis en terre enveloppé dans du papyrus) ; en ce qui concerne les ouvrages « magiques » attribués à Démocrite, cf. nos observations, *supra*, p. 156. On notera que Palladius ne prend pas ce précepte à son compte.

21. Le terme de *nux* employé seul désigne un « fruit à amande », quel qu'il soit (cf. *nux Abellana* = « noisette », *nux pinea* = « pomme de pin », *nux Graeca* = « amande », etc.). La « noix » proprement dite, fruit du noyer, est donc en latin *nux iuglans*, de *Iouis glans*, gr. Διὸς βάλανος, cf. Varron, *L.L.* 5, 102. La source de Palladius, pour ce sous-chapitre, est certainement Gargilius Martialis, mais nous n'avons pas conservé le texte de celui-ci ; à peu près rien dans Columelle (simple indication de la date de plantation en 5, 10, 14 et *Arb.* 22, 4) ; cf. Pline, 15, 86-88 et 17, 136 ; voir aussi assez nombreuses indications dans *Géop.* 10, d'après divers auteurs.

22. Indication non contradictoire, mais sensiblement différente chez Columelle, qui donne comme période *ante kal. Mart. uel etiam inter nonas et idus Mart.*, Pline écrivant pour sa part

a kal. Martiis ad idus easdem ; « même époque que les amandes », lit-on dans *Géop.* 10, 64, 1, indication que Palladius, non sans maladresse, reprendra quelques lignes plus bas, comme s'il juxtaposait le contenu de deux fiches différentes.

23. Mêmes indications climatiques dans *Géop.*, *ibid.*, mais les épithètes *montana* et *lapidosa* peuvent provenir de Martialis.

24. Certaines de ces diverses indications se retrouvent dans *Géop.* 10, 64 : les transplantations fréquentes ; la cendre sur les racines ; le clou de cuivre enfoncé dans le tronc. Les autres proviennent vraisemblablement de Martialis.

25. Les manuscrits retenus par nous sont unanimes (y compris *G*, malgré l'indication contraire dans l'apparat de Schmitt) à donner la leçon *terentinam* (avec deux *r* dans *R*), corrigée par tous les éditeurs sauf Schmitt en *Tarentinam*, d'après Pline, *N.H.* 15, 90 et Col., 5, 10, 14 et *Arb.* 22, 2 (chez Columelle il s'agit d'ailleurs de noisette et non de noix). J. André, *Lexique*, p. 222, fait observer qu'« il ne s'agit pas d'une espèce naturelle d'un fruit particulier, mais d'un procédé de plantation », probablement tarentin. Mais Macrobe, *Sat.*, 3, 18, 3, d'après Varron et Favorinus, écrit sans équivoque *terentina*, et donne à ce mot une étymologie sabine : *a tereno, quod est Sabinorum lingua molle.* J. André et Ernout-Meillet estiment préférable la leçon *Tarentina*, et ont sans doute raison en ce qui concerne les textes de Pline et Columelle ; mais pour ce qui est de Palladius, qui pouvait connaître l'interprétation de Macrobe, l'unanimité des manuscrits nous conduit à conserver, avec Schmitt, la leçon *terentinam*, qui a toutes chances d'être la leçon authentique, même si elle constitue une erreur. Les *Géop.* ne donnent pas à cette noix de nom particulier, mais mentionnent, en revanche, le procédé de plantation qu'indique ici Palladius, en précisant qu'il permet d'obtenir « des noix nues, dépourvues de coque » (cf. 10, 66), l'enveloppe étant faite soit de laine, soit de feuille de vigne ou de platane (précepte donné d'après Africanus, agronome contemporain d'Alexandre Sévère) ; ce texte s'accorde bien avec l'interprétation de Macrobe, dans la mesure où une noix dépourvue de coque peut évidemment être qualifiée de *mollis*.

26. La greffe sur l'arbousier est la seule possible d'après *Géop.* 10, 76, 4, et c'est du reste la seule qu'envisage Palladius lui-même dans le *Carmen de insitione* vv. 163-164 : *Arbuteas frondes uastae nucis occupat umbra / pomaque sub duplici cortice tuta refert.*

27. Le texte fait difficulté, dans la mesure où *in trunco* n'est pas dans un rapport d'opposition avec *in arbuto* ; on attendrait : *sub cortice, sed melius in trunco*, et nous nous sommes résolu à cette addition, qui nous paraît s'imposer et que suggérait déjà Schneider dans son commentaire, mais sans l'introduire dans le texte. La source n'apparaissant pas, il est difficile de déterminer

s'il s'agit d'un emprunt à Garg. Martialis ou d'une notation personnelle.

28. Les mois de mise en terre sont : février ou début mars pour le cognassier (cf. 3, 25, 20), septembre pour l'azerolier (cf. 10, 14, 1), novembre, dans les régions chaudes, pour le pêcher (cf. 12, 7, 1), enfin novembre ou février pour le prunier (cf. 12, 7, 13). Pour l'ensemble de ce sous-chapitre, cf. l'indication générale de Col., 11, 2, 11 : *Surculi qui primum florem adferunt statim circa idus (Ianuarias) inserendi sunt, ut cerasorum, tuberum, amygdalarum persicorumque.*

29. *Tubur* désigne l'azerolier, qui est une sorte d'aubépine (le mot français est d'origine arabe, par l'intermédiaire de l'espagnol). Sa flexion paraît hésiter entre les formes du type de gén. *tuburis* et *tuberis*, la première chez Pline, 15, 47 sq. et, semble-t-il, chez Col., 11, 2, 11 et 96 (mais avec divergences dans les mss.) ; les mss. de Palladius donnent *tuberes* ici et en 3, 25, 32, mais la majorité d'entre eux présente *tubures* en 10, 14, 1.

30. *Armenium*, que Palladius emploie pour *Armeniacum*, est l'abricot, ou du moins une variété d'abricot ; de même *praecoquum* = *malum praecox*, « espèce précoce d'abricot » (J. André, *Lexique*, p. 260). Cf. *Géop.* 10, 73, 2 : Ἀρμενιακόν ἐστι τὸ βερίκοκκον. Palladius, ici et en 12, 7, 6 (malgré *uel* au lieu de *et*) semble bien considérer que *armenium* et *praecoquum* sont deux espèces différentes, alors que pour Dioscoride, 1, 165 « en latin on appelle *praecocia* les pêches de petite taille, appelées en grec *Armeniaca* » (τὰ μικρότερα περσικὰ καλούμενα Ἀρμενιακά, Ῥωμαϊστὶ δὲ πραικοκία). Quoi qu'il en soit, c'est *praecoquum* qui a fini par prévaloir, non seulement en Italie, comme l'attestent les formes dialectales (sarde *pericocca*, émilien *baricocla*), mais en Grèce, sous la forme βερίκοκκον attestée, nous l'avons vu, dans les *Géop.*, devenue ultérieurement en arabe *al barqûa*, enfin réintroduite, à partir de l'arabe et par l'intermédiaire de l'espagnol, dans les langues romanes : *albaricoc*, *albicocco*, *abricot*. — *Gumminet* est un hapax, que l'édition *princeps* corrige à tort en *germinet*.

Chap. 16

1. On pourrait, à première vue, se demander si *echinus* désigne ici le hérisson (comme le pensent les traducteurs) ou l'oursin (hérisson de mer), comme chez Apicius, 415-419. C'est la seconde interprétation qui est la bonne, comme l'indique le texte, cette fois sans équivoque, de Palladius lui-même, 13, 6 : *Nunc etiam, quibus litus in fructu est, ubi lunae iuuarit augmentum, quae omnium maris animalium atque concharum iubet incremento suo membra turgere, echini carnes salibus condire curabunt, quod solito more conficitur.* Ainsi qu'il arrive assez souvent, Palladius fait preuve de maladresse dans la composition : c'est en effet ici,

et non dans le livre 13, consacré au mois de décembre, qu'il aurait dû donner les précisions qui se lisent en 13, 6 (et qui sont complétées par l'indication suivante : *Hanc quoque rem per omnes menses faciemus hibernos*). Ce court chapitre a pour source partielle Col., 11, 2, 14 (marquage du bétail) et 12, 56, 13 (conserves de raves ; voir une autre recette dans Apicius, 25) ; les indications concernant lard, jambon et oursins n'ont pas de source connue ; mais pour le jambon, voir Apicius, 290-291, et pour l'oursin salé, Apicius, 418-419 (éd. J. André, Belles-Lettres, 1974) : l'éditeur fait observer, d'après l'édit de Dioclétien, 5, 9, que les oursins salés se vendaient deux fois plus cher que les frais. On voit mal l'intérêt que pouvaient présenter pour ses lecteurs les brèves remarques que formule ici Palladius, puisqu'il ne donne aucune recette (celle des raves en conserve sera néanmoins fournie en 13, 5). — Le texte du titre paraît assez maladroit, et l'on serait tenté de corriger *echini* en *echinis* ; mais le texte du chapitre montre qu'il faut maintenir le génitif singulier.

Chap. 17

1. Il ressort du traité d'Apicius que les baies de myrte étaient l'un des ingrédients les plus courants de la cuisine romaine antique ; en revanche il n'y est nulle part question d'huile de myrte, et la recette n'en figure ni chez Columelle (dont le livre 12 fournit un très grand nombre de recettes diverses) ni dans les *Géoponiques*. En fait, sans que l'on puisse déterminer quelle était la source exacte de Palladius dans ce domaine, il convient sur ce point de se reporter à Pline, *N.H.* 15, 24 sq. où sont données les recettes de nombreuses « huiles artificielles » (trad. J. André pour *oleum ficticium*), destinées soit à remplacer l'huile d'olives pour l'éclairage, soit à soigner diverses maladies ; la plupart de ces recettes avaient d'ailleurs été publiées, vers le milieu du premier siècle de notre ère, par le médecin cilicien Dioscoride (cf. éd. Wellmann, 1907), et il est intéressant de comparer les procédés indiqués par celui-ci, par Pline et par Palladius, ce dernier étant le seul qui donne des précisions chiffrées (une once = un douzième de livre ; une hémine = un quart de litre, très exactement 0,27 l.) :

— Dioscoride, 1, 39 : trois recettes : 1° écraser des feuilles tendres de myrte — les mélanger au jus de l'huile d'olives vertes en quantité égale — chauffer doucement sur des charbons jusqu'à ébullition, tout en ôtant l'écume ; 3° faire cuire dans de l'eau et de l'huile les feuilles tendres coupées ; 3° les faire infuser au soleil dans de l'huile.

Pline, 15, 27 : trois recettes également : 1° écraser des baies de myrte après les avoir arrosées d'eau chaude, puis les faire bouillir ; 2° faire bouillir dans de l'huile les feuilles les plus tendres (c'est la recette de Dioscoride) et les exprimer ; 3° faire préalablement cuire au soleil les feuilles mises dans l'huile (simple variante de la recette précédente).

— Palladius : faire bouillir dans l'huile des feuilles de myrte arrosées de vieux vin âcre.

Il ressort de cette confrontation que Palladius ne s'inspire directement ni de Dioscoride ni de Pline. Par ailleurs on observera qu'après avoir annoncé la fabrication d'huile à partir de baies de myrte (première recette de Pline), il donne en fait la recette de fabrication à partir des feuilles : il est possible qu'il ait mal compris le texte de sa source, à moins que celui de nos manuscrits ne soit corrompu (on pourrait envisager la correction de *bacis* en *facis*, avec un point après *oleum*, mais nous n'avons pas cru devoir modifier le texte des manuscrits, qui ne présente pas de véritable anomalie, et du reste le chapitre suivant comporte l'expression *eisdem bacis*, qui confirme le texte de celui-ci).

Chap. 18

1. J. André, dans son commentaire à Pline, 14, 104 (Belles-Lettres, p. 128), précise qu'il existait trois sortes de vin de myrte : celui dont la recette est donnée par Caton, 125, et reprise par Pline, 15, 123 ; celui que mentionne Pline en 14, 104 (et qui était fait avec les sommités des tiges, les feuilles et les fruits en décoction : c'était un procédé grec) ; enfin le *myrtidanum*, fait à partir du fragon épineux ou myrte sauvage. La recette de Caton était la suivante : « Faire sécher à l'ombre du myrte noir ; quand il sera sec, le couvrir jusqu'à la vendange ; en broyer alors un demi-boisseau dans une urne de moût, et boucher le récipient ; quand la fermentation du moût aura cessé, enlever le myrte ». Selon J. André, *loc. cit.*, c'est cette recette qui « se retrouve, avec quelques variantes », chez Col., 12, 38 et dans notre texte ; cela ne nous semble pas exact : d'une part, en effet, Caton parle simplement de « myrte », c'est-à-dire, semble-t-il, de rameaux de myrte, et non de « baies » ou de « graines » ; d'autre part, la recette de Columelle ne présente pas seulement « quelques variantes » par rapport à celle de Caton : très complexe (elle occupe une bonne trentaine de lignes), elle comporte un grand nombre d'opérations, notamment deux cuissons successives ; enfin une seconde recette, non moins complexe, est donnée ensuite par Columelle dans le même chapitre. Quant à la recette donnée ici par Palladius, elle n'est semblable ni à celles de Columelle ni à celle de Caton, puisqu'elle est à base non de moût, mais de vin vieux (dix setiers urbains = environ un demi-litre) ; il n'y avait donc pas seulement trois sortes de vin de myrte, mais une grande quantité : Palladius lui-même en donnera, en 3, 27, une autre recette, toujours à base de vin vieux. En ce qui concerne le safran et le nard, un scrupule = 1,14 gramme. Quoi qu'il en soit, il s'agissait là d'une boisson médicinale, recommandée par Caton

contre les aigreurs d'estomac, les points de côté et la colique, et par Columelle contre la dyssenterie et les indigestions en général. — On voit mal pourquoi Palladius a cru devoir donner les recettes du *myrtites* aux mois de janvier et de février, puisque Columelle précisait, quant à lui : *Hoc mense Decembri fieri debebit, quo fere tempore matura sunt myrti semina* ; peut-être faut-il en déduire que les deux agronomes ne songent pas à la même région, et y voir un indice de plus en faveur de l'origine gauloise de Palladius.

Chap. 19

1. Pour l'huile le laurier, cf. Pline, 15, 26 : elle se fait soit à partir des feuilles, soit à partir des baies, pilées avec des aromates dans de l'huile d'olives mûres ; Dioscoride, 1, 40 : faire bouillir des baies de laurier mûres dans de l'eau ; ou bien faire épaissir, par adjonction de divers produits, de l'huile d'olives vertes, envelopper de feuilles de laurier la pâte ainsi obtenue, et faire bouillir le tout. Ici encore Palladius ou bien fait œuvre originale, ou bien utilise une source qui ne nous est pas parvenue ; il donne, en tout cas, des précisions qui ne figurent ni chez Pline ni chez Dioscoride.

Chap. 20

1. L'huile de lentisque est mentionnée par Pline (sans recette) en 15, 28 ; Dioscoride, 1, 41, dit seulement qu'elle se fait de la même manière que l'huile de laurier, en utilisant des baies mûres. Par ailleurs, le traité d'Apicius mentionne une fois, en 107, l'emploi de baies de lentisque comme assaisonnement des *herbae rusticae*, et de très nombreuses fois l'usage identique des baies de laurier ; mais il ne fait aucune mention des deux huiles dont Palladius indique la recette : elles devaient être à usage médical plutôt que culinaire. Néanmoins, aujourd'hui encore, on extrait du lentisque, en Corse notamment, une huile comestible.

Chap. 21

1. Palladius reprend ici ce que disait Columelle en 8, 5, 1 : *Confecta bruma parere fere id genus auium consueuit, atque earum quae sunt fecundissimae locis tepidioribus circa kal. Ianuarias oua edere incipiunt* ; *frigidis autem regionibus eodem mense post idus.*

Chap. 22

1. Reprise de Col., 11, 2, 11 : *Ridicis uel etiam palis conficiendis idoneum tempus est, nec minus in aedificia succidere arborem conuenit* ; *sed utraque melius fiunt luna decrescente, ab uicesima usque in tricesimam, quoniam omnis materia sic caesa iudicatur*

non infestari. — Parvenu à la fin de ce livre consacré par Palladius aux activités agricoles du mois de janvier, on peut noter les quelques omissions que comporte son calendrier, par rapport à celui de Columelle ; celui-ci mentionnait en effet, outre tout ce que nous avons retrouvé chez Palladius : achèvement de la taille automnale des vignes, élagage des buissons et confection de fagots ; premiers labours aux terres sèches et grasses. Il s'agit en fait d'omissions peu importantes, et sans doute volontaires : Columelle était en effet le premier à considérer que la taille des vignes en janvier ne peut se faire que s'il ne gèle pas, et seulement en milieu de journée, et Palladius a pu préférer, dans ces conditions, ne pas la recommander ; quant aux labours envisagés par Columelle, ils présentent un caractère somme toute assez exceptionnel ; enfin l'élagage des buissons et la confection de fagots constituent deux préceptes qui, de fait, méritent à peine d'être formulés. Par rapport au calendrier des *Géoponiques* (3, 1, d'après Varron et les Quintilii), celui de Palladius comporte, pour janvier, les omissions suivantes : taille des vignes arbustives ; fumure des arbres fruitiers ; labour des diverses terres. Ici encore, il s'agit d'omissions sans importance. Si au total, en dépit de ces quelques omissions, le livre de Palladius est considérablement plus long que le chapitre (ou la partie de chapitre) consacré par ses devanciers au mois de janvier, cela tient au fait qu'il l'a en quelque sorte étoffé, en y introduisant plusieurs chapitres de considérations générales, les longues considérations sur les arbres fruitiers, et les diverses recettes qui constituent les derniers chapitres.

Chap. 23

1. Ainsi que le fait observer le commentateur anonyme de l'édition Didot, p. 648, « Palladius ne dit pas à quel cadran il a rapporté les mesures absolues qu'il indique pour ce mois et pour les mois suivants. Comme la longueur de l'ombre est subordonnée à l'élévation du corps qui la projette, il faut croire que ses observations ont été faites sur un gnomon d'une mesure déterminée et connue, et qui servait en quelque sorte de régulateur ». Un chercheur américain, J. Harris, n'en a pas moins essayé d'utiliser les chapitres *de horis* du traité pour déterminer la région à laquelle songeait l'agronome en écrivant son ouvrage (cf. « On the locality to which te treatise of P. must be assigned », dans *American Journal of Philology*, III, 1882, p. 411-421) : « We may conclude, écrit-il, p. 417, that the measurements of Palladius are the shadows of a pertical rod 5 feet in length, latitude 45°, or a littel to the north of it », la « fourchette » étant de 42-47°. Cela constituerait un indice de plus en faveur de l'hypothèse vraisemblable qui fait de Palladius un écrivain gallo-romain. Mais il faudrait alors conclure à l'absurdité des chapitres « horaires » de Palladius, qui seraient en contradiction avec le caractère incontestablement méditerranéen (cf. amandier, vigne et olivier) de l'économie rurale qu'il enseigne.

Nous donnons ci-dessous le relevé des points sur lesquels le texte adopté par M. Rodgers dans la nouvelle édition Teubner diffère du nôtre. Nous examinerons ces divergences dans un article à paraître prochainement. Nous signalerons, le cas échéant, dans le tome II de la présente édition, les points sur lesquels nous nous serons éventuellement rallié à la solution de notre collègue.

	TEXTE ADOPTE PAR NOUS	TEXTE ADOPTE PAR M. RODGERS
1° *Points engageant la syntaxe ou le sens :*		
1,2	uoluntatis est	uoluntatis [est]
1,4,2	uesicae sunt	uesicae [sunt]
1,5,3	fictili uase	⟨in⟩ fictili uaso
1,6,4	sicut homines ita arbores	sicut arbores ita homines
1,6,7	inimicus	iniquus
1,6,13	cum fecund*a* *ae*tate	cum fecunditate
1,6,14	operandum	operand*am*
1,6,15	sed et horis	sed horis
1,6,16	soluto ⟨agro⟩ ... in lutoso [agro]	soluto... in lutoso agro
1,6,18	expectat	spectat
1,7,3	exclusis	exclus*us*
1,9,4	super statumin*ibus*	superstatuminabis ;
1,9,4	permiscebis	permisces
1,10,2	de fluminibus [aut] glarea	de fluminibus aut glarea
1,10,3	quae erit	qui erit
1,13,2	pumicea	pumic*ae*
ibid.	induemus	inducemus
1,16	cui si fons desit	[cum] si fons desit
1,16	conueniat	conueni*et*
1,17,4	inseres	inseris
1,19,2	coriandri	rorandri
1,20	nata	nota
1,29,4	triticea	tritici
1,30,2	Martii	Martiis
1,30,3	formidant	reformidant
1,30,4	e*d*orum	eorum
1,34,1	s*it* sterculino	sterculino
1,34,4	figu*l*atos	figuratos
1,35,10	cedrum	cedram
1,35,13	extingues	extinguis
1,36,2	⟨has⟩ perforant	perforant
1,37,8	utentur	uitentur
1,38,2	deinde post triduum	deinde per triduum

1,39,5	subterinduc*es*	subter inducis
1,40,1	calidar*iae*	calidarum
1,40,1-2	confund*es*, tund*es*, oblin*es*	confundis, tundis, oblinis
1,41	fus*oria*	fusuras
1,42,3	*tri*bulatas	†tubulatas†
2,7	serimus	ser*e*mus
2,11	quart*a*nariam	quaternariam
2,12	agro	agri
2,13,1	*sit* solum	sed solum
2,13,2	fuer*u*nt	fuerant
2,13,4	*in*probatur	adprobatur
2,13,7	terra effossa	terra fossa
ibid.	uer*o*	uel
2,15,8	intercesserit	intercessit
2,15,18	in se et [in] persico	in se, in persico
2,5,14	exuetur	exucetur
2,15,17	excudi	excludi
2,15,19	in arbuto ⟨sub cortice⟩	in arbuto
2,18	mitt*es*	mittis

2° *Points concernant la graphie* :

1,19,3	con*y*za	coniza
1,24,1	fenestellae	fenestrellae
1,28,2	pennarum	pinnarum
1,35,1	pennis	pinnis
1,35,4	hyosc*y*ami	hyosciami
1,35,6	caute	cote
1,35,9	colocynthidis	coloquintidis
1,35,14	crocodili	crocodilli
1,37,2	serpillum	serpyllum
—	mellisf*y*llum	mellisfillum
—	citr*e*aginem	citriaginem
—	zizyphus	zizy*f*us
—	amygdalus	amigdalus
—	tithymallus	titymallus
—	absinthium	absentium
2,13,2	condicio	conditio
2,14,3	nastur*t*ii	nasturci
2,15,3	tedae	taedae
2,15,20	tuberes	tubures
passim	allium (« ail »)	alium
	cooperire	coperire
	cyathus	quiatus
	eruum	herbum
	sequuntur, persequuntur	secuntur, persecuntur

3° *Divergences de ponctuation* :

1,42,3	referentes rastros	referentes ; rastros
2,15,12	Februario. Si tamen... germinent, utiles sunt	Februario, si tamen... germinent. Utiles sunt

CORRIGENDA

Introduction

P. XVI, note 28, 2e ligne, corriger « 43 » en « 42 ».
P. LIX, ligne 1 : corriger « 433 » en « 33 » ; idem p. LXVIII (*conspectus siglorum*), pour le ms. F.
P. LXIII (bibliographie), pour l'éd. Jenson, corriger « 1482 » en « 1472 ».
P. LXIV, pour l'éd. Cabaret-Dupaty, corriger « 1843 » en « 1844 ».
Même page, supprimer les deux derniers paragraphes.
P. LXV, pour l'article de Dalmasso, corriger « 1912 » en « 1913 ».
pour l'article de Nohl, corriger « 1876 » en « 1877 ».
pour le premier article de Rodgers, corriger « 152 » en « 153 ».

Texte

P. 16, dernière ligne, supprimer la virgule après « calcis », et la mettre après « temperante ».
P. 46, lignes 14-15, corriger « pomi feraeque » en « pomiferaeque ».

Traduction

P. 5, supprimer l'appel de note (1) à la fin du chap. IV.
P. 11, ligne 3 à partir du bas, ajouter un appel de note 52 après « cinq ans ».
P. 30, supprimer l'appel de note (15) à la fin du chap. XXVII.
P. 35, ligne 8, ajouter un appel de note 14 après « n'avalent pas de poils de bouc ».
P. 36, ajouter un appel de note 2 après « elles pourriront », à la ligne 5 du chap. XXXIII.
P. 42, ajouter un appel de note 15 après « dans la fourmilière », à la fin du premier sous-paragraphe du paragraphe 8.
P. 45, ligne 4, corriger l'appel de note « 21 » en « 26 ».
P. 53, ligne 15, ajouter un appel de note 12 après « ci-dessus> ».
P. 68, ligne 14, ajouter un appel de note 6 après « on les fait périr ».

Commentaire

P. 89, ligne 14, corriger « sans » [rendre compte] en « s'en ».
P. 96, note 11, citation grecque, corriger ϵὐχαί en ϵὐχαί.
P. 97, note 17, ligne 9, remplacer « saccharine » par « glucose ».
P. 102, ligne 7 de la note 38 (citation grecque), supprimer l'un des trois « rhô » de l'avant-dernier mot.
P. 126, note 1, ajouter l'esprit doux sur ἀπό.
P. 203, ligne 14 de la note 30, corriger *al barqûa* en *al barqûq*.
P. 209, ligne 17 : corriger « 2, 5, 14 » en « 2, 5, 15 ».

TABLE DES MATIÈRES

	Pages
Introduction	VII-LXVII
Sigles	LXVIII
LIVRE I	1 à 53
LIVRE II	54 à 76
Commentaire	77
LIVRE I	79 à 181
LIVRE II	182 à 209

Ce volume,
de la Collection des Universités de France,
publié aux Éditions Les Belles Lettres,
a été achevé d'imprimer
en janvier 2003
sur presse rotative numérique
de Jouve
11, bd de Sébastopol, 75001 Paris

N° d'édition : 4750
Dépôt légal : janvier 2003

Imprimé en France